高等院校经济管理类专业"互联网+"创新规划教材

国际金融学

主　编　罗丹程
副主编　张立富　李　倩　孟祥铭

内 容 简 介

本书分为 3 篇 13 章。第 1 篇为国际金融基础，内容包括外汇与汇率、国际收支和国际储备、外汇市场基本业务、外汇衍生品市场 4 章；第 2 篇为国际金融实务，内容包括外汇风险及防范、外汇管制政策、国际金融市场及业务、国际贸易短期融资、国际贸易中长期融资、跨国企业财务管理、国际资本流动与金融危机 7 章；第 3 篇为国际金融制度与组织，内容包括国际货币制度、国际金融组织 2 章。此外，本书在每章前列出了教学要点、知识架构和导入案例，并在各章中加入了案例、知识拓展和资料卡，还编写了配套的习题，以加深读者对每章内容的理解。

本书可作为高等院校金融学专业、国际经济与贸易专业及其他相关专业的教材使用，也可以作为从事金融和国贸等实际工作者的参考用书。

图书在版编目(CIP)数据

国际金融学/罗丹程主编. —北京：北京大学出版社，2021.6
高等院校经济管理类专业"互联网+"创新规划教材
ISBN 978-7-301-32122-5

Ⅰ.①国⋯ Ⅱ.①罗⋯ Ⅲ.①国际金融学—高等学校—教材 Ⅳ.①F831

中国版本图书馆 CIP 数据核字(2021)第 065525 号

书　　　名	国际金融学 GUOJI JINRONGXUE
著作责任者	罗丹程　主编
策 划 编 辑	王显超
责 任 编 辑	李　娜　郑　双
数 字 编 辑	金常伟
标 准 书 号	ISBN 978-7-301-32122-5
出 版 发 行	北京大学出版社
地　　　址	北京市海淀区成府路 205 号　100871
网　　　址	http://www.pup.cn　新浪微博：@北京大学出版社
电 子 信 箱	pup_6@163.com
电　　　话	邮购部 010-62752015　发行部 010-62750672　编辑部 010-62750667
印 刷 者	河北滦县鑫华书刊印刷厂
经 销 者	新华书店
	787 毫米×1092 毫米　16 开本　18.75 印张　450 千字 2021 年 6 月第 1 版　2021 年 6 月第 1 版
定　　　价	49.00 元

未经许可，不得以任何方式复制或抄袭本书之部分或全部内容。
版权所有，侵权必究
举报电话：010-62752024　电子信箱：fd@pup.pku.edu.cn
图书如有印装质量问题，请与出版部联系，电话：010-62756370

前　言

国际金融是金融学和经济学课程发展最为迅速的领域之一。现在的金融市场是全球化的金融市场，如果没有国际金融背景的知识，学生很难掌握和理解当前的经济形势。期望学生通过本书的学习，能够读懂《金融时报》和《华尔街日报》等，理解各类国际金融新闻的含义。本书对国际金融的基本内容做了简明而又全面的概述，对深奥的国际金融理论进行了深入浅出的解释，并且注重运用实例分析方法，这不仅有利于阅读和学习，更有利于培养读者运用这些理论分析和解决现实社会中国际金融问题的能力。

国际金融学的研究对象是国际货币金融关系，包括国际货币流通与国际资金融通两个方面，其目标是阐述国际金融关系发展的历史与现状，揭示国际货币流通与国际资金融通的基本规律。目前，随着经济金融化和一体化趋势加速，国际金融的新现象、新问题层出不穷，国际金融的领域不断拓宽，几乎渗透到国际经济和各国经济的每个角落。国际金融在国际经济关系和国民经济运行中的地位日益重要，编者认为，必须追踪和把握国际金融发展的最新进展，把这些新情况反映到教材中去，才能让学生的知识结构与时俱进，从容应对金融全球化大潮。为此，本书将国际金融的最新进展和相关案例融入各章节的内容中，使内容更能体现实用性和时代性的特点。

本书共分为3篇，第1篇为国际金融基础，该篇为本书知识的学习打下了坚实的基础，主要内容是国际金融外汇、汇率、外汇市场基本业务等基础知识，包括外汇与汇率、国际收支和国际储备、外汇市场基本业务、外汇衍生产品市场4个章节；第2篇为国际金融实务，讲述了国际金融市场部分业务操作的相关知识，包括外汇风险及防范、外汇管制政策、国际金融市场及业务、国际贸易短期融资、国际贸易中长期融资、跨国企业财务管理、国际资本流动与金融危机7个章节；第3篇为国际金融制度与组织，介绍了国际货币相关制度及国际金融组织，包括国际货币制度、国际金融组织2个章节。

本书为2018年度辽宁省高校本科教改项目（以培养目标达成度为导向的应用型经济类人才培养模式研究与改革实践）成果的一部分，特色在于：以培养目标达成度为指导，清晰、准确地描述国际金融的基本概念和原理，并且注意与实际的结合，特别是与对外贸易和国际融资投资业务的结合，有较强的实用性。

本书的编者均是教学和科研经验丰富的教师，罗丹程为本书主编，负责全书的整体筹划，以及初稿的审查、修改和补充工作，并对全书进行了总纂。张立富、李倩和孟祥铭为本书副主编。本书的编写分工如下：张立富编写第1、2章；李倩编写第3、10章；罗丹程编写第4、5、6章；罗丹程、王珊珊编写第7章；张帆编写第8、9章；宋连成编写第11章；孟祥铭编写第12、13章。秦浩、杨烁、张雅林、刘佳妮对全书的书稿进行了校对和修改。

本书在编写过程中参考了许多国内外先进的研究成果和同类教材，在此，向各位作者表示感谢。

由于编者水平有限，疏漏之处恐难避免，恳请各位专家及广大读者批评指正，以利于本书的不断改进与完善。

编　者

2020 年 10 月

【资源索引】

本书课程思政元素

本书课程思政元素从"格物、致知、诚意、正心、修身、齐家、治国、平天下"的中国传统文化角度着眼,再结合社会主义核心价值观"富强、民主、文明、和谐、自由、平等、公正、法治、爱国、敬业、诚信、友善"设计出课程思政的主题。然后紧紧围绕"价值塑造、能力培养、知识传授"三位一体的课程建设目标,在课程内容中寻找相关的落脚点,通过案例、知识点等教学素材的设计运用,以润物细无声的方式将正确的价值追求有效地传递给读者。

本书的课程思政元素设计以"习近平新时代中国特色社会主义思想"为指导,运用可以培养大学生理想信念、价值取向、政治信仰、社会责任的题材与内容,全面提高大学生缘事析理、明辨是非的能力,把学生培养成为德才兼备、全面发展的人才。

每个课程思政元素的教学活动过程都包括内容导引、展开研讨、总结分析等环节。在课程思政教学过程,老师和学生共同参与其中,在课堂教学中教师可结合下表中的内容导引,针对相关的知识点或案例,引导学生进行思考或展开讨论。

章节	内容导引	思考问题	课程思政元素
第1章	外汇储备变动和人民币汇率趋稳	1. 外汇储备变动如何? 2. 人民币汇率变化趋势如何?	适应发展
第1章	广场协议	1. "广场协议"是如何来干预汇率的? 2. 为什么广场协议后,日本经济出现衰退?	大国复兴、经济发展
第1章	英国脱欧对汇率的影响	1. 英国脱欧的原因是什么? 2. 英国脱欧对汇率有什么影响?	国家竞争、全球议题
第2章	韩国国际收支经常项目近7年来首现逆差	1. 韩国国际收支状况如何? 2. 韩国经常项目为什么出现逆差?	专业与国家
第2章	国际储备的管理	国际储备是如何管理的?	大国复兴、经济发展
第3章	乔治·索罗斯大笔做空英镑而获利的案例	1. 索罗斯是如何做空英镑的? 2. 通过这个案例得到的启示是什么?	适应发展、逻辑思维
第4章	加强外汇衍生品风险管理的对策	1. 外汇衍生品风险有哪些? 2. 如何加强外汇衍生品风险管理?	社会平等、公平正义、规范与道德、大局意识
第5章	新兴市场汇率风险再聚焦	1. 新兴市场汇率风险情况如何? 2. 中国汇率风险情况如何?	可持续发展

续表

章节	内容导引	思考问题	课程思政元素
第6章	走在改革开放道路上的外汇管理	我国近些年如何进行外汇管理？	改革开放、经济发展
第7章	另类数据赋能金融量化，中译语通推动金融科技创新发展	金融科技的发展及作用如何？	科技发展
第7章	首只交易所市场熊猫债成功发行	什么是熊猫债？	沟通协作
第7章	2019年亚洲及中国高收益债券市场吸引力与波动并存	中国债券市场的表现如何？	可持续发展
第8章	中小企业融资	对外贸易中，比较好的企业融资方式是什么？	专业能力
第8章	商业保理涉猎多领域 上海中庚助力中小企业融资	保理业务如何满足中小企业融资问题？	沟通协作、团队合作
第9章	船舶出口买方信贷历尽艰险完美首航	建设银行第一次买方信贷是如何进行的？	专业能力
第9章	融资租赁	金控租赁是如何为A公司安排融资租赁的？	专业能力
第9章	卖方信贷产品助力本土企业蓬勃发展	卖方信贷产品是如何助力本土企业发展的？	团队合作、沟通协作、行业发展
第10章	看中国跨国企业加大投资	为什么国外跨国企业对中国加大投资？	大国复兴、经济发展
第12章	周小川：G20必须共同维护金融市场稳定	G20为什么要联合起来共同维护金融市场稳定？	社会平等、公平正义、大局意识
第13章	亚投行成员达100个	1. 亚投行建立的背景是什么？ 2. 亚投行成员有多少个？	沟通协作
第13章	人民币加入特别提款权	人民币加入特别提款权说明了什么？	沟通协作

注：教师版课程思政设计内容可联系出版社索取。

目　　录

第 1 篇　国际金融基础

第 1 章　外汇与汇率 …………………… 2
- 1.1 外汇概述 ………………………… 3
  - 1.1.1 外汇的含义 ………………… 3
  - 1.1.2 外汇的分类 ………………… 4
  - 1.1.3 外汇的作用 ………………… 4
- 1.2 汇率概述 ………………………… 5
  - 1.2.1 汇率的概念 ………………… 5
  - 1.2.2 汇率标价法 ………………… 5
  - 1.2.3 汇率的种类 ………………… 6
- 1.3 汇率的决定与变动 ……………… 8
  - 1.3.1 汇率决定基础 ……………… 8
  - 1.3.2 影响汇率变动的因素 ……… 9
- 1.4 汇率理论 ………………………… 11
  - 1.4.1 国际收支理论 ……………… 11
  - 1.4.2 购买力平价理论 …………… 12
  - 1.4.3 汇兑心理学说 ……………… 15
  - 1.4.4 利率平价理论 ……………… 15
  - 1.4.5 资产市场理论 ……………… 16
- 1.5 汇率制度 ………………………… 17
  - 1.5.1 固定汇率制度 ……………… 17
  - 1.5.2 浮动汇率制度 ……………… 18
  - 1.5.3 其他类型的汇率制度 ……… 19
- 1.6 汇率变动的经济影响 …………… 19
  - 1.6.1 汇率变动对国际收支的影响 … 19
  - 1.6.2 汇率变动对国际储备的影响 … 20
  - 1.6.3 汇率变动对国内经济的影响 … 21
  - 1.6.4 汇率变动对国际经济关系的影响 … 22
  - 1.6.5 汇率变动对经济影响的制约条件 … 22

第 2 章　国际收支和国际储备 ………… 25
- 2.1 国际收支概述 …………………… 26
  - 2.1.1 国际收支的概念 …………… 26
  - 2.1.2 国际收支概念的历史演变 … 27
  - 2.1.3 国际收支的重要意义 ……… 27
- 2.2 国际收支平衡表 ………………… 27
  - 2.2.1 国际收支平衡表概述 ……… 27
  - 2.2.2 国际收支平衡表的内容和结构 … 28
  - 2.2.3 国际收支平衡表的分析 …… 29
- 2.3 国际收支的调节 ………………… 30
  - 2.3.1 国际收支不平衡的概念 …… 30
  - 2.3.2 国际收支不平衡的原因 …… 30
  - 2.3.3 国际收支不平衡的经济影响 … 31
  - 2.3.4 国际收支不平衡的调节 …… 32
- 2.4 国际收支理论 …………………… 34
  - 2.4.1 物价—铸币流动机制 ……… 34
  - 2.4.2 弹性分析理论 ……………… 35
  - 2.4.3 吸收分析理论 ……………… 36
  - 2.4.4 货币分析理论 ……………… 37
  - 2.4.5 内外均衡理论 ……………… 37
- 2.5 国际储备 ………………………… 39
  - 2.5.1 国际储备概述 ……………… 39
  - 2.5.2 国际储备管理 ……………… 40
  - 2.5.3 我国的国际储备 …………… 43

第 3 章　外汇市场基本业务 …………… 46
- 3.1 外汇市场概述 …………………… 47
  - 3.1.1 外汇市场的起源与概念 …… 47
  - 3.1.2 外汇市场的功能 …………… 49
  - 3.1.3 外汇市场的环境与结构 …… 50
  - 3.1.4 外汇市场的特点 …………… 51
  - 3.1.5 外汇市场的类型 …………… 51
- 3.2 外汇交易业务 …………………… 52
  - 3.2.1 即期外汇交易 ……………… 52
  - 3.2.2 远期外汇交易 ……………… 53
  - 3.2.3 掉期外汇交易 ……………… 55
  - 3.2.4 套汇交易 …………………… 56
- 3.3 外汇交易应用 …………………… 57
  - 3.3.1 合理运用汇率的买入价与卖出价 …………………… 57
  - 3.3.2 即期汇率交易的应用 ……… 58

3.3.3 远期汇率交易的应用 59
3.4 中国的外汇市场及汇率制度 61
　3.4.1 中国外汇市场的历史演进 61
　3.4.2 中国汇率制度改革 63

第4章 外汇衍生产品市场 68
4.1 外汇衍生产品市场概述 69
　4.1.1 外汇衍生产品交易基础 69
　4.1.2 外汇衍生产品的功能 71
　4.1.3 外汇衍生产品的基本种类 71
　4.1.4 外汇衍生产品的风险及其管理 72
4.2 外汇衍生品业务 75
　4.2.1 外汇远期交易 75
　4.2.2 外汇期货交易 77
　4.2.3 外汇期权交易 81
　4.2.4 外汇互换交易 84
4.3 外汇衍生品市场的现状和发展 87
　4.3.1 国际金融衍生产品市场的发展动向 87
　4.3.2 我国外汇衍生品市场的演进历程和发展 88

第2篇　国际金融实务

第5章 外汇风险及防范 96
5.1 外汇风险概述 97
　5.1.1 外汇风险的概念 97
　5.1.2 外汇风险的对象及构成因素 98
　5.1.3 外汇风险产生的原因 98
　5.1.4 外汇风险的分类 99
　5.1.5 外汇风险的影响 100
5.2 外汇风险管理概述 101
　5.2.1 外汇风险管理的概念及目标 101
　5.2.2 外汇风险管理的原则 102
　5.2.3 外汇风险管理的策略 103
　5.2.4 外汇风险管理的程序 103
　5.2.5 外汇风险管理的手段 104
5.3 外汇风险识别 107
　5.3.1 外汇风险识别的任务 107
　5.3.2 外汇风险识别的方法 108
5.4 外汇风险管理一般方法 109
　5.4.1 企业外汇风险及管理方法 109
　5.4.2 银行外汇风险及管理方法 112
5.5 外汇风险管理综合方法 115
　5.5.1 三种综合方法在应收外汇账款中的具体运用 115
　5.5.2 三种综合方法在应付外汇账款中的具体运用 116

第6章 外汇管制政策 121
6.1 外汇管制概述 122
　6.1.1 外汇管制的概念及其演变 122
　6.1.2 外汇管制的类型和范围 123
　6.1.3 外汇管制的主要内容 124
　6.1.4 外汇管制的方法 125
　6.1.5 外汇管制的作用 126
　6.1.6 外汇管制的局限 127
6.2 货币自由兑换 128
　6.2.1 货币自由兑换的产生和发展 128
　6.2.2 可自由兑换货币的含义 129
　6.2.3 货币自由兑换的层次及条件 129
　6.2.4 货币自由兑换的意义 131
　6.2.5 货币自由兑换的局限 131
6.3 人民币汇率制度的发展 132
　6.3.1 第一阶段：改革开放之前的人民币汇率制度（1949—1978年） 132
　6.3.2 第二阶段：人民币汇率制度的改革——双重汇率制度的实施（1979—1993年） 132
　6.3.3 第三阶段：双重汇率并轨后的人民币汇率制度（1994—2005年） 133
　6.3.4 第四阶段：人民币汇率制度的灵活性与市场化（2005年至今） 133
6.4 我国的外汇管制 134
　6.4.1 我国外汇管理体制的沿革 134
　6.4.2 我国外汇管理的主要内容 135

第7章 国际金融市场及业务 140
7.1 国际金融市场 141
　7.1.1 国际金融市场的概念 141
　7.1.2 国际金融市场的类型 142
　7.1.3 国际金融市场的形成、发展及影响 142
　7.1.4 国际金融市场的发展趋势 144

7.2 欧洲货币市场 ·············· 145
7.2.1 欧洲货币市场的概念 ········ 145
7.2.2 欧洲货币市场的构成 ········ 146
7.2.3 欧洲货币市场的起源和发展 ··· 146
7.2.4 欧洲货币市场的特点 ········ 147
7.2.5 欧洲货币市场的积极作用和消极影响 ················· 147
7.3 国际债券市场 ·············· 148
7.3.1 外国债券市场 ············ 149
7.3.2 欧洲债券市场 ············ 151
7.3.3 欧洲债券市场与外国债券市场的比较 ················ 153
7.4 国际股票市场 ·············· 154
7.4.1 股票市场概述 ············ 154
7.4.2 国际股票市场的基本分类 ···· 156
7.4.3 主要西方国家的股票市场 ···· 156
7.4.4 国际股票市场的发展新趋势 ·· 157
7.5 金融衍生工具 ·············· 159
7.5.1 金融衍生工具的含义 ········ 159
7.5.2 金融衍生工具的特点 ········ 159
7.5.3 金融衍生工具的分类 ········ 160
7.5.4 金融衍生工具的积极作用及风险 ················· 162

第8章 国际贸易短期融资 ·········· 167
8.1 对外贸易短期信贷的主要类型 ··· 168
8.1.1 商业信用和银行信用 ········ 168
8.1.2 对出口商的信贷和对进口商的信贷 ················· 169
8.2 保理业务 ················· 172
8.2.1 保理业务的概念 ·········· 172
8.2.2 保理业务的特点 ·········· 172
8.2.3 保理业务的分类 ·········· 173
8.2.4 保理业务的融资方式 ········ 174
8.2.5 保理业务的操作流程 ········ 174
8.2.6 保理业务与福费廷业务的比较 ·· 175
8.2.7 我国发展保理业务面临的主要问题 ················· 176
8.2.8 发展我国保理业务的建议 ···· 178
8.3 我国对外贸易短期信贷 ········ 179
8.3.1 与商品生产、采购和经营有关的人民币贷款 ············ 179
8.3.2 与对外贸易结算方式有关的人民币贷款 ················ 180
8.3.3 我国的外汇贷款 ·········· 184

第9章 国际贸易中长期融资 ········ 191
9.1 出口信贷 ················· 192
9.1.1 出口信贷的定义 ·········· 192
9.1.2 出口信贷的特点 ·········· 193
9.1.3 出口信贷的主要形式 ········ 194
9.1.4 我国出口信贷发展现状 ······ 198
9.2 国际项目融资 ·············· 199
9.2.1 国际项目融资的定义 ········ 199
9.2.2 国际项目融资的特征 ········ 199
9.2.3 国际项目融资的风险 ········ 202
9.2.4 BOT 融资模式概述 ········ 204
9.3 国际融资租赁 ·············· 205
9.3.1 融资租赁的分类 ·········· 205
9.3.2 融资租赁的功能和特点 ······ 207
9.3.3 融资租赁的业务分类 ········ 208
9.3.4 中国租赁业发展现状及前景展望 ················· 209

第10章 跨国企业财务管理 ········ 213
10.1 跨国企业财务管理概述 ········ 214
10.1.1 跨国企业财务管理相关概念 ··· 214
10.1.2 跨国企业财务管理的特点 ··· 215
10.1.3 跨国企业财务管理的内容 ··· 215
10.1.4 跨国企业财务管理体制 ···· 215
10.2 跨国企业筹资管理 ··········· 217
10.2.1 跨国企业的资金来源 ······ 217
10.2.2 跨国企业的筹资方式 ······ 217
10.2.3 跨国企业的筹资战略目标 ··· 219
10.3 跨国企业对外直接投资管理 ···· 220
10.3.1 跨国企业对外直接投资理论 ·· 221
10.3.2 跨国企业对外直接投资的类型 ················· 221
10.3.3 跨国企业对外直接投资的环境 ················· 221
10.3.4 跨国企业对外直接投资决策 ·· 222
10.4 跨国企业转移价格管理 ········ 223
10.4.1 跨国企业采用转移价格的目的 ·· 223
10.4.2 转移价格的制定 ········· 224
10.4.3 运用转移价格的困难 ······ 225
10.5 跨国企业纳税管理 ··········· 226
10.5.1 东道国税收环境 ········· 226
10.5.2 跨国企业母国的税收环境 ··· 227

10.5.3 国际税收环境对跨国企业海外经营的影响 …… 228

第11章 国际资本流动与金融危机 …… 232
11.1 国际资本流动的概念与类型 …… 233
　11.1.1 国际资本流动的概念 …… 233
　11.1.2 国际资本流动的类型 …… 233
11.2 国际资本流动的原因及趋势 …… 235
　11.2.1 国际资本流动的内在原因 …… 235
　11.2.2 国际资本流动的外在原因 …… 236
　11.2.3 国际资本流动的特点与趋势 …… 237
11.3 国际资本流动的经济影响 …… 238
　11.3.1 国际资本流动对资本流入国的影响 …… 238
　11.3.2 国际资本流动对资本流出国的影响 …… 240
　11.3.3 国际资本流动对世界经济的影响 …… 241
11.4 金融危机 …… 242
　11.4.1 金融危机与债务危机 …… 242
　11.4.2 发展中国家的债务危机 …… 243
　11.4.3 欧洲债务危机 …… 243
　11.4.4 国际资本流动与金融危机的关系 …… 244
　11.4.5 金融危机的防范 …… 245

第3篇　国际金融制度与组织

第12章 国际货币制度 …… 252
12.1 国际货币体系的概念与演进 …… 253
　12.1.1 国际货币体系的概念 …… 253
　12.1.2 国际货币体系的演进 …… 254
12.2 布雷顿森林体系 …… 256
　12.2.1 布雷顿森林体系的形成 …… 257
　12.2.2 布雷顿森林体系的主要内容 …… 257
　12.2.3 布雷顿森林体系的运转条件和作用 …… 258
　12.2.4 布雷顿森林体系的崩溃 …… 258
12.3 牙买加体系 …… 259
　12.3.1 《牙买加协定》的主要内容 …… 259
　12.3.2 牙买加体系的运行 …… 260
　12.3.3 对牙买加体系的评价 …… 261
12.4 欧洲货币体系与欧洲经济货币联盟 …… 262
　12.4.1 欧洲货币体系 …… 262
　12.4.2 欧洲经济货币联盟 …… 264
　12.4.3 欧元的国际货币地位 …… 265
12.5 国际货币体系改革 …… 265
　12.5.1 改革的原因 …… 265
　12.5.2 国际上对国际货币体系改革的不同方案 …… 267

第13章 国际金融组织 …… 270
13.1 国际金融组织概述 …… 271
　13.1.1 国际金融组织的性质与分类 …… 271
　13.1.2 国际金融组织的形成及发展 …… 272
13.2 国际货币基金组织 …… 272
　13.2.1 宗旨与职能 …… 273
　13.2.2 组织机构 …… 273
　13.2.3 资金来源 …… 274
　13.2.4 业务活动 …… 275
　13.2.5 特别提款权 …… 276
13.3 世界银行集团 …… 277
　13.3.1 世界银行 …… 278
　13.3.2 国际开发协会 …… 279
　13.3.3 国际金融公司 …… 280
　13.3.4 多边投资担保机构 …… 281
　13.3.5 解决投资纠纷国际中心 …… 281
13.4 国际清算银行 …… 281
　13.4.1 国际清算银行的建立 …… 281
　13.4.2 国际清算银行的资金来源 …… 283
　13.4.3 国际清算银行的主要业务 …… 283
13.5 区域性国际金融组织 …… 284
　13.5.1 亚洲开发银行 …… 284
　13.5.2 非洲开发银行 …… 285
　13.5.3 美洲开发银行 …… 285
　13.5.4 金砖国家开发银行 …… 285
　13.5.5 亚洲基础设施投资银行 …… 286

参考文献 …… 289

第1篇　国际金融基础

第1章　外汇与汇率
第2章　国际收支和国际储备
第3章　外汇市场基本业务
第4章　外汇衍生产品市场

第1章　外汇与汇率

教学要点

- 了解外汇、汇率的基本含义；
- 掌握汇率的形成机制及其影响因素；
- 了解汇率制度的基本内容；
- 深入理解汇率变动对经济的影响；
- 熟悉汇率理论，尤其是购买力平价理论。

知识架构

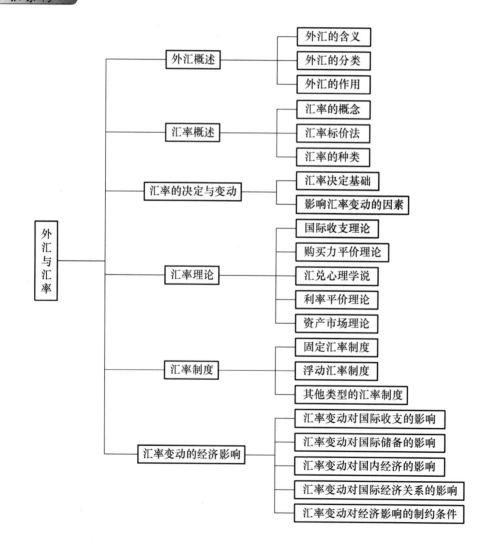

广 场 协 议

1985年9月，美国、联邦德国、法国、英国和日本在纽约广场饭店举行会议，达成五国联合干预外汇市场，诱导美元对主要货币的汇率有秩序地贬值，以解决美国巨额贸易赤字问题的协议，这就是著名的"广场协议"。"广场协议"签订后，五国联合干预市场，各国开始抛售美元，导致美元对主要货币大幅度贬值，尤其是对日元，在随后的3年时间里，美元对日元贬值达到50%。日元的升值，给日本经济带来了长期的损害。低利率导致日本国内经济泡沫严重，股市动荡；房地产泡沫的崩溃导致银行体系的坏账增加；日本是一个贸易立国的国家，日元升值后，出口成本增加，竞争优势下降，为了降低成本，制造业开始转移，日本国内产业空心化，经济萧条，失业率增加，海外资产损失严重。"广场协议"后，日本经济进入了"失去的十年"。

汇率是国际交易的尺度，均衡的汇率有助于实现经济和收支的平衡。货币的升值，虽然有利于增强货币的信誉，但是过度的升值，会严重损害经济。日元的遭遇及其影响，我国应引以为鉴。

(资料来源：《今日话题》2010年第1428期)

1.1 外汇概述

1.1.1 外汇的含义

外汇（Foreign Exchange）是国际汇兑的简称，是沟通国际交流和办理国际结算的基本手段，是国际金融的基础概念之一。外汇的概念有动态和静态之分。动态含义的外汇是指把一国货币兑换为另一国货币，以清偿国际间债务的行为。静态含义的外汇有广义和狭义之分，前者指所有用外币表示的债权，它包含以外币表示的各种信用工具和有价证券，主要用于国家的管理法令之中，以便于外汇管理；后者是指以外币表示的能用作国际结算的支付手段，这是经常使用的一般性概念。

作为狭义概念，一种资产作为外汇需要满足以下条件：①必须是外国货币表示的资产；②具有可偿性，即这种外币资产必须是在国外能得到偿付的货币债权且可用于对外支付，而被拒付的外币汇票及外币空头支票不能称作外汇；③必须具有充分的可兑换性，能够自由地兑换成他国的货币资产。按照国际货币基金组织的规定，一个国家若对其国际收支中的经常项目不加限制，不采取差别性的多种汇率，而且能够应另一会员国的要求随时履行换回对方在经常项目往来中积累起来的本国货币的义务，则该国货币可称为可自由兑换货币，非可兑换性货币表示的资产不能称作外汇；④能直接用于国际结算。例如，外币现钞不能用于结算，因此外币现钞不能称作外汇。

因此，就严格意义而言，不是所有的外币都是外汇。当然，并非所有的外汇都能兑换成人民币，并非所有的外汇都能存款。

国际货币基金组织和我国外汇管理条例中关于外汇的阐释都采用静态含义上的广义外汇概念。国际货币基金组织的定义是：外汇是货币行政当局（中央银行、货币管理机构、外汇平准基金组织和财政部）以银行存款、财政部库券、长短期政府证券等形式所保有的在国际收支逆差时可以使用的债权。我国于2008年8月1日修订的《中华人民共和国外汇管理条例》也明确界定了外汇的具体形态：①外币现钞，包括纸币、铸币；②外币支付凭证或者支付工具，包括票据、银行存款凭证、银行卡等；③外币有价证券，包括债券、股票等；④特别提款权；⑤其他外汇资产。

1.1.2 外汇的分类

按照不同的标准和依据，可以对外汇进行不同的分类。

1. 按照外汇可否自由兑换，分为自由外汇和记账外汇

自由外汇（Free Foreign Exchange），指不需要货币发行国管理当局批准，可自由兑换其他货币，或者可向第三者办理支付的外国货币及其支付手段，如以美元、欧元、日元、英镑、加拿大元等发达国家货币表示的外汇。

记账外汇（Foreign Exchange of Account），亦称协定外汇（Agreement of Foreign Exchange），指在两国政府间签订的协定项目下所使用的外汇，即未经货币发行国批准，不能自由兑换成其他货币或对第三者支付的外汇。

2. 按照外汇的来源或用途，分为贸易外汇和非贸易外汇

贸易外汇（Foreign Exchange of Trade），指通过出口贸易而取得的外汇及用于进口商品支付的外汇。贸易外汇包括进出口贸易货款及其从属费用。

非贸易外汇（Foreign Exchange of Invisible Trade），指非来源于出口贸易或非用于进口贸易的外汇。非贸易外汇主要包括劳务外汇、旅游外汇、侨汇、捐赠援助外汇及投资收益汇回等，是一国外汇收支中越来越重要的组成部分。

【中国的外汇储备】

1.1.3 外汇的作用

外汇是沟通国际交流、办理国际结算的重要工具，它在促进国际间货币的流通和贸易的发展，调节国际收支等方面具有重大作用。

1. 转移国际间的购买力，促进国际间货币流通

由于外汇是一种国际间清偿债务、了结债权的手段，故一国拥有大量的外汇，就意味着拥有大量的国际购买力。随着外汇业务的发展，国际间代表外汇的各种信用工具大量涌现，使不同货币制度国家之间的非现金结算成为可能，既便利了国际结算，又可使各国的购买力相互转换，极大地促进了国际间货币流通。

2. 促进国际经济交易尤其是国际贸易的发展

外汇作为国际间清偿债权债务的工具，加速了资金在国际间的周转速度，促进了投资活动和资本移动，极大地便利了国际经济交易。更为重要的是，各种信用工具在国际贸易中的广泛使用，使国际信用增加（如出口商开出远期汇票，允许进口商延期付款），扩大了国际间商品流通的速度与范围，促进了国际贸易的发展。

3. 便于调节国际间资金的供求失衡

世界各国经济发展水平极不平衡，国际间资金供求失衡现象尤为严重。而外汇作为国际间的支付手段，可加速国际资本的转移，活跃资金市场，针对国际资金市场的供求状况调剂余缺，从而推动整个世界经济的发展。

4. 促进信用国际化

外汇作为各国普遍接受的资产，促进了兑换货币的国际化。各国通过办理国际结算业务，把债权、债务集中在存款账户中把银行关联在一起，使国内银行信用扩展为国际信用。

1.2 汇率概述

1.2.1 汇率的概念

外汇作为一种特殊的商品也是可以买卖的，买卖时必然有一个价格，外汇的价格就是外汇汇率。

外汇汇率（Foreign Exchange Rate）是指一国货币折算为他国货币的比率，简称汇率。它是两国货币的相对比价，即用一国货币所表示的另一国货币的价格。因此，汇率又有以下称谓：人们在外汇市场买卖外汇时称汇率为汇价，人们进行货币兑换时称汇率为兑换率，银行公布的汇率称为外汇牌价，等等。

1.2.2 汇率标价法

汇率所反映的是两国货币的相对比价，而要确定两种不同货币间的比价，先要明确以哪一种货币作为标准。根据在汇率标识中的位置不同，可以把两种货币区分为基本货币和标价货币。前者是指在标价过程中作为常量的货币，后者是指在标价过程中作为变量的货币。根据两种货币在标价过程中是作为基本货币，还是作为标价货币的标准来划分，汇率的标价方法以下几种。

1. 直接标价法

直接标价法（Direct Quotation）是以外币作为基本货币而以本币作为标价货币的汇率表达方式。由于它是以一定单位（1个货币单位、100个货币单位等）的外币为标准来折算应付若干单位的本币的汇率标价法，因此又称应付标价法。其基本特点是：外币数额固定不变，即汇率的涨跌以本币数额的变化来表示。如果一定数额的外币折算的本币数额比以前增多，说明外币升值而本币贬值，即外汇汇率上涨；反之，如果一定数额的外币折算的本币数额比以前减少，说明外币贬值而本币升值，即外汇汇率下跌。

目前，世界上绝大多数国家都采用直接标价法，我国人民币汇率也采用直接标价法。

2. 间接标价法

间接标价法（Indirect Quotation）是以本币作为基本货币而以外币作为标价货币的汇率表达方式。由于它是以一定单位的本币为标准来折算应收若干单位的外币的汇率标价法，因此又称应收标价法。其基本特点是：本币数额固定不变，外币数额随本币与外币的币值对比变化而变化，汇率的涨跌以外币数额的变化来表示。如果一定单位的本币折算的外币数额比以前增多，说明本币升值而外币贬值，即外汇汇率下跌；反之，如果一定单位本币折算的外币数额比以前减少，说明本币贬值而外币升值，即外汇汇率上涨。

3. 美元标价法

美元标价法（US Dollar Quotation）是以一定单位的美元折算成若干数量的各国货币来表示各国货币汇率的方法。第二次世界大战以后，由于纽约外汇市场外汇交易量的迅速扩大和美元在国际货币中的霸主地位，西方各国银行在报出各种货币买卖价格时大多都采用了美元标价法，目的是简化报价并广泛地比较各种货币的汇价。在当今国际金融市场上，美元标价法已经被普遍采用，其特点是，当美元同其他货币汇率发生变化时，美元的数额固定不变，汇率通过其他货币的数额变化来表现。

1.2.3 汇率的种类

汇率与经济关系十分密切，汇率的种类也多种多样。

1. 按照国际货币制度的演变来划分

（1）固定汇率（Fixed Exchange Rate）。它是指一国货币对另一国货币的汇率基本固定，或将汇率的波动幅度限制在一个特定的范围内的汇率。如金本位制下，货币含金量是汇率决定的基础，黄金输送点是汇率波动的界限，属于典型的固定汇率。第二次世界大战后（1945—1973年），在以美元为中心的固定汇率制度下，国际货币基金组织会员国的货币平价一律以一定数量的黄金或美元来表示，各国货币对美元汇率的波动幅度为上下限各1%，也属于固定汇率。

（2）浮动汇率（Floating Exchange Rate）。它是指一国货币的对外汇率不予固定，也不规定上下限的波动幅度，而是根据外汇市场的供求状况任其自由涨落的汇率。外国货币供过于求，则外币贬值而本币升值，称外汇汇率下浮；外币供不应求，则外币升值而本币贬值，称外汇汇率上浮。就浮动形式而言，如果政府对汇率的波动不加干预，完全听任供求关系决定汇率，称为自由浮动或清洁浮动；若政府出于某种目的，采取各种干预措施，使外汇市场汇率向有利于本国的方向浮动；则称为有管理的浮动或肮脏浮动。1973年固定汇率制瓦解后，各国普遍实行的就是这种有管理的浮动汇率制度。

2. 从银行买卖外汇的角度划分

【人民币汇率中间价】

银行在外汇业务中，采用双向报价制，即同时报出外汇的买入价和卖出价，二者之间的差额是银行买卖外汇的收益，通常为汇率的1‰～5‰。

（1）买入汇率（Exchange Buying Rate），指银行购买外汇时所使用的汇率，又称买入价。直接标价法下，一定量外币折合本币数较少的那个汇率是买入价，它位于卖出价之前，间接标价法下正好相反。

（2）卖出汇率（Selling Rate of Exchange），指银行出售外汇时所使用的汇率，又称卖出价。直接标价法下，一定量外币折合本币数较多的那个汇率是卖出价，表示银行卖出外币时，应向客户收取的本币数，它位于买入价之后，间接标价法下则相反。

银行同业之间买卖外汇时所使用的买入汇率和卖出汇率又称同业买卖汇率，也就是外汇市场买卖价。一般而言，银行同业买卖外汇的差价幅度很小，低于1‰。

（3）中间汇率（Middle Rate of Exchange），指买入汇率和卖出汇率的算术平均值，又称中间价。国际货币基金组织所公布的各国汇率表中，均采用中间汇率，西方报刊公布汇率时，也多用中间汇率。它通常用于非外汇交易的各种场合，如在汇率分析与预测中，人们无须确切了解买入汇率和卖出汇率之间的差额。

3. 根据现钞和现汇的区别划分

（1）现钞价（Foreign Currency Rate），指银行买卖外币现钞的价格，又称钞价，分为现钞买入价和现钞卖出价。

（2）现汇价（Spot Exchange Rate），指银行买卖外汇支付凭证时标出的汇率，即通常所说的汇率。

一般而言，银行现钞买入价要稍低于外汇买入价，因为银行需将买入的现钞运送到其发行国，支付相应的运费和保险费，并承担运送期间的利息损失。现钞卖出价往往与现汇卖出价相同，我国实行的就是这种做法。但也有些国家的现钞卖出价高于现汇卖出价。

4. 从汇率制定的角度划分

（1）基本汇率（Basic Rate of Exchange）。它是本国货币对特定的关键货币的汇率。所谓关键货币，是指本国国际收支中使用最多、外汇储备中所占比重最大且在国际上被广为接受的可自由兑换货币。由于世界各国货币很多，一国货币难以同时与众多外币定出汇率，因此必须选出特定国家的货币作为主要对象，并与这种关键货币对比制定出基本汇率。由于美元在国际货币体系中的特殊地位，各国一般将本国货币对美元的汇率作为基本汇率。

（2）套汇汇率（Cross Rate of Exchange）。各国在基本汇率制定出来以后（其关键货币大多为美元，但不一定都是美元），根据基本汇率套算得出的对其他国家货币的汇率，称为套汇汇率，又称交叉汇率。

5. 按照国际结算业务中的汇款方式划分

（1）电汇汇率（Telegraphic Transfer Rate），是以电汇方式进行国际结算时买卖外汇的汇率。银行卖出外汇后，以电报通知国外分支行或代理行解付款项。电汇汇率是外汇市场基准汇率，一般外汇市场公布的都是电汇汇率。

（2）信汇汇率（Mail Transfer Rate），是以信汇方式进行国际结算时买卖外汇的汇率。银行通过邮寄支付委托书通知国外分支行或代理行解付款项。由于银行可获取邮程利息，因此信汇汇率略低于电汇汇率。目前，信汇汇率已很少用了。

（3）票汇汇率（Demand Draft Rate），是以汇票方式买卖外汇时使用的汇率。由于汇票售出时间和款项解付之时存在时间差，票汇汇率也低于电汇汇率。

6. 按照外汇买卖的交割期限划分

（1）即期汇率（Spot Exchange Rate），指外汇买卖双方在成交后的当天或两个营业日以内办理交割时所使用的汇率。一般来说，电汇汇率、信汇汇率及即期票汇汇率都属即期汇率。

（2）远期汇率（Forward Exchange Rate），指买卖远期外汇时所使用的汇率，即买卖双方成交后，在约定的日期办理交割而事先由买卖双方订立合同、达成协议的汇率。

7. 从外汇管理的角度划分

（1）官方汇率（Official Rate）。它是一国的货币金融管理机构如中央银行或外汇管理当局规定并予以公布的汇率。这种汇率具有法定的性质，故又称官价或法定汇率。它可能用于全部或局部的货币兑换，也可能仅为政府干预汇率提供一个标准。官方汇率有的是单一汇率，有的是多重汇率，但更多的是双重汇率。

(2) 市场汇率（Market Rate）。它是指在自由外汇市场上买卖外汇的实际汇率，它随外汇市场的供求关系变化而自由浮动。在外汇管制较松的国家，官方公布的汇率往往只起中心汇率的作用，实际外汇交易则按市场汇率进行。一般而言，市场汇率高于官方汇率，但由于政府干预，市场汇率不会偏离官方汇率太远。

8. 按外汇资金的性质和用途划分

(1) 贸易汇率（Commercial Rate），指用于进出口贸易货价及其从属费用方面支付结算的汇率。

(2) 金融汇率（Financial Rate），指用于资金往来、旅游等非贸易方面支付结算的汇率。

9. 按外汇市场开盘与收盘时间划分

(1) 开盘汇率（Opening Rate），指每个营业日外汇市场买卖交易开始时的汇率，又称开盘价。

(2) 收盘汇率（Closing Rate），指每个营业日外汇市场买卖交易终了时的汇率，又称收盘价。

另外，在国际金融研究与决策中，还经常用到名义汇率（Nominal Exchange Rate）、实际汇率（Real Exchange Rate）和有效汇率（Effective Exchange Rate）等概念。

1.3 汇率的决定与变动

汇率的决定是一个非常复杂的问题；而价格水平、利率、国际收支等因素同汇率之间存在着紧密联系，它们从不同的角度对汇率的变动产生影响。

1.3.1 汇率决定基础

在不同货币制度下，汇率的决定基础是不同的，下面分别进行介绍。

1. 金本位货币制度下汇率的决定

(1) 金本位货币制度的基本内容。

① 本位货币由黄金制作。

② 本位货币自由铸造，无限法偿；辅币限制铸造，有限法偿。

③ 黄金自由输出入。

④ 流通中除了金币外，还有银行券等信用货币。

(2) 金本位货币制度下汇率的决定。

金本位货币制度下，各国都规定金币的法定含金量。所谓金平价，就是两种货币含金量或所代表含金量的对比。在金本位货币制度下，法定汇率是铸币平价，但是实际的市场价格未必是法定汇率，这是因为市场价格还受供求的影响。

2. 纸币本位制度下汇率的决定

20 世纪 20 年代之后,金本位货币制度基本崩溃,各国开始实行纸币本位制度。按照马克思的货币理论,纸币是价值的一种代表,两国纸币之间的汇率便可用两国纸币各自所代表的价值量之比来确定。因此,纸币所代表的价值量是决定汇率的基础。在实际经济生活中,由于各国劳动生产率的差异、国际经济往来的日益密切和金融市场的一体化,以及信息传递技术的现代化等因素,纸币本位制度下的货币汇率决定还受其他多种因素影响。

1.3.2 影响汇率变动的因素

汇率作为一国货币对外价格的表示形式受到各种因素的影响,这些因素,既有经济的,也有非经济的,既相互联系,又相互制约,甚至相互抵消,因而影响汇率变动的原因异常复杂。

1. 国际收支

国际收支是一国对外经济活动的综合反应,它对汇率的变动有着直接的影响。当一国的国际收支为逆差时,在外汇市场上就表现为外汇的供应小于需求,因而本币汇率下降,外汇汇率上升;反之,当一国的国际收支为顺差时,在外汇市场上就表现为外汇的供应大于需求,使本币汇率上升,外汇汇率下降。

国际收支包括货物贸易收支、服务贸易收支和资本流动等若干项目,其中,贸易和服务收支对汇率有特别重要的影响。

2. 货币供给与通货膨胀

货币汇率取决于它所代表的价值量,而价值量的变化多是由货币供应量变化引起的,由于生产技术、生产结构和劳动生产率等在短期内不可能有太大的变动,所以商品的价值是相对稳定的,而货币需求也是相对稳定的,因此货币供应过快,必然引起货币代表的价值降低,且货币对内价值是对外价值的基础,其对外价值即汇率必然随之下降,从而引起汇率下降。

货币供应和通货膨胀影响汇率的传导机制包括以下几个方面。第一,若一国通货膨胀率高于他国,则该国出口竞争力减弱,而外国商品在该国市场上的竞争力增强,会导致该国贸易收支逆差,造成外汇供求缺口,从而导致本币汇率下降。第二,通货膨胀会使一国实际利率下降,推动资本外逃,引起资本项目逆差和本币汇率下降。第三,由于通货膨胀是一个持续的物价上升过程,人们的通货膨胀预期会演变成本币汇率下降预期。在这种心理预期下,为了避免本币贬值可能带来的损失,人们会在外汇市场上抛售本币,抢购外币,会引起本币汇率进一步下降。第四,在货币供应较多的情况下,公众持有的货币量超过其愿意持有的货币量,会导致其把一些资金转移到国外,从而导致本币汇率下降。

3. 利率

作为资本的价格,利率的高低直接影响着金融资产的供求。如果一国的利率水平相对于他国水平提高,资金的收益上升就会刺激国外资金流入增加,同时本国资金流出减少,从而能够改善资本账户,提高本币汇率;反之,如果一国的利率水平相对于他国水平下降,则会恶化资本账户,造成本币汇率下跌。当然,由利率变化引起的资本流动必须考虑未来汇率的变动,只有利率的变动抵消了汇率未来的不利变动之后,金融资产所有者仍有利可图时,资本的国际流动才会发生。

利率变化影响汇率的传导机制包括以下几方面。第一，在其他条件不变的前提下，利率上升会吸引资本流入，使外汇市场中的外币供应相对增加，增加对该国货币的需求，推动高利率货币的汇率上升。第二，利率上升意味着信用紧缩，这会抑制该国的通货膨胀，在一定时期可以通过刺激出口和约束进口，推动该国货币汇率上升。第三，利率上升会抑制该国总需求，从而增加出口供给和减少进口需求，因而有助于经常项目改善，有利于该国货币汇率上升。

利率对长期汇率的影响是十分有限的。与国际收支、通货膨胀等因素不同，利率在很大程度上属于政策工具的范畴，因而，它会对短期汇率产生更大的影响，当代国际金融市场上存在着大量的国际游资，它们对利率的变动极为敏感，所以从短期看，诱发国际资本流动是利率影响汇率的主要途径。当然中央银行的贴现率变化也可以影响一国金融市场的利率，因此，一个国家的中央银行改变贴现率会影响其货币汇率。

4. 经济增长率差异

国家之间在经济增长率上存在着很大的差异。经济增长率对货币汇率的影响是多方面的。第一，经济增长率的升降影响国民收入的增减，国民收入的增减又影响商品需求的增减，从而影响其国际收支。第二，经济增长意味着劳动生产率提高，劳动生产率提高使产品的成本降低，从而提高出口商品的竞争能力，改善贸易收支状况，提高本币汇率。第三，经济增长率高，意味着投资势头较好，投资势头较好又意味着对资金的需求增加。对资金的需求直接影响着利率水平，而利率水平对资本金融账户收支是有重要影响的，此外，经济增长率高，也意味着较高的投资回报率，有利于吸引外国直接投资，因而有利于本币汇率提高。

总之，经济增长对汇率的影响较为复杂，从长期来看，一个国家较高的经济增长会带动其货币汇率的上升。

5. 心理预期

在外汇市场中，是买进还是卖出某种货币，与交易者对今后的货币走势判断有很大关系。由于交易者的心理预期大体上取决于经济增长、通货膨胀、经济政策及经济金融形势等因素，所以心理预期不但会对汇率具有重大影响，而且具有捉摸不定、十分易变的特点。

6. 中央银行干预

汇率变动会对经济产生重要影响，为了使汇率水平对本国有利，或朝着对本国有利的方向转变，各国中央银行经常对外汇市场进行干预。

自实行浮动汇率制以来，西方国家各中央银行曾多次单独或联合干预外汇市场，尤其是从 20 世纪 80 年代中期以来，西方国家各中央银行多次共同行动来进行联合干预外汇市场。

此外，如战争、国家领导人选举、偶然性事件等也会对汇率变动产生影响。

总之，影响汇率变动的因素极其复杂，不能用单一的因素考察汇率的全部变动。同时，影响汇率的各个因素在不同国家、不同时期其重要性也不同。因此，对汇率变动的考察要同一定的社会经济条件和特定时间因素相联系。

案例 1-1

英国脱欧对汇率的影响

《经济参考报》12 月 19 日刊发题为《英国公布脱欧协议投票日期》的报道。文章称，英国首相特雷莎·梅17日称,国会议员对脱欧协议的投票时间确定为2019年1月14日,并继续呼吁议员们支持她的脱欧协议,避免无序脱欧。商业机构普遍预计,脱欧将会打击投资、汇率、消费、房价,英国经济整体放缓甚至萎缩态势难以避免。

英国央行行长马克·卡尼近期表态称,金融业已准备好应对脱欧进程各项不确定性和挑战,但市场机构越来越多倾向于英国加息节奏中止。彭博社在对61名市场人士的调查结果显示,其中60人认为本周英国央行将维持利率在0.75%不变。

道明证券经济学家罗西特在一份报告中表示:"自去年11月的会议以来,政策背景有所恶化,尤其是在经济活动数据和政治不确定性方面,因此英国央行货币政策委员会可能会以略显谨慎的语气发表声明。"

(资料来源:大洋网,2018年12月19日)

1.4 汇率理论

汇率理论主要说明汇率决定基础及汇率变动的原因,是国际金融中重要的理论。

1.4.1 国际收支理论

国际收支理论是从国际收支角度来分析汇率决定与变动的理论学说。其理论渊源可以追溯到14世纪。1861年,英国经济学家戈森较为完整地阐述了汇率与国际收支的关系,他的理论被称为国际借贷学说。第二次世界大战以后,随着凯恩斯宏观分析的广泛应用,许多学者应用凯恩斯模型来说明影响国际收支的主要因素,进而分析了这些因素是如何通过国际收支影响到汇率的变动,形成了国际收支学说的现代形式的。

1. 国际收支说的早期形式——国际借贷说

1861年,英国经济学家戈森出版了《外汇理论》一书,在书中,戈森提出了汇率决定的"国际借贷说",这标志着系统的汇率理论的形成。

戈森的理论在很长时间内被称为汇率理论中的经典,这主要是因为该理论用供求解释汇率的变动与当时的主流经济学相一致,特别在金本位货币制度下,比较符合实际。同时,该理论简明扼要,在强调供求的同时,也考虑了其他因素,如利率等。但该理论不能解释外汇供求相等时的汇率决定,也不能很好地解释纸币本位制度下的汇率决定与变动。

2. 现代的国际收支说

现代的国际收支理论是凯恩斯主义的汇率理论。该理论认为:外汇汇率决定于外汇的供求。由于国际收支状况决定着外汇的供求,所以汇率实际取决于国际收支,并且影响国际收支的因素也间接影响汇率。

国际收支(BP)由经常账户(CA)和资本与金融账户(KA)组成,其关系用公式表示为:

$$BP = CA + KA = 0$$

假定汇率完全自由浮动,政府不对外汇市场进行任何干预,同时将经常账户简单视为贸易账户,则贸易账户由商品和劳务的进出口决定。其中进口主要由本国国民收入(Y)和实际汇率决定;出口主要由外国国民收入(Y^*)和实际汇率决定,由此得到:

$$CA = f'(Y, Y^*, P, P^*, e)$$

再假定资本与金融账户收支由本国利率（i）外国利率（i^*）及未来汇率变化的预期（$EF-e$）/e 决定，由此得到：

$$KA = f''(i, i^*, (EF-e)/e)$$

将两式合并得到：

$$BP = f(Y, Y^*, P, P^*, i, i^*, e, EF)$$

如果将汇率以外的变量视为外生变量，则汇率将在这些变量的共同影响下发生变动，直至实现国际收支平衡，由此得到：

$$E = g(Y, Y^*, P, P^*, i, i^*, EF)$$

上式表明，影响本国收支，进而影响汇率的主要因素有本国和外国的国民收入、本国和外国的价格水平、本国和外国的利率水平及对未来汇率水平变化的预期。各因素的具体影响如下。

本国国民收入的增加带来进口的增加，在外汇市场中出现对外汇的超额需求，本国货币趋于贬值；外国国民收入的增加将带来本国出口的上升，外汇市场上会出现外汇的超额供给，则本国货币趋于升值。

本国价格水平的上升将导致本国出口的下降，从而本国货币贬值；外国价格水平上升则导致本国出口上升，经常账户得到改善，则本国货币趋于升值。

本国利率的提高将带来更多的资本流入，外汇市场会出现超额的外币供给，本国货币升值；外国利率的提高将导致本国资金外流，外汇市场出现对外汇的超额需求，本国货币将贬值。

【外汇储备变动和人民币汇率趋稳】

如果预期未来本国货币贬值，资本将流出以避免损失，导致本国货币即期贬值；反之，则本国货币升值。

以上的分析结论是在其他变量不变的条件下得出的。实际上这些变量之间存在着复杂的关系，它们对汇率的影响是难以简单确定的，例如，以国民收入这一变量为例，本国国民收入增加，在增加进口的同时，会造成货币需求的上升，从而会提高利率水平，这会有利于资本流入。

1.4.2 购买力平价理论

《外汇理论》一书出版后，汇率的国际借贷说占据上风，由此汇率研究一度比较沉寂，但汇率的研究从未停止。瑞典经济学家卡塞尔在其1922年出版的《1914年以后的货币与外汇》一书中详细论述了购买力平价理论。

1. 购买力平价理论的假设

购买力平价理论最重要的假定条件是：在国际范围内，一价定律能够成立。所谓一价定律，是指在自由贸易的条件下，在统一的市场范围内，无论是国内市场，还是国外市场，同一件商品无论是在什么地方出售，扣除运输费用外，价格都相同。忽略国际贸易的运输成本、信息费用和利息负担等因素的影响，假设物价与汇率是单向的因果关系，即不考虑汇率对物价的影响，不考虑对汇率的预期等因素的影响；假定货币中性，即经济中的变化都是纯粹货币性质的变化，没有影响到产量、产业结构、生产成本和劳动生产率等实际经济变量。因此，货币数量论和货币中性定理是购买力平价说的理论基础。

2. 购买力平价理论的基本思想

购买力平价理论的基本思想是：货币的价值在于其购买力，因此不同货币之间的兑换率取决于其购买力之比，也就是说，汇率与各国的价格水平之间具有直接的联系。本国人需要外国货币，是因为该外国货币在其发行国具有购买力；外国人需要本国货币则是因为本国货币在本国有购买力。如果按一定比率用本币购买外币，也就是购进了外币的购买力。因此，两国货币之间的兑换率由两国货币的购买力决定。

3. 购买力平价形态

购买力平价有两种形态，即绝对购买力平价和相对购买力平价。

（1）绝对购买力平价。

由于货币的购买力实际上是一般物价水平的倒数，两国货币的汇率就取决于两国一般物价水平之商，这是绝对购买力平价。如果用 e 表示两国货币的汇率，P_a 表示甲国的价格水平，P_b 表示乙国的价格水平，绝对购买力平价可以用公式表示为：

$$e = P_a / P_b$$

价格水平可用物价指数表示，因此，绝对购买力平价又可以表明任何两种货币间的汇率等于它们的物价指数之比。

将方程变形，可以得到：

$$P_a = P_b \times e$$

这就是一价定律的公式表达，绝对购买力平价实际上是一价定律的扩展。

（2）相对购买力平价。

相对购买力平价是在绝对购买力平价的基础上发展起来的，它把汇率的涨落归因于物价或货币购买力的变动，在一定时期内，汇率的变动与同时期内两国物价水平相对变动呈比例。其公式为：

$$e^* = e[(P_a^*/P_a)/(P_b^*/P_b)]$$

上式中 e^* 为新汇率，e 为旧汇率，P_a、P_b 表示两国基期的价格水平；P_b^* 和 P_a^* 表示两国计算期的物价水平。相对购买力平价考虑了两个时间点的物价水平及汇率的变动。

绝对购买力平价和相对购买力平价有其内在联系，但也有不同之处：第一，前者反映的是某一时点的汇率，后者反映的是某一段时间内的汇率；第二，前者反映价格的绝对水平，后者反映价格的变动率；第三，前者说明汇率的决定基础，后者说明汇率变动的原因；第四，绝对购买力平价不正确，但相对购买力平价可能正确；相对购买力平价正确，则绝对购买力平价正确。

总之，购买力平价的结论是：第一，汇率完全是一种货币现象，物价的变动会带来名义汇率在相反方向上的等量调整，因此名义汇率在剔除货币因素后所得的实际汇率是始终不变的；第二，购买力平价决定中长期内均衡汇率，或者其本身就是中长期均衡汇率；第三，购买力平价的理论基础是货币数量说。在社会可供商品总量已定的情况下，货币的供应量越多，单位货币的购买力就越低。因此，货币数量通过决定货币购买力和物价水平进而决定汇率。

4. 购买力平价理论的评价

在所有的汇率理论中，购买力平价理论是最有影响的。它透过影响汇率的种种因素，触及了汇率决定的基础这一本质问题，为金本位货币制度崩溃后各国汇率政策的制定提供了重要依据；它解释了中长期汇率变动的主要原因，在一定程度上符合客观实际并具有实用价值和可操作性；它开辟了从货币数量角度对汇率进行研究的先河，在论证上具有较严密的逻辑性，所采用的分析方法至今仍具有借鉴意义。

然而，这个理论也存在着严重的缺点：第一，一价定律的前提条件与现实状况并不总是相符；第二，购买力平价说不能解释短期实际汇率的变动趋势；第三，用物价指数来表示两国货币的购买力存在着技术性困难；第四，购买力平价说忽略了汇率变动对物价的影响作用。

5. 购买力平价理论的检验

购买力平价理论的巨大影响力引起了众多经济学家的兴趣，许多经济学家都对比进行了检验，得出了以下结论。

(1) 大宗贸易商品基本符合，较少参与贸易的商品不符合。

(2) 长期基本符合，短期基本不符合。

(3) 混乱和严重通货膨胀时期符合。

案例 1-2

如果用购买力平价理论来算 GDP，印度的 GDP 总值达到了 10 万亿美元，成为世界第三名。根据购买力平价统计，假设 1 美元可以买一个面包，而 5 印度卢比也可以买一个同样的面包，那么就称 1 美元与 5 印度卢比是等价的。购买力平价汇率与实际汇率可能有很大的差距。尽管此时 1 美元与 5 印度卢比在价值上并不等价，但其购买力是一样的，此时就将 5 印度卢比记为 1 美元。在该经济学理论下，印度的 GDP 总值达到了约 10.5 万亿美元，成为世界第三名。而中国以约 25.36 万亿美元，跃居世界第一大经济体，人均 1.8 万美元；美国以约 20.49 万亿美元居于第二，人均则以 6.25 万美元依然居于首位。

然而，购买力平价会忽略供求关系，当地供过于求，价格就低，反之亦然；购买力平价更重视商品本身，忽视了服务的价值，同样的商品所在场合的不同，价值可能也不同；购买力平价理论不适用于国际贸易，国际贸易只用实际汇率转换进行交易。

问题：结合购买力平价理论和各国的实践，讨论为什么世界各国不用购买力评价理论来衡量本国经济总量？

（资料来源：新浪财经，2019 年 8 月 17 日）

知识拓展

巨无霸指数

巨无霸指数（Big Mac index）是一个非正式的经济指数，用以测量两种货币的汇率理论上是否合理。这种测量方法假定购买力平价理论成立。根据最新数据，几乎每一种货币兑美元都被低估了。其结果是，相对于基本面，美元本身看起来比 30 年来的任何时候都更强劲。

巨无霸指数指出，货币应该进行调整，直到一篮子相同商品的价格——或者在这种情况下，是一个巨无霸——在所有地方都是一样的。以这个标准来衡量，大多数汇率都偏离了目标。例如，在俄罗斯，一个巨无霸的价格是 110 卢布（1.65 美元），而在美国是 5.58 美元。

这表明卢布兑美元汇率被低估了 70%。在瑞士，麦当劳的顾客必须支付 6.50 瑞郎（6.62 美元），这意味着瑞郎被高估了 19%。

[资料来源：FX168 财经报社（香港），2019 年 1 月 13 日]

1.4.3　汇兑心理学说

汇兑心理学说是法国学者阿夫达里昂于 1927 年提出的。他认为影响主观评价因素包括质和量两个方面。质的方面包括商品购买力、对外债务支付能力、政治不安、资本逃避等；量的方面包括国际借贷及资本移动数量等。

汇兑心理学说的主要贡献是：纠正了传统理论的教条式论述，强调了心理因素对汇率的影响，这对于由战争或政治、经济社会不安定因素而导致的资本逃避从而影响汇率稳定的解释特别切合实际，具有一定的说服力。但该理论以人们的主观评价作为汇率决定和变动的基础，这从根本上缺乏根据。特别是认为汇率并不遵从任何特定的规则，而完全受变化莫测的不可计量心理因素支配，从而忽略了心理因素只是人们对物质因素的变动及其后果的预期反映。

1.4.4　利率平价理论

1. 利率平价理论的基本内容

利率平价理论由英国经济学家凯恩斯提出，后来经过一些经济学家的补充和完善，成为汇率理论中具有影响的理论之一。利率平价理论产生的背景是：随着生产和资本国际化的发展，资本在国际间移动的规模越来越大，并且日益成为影响汇率变动的一个重要因素。购买力平价理论已经无法解释上述现象，进而利率平价理论应运而生。

利率平价理论假定资本完全流动，而且资本流动不存在任何交易成本。投资者可以将本国货币投放到国内市场，按国内利率获取收益；也可将本国货币按即期汇率转换成外币，投放到国外，按国外利率获取收益，再将这一收益按远期汇率折成本币。两种收益比较的结果是投资者选择货币投放方向的依据，由此产生了套利资本的国际流动，而且这种流动一直进行到通过汇率的调整，使得两种收益相等为止。因此两国间的利差会影响两国货币间的即期汇率与远期汇率的差价，远期汇率的升水或贴水应与两国间的利差相等。

设本国利率为 I_a，外国利率为 I_b，即期汇率为 S，远期汇率为 F，汇率的标价方法为直接标价法。

1 单位本国货币在本国投资 1 年的投资收益为 $1+I_a$；1 单位本国货币在外国投资，需要先兑换为外币，即 $1/S$，投资收益为 $1/S \times (1+I_b)$，再按照远期汇率折算成本币，得到 $1/S \times (1+I_b) \times F$，以便同本国投资收益进行比较。

如果两国投资收益不同，金融市场便会出现套利活动，但在本国与外国之间套利活动终止时，在本国投资与在外国投资的收益应当相等，即

$$1+I_a = 1/S \times (1+I_b) = 1/S \times (1+I_b) \times F \tag{1-1}$$

将式（1-1）整理得到：

$$F/S = (1+I_a)/(1+I_b) \tag{1-2}$$

在式（1-2）两边各减去 1，得到：

$$(F-S)/S = (I_a - I_b)/(1+I_b) \tag{1-3}$$

在式（1-3）中，如果本国利率高于外国利率，即 $I_a>I_b$，则 $F>S$，即外汇汇率升水，$(F-S)/S$ 则为升水率；如果本国利率水平低于外国利率，即 $I_a<I_b$，则 $F<S$，即外汇汇率贴水，$(F-S)/S$ 则为贴水率。如果以 P 为代表远期外汇升、贴水率，则式（1-3）可演变为：

$$P=(I_a-I_b)/(1+I_b) \qquad (1-4)$$

式（1-4）变形后得到：

$$P+P\times I_b=(I_a-I_b) \qquad (1-5)$$

式（1-5）中，P 和 I_b 均为百分数，其乘积数值较小，如果忽略不计，则（1-5）式可变为：

$$P \approx I_a-I_b \qquad (1-6)$$

式（1-6）表明：远期外汇的升、贴水率与本国和外国的利率差大致相等。

式（1-3）和式（1-6）称为利率平价，亦即"经抵补的利率平价"。公式表明：利率低的国家远期汇率必然升水；利率高的国家的货币的远期汇率必然贴水。其升、贴水率大致等于两种货币的利率差。

2. 利率平价理论的评价

利率平价理论是西方汇率决定理论的重要组成部分，它在理论上纠正了以往汇率决定理论的某些偏差和不足。利率平价理论阐明了外汇市场中即期汇率、远期利率及相关国家利率之间的关系，把汇率的决定因素扩展到了资本市场领域。它从资金流动角度揭示了汇率与利率之间的密切关系及汇率的市场形成机制。

但是该理论也存在一些缺欠，主要集中表现在以下四个方面。

第一，利率平价理论，假定没有资金交易成本，这在一定程度上脱离实际。

第二，该理论的先决条件是外汇市场高度发达完善，资金可以自由流动。

第三，远期外汇市场的资金流动并非供给弹性无限大。

第四，利率平价理论忽视了市场投机这一重要因素，外汇市场可能受投机心理和投机者行为的影响，使预测的升贴水额和实际不符。

1.4.5 资产市场理论

【人民币汇率波动对世界经济的影响】

在国际资本流动高度发展的历史背景下，20世纪70年代，一种新的汇率决定理论——资产市场理论应运而生。与传统的汇率决定理论相比，其突出特点是将商品市场、货币市场和证券市场结合起来进行汇率决定的分析。该理论主要有以下三种模式。

1. 汇率的超调模式

1976年美国经济学家鲁迪格·多恩布茨提出了汇率的超调模式。该理论强调货币市场均衡对汇率变动的作用，从短期来看，商品市场价格由于具有黏性，对货币市场失衡的反应很慢，而证券市场的反应却很灵敏，因而利率立即发生变动。这样，货币市场的失衡就完全由证券市场来承受，从而形成利率的超调，即利率的变动幅度大于货币市场失衡的变动幅度。如存在资本在国际间自由流动的条件，利率的变动必然引起套利活动汇率的变动，而且汇率的变动幅度也大于货币市场失衡的变动幅度。这就是所谓的汇率超调现象。

从长期来看，由于利率、汇率的变动，商品价格也会慢慢发生变动，而最终达到货币主义汇率理论所说明的汇率的长期均衡水平。正是由于这个缘故，汇率的超调模式与货币主义汇率理论同属货币论，有所不同的是，汇率的超调模式是货币论的动态模式。汇率的超调理论有助于人们认识短期内的汇率变动，但它将汇率的变动完全归因于货币市场的失衡，也有不完善之处。

2. 汇率的资产组合平衡模式

汇率的资产组合平衡模式是托宾的资产选择理论的应用。该理论接受了多恩布茨的价格在短期内具有黏性的看法，认为在短期内汇率取决于资产市场（包括货币市场和证券市场）的均衡。由于各国资产（货币和证券）之间具有替代性，一国居民既持有本国资产，也持有外国资产。当国内外利息率、货币财政政策、经常账户差额和对汇率的预期发生变化时，人们就会进行资产组合的调整，从而引起资本的国际流动、外汇供求与汇率的变动。在长期内，物价也会慢慢调整，物价与经常账户差额相互发生作用，共同影响汇率。

3. 汇率的货币论

汇率的货币论是由美国经济学家约翰逊、蒙代尔等于20世纪70年代初创立的一种汇率理论，也被称为"国际货币主义汇率理论"。该理论实际是购买力平价理论的现代翻版，它强调货币市场均衡对汇率的决定性作用。当国内货币供给大于货币需求时，本国物价会上涨。这时，国际商品的套购机制就会发生作用，其结果会使外币汇率上浮，本币汇率下浮。相反，当国内货币需求大于货币供给时，本国物价则会下跌，通过国际商品套购机制，使本币汇率上浮，外币汇率下浮。

他们认为汇率变动是这样一种货币现象：外币汇率的变动与本国货币供给的变化呈正比例关系，与外币供给的变化呈反比例关系。一国货币供给相对于他国货币供给增加时，外币汇率上浮，本币汇率下浮；同国际收支理论的看法相反，汇率的货币论认为，国民收入、利息率等因素是通过影响货币需求对汇率发生作用的（本国国民收入增加，会扩大货币需求，从而本币汇率上浮；本国利息率上升，会缩小货币需求，从而本币汇率下浮）。汇率的货币论据此认为：一国货币疲软是其货币增长过快所致。所以该理论主张，货币的增长率要控制在与 GNP 增长率一致的水平上，才能保持汇率的稳定，否则，汇率将是不稳定的。

汇率的货币论有助于说明汇率的长期趋势，同时，能够唤醒人们对货币均衡的重视，但它过于把汇率与货币市场均衡相联系，而忽视了影响汇率的其他因素。

1.5 汇率制度

汇率制度，也叫汇率安排，是一国货币当局对本国汇率变动的基本方式所做的基本安排和规定，就基本类型来说，汇率制度分为固定汇率制度和浮动汇率制度。

【人民币汇率制度的历史沿革】

1.5.1 固定汇率制度

1. 概念

固定汇率制度是指两国货币的比价基本固定，或把两国货币的比价基本固定在一定幅度内，在此条件下，汇率一般不轻易变动，因此叫作固定汇率制度。

在金本位货币制度时期，各国货币同黄金建立固定联系，因此各国货币也就建立了固定联系，是典型的固定汇率制度。第二次世界大战结束后，在布雷顿森林体系下，重新建立了固定汇率制度，一直到1973年。

2. 第二次世界大战后的固定汇率制度的安排

20世纪二三十年代，汇率制度非常混乱。在第二次世界大战后，货币制度的计划者，特别是美国财政部认为，应该消除汇率波动和竞争性货币贬值。基于以上考虑，在美国的主导下建立了布雷顿森林体系，重新固定汇率制度。国际货币基金组织规定，美元钉住黄金，各国货币钉住美元。按照货币的含金量确立中心汇率，上下波动1%，当市场汇率接近界限时，进行干预。例如，英镑含金量为3.581 34克，美元的含金量为0.888 671克，则英镑和美元中心汇率为4.03，下限为3.989 7，上限为4.070 3。其他货币也按照此方式确立与美元的汇率。

3. 第二次世界大战后实行固定汇率制度的历史背景

（1）布雷顿森林体系建立前金融秩序混乱，严重阻碍了世界经济贸易的发展，因而各国非常渴望建立稳定的金融制度。如1929年的贸易指数为100，到了1935年则为32.8，整个贸易规模约缩减了2/3，经济危机是贸易缩减的重要原因，但各国货币竞相贬值也是一个重要因素。

（2）美国建立金融霸权的结果。在20世纪40年代初期，美国建立了以美元为中心的货币制度，这种制度实行固定汇率制度，可以防止西欧国家与其争夺市场，便于美国商品与资本打入西欧市场，便于建立美元霸权。

4. 维持固定汇率制度的手段

在固定汇率制度下，各种货币虽然规定了波动范围，但市场价格仍然受供求的影响。当市场价格要超出规定范围时，各国政府有义务采取干预措施，以维护固定价格。其具体措施包括贴现政策、外汇储备政策、外汇管制、改变金平价等。

5. 固定汇率制度的解体和原因

美元是核心货币，要维持固定汇率制度，美国必须收支顺差，并且要有足够的黄金储备，但经济的发展是不以人的意志为转移的，美国不能一直保持收支顺差，也没有足够的黄金储备。各国陆续放弃与美元的固定价格，固定汇率制度崩溃。究其原因，以美元为中心是崩溃的内在根源。此外，美国与其他国家矛盾的加剧是固定汇率制度崩溃的重要原因。

6. 固定汇率制度的评价

第二次世界大战后建立的固定汇率制度，稳定了金融秩序，为国际贸易和国际经济的发展提供了一个稳定的金融环境。稳定的汇率制度有利于贸易进行成本核算，使稳定地获得利润得到保证；有利于投资，保证了世界金融稳定，促进了世界贸易和经济发展。但是固定汇率制度过于僵化，各国不能利用汇率调节收支，还存在刺激单向投机及牺牲内部经济等问题。

1.5.2 浮动汇率制度

指政府对汇率不加固定，也不规定上下波动的界限，而完全根据市场供求决定本币与外币之间的汇率。它是固定汇率制度解体后西方国家普遍实行的汇率制度。

1. 浮动汇率制度的类型

(1) 自由浮动：也称清洁浮动，政府不加干预，完全由市场决定。

(2) 管理浮动：也称肮脏浮动，国家进行干预，使汇率朝着本国有利方向浮动。

2. 浮动汇率的评价

(1) 形成的汇率较为实际，容易发现合理的汇率水准，因而有利于稳定。

(2) 可以避免游资的冲击。

(3) 有利于调节国际收支。

(4) 可以节省储备。

但是，浮动汇率制度使国际交易处于不安定状态，从而增加风险；容易因投机或谣言造成汇率暴涨或暴跌。因此，目前对浮动汇率制度的争论较大。

1.5.3 其他类型的汇率制度

除了固定汇率和浮动汇率两种基本汇率制度外，还有多种介于两者之间的制度。

(1) 钉住汇率制度：货币的定值以某种货币为依据，按某一比价同另一国货币挂钩，本国货币的汇率随钉住国货币汇率变动而变动的汇率制度。

(2) 爬行钉住制度：一国经常地、小幅度调整的汇率制度。

(3) 汇率目标区制度：将浮动汇率限制在一定区间的汇率制度。

(4) 货币局制度：在法律中明确规定本国货币与某一外国可兑换货币保持固定的比率，并且对本国货币的发行做特殊限制以保证履行这一法定义务的汇率制度。

1.6 汇率变动的经济影响

汇率的决定与变动受到许多因素的影响，但汇率变动不是消极的，它反过来会对经济等产生直接或间接的影响，这种汇率与其他经济变量之间相互联系、相互作用的过程被称为汇率机制，它发挥着资源配置、信息传递、收入分配、动力刺激等多项功能。因此，一国货币汇率变动会对该国经济甚至其他国家经济产生一定的影响。

汇率下降和上升对经济的影响效果是相反的，下面，以贬值为例来说明汇率变动对经济的影响，至于升值的影响，通常与贬值的影响相反。

1.6.1 汇率变动对国际收支的影响

1. 对经常项目的影响

汇率频繁变动不利于贸易的发展，会加大贸易风险，但在一定条件下，贬值有利于经常项目。本国货币贬值以后，有利于出口，不利于进口，这是货币贬值的最重要经济影响，也是一国政府降低汇率时最主要的考虑因素。

【国际收支理论 国际收支系列之政策解读篇】

但是需要注意两个问题：第一，时滞问题，在短时间内可能出现相反的结果，即出现"J曲线"效应；第二，弹性问题，进出口商品需求弹性要求足够大，缺乏弹性会引起相反的结果。

货币贬值对经常项目中的旅游等服务项目来说，也有一定的促进作用。因为货币贬值后，外币购买力相应提高，而贬值国的商品、劳务、交通、导游和住宿等变得便宜起来，对外国游客无疑增加了吸引力，所以能促进旅游及相关收入的增加。同时，货币贬值后，外国服务价格变得昂贵起来，这会抑制本国居民对国外服务的需求，从而减少服务支出。

2. 汇率变动对资本国际流动的影响

追求利润是资本在国家之间流动的经济动力，汇率变动对国际资本流动的影响很大程度上取决于人们对一国汇率变动的心理预期。汇率变动对国际资本流动的影响可以从两个方面分析。

（1）汇率变动对短期资本流动的影响。当一国货币已经贬值或将要贬值时，在该国的本国、外国短期资本持有者为防止汇率的这种变动所造成的风险损失，特别是一国货币汇率的下跌显示出它将进一步下跌的信号时，就可能引起资本外逃，特别是短期资本的大量外逃，从而使国际收支恶化。因为该国货币的汇率的进一步下降，使得外资在该国的资产只能兑换更少的外汇。

（2）汇率变动对长期资本流动的影响。一国货币贬值，有利于长期资本的流入。这是因为，同汇率变动前相比，长期资本的持有者可以较少的外币进行较多贬值国货币的投资。如果人们认为汇率变动是一次性的，本币贬值使外资能够兑换更多的本国货币，从而可以支配更多的实际资源。本国的土地、劳动力、设备、原材料和各种金融资产对外资来说都更加便宜了，因此，外资会增加对该国的直接投资和间接投资。

另外，汇率变动影响借用外资的成本，从而影响资本流动。一国货币贬值，也就是外币升值，有利于债权国而不利于债务国，因为这将增加债务国还本付息的负担，从而使对外借款踌躇不前。如一国货币升值，则有利于借用外资从而使外资流入增加。

 知识拓展

苹果背后的顺差问题

小巧精致的苹果 iPod 播放器，它是由被委托方富士康在中国的代工厂组装的。每台播放器在美国零售价为 299 美元，其中美国本土企业获得 163 美元的附加值，中国只获得 4 美元的工人工资。但是，每次向美国出口一台播放器，账面上中国对美出口顺差就增加 150 美元。

苹果公司的 iPhone 手机的利润率高达 60%，而其在中国代工厂的组装成本只占 7%，可想而知中方所获利润更少。

在 3 月 24—26 日的"中国发展高层论坛 2018 年会"上，商务部副部长兼国际贸易谈判副代表王受文在中国发展高层论坛上表示"我们和其他的 WTO 的成员一道，推动达成了 WTO 贸易便利化的协定，使全球的贸易成本有可能减少 14%。我们一起推动取消了 WTO 框架下的农业出口补贴，国际农产品的贸易环境将更加公平。我们成功地和其他的 WTO 成员一起结束了信息技术的扩围谈判，取消了 201 项信息技术产品的关税。"

（资料来源：中关村在线，2018 年 3 月 26 日）

1.6.2 汇率变动对国际储备的影响

汇率变动直接影响一国国际储备中的外汇储备，主要表现如下。

1. 汇率变动影响国际储备总量

一国货币汇率变动通过资本转移和进出口贸易额的增减，直接影响本国外汇储备的增减。当一国货币汇率下降带来国际收支顺差时，会使该国外汇储备相应增加。一般说来，一国汇率变动使其出口值大于进口值时，其外汇收入会增加，储备状况也会随之改善；反之，储备状况则会恶化。一国货币汇率稳定，有利于该国吸收外资，从而促进该国外汇储备增加；反之，则会引起资本外流，使外汇储备减少。

2. 汇率变动可以改变储备货币的实际价值

若美元汇率下降而日元汇率上升，则美元储备的实际价值下降而日元储备的实际价值上升，某国动用美元储备偿还日元债务时，债务负担变得更为沉重。

3. 汇率变动影响外汇储备的结构

由于某种储备货币汇率下跌，会使保持该储备货币国家的外汇储备的实际价值减少，迫使这些国家调整外汇储备的货币结构，从而降低该货币的储备地位和数量。反之，则情形恰好相反。例如，当美元汇率不断下跌时，持有该外汇储备的国家便会蒙受一定的损失，为了避免这种损失，它们可能会减少美元在外汇储备中的数量。

1.6.3 汇率变动对国内经济的影响

汇率变动会通过影响物价、利率、收入分配、资源配置的功能等方面，对一国经济产生全面而深刻的影响。

1. 对物价的影响

一国货币汇率变动对国内物价有直接的影响。货币贬值后，从出口角度看，外币购买力提高，会增加对本国商品的需求，若供应量不能相应增长，则出口商品的国内价格就会上升，从进口角度看，进口产品国内价格相应上升，进而会推动与进口产品相类似的国内商品价格上升。如果进口产品国内需求弹性很低，在进口产品及其相关产品价格上升，而需求又不下降的情况下，会推动货币贬值国国内物价的整体上升，这对原材料依赖进口的国家尤其显著。

2. 汇率变动对就业和国民收入的影响

在市场经济中，需求是制约就业和收入增长的关键因素，需求不足是经济增长缓慢、设备闲置、工人失业的直接原因。

3. 汇率变动对资源配置的影响

货币贬值以后，出口产品需求增加，出口扩大，出口商利润增加，促使其他产业转向出口制造业，包括资金和劳动力等要素。资金从其他行业转向出口贸易部门，企业利润上升，可能会导致职工工资增加，引起劳动力转移到出口部门。另外，贬值以后，进口成本增加，其销售价格上升，对进口产品的需求会有一部分转移到国内，同时，国内产品对进口产品的竞争力提高，进口替代产业会繁荣起来。因此，货币贬值会影响到一个国家的资源配置。

1.6.4 汇率变动对国际经济关系的影响

汇率是国际交易的尺度。汇率频繁变动不仅会对各国对外贸易、国内经济产生严重影响，也影响世界经济、贸易和投资的发展，并影响各国之间的经济关系。汇率的变动常常加剧发达国家和发展中国家之间的矛盾，激化发达国家之间争夺市场的矛盾，加大国际贸易和国际金融活动的风险，也助长外汇投机。在各国开放度越来越高的情况下，各国之间的经济联系越来越密切，一个国家的货币贬值容易引起多个国家竞相降低本币汇率的货币战，这必将加深国际经济关系的复杂化。

1.6.5 汇率变动对经济影响的制约条件

汇率变动对各国经济的影响要受到许多因素的制约，其中比较主要的因素有以下几个。

（1）政府对经济运行的干预程度。政府对经济运行的干预会改变市场机制的运动过程，使汇率变动对经济运行的影响复杂化。

（2）货币的可兑换性。若货币缺乏可兑换性，汇率变动则对该国经济特别是资本国际流动的影响较小。

（3）金融市场的发育程度。金融市场发育程度越高，汇率变动对该国经济影响越大。

（4）对外开放程度。一国对外开放程度越高，汇率变动对该国经济影响越大。

由于以上复杂因素的影响，汇率的变动对不同国家或同一国家在不同时期的影响是不一样的。

 资料卡

汇率波动对世界经济的影响

在20世纪70年代初，世界各国自布雷顿森林体系崩溃以后，纷纷开始实施浮动式的汇率体制。固定汇率制转变为浮动汇率制的一项显著特点便是实际汇率及名义汇率均频繁出现波动的情况。在全球经济一体化快速发展的大背景下，世界经济受到汇率波动的影响也不断加大。如果是因为技术等基本经济因素使得汇率出现波动，其相比于固定汇率，反而会促进社会福利的增加；但如果汇率波动并不是因基本经济因素变化而引起的，那么此种波动就会以多种方式对世界经济产生正面或负面的影响。

（资料来源：《今日财富》2017年第17期，作者：王艺熹、石峰）

 本章重点回顾

1. 在不同货币制度下，汇率的决定基础是不同的。金本位货币制度下，各国都规定货币的法定含金量；纸币本位制度下，纸币所代表的价值量是决定汇率的基础。

2. 影响汇率变动的因素主要有：国际收支、货币供给与通货膨胀、利率、经济增长率差异、心理预期、中央银行干预。影响汇率变动的因素极其复杂，不能用单一的因素考察汇率的全部变动。

3. 当一国货币已经贬值或将要贬值时，在该国的本国、外国短期资本持有者为防止汇率的这种变动所造成的风险损失，特别是一国货币汇率的下跌显示出它将进一步下跌的信号时，就可能引起资本外逃特别是短期资本的大量外逃，从而使国际收支恶化。一国货币贬值，有利于长期资本的流入。这是因为，同汇率变动前相比，长期资本的持有者可以较少的外币进行较多贬值国货币的投资。

4. 购买力平价理论最重要的假定条件是：在国际范围内，一价定律能够成立。购买力平价理论的基本思想是：货币的价值在于其购买力，因此不同货币之间的兑换率取决于其购买力之比，也就是说，汇率与各国的价格水平之间具有直接的联系。购买力平价有两种形态，即绝对购买力平价和相对购买力平价。

关键术语

外汇　Foreign Exchange　　　　　　自由外汇　Free Foreign Exchange
协定外汇　Agreement of Foreign Exchange　　贸易外汇　Foreign Exchange of Trade
外汇汇率　Foreign Exchange Rate　　　　直接标价法　Direct Quotation
间接标价法　Indirect Quotation　　　　　固定汇率　Fixed Exchange Rate
浮动汇率　Float Exchange Rate

习　题

一、判断题

1. 美元是国际货币体系的最重要货币，因此美元对其他所有国家货币的报价都采用间接标价法。　　　　　　　　　　　　　　　　　　　　　　　　　　　　　　（　　）
2. 在金本位货币制度下，实际汇率波动幅度受制于黄金输送点，其上限是黄金输出点，下限是黄金输入点。　　　　　　　　　　　　　　　　　　　　　　　　（　　）
3. 按照货币购买力平价理论，一国货币发生通货膨胀，对外价格必然会降低。（　　）
4. 汇兑心理学说是纯粹唯心的观点。　　　　　　　　　　　　　　　　　（　　）
5. 根据远期利率平价理论，利率高的货币未来会升值。　　　　　　　　　（　　）

二、单项选择题

1. 下列因素中有可能引起一国货币贬值的是（　　）。
   A. 国际收支逆差　　　　　　　　B. 通货膨胀率高于其他国家
   C. 国内利率上升　　　　　　　　D. 国内总需求增长慢于总供给
2. 金本位货币制度下，汇率决定的基础是（　　）。
   A. 法定平价　　　　　　　　　　B. 铸币平价
   C. 通货膨胀率　　　　　　　　　D. 利率差
3. 英镑的年利率为27%，美元的年利率为9%，假如一家美国公司投资英镑1年，为符合利率平价，英镑应相对美元（　　）。
   A. 升值18%　　　　　　　　　　B. 贬值18%
   C. 贬值14%　　　　　　　　　　D. 贬值36%
4. 在经济开放条件下，利率上升引起本币升值，主要是因为（　　）。
   A. 吸引资本流入　　　　　　　　B. 抑制通货膨胀
   C. 刺激资本流出　　　　　　　　D. 刺激总需求

5. 负责发布人民币基准汇率的部门是（   ）。

A. 中国人民银行　　　　　B. 国家外汇管理局

C. 中国银行　　　　　　　D. 中国外汇交易中心

三、简答题

1. 纸币本位制度下，影响汇率变动的因素有哪些？

2. 以贬值为例说明汇率变动对进出口贸易有何影响？

3. 固定汇率制度和浮动汇率制度的优缺点有哪些？

4. 购买力平价理论的基本内容有哪些？

第 2 章 国际收支和国际储备

教学要点

- 掌握国际收支、国际储备的概念；
- 了解国际储备的构成、作用及管理；
- 了解国际收支失衡的原因和影响及国际收支理论；
- 掌握调节国际收支失衡的措施；
- 学会分析国际收支平衡表，了解我国的国际储备。

知识架构

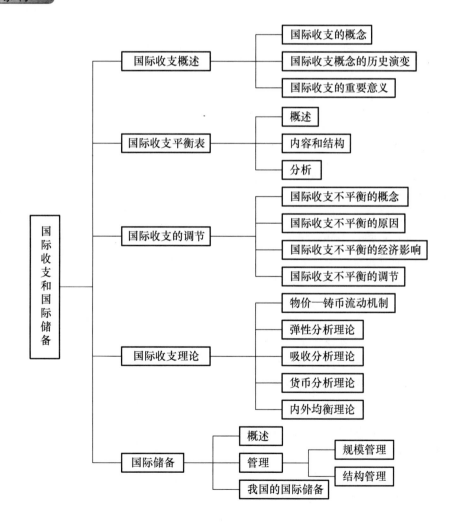

韩国国际收支经常项目近 7 年来首现逆差

韩国银行（央行）2019 年 6 月 5 日公布的初步数据显示，今年 4 月韩国国际收支经常项目出现 6.6 亿美元逆差，这是近 7 年来首次出现月度逆差，凸显了国际经贸紧张局势给韩国经济带来的负面影响。

韩国 4 月贸易顺差额大幅收窄，是导致经常项目出现赤字的主要原因。国际收支经常项目主要反映一国与国外的贸易和资金往来情况，包括商品和服务贸易、海外投资所得及援助等。

当月韩国货物贸易出口额为 483 亿美元，进口额为 426.3 亿美元，贸易顺差仅 56.7 亿美元，远低于去年同期的 96.2 亿美元，也低于今年一季度 65.4 亿美元的月均水平。

韩国贸易协会通商研究部部长李沆锡近期表示，美方挑起的中美经贸摩擦令韩国企业受到冲击。今年第一季度，韩国国内生产总值（GDP）环比萎缩 0.3%，为 2008 年第四季度以来最差表现。

透过韩国国际收支经常项目逆差，我们看到，在经济开放条件下，一国所面临着较大的外部风险，同时也说明一国健康平衡的国际收支，充足的国际储备，较高的对外支付能力对抵御风险，维护经济和金融安全多么重要。

（资料来源：新华网，2019 年 6 月 5 日）

2.1 国际收支概述

国际收支是开放经济中政府决策的重要参考指标之一，是国际金融研究内容和逻辑的起点。

2.1.1 国际收支的概念

【近年来我国国际收支状况】

国际收支是指一定时期内（通常为一年），一国居民与非居民之间的经济交易的系统记录。

国际收支是国际经济领域的一个重要课题，它是开放经济中决策者参照的最重要的经济指标之一。同时，它既是国际金融活动的起点，也是国际金融活动的归宿，因此，正确理解国际收支的概念具有重要意义。

1. 国际收支记录的是居民与非居民之间的交易

这里，"居民"是一个经济概念，是指在一个国家的经济领土内，具有一定经济利益中心的经济单位，包括个人、政府、非营利团体和企业。所谓在一国的经济领土内具有一定经济利益中心，是指该单位在该国的经济领土内在一年或一年以上的时间中已经大规模地从事经济活动或交易，或计划如此行事。国际组织是一国的非居民，驻外使馆是该国的非居民，留学生和外国驻军也是所在地的非居民。

2. 国际收支反映的是以货币记录的交易

虽然国际收支反映的是以货币记录的交易，但是它既包括涉及货币的经济交易，也包括未涉及货币的经济交易。如曾经轰动一时的牟其中以罐头换苏联飞机的易货交易，虽未涉及货币，但是仍然以货币记录在国际收支中。

3. 国际收支是一个事后、流量概念

流量是指在一定时期内发生的变量变动的数值，国际收支记录的是过去一定时期内的国际交易，即对已发事实的记录。

2.1.2 国际收支概念的历史演变

在世界经济发展的不同阶段，国际交易在内容及形式上各有特点，反映国际交易的国际收支的内涵也有所不同。

1. 贸易差额论

16、17世纪，在一些商业资产阶级的经济思想中出现了"国际收支"概念。该经济思想认为扩大市场、积累金银货币是国家达到富强的途径，因此主张扩大市场、输出商品，大量输入金银；认为出口超过进口是国家致富的原则，因此提出贸易差额论。在当时，各国以经济交往为主，而经济交往又以贸易为主，因此国际收支可以简单理解为贸易差额论。

2. 狭义的国际收支

第一次世界大战后，金本位制度行将崩溃，各国不仅可以用黄金清偿国际交往的差额，还可以用外汇。此时的国际收支概念发生了变化，指外汇收支，凡是在国际交往中涉及外汇的交易都属于国际收支的范畴。但是不包括无偿援助和易货贸易等，这就是狭义的国际收支。

3. 广义的国际收支

第二次世界大战后，狭义的国际收支已经不能满足国际交易的需要。此时出现了大规模短期资金移动及巨额战争赔款；没有外汇收支的国际交易，如无偿援助、清算协定下的易货贸易等大为增加；各国对外经济关系对国内经济的发展和稳定的影响越来越大，因此一国有必要掌握全部对外经济关系。相应地，国际收支表述为：一个国家一定时期内全部国际经济交易，即广义的国际收支。

国际收支概念的变化，是世界经济发展的必然结果，也是如实反映这种发展变化的客观需要。

2.1.3 国际收支的重要意义

一个国家的国际收支既是该国对外经济交往的真实写照，也是该国国内经济状况的如实反映，是分析一个国家经济的重要工具。一国经济实力及地位的强弱，都可以通过国际收支差额表现出来，而国际收支差额又会对一国财政政策、货币政策、产业政策及储备资产等产生影响。

2.2 国际收支平衡表

一国为了掌握该国的国际交易、对外交往的全貌，以及实现其宏观经济目标，需要一定的分析工具——国际收支平衡表。

2.2.1 国际收支平衡表概述

1. 国际收支平衡表的概念

国际收支平衡表是一国对其一定时期内的国际交易，根据交易的特性和经济分析的需要，运用货币计量单位，按照复式记账原理，进行记录、分类和整理的统计表。

2. 国际收支平衡表的编制原则

(1) 复式记账。国际收支平衡表按照复式簿记方法编制。任何一笔交易都分别记录在借方和贷方。借方表示资产（资源）的增加，贷方表示资产（资源）的减少。本国收入的项目记录在贷方；本国支出的项目记录在借方。

(2) 经济交易记录时间以所有权变更为准。在国际交易中各事项一般都是在不同日期进行的，IMF 明确规定，以所有权变更日期为准，也就是以债权债务发生时间为准。

(3) 市场价格原则。指按照交易的市场价格记录。

(4) 单一货币记账原则。指所有记账单位要折合为同一货币。

2.2.2 国际收支平衡表的内容和结构

国际收支平衡表是按照借贷原则编制的，因此，原则上，国际收支平衡表所有项目的借方总额和贷方总额是相等的，结果借贷必然相等，这仅有会计意义。为了使账户有助于经济分析，就需要把借贷分类，分成各个项目，以便考察每一个项目的差额。

国际收支内容广泛，各国编制国际收支平衡表时往往结合本国特点。为了分析和比较，IMF 提供了标准模式，下面按照《国际收支和国际投资头寸手册》（第六版）的规定，加以介绍。

1. 经常项目（Current Account）

经常项目反映了一国与他国之间的实际资源变动，是国际收支平衡表中最基本和最重要的往来项目，经常项目账户盈余，表示贷方总额大于借方总额，说明经常账户的总收入大于总支出，经常项目账户赤字则相反。经常账户包括货物、服务、初次收入和二次收入四个子项目。

2. 资本和金融项目

资本和金融项目反映了资产所有权在国际之间变动的交易，包括资本项目和金融项目。资本项目和金融项目的各个科目不是按照借贷总额记录，而是按照净额记录。

(1) 资本项目：包括资本转移［固定资产所有权的转移，同固定资产所有权的收买/放弃或以其为条件的转移（即投资捐赠），以及债务注销］和非生产、非金融资产的收买或放弃，如专利、版权、商标、经销权的转移等。

(2) 金融项目：包括一经济体对外资产和负债所有权变更的交易。其子项目包括直接投资、证券投资、金融衍生产品和雇员认股权、其他投资和储备资产。资本流入记录在贷方，流出记录在借方。

① 直接投资：投资者在国外创办独资或合资企业、收购企业或利润再投资。其主要特征是投资者对非居民企业的经营管理拥有有效的控制权，有永久利益。

② 证券投资：投资者购买国外的政府债券、公司债券和股票，以及商业票据等。

③ 金融衍生产品和雇员认股权：金融衍生产品包括期权和远期型合约；雇员认股权是公司向雇员提供的一种购买公司股权的期权。

④ 其他投资：这是一个剩余项目，包括直接投资、证券投资和储备资产以外的金融交

易，如贷款、存款和租赁等。

⑤ 储备资产：国际储备是一国货币当局所拥有的可用于满足国际收支平衡需要的对外资产。国际储备增加计入借方，国际储备减少计入贷方。

3. 错误和遗漏项目

根据复式记账原则，所有账户的借方总额和贷方总额应该是相等的。但由于交易数据来源不一，统计口径不一，资料本身错误，超前滞后现象，加之人为因素，平衡表实际上不可避免地出现净的借方余额或贷方余额。基于会计上的需要，就要人为设置一个项目——错误和遗漏项目账户，以抵消上述统计偏差。如果借方总额大于贷方总额，错误和遗漏项目就记入贷方，反之亦然。

以上是国际收支平衡表的基本结构和内容，各国在编制国际收支平衡表时通常把储备资产单独列出来，放在最后，作为储备与相关项目。

2.2.3 国际收支平衡表的分析

国际收支平衡表是分析一个国家对外经济与金融状况的重要工具。它不仅全面记载了该国一定时期内与其他国家往来的综合情况，而且还集中反映出该国经济类型、结构、对外金融活动的内容及特点，以及该国在世界经济中的地位和作用。因此，全面地分析国际收支平衡表，对了解国内外经济金融状况，并采取相应的经济政策有着重要意义。

1. 项目分析

国际收支平衡表由各个项目及其相应的数字构成，每个项目都包含着独特的内容，每个数字都代表着不同的经济往来，因此，应逐项分析各个项目和内容。

以经常账户中的货物贸易收支为例，一个国家的国际收支是顺差还是逆差，在很大程度上取决于该项目，分析货物贸易收支的数额，可以了解该国货物进出口总额及其在世界贸易中的地位。以资本和金融项目中的直接投资项目而言，能够反映该国对外资吸引力和利用外资状况，以及对外投资状况。

2. 项目余额分析

国际收支平衡表就总体而言是平衡的，但各个项目未必是平衡的，通过分析各个项目的余额状况，可以了解该国对外经济状况。

(1) 贸易项目余额：包括货物和服务在内的进出口差额，在传统上作为整个收支的代表。

(2) 经常项目余额：除了贸易外，还包括初次收入和二次收入，若不考虑二次收入，差别主要体现在初次收入上。

(3) 资本与金融项目余额：由于一笔贸易流量对应着一笔金融流量，因此，经常项目中实际资源的流动与金融项目中资产所有权的流动是同一问题的两个方面。若不考虑错误和遗漏，则 $CA+KA=0$，即：经常项目逆差时，金融项目为其融资。但这种关系并非稳定。

(4) 错误和遗漏项目余额：错误和遗漏项目本身没有经济意义，但其数额过大会影响到国际收支的准确性。而且当出现同一方向、较大规模的数字时，常常是人为因素造成的，因此，对此项目的分析也是必要的，可以发现经济中存在的一些问题。

3. 动态分析

经济变化具有内在连续性，通过连续分析一国不同时期的国际收支平衡表，可以发现该国对外经济的历史演进进程和变化规律。

4. 横向分析

横向分析就是分析不同国家同一时期的国际收支平衡表，尤其是主要经济体的国际收支平衡表，或者对国际贸易和国际金融有重大影响的国家的国际收支平衡表，通过比较，了解它们不同的特点、相互关系及各国在国际经济中的地位。

（1）国际收支是衡量经济开放性的重要工具，它系统地反映了一国的对外交往情况，这种交往会通过多种渠道影响到该国的宏观经济运行。

（2）国际收支平衡表总体是平衡的，但内部项目却可能处于失衡状态，为了使经济处于合理的开放状态，一国有必要根据一定的标准确定其追求何种性质的国际收支平衡。

（3）当一国的收支与政府追求的状态存在较大差异时，可能会对经济造成不利影响，因此有必要采取措施对原有的收支进行调整。

2.3 国际收支的调节

2.3.1 国际收支不平衡的概念

关于国际收支不平衡有多种解释。在西方国家，国际收支的分析着重于国际经济交易的性质，国际交易被分为自主性交易和调节性交易。

自主性交易，又称事前交易，即经济主体出于自主的经济动机而进行的交易；调节性交易，又称事后交易，只是为了弥补自主性交易各个项目发生的缺口而进行的交易。

【外汇局：一季度我国国际收支保持基本平衡】

把国际经济交易划分为自主性交易和调节性交易两类，国际收支是否平衡就有了判断依据。如果自主性交易的收支平衡，不需要事后调节，国际收支就是平衡的；如果自主性交易造成了收支缺口，而需要调节性交易弥补，国际收支就是失衡的。

在现实中，国际经济的交往多是交易主体自主进行的，而且影响国际经济交易的因素非常复杂，所以国际收入和国际支出总额不可能相等，从这个角度来看，国际收支不平衡是绝对的。因此一国国际收支在短期内和较小的不平衡是正常现象，只有长期的、持续的和数额较大的不平衡，才是我们通常所说的国际收支不平衡，并且需要调节。

2.3.2 国际收支不平衡的原因

当一国国际收支出现数额较大的不平衡时，通常有以下原因，如表 2-1 所列。

表 2-1 一国国际收支出现数额较大的不平衡时的原因

原　　因	说　　明
结构性原因	世界各国由于地理环境、自然资源、人力资源、历史条件和技术水平等差异，会形成不同的经济结构

续表

原因	说明
货币性原因	在一定汇率下,一国货币成本和物价较其他国家发生变化,就会引起收支失衡
周期性原因	经济运行具有周期性,在不同阶段会引起国民收入、价格水平、生产和就业的变化,最终会导致收支失衡
收入性原因	经济条件变化引起国民收入变动,从而造成收支失衡
季节性和偶发性原因	由于气候和地域等原因,一国生产和消费具有一定的季节性,从而会导致国际收支失衡,一般说来,这种季节性失衡会自我修正。此外,政局动荡、战争、自然灾害等也可能会引起失衡
投机和资本流动不稳定性原因	在许多情况下,它会激化已经存在的不平衡

此外,其他一些原因也可能会引起失衡,如产业政策失当等。因此,一国如果出现国际收支失衡,往往是多种原因造成的,只是某一个原因起了主导作用。

2.3.3 国际收支不平衡的经济影响

在当前世界经济关系日益密切,世界经济趋于一体化的情况下,一国国际收支失衡对本国经济的影响越来越大,甚至也会对他国经济造成一定的影响。

1. 顺差的经济影响

大量顺差说明产品竞争力强,有利于增加外汇输入,提高就业水平,提高货币信誉,增强对外支付能力。但持续大量顺差也会产生负面影响。

(1) 外汇供过于求,外币价格下跌,本币升值,降低本国产品竞争力,降低出口,可能对国内经济带来不利影响。

(2) 持续大量顺差会增加本国通货膨胀的压力。

(3) 一国国际收支顺差,也即意味着某些国家对其是逆差,如果金额较大,这容易招致其他国家不满,易引起贸易摩擦。

(4) 国际收支顺差如果主要由贸易顺差造成的,意味着国内实际资源减少,得到的只是账面资产,可能对经济未来发展不利。

(5) 对于发展中国家而言,持续大量顺差的代价更大,这主要体现在以下方面:由于国际金融市场的动荡,主要储备货币汇率经常变化,加之本国缺少专业人员,国际储备管理面临较大的压力,可能会蒙受汇率损失;本身资金匮乏,顺差意味着资金存放他国,为他国所用,没有形成生产能力;顺差还会导致一国失去国际货币基金组织资助或援助机会。

2. 国际收支逆差的经济影响

国际收支逆差,意味着获取了国外资源,在一定程度上对经济发展可能是有力的,但相对而言,其负面影响更大。

(1) 国际收支逆差,会造成国际储备减少,削弱对外支付能力,容易爆发支付危机。

(2) 国际收支逆差,通常会导致币值下降,货币信誉受到损失。

(3) 国际收支逆差时，一国通常会采取经济紧缩的政策，提高利率，缩减政府开支，这会抑制经济增长，增加失业，并且可能会引起社会动荡。

(4) 如果国际收支主要是经常项目造成的，还会影响一国的经济。

因此，当收支逆差时，各国都会采取措施，予以调节，以利于经济健康发展。

但是，由于经济的复杂性，顺差和逆差的好坏并不是显而易见的，关键是分析收支时，还要考虑其他经济情况，赤字本身未必不好，盈余本身也不一定就好。例如，收支逆差的国家，将来可能产生顺差，需考察进口商品构成，判断逆差是否严重，还要看该国对其他国家是净债权国还是净债务国。

2.3.4 国际收支不平衡的调节

国际收支失衡后，由于经济体系存在着某些机制，往往能够使国际收支失衡在某种程度上得到缓和，乃至自动恢复平衡。但是这种自发的调节过程往往会牺牲国内其他宏观经济目标，同时也需要一些难以实现的客观经济环境的配合。另外，自动恢复平衡所需要的过程也相当漫长。因此，当国际收支出现失衡时，一国政府往往不能完全依靠经济体系的自动调整机制来使国际收支恢复和实现平衡，还需要政府采取适当的政策措施。

1. 财政金融政策

(1) 财政政策。主要改变国民经济的支出水平，是凯恩斯主义用于贸易方面的收入调节机制。在逆差情况下，实行紧缩的财政政策，抑制公共及私人支出，降低总需求和物价水平，进而改善贸易收支和国际收支；在顺差情况下，则实行宽松的财政政策，鼓励个人消费和扩大政府支出。税收作为财政政策的重要组成部分，服从于扩张或紧缩的政策，当然也可直接用于调节。

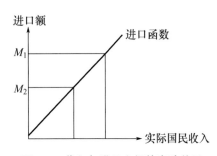

图 2.1 收入与进口之间的变动关系

收入与进口之间的变动关系如图 2.1 所示，边际进口倾向越强，财政政策越有效。

注意：在金本位制时期，任何国家实行紧缩政策都没有困难，失业不是严重的问题。但是 20 世纪 30 年代后，避免大规模失业是资本主义国家的一项重要政策目标，资本主义国家一般都不愿为调节收支实行紧缩政策以免加速经济衰退和失业。

(2) 金融政策。主要有贴现政策和准备金政策。

① 贴现政策。改变再贴现率，以影响市场利率，在资本市场开放条件下，市场利率对资本流入或流出起作用，从而改变金融账户，进而影响国际收支。

② 准备金政策。改变准备金率，准备金率的高低会影响社会信用规模和货币投放量，进而会影响总需求和国际收支。此政策对调节国际收支效果不明显，实践上也多用于国内经济。

2. 利用国际借贷

国际借贷是指从国际金融市场、国际金融组织和其他国家借钱来弥补赤字。收支危机严重的国家往往通过借贷来缓解收支危机。国际借贷，对国内经济冲击小，但往往条件苛刻。

3. 外汇政策

外汇政策包括建立外汇平准基金和汇率政策。

(1) 建立外汇平准基金，也称外汇缓冲政策，是解决季节性或一次性失衡的简便而有效的办法。建立外汇平准基金能够使失衡的影响局限在外汇市场，减少对经济的波及，但不能解决长期逆差，因为数量有限，若币值不稳，引起资本逃避，更难以达到效果。

(2) 汇率政策。利用汇率调高或调低影响进出口，进而影响国际收支。

汇率政策较财政金融政策更有直接迅速的影响力，然而也会受制于以下诸多因素。

① 进出口商品弹性。以贬值为例，如进出口商品弹性不足，就难以奏效。尤其是发展中国家，其出口商品需求弹性较低，而进口商品需求弹性较高，货币贬值以后，促进出口的效果不明显。

② 汇率变动的时滞因素。通过实证分析，汇率变动对经济影响可能会出现时滞反应。在贬值初期，贸易收支会恶化，过了一段时间，贸易收支才会改善，从而出现 J 曲线效应，如图 2.2 所示。原因在于：消费者和生产者反应滞后、合同期及市场竞争的不完全性等。

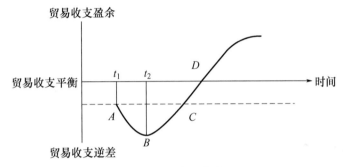

图 2.2　J 曲线效应

在 J 曲线效应图中，贬值后，从 t_1 到 t_2 贸易收支首先恶化，贸易收支差额从 A 点到 B 点，过 t_2 后，贸易收支逐步改善，但收支状况仍不及货币贬值之前，随着时间推移，再经过 C 点和 D 点得到改善。

③ 对金融项目可能产生不利影响，这种不利程度视外汇市场行情而定。如果汇率下跌引起人们预期还会下跌，则国内资金将会外逃，资本收支将会恶化。

④ 作用是有限度的。以贬值为例，它的作用与国内价格变动相关。若汇率下降而物价上升，不仅效果被抵消，达不到应有的作用，还可能陷入货币贬值、货币发行增加、工资上升、产品成本上升、货币贬值的恶性循环中。这对经济的影响是极其不利的，也会影响到贸易收支。

⑤ 遭到其他国家的反对。汇率是国际经济交易的尺度，货币的贬值，尤其是恶意贬值会遭到其他国家的反对。

4. 直接管制

直接管制是指一国政府以行政命令的办法直接干涉外汇的自由买卖和对外贸易的自由进行，包括外贸和外汇管制。外汇管制主要是控制外汇支出和收入、外汇买卖。外贸管制主要是用关税、配额许可证、审批等控制对外贸易。实施外汇管制效果快，可用于结构性因素引起的收支不平衡,并且可根据具体形势采取不同的管制措施,不必波及整个经济。因此具有产生作用迅速,波及面窄,选择性强,副作用小等特点。但也有行政费用加大,官僚贿赂之风盛行,背离市场规律等特点,同时还易遭到其他国家的反对。

5. 加强国际合作

从世界范围内来看,一国逆差可能就是另一国的顺差,因此对于国际收支失衡,相关国家都有责任调节,而不应由逆差国单独承担责任。否则如果逆差国采取极端的措施,如限制贸易和资本流动的措施,可能会影响世界贸易和经济,使世界各国受害。

总之,调节国际收支失衡时,要根据收支失衡的原因,对症下药,采取相应措施,或进行政策搭配,减少政策实施的副作用。

2.4 国际收支理论

国际收支理论是国际金融学的基本理论之一,主要研究的是国际收支失衡的原因及调节方式。

从15、16世纪的重商主义到20世纪30年代金本位制崩溃,西方国际收支内容基本是贸易收支问题,因此它只是作为国际贸易的组成部分加以研究的,著名的是大卫·休谟的"物价—铸币流动机制"。20世纪30年代后,各国实行浮动汇率制度,于是弹性分析法应运而生。20世纪50、60年代,凯恩斯主义流行,国际收支吸收分析法风靡一时,在学术界占了支配地位。20世纪60年代后,西方国家发生滞胀,货币主义又盛行起来,成为广泛流传的国际收支理论。20世纪80年代,又出现了结构分析法和财政分析法。

由此可见,国际收支理论是随着经济条件的变化和经济思潮的更替而逐渐演变的,它的形成为经济决策提供了重要的理论依据。当然,任何理论都有局限性,理论必须受实践的检验,并不断地进行修正和进一步发展。国际收支理论的发展演变也是如此。

2.4.1 物价—铸币流动机制

物价—铸币流动机制理论是1752年英国经济学家大卫·休谟提出的。它以自由贸易和黄金自由输出入为前提,以货币数量论为理论依据,描绘了金本位制条件下贸易差额的自动恢复平衡机制,如图2.3所示。

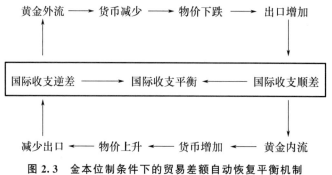

图 2.3 金本位制条件下的贸易差额自动恢复平衡机制

物价—铸币流动机制的实质是通过黄金自由输出入,调节国内货币供给(M_S),影响物价实现的。

物价—铸币流动机制的局限是以数量论为基础的，忽视了价格对经济的累积效果，强调物价（P），而忽视了生产及就业。

2.4.2 弹性分析理论

国际收支弹性分析理论，也称"弹性分析法"，旨在运用马歇尔的弹性理论，分析汇率变动在国际收支调节中的作用。

【易纲：弹性汇率对国际收支调节起到自动稳定器的作用】

20世纪30年代，金本位制崩溃，各国纷纷实行浮动汇率制度，汇率竞相贬值，国际金融秩序混乱，国际收支危机频繁发生，严重影响了国际经济和贸易的发展。在寻求解决国际收支危机的过程中，一些经济学家注意到汇率变动同国际收支之间有着密切关系，国际收支弹性分析法应运而生。

英国经济学家琼·罗宾逊1937年在其《就业理论文集》一书中提出从国内和国外两个方面分别考察在进口和出口供求弹性不同的条件下，汇率变动对进出口双方的影响。她着重研究了贬值对国际收支的影响，做了一些理论假设：①只考虑汇率变动对进出口的影响；②贸易商品供给具有完全弹性；③没有资本移动，贸易收支等同于国际收支。琼·罗宾逊的理论主要围绕进出口商品供求弹性展开，所以称为弹性分析理论。

进口总值 $=P_m \times Q$，出口总值 $=P_x \times Q$，

贬值能否改善收支取决于汇率变动对进出口总值的影响，需要考虑以下四个弹性。

（1）出口商品需求弹性（D_e）

出口需求弹性系数＝出口需求量变动的百分率/出口价格变动的百分率

（2）进口商品的需求弹性（D_i）

进口商品的需求弹性＝进口需求量变动的百分率/进口价格变动的百分率

（3）出口商品的供给弹性（S_e）

出口商品的供给弹性＝出口供给量变动的百分率/出口价格变动的百分率

（4）进口商品的供给弹性（S_i）

进口商品的供给弹性＝进口供给量变动的百分率/进口价格变动的百分率

由于供给具有完全弹性，那么贬值后的效果就取决于需求弹性，进出口弹性有以下三种组合。

$$D_e+D_i>1, D_e+D_i<1 \text{ 和 } D_e+D_i=1$$

其中第一种情况，货币贬值可以改善收支，这就是"马歇尔—勒纳条件"，这是货币贬值可以改善收支的充分必要条件。

对于大多数发达国家，$D_e+D_i>1$，因此货币贬值是改善贸易收支的一个办法。但发展中国家出口的是弹性较低的商品，因而效果不佳。

弹性分析理论的重要贡献在于，它正确指出了只有在一定进出口弹性的情况下，货币贬值才能改善贸易收支的作用与效果，纠正了货币贬值一定能改善贸易收支的片面看法。但是弹性分析法有以下局限性。

（1）局部均衡分析，仅从汇率变动与进出口关系来分析问题，实际上不符合实际情况，汇率不仅对商品劳务及资本产生影响，而且还会对整个经济产生影响。

（2）把国际收支局限于贸易收支，忽视了资本和劳务，因而在现实中有一定的局限性。

(3) 以小于充分就业为条件，假定供给具有完全弹性，在第二次世界大战之前有一定道理。

(4) 实际上，贬值并不会立即引起贸易量的变化，贬值通过价格变动来达到贸易量变化的过程中存在着时滞，从而产生"J曲线效应"，是一个先恶化后改善的过程。

尽管如此，弹性分析理论仍是最有影响的理论之一。

2.4.3 吸收分析理论

【国际收支吸收分析理论】

第二次世界大战后，许多欧洲国家的货币先后贬值，但国际收支仍无显著改善，不少经济学家认为是弹性不足所致，另一些经济学家则认为弹性分析理论过分重视微观经济学的相对价格效果，忽视了宏观经济学的所得效果。到了20世纪50年代，经济学家亚历山大等提出了国际收支吸收分析法。该理论特别着重国民收入所得与支出关系，明确地把一国对外贸易与整个国民经济有机地联系起来，这标志着国际收支理论进入成熟发展阶段。

吸收分析理论是以凯恩斯宏观经济理论为基础，将收入与支出之间的等式关系运用于国际收支问题，即将对外贸易与国民经济各变量（总量）联系起来进行分析。

凯恩斯主义的宏观经济模型是吸收分析法的基础。在封闭经济中，均衡的国民收入模式从需求方面建立为：$Y=C+I$。在开放经济中，由于外贸的导入，均衡模式变化为：

$$Y=C+I+X-M$$

移项得到：

$$X-M=Y-(C+I)$$

设：$(C+I)=A$，$X-M=B$，

则有：$B=Y-A$

因此，国际贸易差额$(x-m)$＝总收入(Y)－总支出$(C+I)$。亚历山大首先提出了这个恒等式，他把Y视为商品和劳务的生产总量，而商品和劳务的支出量（即被市场吸去的量）为A，对外收支差额为B，则$B=Y-A$。国际收支差额由Y与A的对应变化来决定，$Y=A$为平衡，$Y>A$为顺差，$Y<A$为逆差。于是，国际收支的调节就必须注意两个关键的渠道：收入和吸收。亚历山大认为调节国际收支的方法无非是增加收入和减少支出（吸收）。

在非充分就业条件下，经济资源尚未被充分利用，这时为了使资源从非贸易部门转移到贸易部门，采用开支转换政策，贬值可以刺激出口，由于乘数作用，总收入扩大几倍，国际收支得到改善（边际吸收倾向＜1）。

在充分就业条件下，没有限制资源可以利用，短期内国民收入不可能增加，唯一的办法是压缩吸收来改善收支，因此采用开支变更政策，即用紧缩政策削减A，降低国内需求，从而减少进口，使更多产品用于出口。但是紧缩政策也会引起非贸易需求下降，失业扩大，牺牲内部平衡。

总之，吸收分析理论是从总收入和吸收的相对关系中考察收支失衡的原因并提出调节政策的，而不是从相对价格出发，认为国际收支最终通过改变收入或吸收实现的。贬值对国际收支的影响取决于：①贬值对收入的影响；②边际吸收倾向大小；③贬值对吸收的直接影响。吸收分析理论特别强调政策配合的意义，此外它建立在一般均衡基础之上，比弹性分析理论更进了一步。

2.4.4 货币分析理论

货币分析理论是货币主义的国际收支理论,产生于20世纪50年代,兴盛于20世纪70年代中后期,主要代表人物是美国经济学家孟德尔和加拿大经济学家约翰逊。它是从货币的角度,而不是商品的角度,来考察收支失衡的原因并提出政策主张的。

货币分析理论强调货币在国际收支调节中的作用,把国际收支失衡看成一种货币现象,认为国际收支失衡是货币供求失衡的反映。

货币分析理论在分析国际收支变化时有三个假定条件:①一国处于充分就业条件下,货币需求是收入、价格和利率等变量的稳定函数:$M_d = f(Y, p, r)$,货币需求长期稳定。②国际市场(商品市场和资本市场)高度发达,国内价格水平和国际价格水平十分接近,购买力平价理论长期内成立。③货币供给不完全受实物产量的制约,也不影响实物产量。它们用方程式表示为:

$$M_d = PK(Y), P = EP^*, M_S = D + R \cdot E$$

式中,M_d 为货币需求,M_S 为货币供给,P 为国内价格水平,P^* 为外国价格水平,K 为资本净差额,E 为每单位本币外币价格(汇率),R 为以外币表示的储备量,D 为本国信贷量,Y 为本国实际收入。

这种分析方法是将货币作为存量来进行分析的,而不是把货币视为由相对价格和收入决定的流量。它认为一国货币供给由两部分构成:一是国内的信贷量,它由银行体系创造;二是国际货币与国内货币的交换,它形成国际储备的变化。用方程式表示为:$M_S = D + R \cdot E$,移项可得:$R \cdot E = M_S - D$。在货币供求相等的情况下,$R \cdot E = M_d - D$。由此推出:国际收支差额即为官方储备的变化,它等于本国货币需求减去本国信贷创造的货币量。

因此,国际收支不平衡是因为货币存量的供求不协调。国际收支逆差,是国内货币供应过度的结果;国际收支顺差,是国内货币需求过多的结果。货币需求如果从国内得不到满足,就只能从国外得到资金满足,恢复供需平衡,从而使收支平衡。随着国外资金流入和货币供给增加,货币供给大于需求,国际收支就会出现顺差,人们扩大商品进口及投资,资金流向国外,收支又逐渐转向逆差。

货币分析理论认为所有的国际收支不平衡在本质上都是货币性的,因此需要由货币政策供给来解决国际收支不平衡的问题。而其他措施,如货币贬值的作用只是暂时的。主张在调节国际收支方面实行国际合作。只要储备货币国家将货币供给的增长率稳定在国民收入的平均增长率的同一水平上,就能保持各国国际收支的稳定,不会发生储备的移动。

该理论的主要贡献是强调顺差和逆差引起货币存量变化,从而影响国内经济活动,该理论的进步之处在于考虑了资本移动对收支的影响。但其把货币看成决定性的,从根本上颠倒了国际经济的因果关系。

2.4.5 内外均衡理论

经济的开放,使得一个国家获得在封闭条件下所不具备的有利条件,但是也会带来经济的不稳定性。事实上,开放条件下,一国宏观经济的目标增多,如经济增长、物价稳定、充分就业和国际收支平衡。目标增多了,调控难度增加了,因为目标之间经常存在着矛盾。很多经济学家在20世纪50年代开始,就对如何求得内外经济均衡进行了研究,并提出了一些有价值的结论。

1. 丁伯根原则和米德冲突

丁伯根原则由荷兰经济学家丁伯根提出,该理论认为,要实现 N 个独立的政策目标,至少要使用 N 个相互独立的有效的政策工具。在许多情况下,单独使用支出调整政策或支出转换政策追求内、外部均衡,将会导致一国内部均衡与外部均衡之间的冲突,这一冲突就是著名的米德冲突,由美国经济学家米德提出。

2. 蒙代尔分配任务原则

美国经济学家蒙代尔认为,不同的政策工具在调控中侧重于共同目标的实现,他提出用财政政策和货币政策的搭配来解决内部均衡和外部均衡的矛盾。以预算作为财政政策的代表(用横轴表示),以利率作为货币政策的代表(用竖轴表示),如图 2.4 所示。

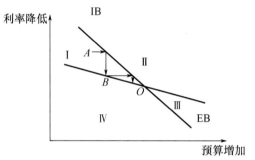

图 2.4 财政政策与货币政策的搭配

在图 2.4 中,IB 曲线表示内部均衡,在线的左侧,国内经济处于衰退和失业状态;在线的右侧,国内经济处于通货膨胀状态。EB 曲线表示外部均衡,在线的上侧,国际收支逆差;在线的下侧,国际收支顺差。沿着横轴右移,预算增加,表示财政政策的扩张;沿着横轴左移,预算减少,表示财政政策紧缩。沿着纵轴上移,利率降低,货币政策扩张;沿着纵轴下移,利率提高,货币政策紧缩。

蒙代尔认为,当国内宏观经济和国际收支处于失衡状态时(如在第一区间 A 点),用财政政策解决经济衰退,扩大预算,使经济由 A 点移到 B 点。同时,采用扩张性货币政策解决国际收支问题,最终使经济达到 O 点,实现内外均衡。其他区间的政策搭配如表 2-2 所示。

表 2-2 财政政策和货币政策的搭配

区间	经济状况	财政政策	货币政策
Ⅰ	失业、衰退/收支逆差	扩张	紧缩
Ⅱ	通货膨胀/收支逆差	紧缩	紧缩
Ⅲ	通货膨胀/收支顺差	紧缩	扩张
Ⅳ	失业、衰退/收支顺差	扩张	扩张

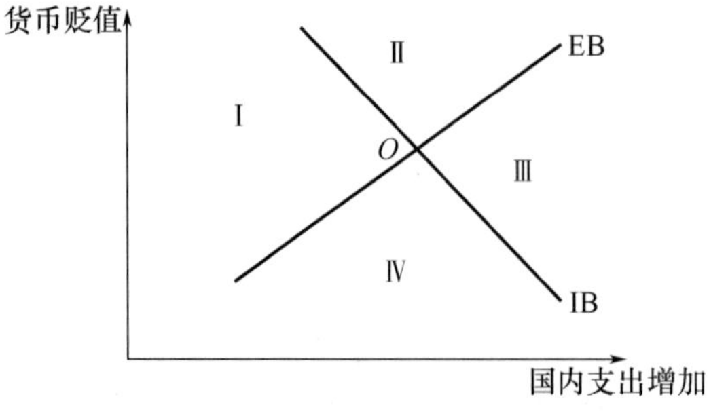

3. 史旺图解

澳大利亚经济学家史旺提出了支出转换政策和支出增减政策的搭配来解决内外失衡问题。

在图 2.5 中,横轴表示支出,纵轴表示汇率(直接标价法)。IB 曲线表示内部均衡,在其右侧有通货膨胀压力,在其左侧,有通货紧缩压力。EB 曲线表示外部均衡,

图 2.5 支出转换和支出增减政策的搭配

右侧代表逆差，左侧代表顺差。

当宏观经济处于失衡时，如Ⅲ区间，采用紧缩支出政策，同时实行货币贬值政策，使其趋于均衡。

2.5 国际储备

如前所述，一个国家的国际收支总是不平衡的，顺差将增加该国的国际储备，而逆差要以外汇资金弥补，这些外汇资金来源无外乎本国的储备和国外借款，而一国借款能力的大小和条件的优劣又取决于该国黄金和外汇储备数量的多少及该国信誉的好坏。因此每个国家都必须保持适量的储备，以备应急使用。此外，国际储备的多少及对其管理效率的高低也是决定一个国家调节经济时采用的融资政策有效性的基础条件。就世界而言，国际储备是第二次世界大战后国际货币制度改革的重要问题之一，它不仅关系着各国调节国际收支和稳定汇率的能力，而且会影响世界物价水平和国际贸易的发展。

2.5.1 国际储备概述

1. 国际储备的概念和特征

国际储备，也叫官方储备，是一国货币当局持有的，用于平衡国际收支、稳定汇率和作为对外偿债保证的国际间可以接受的一切资产。作为国际储备的资产需要满足以下条件。

（1）官方持有。即这种资产必须是一国政府或货币当局直接有效控制的，非官方机构、企业和私人持有的资产不能算作国际储备。

（2）高度流动性。作为国际储备资产必须具有高度的流动性，而且能为政府或货币当局随时动用。

（3）普遍接受性。国际储备资产必须是世界各国普遍认同和愿意接受的，如果充当储备的外汇资产不能自由兑换，不能被世界各国普遍接受，则不能作为储备资产。

（4）可得性。能够随时地、方便地被政府得到。

2. 国际储备的构成

按照 IMF 的统计口径，国际储备由以下几个部分构成。

（1）黄金。它指一国政府持有的货币性黄金，非货币用途的黄金不在此列。黄金在历史上曾经占据重要地位。国际金本位和布雷顿森林体系时期，黄金一直是最重要的储备资产，一国黄金储备数量反映着该国应付国际收支危机的能力及其货币的国际信用，也反映其在国际金融市场的实力地位。

（2）外汇储备。它指一国政府所持有的外国可兑换货币及其短期金融资产，即政府持有的外汇。被各国用作外汇储备的货币称为储备货币，它是世界各国普遍接受的通货。作为储备货币，必须具备以下三个条件：①在国际货币体系中占有重要地位；②能自由兑换其他储备资产；③人们对其购买力的稳定性具有信心。

（3）储备头寸。它又叫普通提款权，是指会员国在国际货币基金普通账户中可自由提取和使用的那一部分资产，包括会员国向该基金认缴份额中占 1/4 的黄金份额或可兑换货币份额，本币份额中被 IMF 贷给其他国家的部分，以及 IMF 向该国的借款净额。

【资料卡：特别提款权】

【美国的货币政策】

（4）特别提款权。特别提款权（Special Drawing Right，SDR）是 IMF 分配给会员国的一种使用资金的权利，IMF 于 1969 年创设的一种账面资产，并按一定比例分配给会员国，用于会员国政府之间的国际结算，并允许会员国用它换取可兑换货币进行国际支付。

值得关注的是，2015 年 12 月 1 日，人民币加入 SDR 货币篮，SDR 货币篮货币构成的权重调整如下：美元 41.73%、欧元 30.93%、人民币 10.92%、日元 8.33%、英镑 8.09%，此次调整已于 2016 年 10 月 1 日生效。人民币加入 SDR 货币篮，将会进一步推动人民币的国际化。SDR 储备货币的地位只是根据 IMF 的协议而确定，因而称为"纸黄金"，与普通提款权不同，参加国无条件享有其分配，其用途仅限于国际支付。

由于特别提款权因不受任何一国政府的影响而贬值，它被认为是一种比较稳定的资产。IMF 一直试图把特别提款权作为主要储备资产。

3. 国际储备的来源

一个国家的储备来源主要有以下几个途径。

（1）国际收支盈余是国际储备最主要、最直接的来源。

（2）对外借款净额。

（3）国家干预外汇市场而收进的外汇也可作为储备。

（4）中央银行在国内收购黄金。

（5）特别提款权的分配。

4. 国际储备的作用

各国保持国际储备具有各种各样的目的，但国际储备作为衡量一个国家金融实力的标志，其主要作用如下。

（1）调节收支。国际储备的首要用途就是在一国国际收支发生困难时作为一种缓冲器对国际收支调节所起的缓冲作用。

（2）稳定本国货币汇率。一国金融当局可利用国际储备干预外汇市场，以便将汇率维持在政府所希望的水平。

（3）信用保证。国际储备可以作为一国向外借款的保证，也是债务国到期还本付息的基础和保证。

2.5.2 国际储备管理

【国际储备的管理】

国际储备管理主要包括两个方面，即规模管理和结构管理，通过规模管理，力求使一国的国际储备保持在适度水平上，通过结构管理，力求使一国的国际储备保持合理的结构，以便发挥国际储备的应有作用。

1. 国际储备的规模管理

国际储备主要是用于弥补国际收支赤字、维持本国货币汇率。但持有的国际储备并非越多就越好，因为国际储备本身是一种闲置资金，储备量超过国家的需要量，就意味着会牺牲一部分投资和经济增长，所以每个国家都存在适度国际储备量的问题。

（1）国际储备规模管理的基本含义。

通过有关规定和营运安排，使一个国家的储备数量保持在适度水平上。但是关于"适度性"国际上并没有一个统一的解释。

（2）影响储备需求的因素。

确定最适度国际储备量时，主要应考虑以下因素。

① 经济开放和国民经济对外依存度。经济开放程度越大，对外贸依赖程度越强，则所需国际储备的量越大。国际储备与国民经济对外贸依赖程度成正比。

② 汇率制度和外汇政策。固定汇率制和稳定外汇的政策对国际储备的需求要比自由浮动汇率制大。

③ 外汇管制程度。外汇管制越严厉，越能控制外汇的收入和支出，因此需要的储备就少，反之，外汇管制越宽松，就容易出现收支不平衡，因此需要较多的国际储备。

④ 对外筹借应急资金的能力。一国如果具有较强的对外资金筹集能力，就需要较少的国际储备，反之，对外筹资能力较弱，就需要较多的国际储备。

⑤ 进口规模及进出口贸易（或国际收支）差额的波动幅度。一国如果进口规模越大，出口（或国际收支）差额的波动幅度越大，就需要较多的国际储备，反之，就需要较少的国际储备。

⑥ 国际收支自动调节机制和调节政策的效率。国际收支自动调节机制效率低，国际收支逆差的调节任务将更多地依靠国际储备（或政府的政策）来完成，国际储备需求就多；国际收支自动调节机制效率高，国际储备（政府的政策）的调节任务就轻，国际储备需求就少。

⑦ 持有储备的机会成本。持有国际储备具有机会成本，意味着牺牲一定的投资和经济增长。机会成本越大，持有量就应越低。

⑧ 金融市场的发育程度。发达的金融市场能提供较多的诱导性储备，这些储备对利率和汇率等调节政策的反应比较敏感。因此金融市场越发达，政府持有的国际储备便可相应减少；反之，金融市场不发达，调节国际收支对政府自有储备的依赖就越大，需要的储备自然就越多。

除了上述因素之外，一些其他因素，如国际货币合作状况、国际资本流动情况、政府调节国际收支失衡时的政策偏好及相关部门所信奉的经济哲学等也会影响国际储备需求量。

（3）国际储备量的有关指标。最适度国际储备水平与一个国家的经济规模、外债数量和进口规模等因素有关。在衡量储备水平是否适量时，可以根据以上因素及经验进行量化，主要的量化指标有以下几个。

① 国际储备量和国民生产总值之比。

② 国际储备量与外债总额比例。一般认为，一国国际储备占外债总额的50%为宜。

③ 国际储备量与月平均进口额之比。通常认为外汇储备量相当于三个月的进口量是比较合理的。

总之，最适度国际储备量是一个很难确定的变量，我们最好将其视为这样一个区域值：即以保证该国最低限度进出口贸易总量所必需的储备资产量（经常储备量）为下限，以该国经济发展最快时可能出现的外贸量与其他金融支付所需要的储备资产量（也称保险储备量）为上限。在上限与下限之间，构成一国适量国际储备区间。

国际储备同物资储备一样，是一种缓冲器，规模管理具有两面性，一方面使政府在国内经济调节和控制上具有更大的活动余地；另一方面要付出相应的代价。因此，有效地管理应是在保证支付的前提下,使储备资产付出的代价尽可能小。

2. 国际储备的结构管理

(1) 基本含义。

如何最佳地分布储备资产,使黄金、外汇、普通提款权和特别提款权保持适当的比例关系,以及如何合理运用储备资产。重点是外汇储备中货币币别之间及将外汇存放在外国银行部分和投资于外国证券部分之间保持适当比例关系。

20世纪70年代后,国际货币制度和国际金融市场发生了重大变化,使国际储备的结构管理重要性日益提高。

(2) 国际储备管理原则。

国际储备管理重点是外汇储备的管理,在外汇管理中应遵循以下几个原则。

① 安全性:是指外汇储备存放安全可靠,内在价值稳定,不会受到损失。

② 流动性:是指资产变为货币的难易程度,即变现能力。国际储备作为保障性资产,一旦需要,应随时变现,以满足国际支付的需要。

③ 收益性:是指储备资产在保值的基础上有较高的收益,既保值又增值。

④ 方便性:是指在币种的搭配上要与贸易支付和债务支付的币种相匹配,以减少未来货币的兑换,降低汇率风险。

(3) 安排储备货币结构应注意的问题。

在进行国际储备分散化,安排各主要储备货币的比重时,除要遵循"四性"原则外,还要考虑以下几个问题。

① 在储备货币的品种选择上,应尽可能地增加有升值趋势的"硬"货币的储备量,减少有下跌趋势的"软"货币的储备量。

② 根据各种储备货币汇率波动的幅度进行选择,尽可能增加汇率波动幅度较小的货币储备量,减少汇率波动幅度较大的货币储备量。

③ 根据本国对外贸易的结构及国际贸易和其他金融支付对储备货币的需求做出选择。

④ 储备货币的构成要与干预外汇市场所需要的货币保持一致。

案例 2-1

全球"新储备货币"呼声又起

"全球央行应联合起来,创建一种替代性的数字储备货币以减少对美元的依赖,降低潜在风险。"英国央行行长马克·卡尼23日在美国全球央行行长年度会议上发出呼吁。作为长期以来的国际储备货币,美元在国际支付体系中的强势乃至"霸权"地位已招致世界多国的种种限制。《华尔街日报》称,全球一直在讨论如何将美元从高高在上的位置拉下来,但过去的努力收效甚微。近期的技术和金融创新使广泛使用全球货币的想法"复生"。

"人民币,以及类似于脸谱Libra币的一系列数字货币,一直都被认为是美元的一种替代选择。"过去一年,随着移动业务和数字交易的前景变得越来越受欢迎,数字货币吸引了各国央行的关注。正确解决办法不是将人民币等其他货币提升到类似美元的强势地位,而是确保多种储备货币为全球经济提供润滑。

马克·卡尼在演讲中建议,可通过全球央行的电子货币网络创建一种全球电子货币,这种虚拟货币由各国央行发行的数字货币支撑,可以用来促进跨境贸易和国际支付,减轻全球经济对美元的依赖。"最终削弱美元对全球贸易的强势影响力和美国经济对全球经济的冲击,确保新兴经济体免受美元资本外流的破坏性影响,并最终建立一个多极化全球货币和金融体系。"

(资料来源:《环球时报》2019 年 8 月 26 日)

2.5.3 我国的国际储备

改革开放前,我国实行计划经济管理体制,加之在外汇管理中实行"量入为出,以收定支,收支平衡,略有结余"的方针,建立国际储备的必要性并不紧迫,虽积累了一定的国际储备,但规模非常小,如到 1978 年,我国仅有 1.67 亿美元的外汇储备。

【我国的外汇储备】

改革开放后,国际经济对我国宏观经济的影响越来越大,为了应对不时之需,我国开始建立国际储备,依据国际惯例,我国的国际储备由黄金、外汇、在 IMF 的储备头寸和 SDR 四部分构成。我国在 IMF 的份额不高,储备头寸和 SDR 的数额有限,而黄金份额较为稳定,因此我国国际储备主要表现为外汇储备。我国国际储备的管理机构几经变动,目前由中央银行负责。

1. 我国国际储备的规模

关于我国国际储备的需求量,一直是个有争议的问题。

一种观点认为,我国应该保持较多的国际储备量,其理由是:我国产品竞争力较弱,而进口突发性强,收支调节能力差;我国有较多的对外债务,需要国际储备担保偿还;同时较多的国际储备量还有利于化解金融风险、提高国家信用水平、维护国家经济安全、促进人民币国际化等,作为一个大国理应保持较多的国际储备量。

【我国国际储备的规模】

另一观点认为,我国应该保持较少的国际储备量,其理由是:我国在国际金融市场上有较强的资信,具有较强的借用资金的能力;我国是一个发展中国家,资金较紧张,过多的储备量会造成浪费,也与我国积极利用外资的政策相矛盾,因此我国应该保持较少的国际储备量。

那么,我国的国际储备量是多?还是少呢?按照国际上通常的指标衡量我国储备量的多寡,以 2018 年的数据为例,2018 年我国外汇储备为 31 037 亿美元,我国进口规模为 21 356.37 亿美元,以国际储备量与月平均进口额比率来看:国际储备量/月平均进口额:$31\ 037 \div (21\ 356.37 \div 12) = 17.40$,这远远超出国际上通行的 3 个月的指标;如果从国际储备量与外债的比率来看:$31\ 037 \div 19\ 652 = 1.58$,这也远远超出国际上通行的 50%的指标。因此,如果从单纯的指标来考量,我国的国际储备量是偏多的。

但是,必须考虑到我国经济结构的特殊性和特定的经济发展阶段。从现实来考量,我国必须维持较多的国际储备量,巨额的外汇储备有利于维护国家和企业的对外信誉,有利于拓展国际贸易,吸引外商直接投资,有利于维护金融体系稳定,防范和化解金融风险,有利于促进人民币国际化和推进"走出去"战略。事实上,IMF 评估认为,我国需要大约 2.8 万亿美元的国际储备,这与目前我国实际储备量相差并不大。

2. 我国国际储备的结构管理

我国储备结构不尽合理,外汇储备所占比重过大,黄金比重过低,如表 2-3 所示。

表 2-3　一些国家黄金储备排名

国　　家	总量（吨）	黄金占外汇储备（％）
美国	8 133.5	73.4
德国	3 369.7	68.8
意大利	2 451.8	65.1
法国	2 436.0	59.1
中国	1 842.6	2.2
俄罗斯	2 036.2	16.9
瑞士	1 040.0	5.0
日本	765.2	2.3
荷兰	612.5	65.5
印度	579.9	5.5

注：截至 2018 年 11 月（数据来源：世界黄金协会）

巨额的国际储备，使得我国国际储备的结构管理更具有紧迫性。基于安全性、流动性、收益性和方便性原则，我国今后要进一步强化中央银行对国际储备的管理职能；逐步制定和颁布国际储备管理有关的法律、法规，使国际储备管理走上有章可循、有法可依的健全轨道；培养和引进专业的国际储备管理人才；进一步调整储备结构，择机增加黄金的币种；进一步调整外汇储备的币种结构，坚持多元化的原则，适时增加一些新兴工业化国家的货币，"不把所有的鸡蛋放在同一个篮子里"；拓宽外汇储备的投放渠道，增加投资收益。

本章重点回顾

1. 国际收支是指一定时期内（通常为一年），一国居民与非居民之间的经济交易的系统记录。国际收支是国际经济领域的一个重要课题，它是开放经济中决策者参照的最重要的经济指标之一。国际储备，也叫官方储备，是一国货币当局持有的，用于平衡国际收支、稳定汇率和作为对外偿债保证的国际间可以接受的一切资产。

2. 国际收支不平衡的原因主要有：结构性原因、货币性原因、周期性原因、收入性原因、季节性和偶发性因素、不稳定的投机和资本流动。

3. 国际收支不平衡的调节采取的措施有：财政金融政策、国际借贷、外汇政策、直接管制、加强国际合作。

4. 国际储备，也叫官方储备，是一国货币当局持有的，用于平衡国际收支、稳定汇率和作为对外偿债保证的国际间可以接受的一切资产。一种资产可作为国际储备应满足以下条件：官方持有、高度流动性、普遍接受性、可得性。

关键术语

贴现政策　Discount Policy　　　　货币分析理论　Monetary Approach
国际收支　Balance of Payment　　国际储备　International Reserve

外汇管制　Foreign Exchange Control　　特别提款权　Special Drawing Right
经常项目　Current Account　　资本项目　Capital Account
储备头寸　Reserve Position in the IMF　项目余额分析　Analysis of Project Balance
国际收支逆差　Balance of Payments Deficit
内外均衡理论　Theory of Internal and External Balance

习题

一、判断题

1. 国际收支是事后、流量概念。（　　）
2. 资产增加、负债减少的项目应计入借方。（　　）
3. 巴基斯坦发生洪灾，我国对其进行了援助，在国际收支表中应计入贷方。（　　）
4. 马歇尔—勒纳条件是指货币贬值后，只有出口商品的需求弹性和供给弹性之和大于1，贸易收支才能改善。（　　）
5. 吸收论含有强烈的政策搭配趋向。（　　）

二、单项选择题

1. 处于通货膨胀和国际收支逆差的经济状况时，应采取的政策搭配是（　　）。
   A. 紧缩国内支出，本币升值　　　　B. 扩张国内支出，本币贬值
   C. 扩张国内支出，本币升值　　　　D. 紧缩国内支出，本币贬值
2. 下列项目应记入贷方的是（　　）。
   A. 经常账户资产增加　　　　　　　B. 储备账户资产增加
   C. 反映进口实际资源的项目　　　　D. 反映资产减少或负债增加的金融项目
3. 若在国际收支平衡表中储备资产项目为—200亿美元，则表示该国（　　）。
   A. 增加了200亿美元的国际储备　　B. 减少了200亿美元的国际储备
   C. 人为的账面平衡，不说明问题　　D. 以上都不对
4. 一国增加外汇储备的最稳定、最可靠来源是（　　）。
   A. 外汇干预　　B. 经常项目顺差　　C. 资本项目顺差　　D. 向外借款
5. 2015年12月1日，（　　）加入了SDR货币篮。
   A. 加元　　　　B. 澳元　　　　C. 瑞士法郎　　　　D. 人民币

三、简答题

1. 国际收支平衡表的结构和内容？
2. 国际收支失衡的调节措施？
3. 一国为什么要保持一定规模的国际储备？
4. 查阅资料说明最近一年多我国国际储备变动情况，并说明原因。

第 3 章　外汇市场基本业务

教学要点

- 了解外汇市场的起源；理解其概念、功能、作用、环境结构及类型；
- 了解外汇市场的基本业务，主要包括即期外汇交易、远期外汇交易、外汇掉期交易、套汇交易；
- 掌握远期汇率及进口报价，深刻认识中国外汇市场的历史、基本框架和发展设想。

知识架构

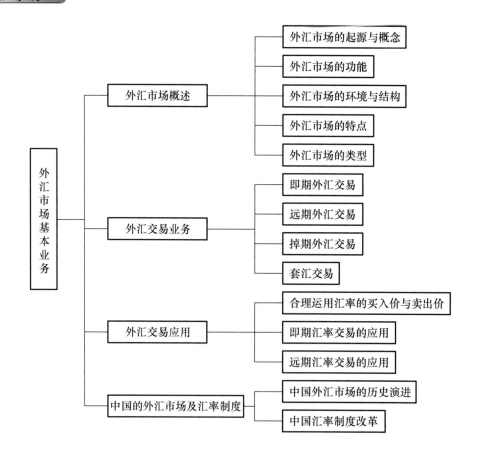

乔治·索罗斯大笔做空英镑而获利的案例

乔治·索罗斯 1930 年出生于布达佩斯，伦敦经济学院毕业后，他来到纽约。1969 年，乔治·索罗斯和分析师吉姆·罗杰斯一起创立了量子基金（Quantum Fund）。

1992 年 9 月，乔治·索罗斯看准机会大笔做空英镑，仅仅一个晚上就轻松赚得 20 亿美元。这是如何实现的呢？早在 1979 年，欧洲共同体创建了欧洲汇率机制（The European Exchange Rate Mechanism），这一机制旨在实现成员国之间的货币稳定，并仅允许各国之间的汇率维持在一定的交易区间内。由于各个国家经济周期和通货膨胀存在差异，想要维持汇率在一定范围内波动，对于一些国家来说是非常困难的，因为这不符合金融市场客观规律。虽然英镑重新进入了复兴的欧洲货币体系，但是英国经济长期不景气，正陷于重重困难中，英国不可能维持高利率的政策，要想刺激本国经济发展，唯一可行的方法就是降低利率。但假如德国的利率不下调，英国单方面下调利率，将会削弱英镑，迫使英国退出欧洲汇率体系。英国政府在英国央行用尽了所有的办法后，最终妥协了，放弃欧洲汇率机制成员国的地位，并取消了英镑与德国马克的挂钩机制，英格兰银行也将不再对英镑汇率进行干预，英镑大幅贬值，索罗斯决定大笔做空英镑。在此事件中，英国央行损失了 200 亿英镑，索罗斯集团赚得 20 亿美元。

乔治·索罗斯大笔做空英镑而获利看似投机行为，但在整个过程中充分体现了其对外汇市场特性的深刻理解，并在交易行为发生之前充分地考察市场，运用外汇交易和汇率波动等市场特点做出有针对性的交易行为。外汇，看似与普通大众很遥远，但却与全世界每个人息息相关。外汇交易也是很多人投资或理财的一种重要形式。本章就与大家一起分析一下外汇市场的概念、功能和作用，以及外汇市场的基本业务，并深刻认识中国外汇市场的历史、基本框架和发展设想。

（资料来源：金融界，2019 年 7 月 31 日）

3.1 外汇市场概述

3.1.1 外汇市场的起源与概念

【外汇市场的概念】　【直盘和交叉盘】

1. 外汇市场的起源

（1）古老的外汇交易。

在《犹太教法典》时期，出现的"兑换商"是较早的外汇交易。他们主要帮助别人兑换货币，然后收取佣金或者费用。

1472 年，意大利创办了一家当铺，出现了世界上第一家真正形式上的"银行"——邦卡蒙台达电子锡耶纳牧山银行（BMPS），这是现存世界上最古老的银行，直到现在仍在运营。在 15 世纪，为了满足纺织商人的货币兑换需求，美第奇（Medici）家族在国外开设了银行，并启用"往来账账本"处理交易。这类账本可以显示外汇账户和与国外银行有往来的本国货币账户。17 世纪到 18 世纪，阿姆斯特丹的外汇市场很活跃，英国和荷兰的代理人与商人有着非常频繁的外汇兑换往来。

（2）现代外汇的起源。

1850 年代的美国，一家名为 Alexander Brown&Sons 的公司开始交易外汇，它被视为领先的市场参与者。1880年,以黄金为本位币的货币制度形成,很多人以此作为现代外汇的起始标志。

从1899年到1913年,外汇储备增长了10.8%,而黄金储备只增长了6.3%,这象征着新兴外汇市场逐渐受到重视。1902年,伦敦共出现了2家外汇经纪商。1913年,全球外汇交易几乎一半都是以英镑进行的。这对英国资本市场的形成有非常重要的意义。英国的外汇银行数量从1860年的3家上涨到1913年的71家。

尽管当时的英镑几乎统治了外汇交易,但是英国本身在20世纪初的几年里却是缺席状态,当时外汇交易最活跃的中心却是巴黎、纽约和柏林。1914年,美国联邦储备系统成立,美国银行系统开始印刷自己的货币——美元。1930年,在瑞士巴塞尔市成立了国际清算银行,目的在于为那些新独立的国家和面临收支暂时性逆差的国家提供财政支持。

在第二次世界大战后,布雷顿森林协议签署。根据协议,各国货币对美元的汇率只能在法定汇率上下波动1%以内。之后,尼克松总统废除了布雷顿森林协议,固定兑换汇率失效。此后开始迎来浮动汇率系统。1972年至1973年3月,由于布雷顿森林协议及欧洲联合浮动协议影响,外汇市场关闭。1973年是现代外汇市场真正的历史转折点,这一年,国家之间的汇率约束、银行交易及受限制的外汇交易时代结束,市场开始进入全面的浮动汇率时代。

(3)现代外汇的发展状况。

【外汇市场概述】

在2000年,零售外汇再次演变,交易者能够在开放的平台上操作自己的专属智能交易系统和账号。现在,外汇市场已经发展成为24小时交易不停歇,每天交易额达到6万亿美元的金融市场。作为全球流动性最强的市场,其规模远超过全球股市、期货等其他金融商品市场。作为最"干净"、最公正透明的投机市场,随着外汇市场的完善,相信越来越多的投资者会参与其中。

2. 外汇市场的概念

广义的外汇市场泛指进行外汇交易的场所,甚至包括个人外汇买卖交易场所,外币期货交易所等;狭义的外汇市场指以外汇专业银行、外汇经纪商、中央银行等为交易主体,通过电话、电传、交易平台等现代化通信手段实现交易的无形的交易市场。

IMF给外汇下的定义是:"外汇是货币行政当局(中央银行、货币管理机构、外汇平准基金及财政部)以银行存款、财政部库券、长短期政府债券等形式所保有的在国际收支逆差时可以使用的债权。其中包括由中央银行及政府间协议而发生的在市场上不流通的债券,而无论它是以债务国货币还是以债权国货币表示。"

目前,世界主要的外汇市场包括欧洲的伦敦、法兰克福、巴黎、苏黎世外汇市场,北美的纽约外汇市场,亚洲的东京、香港、新加坡外汇市场,澳大利亚的悉尼、惠灵顿外汇市场,这些外汇市场时间上相互延续,共同构成了全球不间断的外汇市场。了解各个外汇市场的特性,对于理解汇率的真实性和进行汇率预测有一定帮助。

外汇市场的参与者主要包括外汇银行、中央银行、外汇投机者、外汇经纪公司、大型投资基金、实际外汇供求者等。了解外汇市场参与者的资金动向对于预测走势有很大帮助。例如,日本财务年度的资金汇回会给日本带来日元的升值压力,英国公司对于德国公司的大型收购案会构成欧元/英镑交叉盘的上升,日本央行通过抛售日元干预汇市会造成日元的贬值,日本投资者在澳大利亚发行澳元计价的债券会造成澳元/日元交叉盘的上升等。

3.1.2 外汇市场的功能

【外汇市场的功能】

1. 国际清算

外汇是国际间经济往来的支付手段和清算手段,所以清算是外汇市场的最基本作用。

2. 兑换功能

在外汇市场买卖货币,把一种货币兑换成另一种货币作为支付手段,实现了不同货币在购买力方面的有效转换。国际外汇市场的主要功能就是通过完备的通信设备、先进的经营手段提供货币转换机制,将一国的购买力转移到另一国交付给特定的交易对象,实现国与国之间货币购买力或资金的转移。

3. 授信

由于银行经营外汇业务,它就有可能利用外汇收支的时间差为进出口商提供贷款。

4. 套期保值

套期保值与投机性外汇买卖的目的不同,它不是从价格变动中牟利,而是使外汇收入不会因日后汇率的变动而遭受损失,这对进出口商来说非常重要。如出口商有一笔远期外汇收入,为了避开因汇率变化而可能导致的风险,可以将此笔外汇当作期货卖出;反之,进口商也可以在外汇市场上购入外汇期货,以应对将来支付的需要。

5. 投机

在外汇期货市场上,投机者可以利用汇价的变动牟利,产生"多头"和"空头",对未来市场行情下赌注。"多头"是预计某种外汇的汇价将上涨,即按当时价格买进,而待远期交割时,该种外币汇价上涨,按"即期"价格立即出售,就可牟取汇价变动的差额。相反,"空头"是预计某种外币汇价将下跌,即按当时价格售出远期交割的外币,到期后,价格下降,按"即期"价买进补上。这种投机活动,是利用不同时间内外汇行市的波动进行的。在同一市场上,也可以在同一时间内利用不同市场上汇价的差别进行套汇活动。

📖 资料卡

套期保值与投机操作方法

套期保值:分为买入套期保值和卖出套期保值。买入套期保值是指投资者因担心目标指数或股票组合价格上涨而买入相应股指期货合约进行套期保值的一种交易方式,即在期货市场上首先建立多头交易部位(头寸),在套期保值期结束时再对冲掉的交易行为,因此也称为"多头保值"。卖出套期保值是指投资者因担心目标指数或股票组合价格下跌而卖出相应股指期货合约的一种保值方式,即在期货市场上先开仓卖出股指期货合约,待下跌后再买入平仓的交易行为,因此又称为"空头保值"。

投机:包括基本分析法、技术分析法、演化分析法。基本分析法是以传统经济学理论为基础,以企业价值作为主要研究对象,通过对决定企业内在价值和影响股票价格的宏观经济形势、行业发展前景、企业经营状况等进行详尽分析,以大概测算上市公司的长期投资价值和安全边际,并与当前的股票价格进行比较,形成相应的投资建议。技术分析法是以传统证券学理论为基础,以股票价格作为主要研究对象,以预测股价波动趋势为主要目的,从股价变化的历史图表入手,对股票市场波动规律进行分析的方法总和。演化分析法是以演化证券学理论为基础,将股市波动的生命运动特性作为主要研究对象,从股市的代谢性、趋利性、适应性、可塑性、应激性、变异性和节律性等方面入手,对市场波动方向与空间进行动态跟踪研究,为股票交易决策提供机会和风险评估的方法总和。

(资料来源:https://baike.baidu.com/item/%E5%A5%97%E6%9C%9F%E4%BF%9D%E5%80%BC/310471?fr=aladdin,2020-12-10)

3.1.3 外汇市场的环境与结构

外汇市场是全世界各种机构交换或买卖货币的市场统称,经常被称为"FX"或者"FOREX"。外汇市场是一个"场外"市场(OTC),该市场里面并没有一个中央式的交易所和结算机构来配对所有订单。全世界的FOREX经销商和做市商(Market Maker)昼夜不停地通过电话、计算机和传真与彼此联系,创造一个具有凝聚性的市场。

因为没有一个集中式的交易所,市场上各庄家的竞争就阻止了垄断性的价格策略。如果某个市场庄家尝试戏剧性地扭曲价格,那么交易者就可以与其他庄家交易。在交易中,差价受到密切的观察,以确保庄家没有不合理地改变交易成本。

相对于外汇市场,很多股票市场以一种完全不同的方式运作。例如,纽约证券交易所是一个集中式的市场,是所有在该交易所挂牌的公司的股票交易的唯一地方,因而在该交易所内交易的股票只会有一个价格。

集中式市场是倾向于垄断的,在只有一个专业证券商(Specialists)控制市场的情况下,价格很容易因为该专家的个人利益而被曲解,并非为了普遍投资者的利益。例如,现在市场上有很多卖方却没有预期的买方,而那些专业证券商被迫从有卖方手中全数接货,但无法卖出因被抛售而价格持续下跌的股票。在此情况下,专业证券商可以简单地增大差价,从而增加交易成本,阻止更多的参与者进入市场。专业证券商也可以简单地改变他们的报价,从而按他们的需求来操作价格。

在外汇市场——分散式市场,是通过做市商来进行交易的。分散式的市场,可以有很多个做市商,所有的做市商有权提供不同的报价。外汇市场是一个分散式的市场,有众多做市商,外汇市场的参加者是以阶层形式被组织到一起的。在这个架构的最上层是银行同业市场。同业市场的交易量庞大,但主要的交易都是集中于G7货币。在银行同业市场里,最大的银行可以通过同业经纪,或通过如电子经纪服务(Electronic Brokering Services,EBS)、路透(Reuters)等的电子经纪系统直接进行交易。银行同业市场是一个建基于信贷的系统,银行间的交易完全是基于他们相互建立的贷款关系。全部银行都能看见每人正在交易的比率,但是,每家银行必须与该银行具有贷款关系才可以他们所看到的价格进行交易。其他机构如在线的外汇做市商、对冲基金和公司必须通过商业银行进行外汇交易。很多银行(如社区银行、在新兴市场的银行)、公司和机构投资者因为没有与大银行建立信贷关系,不能以他们所看到的汇率进行交易。规模比较小的市场参与者被迫与单一银行进行所有外汇交易,这往往表示越下层的参与者所得到的价格越不具竞争性。而银行的客户和兑现代理得到的价格则最不具竞争性。

3.1.4 外汇市场的特点

【外汇市场的特点】

近年来,外汇市场之所以能为越来越多的人所青睐,成为投资者的新宠儿,与外汇市场本身的特点密切相关。简单点说,外汇市场是指经营外币和以外币计价的票据等有价证券买卖的市场,是金融市场的主要组成部分。外汇市场的主要特点有以下两个。

1. 有市无场

外汇交易的网络是全球性的,并且形成了没有组织的组织,市场是由大家认同的方式和先进的信息系统所联系的,交易商也不具有任何组织的会员资格,但必须获得同行业的信任和认可。这方面做得较好的有恒信外汇等一些知名企业,这种没有统一场地的外汇交易市场被称为"有市无场"。

2. 循环作业

由于全球各金融中心的地理位置不同,亚洲市场、大洋洲市场、欧洲市场、美洲市场因时间差的关系,连成了一个全天 24 小时连续作业的全球外汇市场。这种连续作业,为投资者提供了没有时间和空间障碍的理想投资场所,投资者可以寻找最佳时机进行交易。现今,外汇市场不仅为银行及财团提供了获利的机会,也为个别投资者带来了获利的契机。

3.1.5 外汇市场的类型

1. 按外汇市场的组织形态划分

(1) 抽象的市场(无固定交易场所的市场)。它没有具体的交易场所,所有买卖交易都通过联结银行和外汇经纪人的电话、电报、电传及其他通信工具所组成的网络进行。

(2) 有形市场(有固定交易场所的市场)。它一般是在证券交易所的建筑物内或在交易大厅的一角设立外汇交易所,而由各个银行的代表规定一定的时间,集合在此地从事外汇交易。

2. 按照外汇市场是否受到控制划分

(1) 自由外汇市场,指不受所在国政府控制的外汇交易市场。一般来说,所有银行和其他金融机构都可以在自由外汇市场上从事外汇交易。自由外汇市场对外汇交易金额、汇率、币种和资金出入境无任何限制,完全由市场供求决定。自从 1973 年固定汇率制解体以来,自由外汇市场已经成为占主导地位的外汇市场。

(2) 官方外汇市场,指受所在国政府控制的外汇交易市场。其主要特征是:只允许持有政府许可证的银行和其他金融机构进入该市场从事外汇交易;与该国办理货币交易的货币币种由该国货币当局规定;汇率受该国政府管理;对每笔交易金额一般都有最大额度的规定;一般为与贸易有关的外汇买卖。1973 年固定汇率制解体以前,官方外汇市场是占主导地位的外汇市场。目前,大部分发展中国家的外汇市场仍属于官方外汇市场。

(3) 官方控制的自由外汇市场,指在一定程度上受到当地政府控制的自由外汇市场。其一般特征是:交易货币的种类和汇率由市场供求决定;对交易银行的最低资本额、每笔最大交易金额等有严格限制。

(4) 黑市,指非法的外汇市场。取缔黑市相当困难,因而有的国家默认黑

【知识拓展:黑市】

市的存在。政府还参与买卖,进行干预。这种黑市实际上已成了公开或半公开的外汇市场。

3. 按外汇买卖的范围进行划分

按外汇买卖的范围进行分类,外汇市场可以分为外汇批发市场和外汇零售市场。外汇批发市场是指银行同业之间的外汇买卖行为及其场所,其主要特点是交易规模大。外汇零售市场是指银行与个人及公司客户之间进行的外汇买卖行为及场所。

3.2 外汇交易业务

3.2.1 即期外汇交易

【外汇交易】

1. 定义

即期外汇交易(Spot Exchange Transaction),又称现汇交易,它是指经营外汇的银行与客户或同业间的外汇买卖成交后,原则上在两个工作日内办理好交割的外汇交易。即期外汇交易是外汇市场上最常见、最普遍的交易形式,其基本作用是:满足临时性的付款需要,实现货币购买力的转移,调整各种货币头寸,进行外汇投机等。即期交易的汇率构成了所有外汇汇率的基础。

2. 阐释

不同外汇市场,甚至同一外汇市场不同币种的买卖,其交割都有不同的习惯。例如,在纽约、伦敦等欧美外汇市场上,即期外汇交易的交割是在成交后的第二个营业日进行的;而在东京外汇市场上,交割是在成交的次日进行的。

3. 报价

报价指外汇银行在交易中报出的买入或卖出外汇的汇价。一般采取"双档"报价法,即外汇银行在交易中同时报出买价和卖价。银行的买卖价格之差,就是外汇银行买卖外汇的收益,一般为1‰~5‰。在实际操作中,外汇交易员不申报全价,只报出汇率小数点后的最后两位数,这是因为外汇汇率变化一天之内一般不会超过小数点后的最后两位数,如果汇率在一天内暴涨暴跌,打破惯例,则应另当别论。

4. 分类

根据交割方式不同,可将即期外汇交易分为三种。

(1) 电汇交割方式,简称电汇(TelegraphicTransfer,T/T)。电汇是根据汇款人的申请,银行直接用电报、电传通知国外的汇入银行,委托其支付一定金额给收款人的一种汇款方式。电汇交割方式就是用电报、电传通知外汇买卖双方开户行(或委托行)将交易金额收付记账。电汇的凭证就是汇款银行或交易中心的电报或电传汇款委托书。

(2) 票汇交割方式,简称票汇(Demand Draft,D/D)。票汇是指汇款银行应汇款人的申请,开立以国外汇入银行为付款人的汇票,交由汇款人自行寄给收款人或亲自携带前往,凭票向付款行取款的一种汇款方式。票汇交割是指通过开立汇票、本票、支票的方式进行汇付和收账,这些票据即为汇票的凭证。

(3) 信汇交割方式，简称信汇（Mail Transfer）。信汇是汇款银行应汇款人的申请，直接用信函通知国外的汇入银行委托其支付一定金额给收款人的一种汇款方式。信汇交割方式是指用信函方式通知外汇买卖双方开户行或委托行将交易金额收付记账。信汇的凭证就是汇款行或交易中心的信汇付款委托书。

 资料卡

即期外汇交易的效益分析

在汇款收付过程中，收入本币与付出外币之间因汇款方式的不同存在着时差，从而决定不同汇款方式的不同汇率，而汇率高低又取决于时差的长短。汇款在途时间长，银行可利用这笔资金的时间就多，收益就大，但费用会变小，因此银行报价较低；反之，银行可利用这笔资金的时间就短，收益就小，但费用会变大，因此银行报价较高。

一般来说，电汇在途时间最短（1～2天），银行无法利用这笔资金，因而电汇汇率较高。信汇与票汇主要是靠邮寄，传递时间较长，银行有机会利用这部分汇款来获利，其汇率要比电汇汇率低。实际上，这之间的差额，相当于邮寄期间的利息收入。

现阶段汇率一般都是以电汇汇率为基础来计算的，电汇汇率成了即期交易的基础汇率。随着电子计算机的广泛应用和国际通信日益信息化，邮期也就大为缩短，因此几种汇款形式之间的差别正在逐渐缩小。

（资料来源：https：//baike. baidu. com/item/%E5%8D%B3%E6%9C%9F%E5%A4%96%E6%B1%87%E4%BA%A4%E6%98%93/4718103? fr=aladdin，2020-12-10）

3.2.2 远期外汇交易

1. 定义

远期汇率是指一个远期市场交易的汇率，与即期汇率相对。外币买卖双方成交后，并不能马上交割，而是约定在以后的一定期限内进行交割时所采用的约定汇率。远期外汇是以即期汇率为基础加减升贴水来计算的。远期汇率低，其差价称为贴水；远期汇率高，其差价称为升水；两者相等则称为平价。

远期外汇交易（Forward Exchange Transaction）指由交易的双方约定于未来某一特定日期（一般在成交日后的三个营业日之后），依交易当时所约定的币别、汇率及金额进行交割。

2. 阐释

远期汇率也称期汇汇率，是交易双方达成外汇买卖协议，约定在未来某一时间进行外汇实际交割所使用的汇率。远期汇率是远期外汇买卖所使用的汇率。所谓远期外汇买卖，是指外汇买卖双方成交后并不立即交割，而是到约定的日期再进行交割的外汇交易。这种交易在交割时，双方按原来约定的汇率进行交割，不受汇率变动的影响。

3. 报价

远期汇率的报价方法通常有两种。

（1）直接报价法。直接报价法直截了当地报出远期交易的汇率。它直接表示远期汇率，无须根据即期汇率和升水、贴水来折算远期汇率。直接报价法既可以采用直接标价法,也可以采用间接标价法。它的优点是可以使人们对远期汇率一目了然,缺点是不能显示远期汇率与即期汇率之间的关系。

(2) 点数报价法。点数报价法也称为即期汇率加升水、贴水、平价,是指以即期汇率和升水、贴水的点数报出远期汇率的方法。点数报价法需直接报出远期汇水的点数。远期汇水是指远期汇率与即期汇率的差额。若远期汇率大于即期汇率,那么这一差额称为升水,表示远期外汇比即期外汇贵。若远期汇率小于即期汇率,那么这一差额称为贴水,表示远期外汇比即期外汇便宜。若远期汇率与即期汇率相等,那么就称为平价。这种报价方法是银行间外汇报价法,通过即期汇率加减升贴水,就可算出远期汇率。

 资料卡

远期汇率报价的术语

(1) 升水(Premium)。当某货币在外汇市场上的远期汇价高于即期汇率时,称之为升水。例如,即期外汇交易市场上美元兑日元的汇率为110.58,三个月期的1美元兑日元价是110.49。此时日元升水。

(2) 贴水(Discount)。当某货币在外汇市场上的远期汇价低于即期汇率时,称之为贴水。例如,即期外汇交易市场上美元兑日元的汇率为110.483,三个月期的1美元兑日元价是110.49。此时日元贴水。

(3) 套汇汇率。两种货币之间的价值关系,通常取决于各自兑换美元的汇率。例如,1英镑=2美元,且1美元=6.5元,则1英镑=13元,两种非美元之间的汇率,便称为套算汇率。

远期汇率是以即期汇率为基础的,即用即期汇率的"升水""贴水""平价"来表示。

(资料来源:https://baike.sogou.com/v302649.htm?fromTitle=%E8%BF%9C%E6%9C%9F%E5%A4%96%E6%B1%87,2020-12-10)

4. 分类

(1) 直接的远期外汇交易。直接的远期外汇交易是指直接在远期外汇市场做交易,而不在其他市场进行相应的交易。银行对于远期汇率的报价,通常并不采用全值报价,而是采用远期汇价和即期汇价之间的差额,即基点报价。远期汇率可能高于或低于即期汇率。

(2) 期权性质的远期外汇交易。期权性质的远期外汇交易是指公司或企业通常不会提前知道其收入外汇的确切日期。因此,可以与银行进行期权外汇交易,即赋予企业在交易日后的一定时期内,如5~6个月内执行远期合同的权利。

5. 特点

(1) 双方签订合同后,无须立即支付外汇或本国货币,而是延至将来某个时间。

(2) 买卖规模较大。

(3) 买卖的目的主要是保值,避免外汇汇率涨跌的风险。

(4) 外汇银行与客户签订的合同须经外汇经纪人担保。此外,客户还应缴存一定数额的押金或抵押品。当汇率变化不大时,银行可把押金或抵押品抵补应负担的损失。当汇率变化使客户的损失超过押金或抵押品时,银行就应通知客户加存押金或增加抵押品,否则,合同就无效。客户所存的押金,银行视其为存款并予以计息。

3.2.3 掉期外汇交易

1. 定义

掉期外汇交易(Foreign Exchange Swap Transaction)是指外汇交易者在买进或卖出一种期限、一定数额的某种货币的同时,卖出或买进另一种期限、相同数额的同种货币,但交割日期不同的外汇交易。

2. 阐释

掉期外汇交易是在某一日期即期卖出甲货币、买进乙货币的同时反方向地买进远期甲货币、卖出远期乙货币的交易,即把原来手中持有的甲乙货币来一个掉期。

实际上,掉期外汇交易由两笔交易组成,一是即期交易,二是远期交易。因此,一笔掉期交易具有一前一后两个起息日和两个约定的汇率。在掉期外汇买卖中,客户和银行按约定的即期汇率将一种货币转换成另一种货币,在第一个起息日进行资金的交割,并按约定的汇率将上述两种货币进行方向相反的转换,在第二个起息日进行资金的交割。

3. 分类

掉期交易根据交割日期的不同可以分为以下三种类型。

(1) 即期对远期的掉期交易,是最常见的一种类型。

(2) 远期对远期的掉期交易,在国际市场上比较少见。

(3) 即期交割日以前的掉期交易,是银行处理在即期交割日之前资金缺口所普遍采取的办法。

4. 特点

作为一种复合型的外汇买卖,掉期外汇交易明显地具有下述特点。

(1) 一种货币在被买入的同时即被卖出,或者是一个相反的操作。

(2) 买卖的货币币种、金额都一致。

(3) 买与卖的交收时间不同。正因为如此,掉期外汇交易不会改变交易者的外汇持有额,改变的只是交易者所持有的外汇的期限结构,故名"掉期"。

5. 功能

(1) 调整起息日。客户叙做远期外汇交易后,因故需要提前交割,或者由于资金不到位或其他原因,需要展期交割时,都可以通过叙做外汇掉期交易对原交易的起息日进行调整。

(2) 防范风险。若目前客户持有甲货币而需使用乙货币,经过一段时间后收回乙货币,并需将其换回甲货币,可以通过叙做掉期外汇交易来固定换汇成本,防范风险。

6. 利率掉期

利率掉期又称利率互换,是交易双方将同种货币不同利率形成的资产或者债务的相互交换。最常用的利率互换是在固定利率与浮动利率之间进行转换的。

通常在进行利率互换时,债务人根据国际资本市场利率走势,将其自身的浮动利率债务转换成固定利率债务,或将固定利率债务转换为浮动利率债务,它不涉及债务本金的交换,即客户不需要在期初和期末与银行互换本金。

【利率掉期】

利率互换是一项常用的外汇保值工具，用于管理中长期利率风险。客户通过利率互换交易可以将一种利率形式的资产或负债转换为另一种利率形式的资产或负债。一般地说，当利率看涨时，将固定利率转换为浮动利率较好。这样可以规避利率风险，降低债务成本，同时还可以用来固定自己的边际利润，便于债务管理。

7. 货币掉期

货币掉期又称货币互换，是指交易双方在一定期限内将一定数量的货币与另一种一定数量的货币进行交换的外汇交易形式。货币互换是包括交换利率支付在内的两种货币之间的交易，一般持续至少一年。

首先，合约开始，按一定即期汇率进行本金的交易；其次，在合约有效期内，按照既定的日期进行一系列的交换利率支付，如在固定对固定利率的货币互换中，双方按合约到期后，双方按合约规定的本金数量和相应的固定利率交换利率支付；最后，当合约到期后，双方按初始的即期汇率交换回本金数额。

 资料卡

起 息 日

起息日是指一笔收款或付款能真正执行生效的日期。按照国际惯例银行所发的收、付款指令电报均应注明起息日以确保收、付款日期明确。

1. 计息原则

起息日的计算以所含各币种清算速度为依据，以"同日清算"为基准，结合各币种节假日对其的不同影响，根据人民币外汇即期竞价交易日确定相应的起息日。

2. 清算速度

人民币外汇即期竞价交易实行T+2的清算速度，即中国外汇交易中心与会员之间本外币资金的清算日为交易日后的第2个工作日，清算日为双方资金入账的起息日。

（资料来源：https://baike.sogou.com/v392403.htm?fromTitle=%E8%B5%B7%E6%81%AF%E6%97%A5，2020-12-10）

3.2.4 套汇交易

1. 定义

套汇交易（Arbitrage Transaction）是套利交易在外汇市场上的表现形式之一，是指套汇者利用不同时间段、不同地点、不同货币在汇率上的差异进行贱买贵卖，从中套取差价利润的一种外汇交易。

由于时间和空间的分割，不同的外汇市场对影响汇率诸因素的反应速度和反应程度不完全一样，所以在不同的外汇市场上，同种货币的汇率有时可能出现较大的差异，这就为套汇提供了条件。

2. 套汇交易的种类

（1）地点套汇。

地点套汇（Space Arbitrage）也称为瞬时套汇，是指套汇者利用不同外汇市场之间的汇率差异，同时在不同的地点进行外汇买卖，以赚取汇率差额的一种套汇交易。

按照外汇交易完成的地点，地点套汇又可分为直接套汇和间接套汇。

① 直接套汇（Direct Arbitrage）又称两角套汇（Two Points Arbitrage），是指利用同一时间两个外汇市场的汇率差异，进行贱买贵卖，以赚取汇率差额的外汇买卖活动。

② 间接套汇（Indirect Arbitrage）又称三角套汇（Three Points Arbitrage）或多角套汇（Multiple Points Arbitrage），是指利用三个或三个以上不同地点的外汇市场中三种或三种以上货币之间的汇率差异，同时在这三个或三个以上外汇市场上进行外汇买卖，以赚取汇率差额的一种外汇交易。

（2）时间套汇。

时间套汇（Time Arbitrage），又称抛补套汇，是指套汇者利用不同交割期限所造成的汇率差异，在买入或卖出即期外汇的同时，卖出或买入远期外汇；或者在买入或卖出远期外汇的同时，卖出或买入另一时期的远期外汇，通过时间差来营利的套汇方式。

3.3 外汇交易应用

3.3.1 合理运用汇率的买入价与卖出价

1. 买入价和卖出价的定义

买入价（Bid Rate）是银行向客户买入外汇时所使用的汇率。卖出价（Offer Rate）是指银行卖出外汇时所使用的汇率。外汇中间价是买入汇率和卖出汇率的平均数。

汇率的买入价与卖出价之间一般相差1%～3%，如果进出口商品在货价折算对外报价与履行支付义务时考虑不周，计算不精，合同条款订得不明确，就会遭受损失。

2. 外汇买卖的注意事项

在运用汇率的买入价与卖出价时，要注意以下几点。

（1）本币折算成外币时，应该用买入价。

（2）外币折算成本币时，应该用卖出价。

（3）以一种外币折算成另一种外币，应按照国际外汇市场牌价折算。

无论是用直接标价市场的牌价，还是用间接标价市场的牌价，均规定外汇市场所在国货币为本币。

上述买入价、卖出价折算原则，不仅适用于即期汇率，也适用于远期汇率。买入价与卖出价的折算运用是一个外贸工作者应掌握的原则，但在实际业务中应结合具体情况，灵活掌握。例如，出口商品的竞争能力较差，库存较多，款式陈旧而市场又较呆滞，这时出口报价也可按中间价折算，甚至还可给予适当折让，以便扩大商品销售。

资料卡

即期外汇交易的术语

(1) 即期外汇业务：是在外汇买卖成交以后，原则上两天以内办理交割（Deliver）的外汇业务。即期外汇又分为电汇、信汇和票汇。

(2) 空头：是指虽然当前汇价相对较高，但是投资者对汇市前景不看好，预计汇价将会下跌，于是趁相对高价时卖出外汇，待汇价下跌至某一价位时再买入，以获取差额收益。

(3) 多头：是指投资者对汇市看好，预计汇价将会看涨，于是趁低价时买进外汇，待汇价上涨至某一价位时再卖出，以获取差额收益。

(4) 超买：是指资产的价格升至基本面因素无法支持的水平，通常发生在价格短时间内急涨之后。超买意味着价格很容易出现向下修正。在技术分析上，当一种金融工具的相对强弱指数超过75%时，一般视为出现超买。

(5) 超卖：是一种技术分析名词，指一种证券资产的价格显著下跌后，近期内可能上涨。

(6) 买卖平衡：买卖头寸平衡法的使用应以"尽量接近平衡"为原则，即不以非完全消除风险不可为目标，以尽量消除风险为目的。

(资料来源：https：//baike.baidu.com/item/%E5%8D%B3%E6%9C%9F%E5%A4%96%E6%B1%87%E4%B8%9A%E5%8A%A1，2020-12-10)

3.3.2 即期汇率交易的应用

1. 商业性即期外汇交易

它是与进出口贸易相关联的，主要是进出口商为了支付或收取贷款而与银行发生的即期外汇买卖。

例如，新加坡商人 A 售给东京商人 B 一笔价值 1 000 万日元的货物，商人 A 即可在新加坡有关银行开出一张通知商人 B 支付 1 000 万日元的即期付款汇票，并向银行办理托收，这时该银行也可应商人 A 的要求，用新加坡元买下这张汇票。由于这张汇票的面额是日元，对新加坡的这个银行来说，是买进了日元卖出了新加坡元。

2. 金融性即期外汇业务

它是与金融市场上的业务相联系的，主要是银行为了平衡外汇头寸、调剂资金余缺，以及谋求较高的外汇利润而进行的银行与银行间的即期外汇买卖。金融性即期外汇业务是即期外汇交易的主体。

在通常情况下，银行与工商业客户进行买卖，其买进和卖出额不可能恰好一致，而且银行代客户买卖的外汇，也不可能逐笔地在外汇市场上进行，而是先与客户成交，当积累到一定数额时再统一进行买卖。因此，当银行大量卖出某种外币时，便会出现"超卖"现象，即所谓的"空头"，而当大量购进某种外汇时，则会出现"超买"现象，即"多头"，其结果导致外汇头寸的不平衡。

为了避免这些问题，银行在经营外汇买卖时，以"买卖平衡"为原则，即对某种外汇若超卖，就把短缺部分买进，避免出现"空头"，若超买，就把多余部分卖出，避免出现"多头",这种买或卖就是银行为平衡外汇头寸而进行的即期外汇交易。

在银行业务中,银行为了调节资金的盈亏,轧平资金在地点上的不平衡,往往通过买卖外汇的方式将某地过多的资金调往资金过少的分行或代理行。

3.3.3 远期汇率交易的应用

远期外汇买卖产生的主要原因在于企业、银行、投资者规避风险之所需,具体包括以下几个方面。

1. 进出口贸易

进出口商预先买进或卖出期汇,以避免汇率变动风险。

汇率变动是经常性的,在商品贸易往来中,时间越长,由汇率变动所带来的风险也就越大,而进出口商从签订买卖合同到交货、付款又往往需要相当长的时间(通常达30~90天,有的更长),因此,有可能因汇率变动而遭受损失。进出口商为避免汇率波动所带来的风险,就想尽办法在收取或支付款项时,按成交时的汇率办理交割。

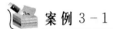

案例 3-1

某日本出口商向美国进口商出口价值10万美元的商品,共花成本1 200万日元,约定3个月后付款。双方签订买卖合同时的汇率为1美元=130日元。按此汇率,出口该批商品可换得1 300万日元,扣除成本,出口商可获得100万日元。但3个月后,若美元汇价跌至1美元=128日元,则出口商只可换得1 280万日元,比按原汇率计算少赚了20万日元;若美元汇价跌至1美元=120日元以下,则出口商就亏本了。可见,美元下跌或日元升值将对日本出口商造成压力。因此,该日本出口商在订立买卖合同时,就按1美元=130日元的汇率,将3个月的10万美元期汇卖出,即把双方约定远期交割的10万美元外汇售给日本的银行,届时就可收取1 300万日元的货款,从而避免了汇率变动的风险。

(资料来源:https://wenku.baidu.com/view/af5d11a54793daef5ef7ba0d4a7302768f996f1c.html,2020-12-10)

2. 银行外汇风险头寸的平衡

进出口商为避免外汇风险而进行期汇交易,实质上就是把汇率变动的风险转嫁给外汇银行。外汇银行之所以有风险,是因为它在与客户进行了多种交易以后,会产生一天的外汇"综合持有额"或总头寸(Overall Position),在这当中难免会出现期汇和现汇的超买或超卖现象。这样,外汇银行就处于汇率变动的风险之中。为此,外汇银行就设法把它的外汇头寸予以平衡,即要对不同期限不同货币头寸的余缺进行抛售或补进,由此求得期汇头寸的平衡。

在出现期汇头寸不平衡时,首先外汇银行应先买入或卖出同类同额现汇,再抛补这笔期汇。也就是说,用买卖同类同额的现汇来掩护这笔期汇头寸平衡前的外汇风险。其次,银行在平衡期汇头寸时,还必须着眼于即期汇率的变动和即期汇率与远期汇率差额的大小。

3. 投资者的风险规避

短期投资者或定期债务投资者预约买卖期汇以规避风险。在没有外汇管制的情况下,如果一国的利率低于他国,该国的资金就会流往他国以谋求高息。

案例 3-2

【远期汇率交易的应用-套期保值的应用】

假设在汇率不变的情况下,纽约投资市场利率比伦敦高,两者分别为 9.8% 和 7.2%,英国的投资者为追求高息,就会用英镑现款购买美元现汇,然后将其投资于 3 个月期的美国国库券,待该国库券到期后将美元本利兑换成英镑汇回国内。这样,投资者可多获得 2.6% 的利息,但如果 3 个月后,美元汇率下跌,投资者就得花更多的美元去兑换英镑,因此就有可能换不回投资的英镑数量而招致损失。为此,英国投资者可以在买进美元现汇的同时,卖出 3 个月的美元期汇,这样,只要美元远期汇率贴水不超过两地的利差(2.6%),投资者的汇率风险就可以消除。当然如果超过这个利差,投资者就无利可图甚至还会遭受损失。这是就在国外投资而言的,如果在国外有定期外汇债务的人,就要购进期汇以防债务到期时多付出本国货币。

4. 外汇投机者为攫取投机利润而进行期汇买卖

汇率的频繁、剧烈波动,会给外汇投机者进行外汇投机创造有利的条件,尤其在浮动汇率制下更是如此。所谓外汇投机,是指利用外汇市场汇率涨落不一,纯粹以赚取利润为目的的外汇交易,其特点如下。

(1) 投机者主动置身于汇率的风险之中,从汇率变动中牟利。
(2) 投机活动并非基于对外汇的实际需求,而是想通过汇率涨落赚取差额利润。
(3) 投资收益大小决定于本身预期的准确程度。

其实现方式是:当投机者预期某种外汇汇率将剧烈变动时,就通过买卖现汇与买卖期汇来获取投机利润。由于买卖即期外汇投机者必须持有外汇资金,交易规模大小就视这个资金多寡而定。故大部分投机者是通过买卖远期外汇来牟取利润的。因为期汇投机只需缴纳少量保证金,无须付现汇,到期轧抵,计算盈亏,所以不必持有巨额资金就可进行交易。也由于期汇买卖仅凭一份合同就可办理,所以期汇投机较容易,成交额也较大,但风险也较高。

外汇投机有两种形式。

(1) 先卖后买,即卖空(Sell Short)或称空头(Bear)。
(2) 先买后卖,即买空(Buy Long)或称多头(Bull)。

案例 3-3

算 例

【远期汇率交易的应用-投机的应用】

某美国外汇投机商预期英镑有可能贬值。当时,英镑 3 个月期汇汇率为 1 美元=1.415 1 英镑,他就在外汇市场上卖出 10 万英镑的 3 个月期汇,即在交割日他应交付 10 万英镑现汇,收入 14.151 万美元。若 3 个月后,外汇市场的英镑现汇价格果然像预期那样下跌,跌至 1 英镑=1.400 2 美元,这时他就以原先约定汇率所得的 14.151 万美元中的 14.002 万美元在市场上买进 10 万英镑现汇,来履行期汇合同。这样,该投机商通过卖空就赚取了 0.149 万(14.151 万-14.002 万)美元的差价利润。当然,如果汇率变动与投机者预期正好相反,则该投机商就可能遭受损失。

解析：当时英镑兑美元汇率为1英镑＝1.4151美元，卖出10万英镑得到14.151万美元；3个月后，汇率降为1英镑＝1.4002美元，将原来所得14.151万美元中的14.002万美元买入10万英镑。获利：14.151万－14.002万＝0.149万美元。如果汇率变动与投机者预期正好相反，则该投机商就可能遭受损失。

3.4 中国的外汇市场及汇率制度

3.4.1 中国外汇市场的历史演进

中国的外汇市场，其实在旧中国就已经存在，但那时的外汇交易完全被帝国主义及其代理人——官僚买办资本所控制。我国真正独立管理外汇市场，是从新中国成立后开始的。

1. 上海解放初期

开办外汇交易所主要是针对上海解放初外币流通而采取的一项过渡性措施。在上海，由军管会颁布命令，严禁外币流通，并决定成立外汇交易所，要求在其成立后的半个月内，一律按牌价向中国银行兑换人民币或存入中国银行以取得外汇存单，之后凭存单在外汇交易所自由交易。1949年6月10日，上海外汇交易所成立，并开始外汇挂牌和外汇收兑，有效地制止了外币流通的混乱局面。

随着我国经济实行计划经济体制和统收统支外汇管理体制的建立，外汇交易所这种市场分配外汇资源的形式遂宣告结束。

2. 计划经济时期

1953年起，我国进入社会主义改造和建设时期，国民经济逐步走上了计划经济体制的轨道，对外贸易实行国家垄断，对外汇实行统收统支，使我国的外汇资源不是通过市场，而是通过行政手段来加以配置的。具体表现如下。

(1) 对外贸易统一经营，统负盈亏。

(2) 外汇收支两条线，统收统支。

(3) 非市场化的人民币汇率。

3. 改革开放中中国外汇市场的萌芽

1978年实行改革开放以来，我国整个经济体制和经济发展发生了显著变化，外汇领域也进行了相应地改革，其中主要的一项措施就是1980年开办外汇调剂业务，建立起外汇调剂市场。外汇调剂是企业、事业单位之间外汇使用权的一种有偿转让。外汇调剂中心在有外汇收入的单位和用汇的单位之间调剂外汇余缺，以使有限的外汇资金得到更充分的利用。外汇调剂业务的开办标志着我国外汇调剂市场的雏形已经形成。

1986年，我国外汇调剂市场的发展进入了一个新的阶段。这一时期我国外汇调剂市场的主要改革为：①外汇调剂业务由中国银行移交给外汇管理局办理，现汇交易的交割和过户由包括中国银行在内的金融机构办理。这是整个金融体制改革的推进在外汇市场发展历程中的反映。②1986年10月，国务院颁布了《关于鼓励外商投资的规定》，允许外商投资企业在经济特区和沿海开放城市调剂外汇，但不能与国营、集体企事业单位之间进行外汇交易。

③提高了外汇调剂价格,规定 1 美元外汇留成额度价格为 1 元人民币,现汇调剂最高限价为 4.2 元人民币,经济特区、海南行政区、外商投资企业的外汇调剂陆续放开了价格,由买卖双方自由议定。④继深圳之后,各省、自治区、直辖市以及计划单列市都设立了外汇调剂中心。

经过上述调整后,外汇调剂市场趋于活跃,成交量大幅度增加,我国对外开放程度的扩大,外汇流量的增加既对外汇调剂市场的进一步发展提供了有利条件,也对外汇调剂市场提出了进一步完善的需求。

外汇调剂中心的建立和发展,标志着我国外汇调剂市场进入了迅速发展和逐步完善时期,主要表现在:扩大了外汇调剂范围,放开了外汇调剂价格,调剂外汇的投向日趋合理,外汇调剂成交额逐步增加,建立了外汇调剂市场。

4. 市场化、规范化的银行间外汇市场阶段(1994—2005 年)

1994 年,外汇管理体制进行新一轮的改革,在原有外汇调剂市场的基础上,我国建立了全国统一的银行间外汇市场,并取消了外汇留成,停止发行外汇券,取消外汇收支的指令性计划,实行银行结售汇制度,实现汇率并轨,实行盯住美元货币的固定汇率制度。这标志着我国外汇市场进入了一个以单一汇率和以市场为基础配置、外汇资源为特征的新的发展时期,具体表现如下。

(1)从交易载体上,1994 年 4 月 4 日,我国外汇交易中心正式运行。它通过计算机网络与全国各地的分中心和调剂中心实行联网交易,外汇指定银行必须指派外汇交易中心认可的交易员进入交易中心的指定的交易场所进行外汇交易。

(2)在市场结构上,外汇市场实现了一次质的飞跃,第一次确立了银行在外汇市场上的主体地位,形成了两个层次的市场。一是客户与外汇指定银行之间的市场;二是银行间外汇市场包括外汇指定银行相互之间及外汇指定银行与中央银行之间的外汇交易,这种市场结构已基本上与国际规范的外汇市场相一致。

(3)在市场组织形式上,实行统一的外汇市场会员制。凡经中国人民银行批准设立,国家外汇管理局准许经营外汇业务的金融机构及其分支机构,经外汇交易中心审核批准后,均可成为外汇交易中心的会员,会员分为自营会员和代理会员,自营会员可兼营代理业务,而代理会员只能从事代理业务。

(4)在交易方式上,我国外汇交易系统实行分别报价、撮合成交的交易方式。交易员报价后,由计算机系统按照价格优先、时间优先的原则对外汇买入和卖出报价的顺序进行组合,然后按照最低卖出价和最高买入价的顺序撮合成交。

(5)在清算方式上,我国外汇交易系统实行本外币集中清算,本币实行二级清算,即各分中心负责当地会员之间的清算,总中心负责各分中心的差额清算,人民币资金通过在中国人民银行开立的人民币账户办理;外汇资金实行一级清算,即总中心负责各会员之间的清算,外汇资金通过中国外汇交易中心在境外开立的外汇账户办理。

5. 开放型市场经济下中国外汇市场(2005 年至今)

2005 年 7 月 21 日起,中国外汇管理制度进行新一轮改革,实行以市场供求为基础、参考一篮子货币进行调节、有管理的浮动汇率制度。人民币汇率不再盯住单一美元货币。

(1)改革人民币汇率制度,人民币汇率不再盯住单一美元货币,形成更富弹性和市场化的人民币汇率制度,中国政府坚持人民币汇改主动性、可控性和渐进性三原则。调整汇率水平、调整汇率基准价格和挂牌汇价体系,适当扩大人民币汇率的浮动区间。

(2) 调整中国外汇储备的管理制度。2005 年之后,中国外汇储备总额增加很快,由于过多地用美元衡量外汇储备,加之美元兑人民币正在贬值,这一阶段已摆脱之前经济学家所谓的"手中有粮,心中不慌"的外汇储备政策,中国开始运用合理的手段,充分利用超额外汇储备,使外汇储备保持适度规模。

(3) 不断完善外汇交易制度。增加交易主体,允许符合条件的非金融企业和非银行金融机构进入即期银行间外汇市场,将银行对客户远期结售汇业务扩大到所有银行;引进美元做市商制度,在银行间市场引进询价交易机制;引进人民币对外币掉期业务;增加银行间市场交易品种,开办远期和掉期外汇交易;实行银行结售汇综合头寸管理,增加银行体系的总限额;调整银行汇价管理办法,扩大银行间市场非美元货币波幅,取消银行对客户非美元货币挂牌汇率浮动区间限制,扩大美元现汇与现钞买卖差价,允许一日多价等。

3.4.2 中国汇率制度改革

1. 人民币汇率制度的改革进展

1948 年 12 月 1 日:中国人民银行 1948 年 12 月 1 日在河北省成立,并发行人民币作为中国的新货币。

1953—1972 年:在中国 1953—1972 年的苏联式计划经济全盛期,人民币固定在 2.42 元兑 1 美元价位。为维持这种汇率水平,中国政府执行严格的兑换规定,要求所有企业和个人向指定银行出售手中外汇。

1970 年:中国在 20 世纪 70 年代末期推行经济改革,以建立比较市场化的体制,并实施货币双轨制,人民币只在内部通行,至于外籍人士则必须使用外汇券。

1971 年:在以美元为基础的布雷顿森林体系 1971 年崩溃后,许多国家采用了浮动汇率机制,允许由市场决定各主要货币的汇价。

1980 年:中国银行 1980 年设立外汇调剂中心,持有外币者可在调剂中心向需要者出售外币。人民币由 1981 年的 1.50 元兑 1 美元贬为 1984 年的 2.30 元兑 1 美元,并在 1993 年之前,再贬为 5.8 元兑 1 美元。

改革开放前:人民币长期实行固定汇率制度,长期高估。

1981 年起:人民币实行复汇率,牌价按一篮子货币加权平均的方法计算。

1981—1984 年:官方牌价与贸易内部结算价并存。

1985 年 1 月 1 日起:取消贸易内部结算价,重新实行单一汇率,人民币 2.796 3 元合 1 美元。

1986 年 7 月 5 日:由人民币 3.198 3 元兑 1 美元调到人民币 3.703 6 元兑 1 美元。

1989 年 12 月 26 日:由人民币 3.703 6 元兑 1 美元调到 4.722 1 元兑 1 美元。

1990 年 11 月 17 日:由人民币 4.722 1 元兑 1 美元调到人民币 5.222 1 元兑 1 美元,贬值对宏观经济运行的冲击相当大。

1994 年 1 月 1 日:汇率体制重大改革,实施有管理浮动汇率制。人民币进一步并轨到 8.70 元兑换 1 美元,国家外汇储备大幅度上升。

1994—1996 年:出现严重通货膨胀及亚洲金融危机,人民币汇率承受巨大压力。

1996年12月1日：中国实施经常账户自由兑换，人民币汇率小幅升值为8.3元兑1美元。在此之后，汇价固定在8.28元兑1美元，上下浮动的幅度很小。

1997年之后：人民币汇率始终保持在较窄范围内浮动，波幅不超过120个基本点，并没有随宏观基本面变动而波动。

2003年起：国际社会强烈呼吁人民币升值。国内外关于人民币升值与否的论战不断升级。

2005年7月21日：人民币升值，汇率不再盯住单一美元货币，开始有管理的浮动汇率制度。

2007年05月21日：银行间即期外汇市场人民币兑美元交易价浮动幅度，由0.3％扩大至0.5％。

2008年中期：受到2008年美国金融危机的影响，人民币停止了升值走势；在金融危机爆发后，人民币开始盯住美元。

2010年6月19日：重启自金融危机以来冻结的汇率制度，进一步推进人民币汇率形成机制改革，增强人民币汇率弹性。

2012年4月16日：银行间即期外汇人民币兑美元交易价浮动幅度由0.5％扩大至1％，为5年来首次。

2015年12月1日：国际货币基金组织总裁拉加德宣布，将人民币纳入SDR货币篮子。

2016年10月1日：人民币正式成为继美元、欧元、英镑和日元之后，加入特别提款权（SDR）货币篮子的第五种货币。这也标志着人民币成为第一个被纳入SDR货币篮子的新兴市场国家货币。

2. 汇率制度改革把握的内容

我国汇率制度的选择，应该既是汇率制度的一种转轨，同时也是寻找市场均衡汇率水平的过程，更是调整国内经济、金融运行体制、机制和宏观调控制度的过程，是一个多目标协调平衡的复杂过程。其不是为了改变汇率制度而改变汇率制度，而是应该放在更广泛的宏观经济、金融框架和经济与社会稳定的关系中，去动态地把握的。鉴于此，为了给国内经济、金融结构的调整，包括汇率水平的调节提供充分的时间和条件，汇率制度改革可以在不预先设置时间表的前提下，着重把握以下五个方面内容。

（1）确立中心汇率。中心汇率不一定要事先公布，官方可根据经济及金融发展状况，对其适时、主动地进行若干一次性的调整，也可使其分解在缓慢地波动中。一切视市场状况酌情而定。

（2）中心汇率应根据贸易、投资等对外经济状况、对方国货币政策的声誉及要素流动的顺畅程度，确定一篮子货币的内容。随着经济、贸易格局的变化，可逐步加大其他国家货币的权重，包括视国际货币体系改革中实际意义进一步确立后的SDR等货币商品。当"篮子内容权重"的变化达到一定程度后，也就无所谓中心汇率了，已逐步逼近实际有效汇率的波动。

（3）应根据经济与市场发育状况，在实行中心汇率制度过程中，逐步放大汇率的市场浮动区间，让市场发挥更大的价格功能。这个"区间"可以公布，也可以不公布，视机而定。在初期，可以不公布，以避免市场在区间边界上的投机活动。同时，配合经济发展的要求，通过逐步放大汇率的市场浮动区间过程，实际上弱化中心汇率一次性调整的频率。

(4) 配合人民币区域化过程中的资本项下开放进程，适时加快汇率的浮动进程，包括浮动区间、篮子内的货币权重内容。

(5) 在这个过程中，作为"弱势"货币的崛起过程，应始终保持微弱的升值趋势，起码是最基本的币值稳定态势。

3. 汇改进程中的经济结构和调控方式变革

汇率制度的转轨过程，涉及制度形式的转变，也将涉及汇率水平的调整，特别是因为原先由数量配给予以平衡的价格压力的释放过程，还可能引起汇率水平的大起大落，以及与此相联系的预期和大量投机资金跨境流动的压力。更重要的是，汇率制度顺利转轨还需要经济结构和调控方式变革的配合，否则可能会给经济运行埋下隐患。汇率制度转轨"有名无实"反而会成为制约因素。为此，汇率制度转轨过程，应与宏观调控政策、经济金融改革和资本账户管制等相协调、相配合。

(1) 要加速国内经济、金融市场化改革的进程。
(2) 需要积极发展外汇避险市场。
(3) 需要保留必要的外汇储备和资本账户管制。
(4) 需要宏观调控和金融监管政策的合理搭配。
(5) 应尽可能地推动国际货币体系的改革，加强对跨境资本流动的监控。

总之，在当前动荡、不确定的国际货币体系下，我国汇率制度改革的根本出路，在于通过改善我国自身的经济结构与增长质量，提高我国独立货币政策的调控能力，逐步实现资本账户的完全开放，来建立市场真正相信的盯住一篮子货币、有管理的浮动汇率制度。最终通过人民币逐步区域化、国际化的漫长进程，逐步扩大汇率浮动区间和"篮子"的内容、权重，使人民币汇率完全融入国际间的浮动汇率体系，成为国际主要储备货币之一。

 资料卡

相 关 术 语

(1) **中心汇率**：也称外汇平价，是两个或两个以上国家的官方对它们货币之间的汇率规定的固定比价。各国为了保证汇率的稳定，一般都规定了市场汇率围绕外汇平价波动的上下限。为了保持汇率的稳定性，各国仍将自己的货币与某种货币或一篮子货币挂钩，以确定外汇平价。

(2) **资本账户管制**：在经济学上，资本管制是一种货币政策工具，是国家政府机关等权力机构用来掌控资本从国家资本账户等的流进和流出，以及定向投资金额从国家或货币中的进出。资本管制从克林顿政府祈求通过国际社会的努力创建世界贸易组织（WTO）起变得越来越突出，最初是因为全球化已经提升了区域强势货币的加快速度，换句话说，给一些货币超出其自然地理界限的效用。

（资料来源：https：//baike.sogou.com/v72132722.htm？fromTitle＝%E4%B8%AD%E5%BF%83%E6%B1%87%E7%8E%87，2020－12－10）

 本章重点回顾

1. 外汇市场是专门从事外汇买卖的市场，包括金融机构之间相互交易的同业外汇买卖

市场（或称批发市场）和金融机构与顾客之间交易的外汇零售市场。

2. 外汇市场的功能和特征：外汇市场有国际清算、兑换、授信、投机、套期保值等功能，并因其有市无场、循环作业等特点得到越来越多人的青睐，成为国际上投资者的新宠儿。

3. 外汇市场的类型：按外汇市场的组织形态划分为抽象的市场和有形市场；按外汇市场是否受到控制划分为自由外汇市场、官方外汇市场、黑市和官方控制的自由外汇市场；按外汇买卖的范围划分为外汇批发市场和外汇零售市场。

4. 外汇市场的基本业务主要包括即期外汇交易、远期外汇交易、外汇掉期交易、套汇交易。

5. 远期汇率是指一个远期市场交易的汇率，与即期汇率相对。外币买卖双方成交后，并不能马上交割，而是约定在以后的一定期限内进行交割时所采用的约定汇率。远期外汇是以即期汇率为基础加减升水、贴水来计算的。

6. 远期汇率的报价方法通常有两种：第一种是直接报价法，它直接表示远期汇率，无须根据即期汇率和升水、贴水来折算远期汇率。直接报价法既可以采用直接标价法，也可以采用间接标价法；第二种是点数报价法，也称为即期汇率加升水、贴水、平价，是指以即期汇率和升水、贴水的点数报出远期汇率的方法。点数报价法需直接报出远期汇水的点数。

7. 中国的外汇市场经过了二十多年的发展，交易主体和交易规模越来越大，交易的中介形式也越来越多样化。另外，外汇市场汇率形成机制的市场化程度也越来越深。

关键术语

直盘　Straight Plate	交叉盘　Cross Plate
套期保值　Hedging	投机　Speculation
场外市场　OTC	挂牌汇率　Listed Rate
即期外汇交易　Spot Exchange Transaction	电汇　Telegraphic Transfer，T/T
票汇　Demand Draft，D/D	信汇　Mail Transfer
远期外汇交易　Forward Exchange Transaction	升水　Premium
套汇交易　Arbitrage Transaction	卖空　Short Sale
地点套汇　Space Arbitrage	直接套汇　Direct Arbitrage
间接套汇　Indirect Arbitrage	时间套汇　Time Arbitrage
外汇头寸　Foreign Exchange Position	超卖持有　Oversold Position
超买持有　Overbought Position	多头交易　Long Sale

习　题

一、填空题

1. 银行间市场是指银行同业之间买卖外汇形成的市场。由于每日成交金额巨大，其交易量占整个外汇市场交易量的90%以上，故又称为_____。

2. _____在第一次世界大战之前就已发展起来，是世界上出现最早的外汇市场，也是迄今为止世界上规模最大的外汇市场，其外汇交易额约占世界外汇交易总额的30%。

3. _____是指在成交后的第二个营业日交割。如果遇上任何一方的非营业日，则向后顺延到下一个营业日，但交割日顺延不能跨月。

4. _____是指套汇者在不同交割期限、不同外汇市场利用汇率上的差异进行外汇买卖，以防范汇率风险和年取差价利润的行为。其核心就是做到_____，赚取汇率差价。

二、不定项选择题

1. 目前，世界上最大的外汇交易市场是（　　）。
   A. 纽约　　　　　　　　　　　　B. 东京
   C. 伦敦　　　　　　　　　　　　D. 香港

2. 外汇市场的主要参与者是（　　）。
   A. 外汇银行　　　　　　　　　　B. 中央银行
   C. 中介机构　　　　　　　　　　D. 顾客

3. 按外汇交易参与者不同，可分为（　　）。
   A. 银行间市场　　　　　　　　　B. 客户市场
   C. 外汇期货市场　　　　　　　　D. 外汇期权市场

4. 利用不同外汇市场间的汇率差价赚取利润的交易是（　　）。
   A. 套利交易　　　　　　　　　　B. 择期交易
   C. 掉期交易　　　　　　　　　　D. 套汇交易

5. 即期外汇交易的交割方式有（　　）。
   A. 信汇　　　　　　　　　　　　B. 票汇
   C. 电汇　　　　　　　　　　　　D. 套汇

6. 掉期交易的特点是（　　）。
   A. 同时买进和卖出　　　　　　　B. 买卖的货币相同，数量相等
   C. 必须有标准化合约　　　　　　D. 交割期限不同

三、判断题

1. 从全球范围看，外汇市场已经成为一个24小时全天候运作的市场。（　　）
2. 在不同的标价法下，买价和卖价的位置不同。（　　）
3. 交割日就是外汇买卖成交后第二个营业日。（　　）
4. 进行套利交易的前提条件是两地利差须大于掉期成本，即期利率差大于高利率货币的远期贴水率；远期利率差大于低利率货币的远期升水率。（　　）

四、简答题

1. 外汇市场的特点是什么？由哪几部分构成？
2. 什么是远期外汇交易？其作用有哪些？
3. 简述即期外汇交易的操作程序。

五、案例分析

1. 在纽约外汇市场上，1美元=100日元，假设3个月定期美元利率为8%（年利率），同期日本的日元利率为3%（年利率）。如果客户要买入3个月期远期日元，其标准操作方法是什么？

2. 东京外汇市场6个月期的美元期汇汇价为：1美元=132日元，某交易者预测6个月后美元汇率会上涨，于是按此汇率买进500万美元，到交割日即期美元汇率果真上涨，为1美元=142美元，则此客户收益情况如何？若美元下跌至1美元=122日元，则此客户损失情况如何？

第 4 章　外汇衍生产品市场

教学要点

- 通过本章的学习，掌握外汇衍生产品市场的基础、功能和基本种类；
- 了解外汇衍生品业务，包括外汇远期交易、外汇期货交易、外汇期权交易、外汇互换交易；
- 深刻认识外汇衍生品市场的现状和发展。

知识架构

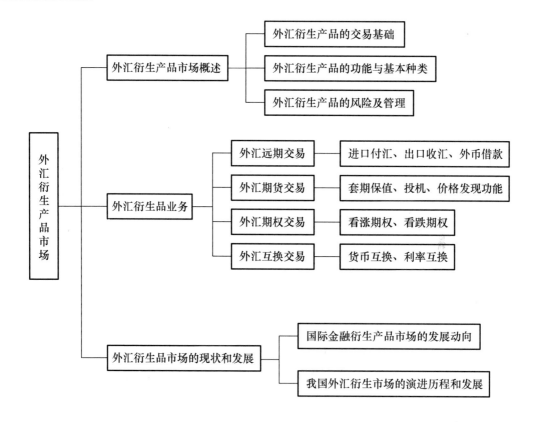

无协议脱欧风险急剧上升　准备迎接暴动的英镑吧！

随着英国无协议退出欧盟的风险不断上升，交易员们正在准备迎接英镑的进一步动荡。

三个月英镑隐含波动率从 2019 年 7 月底的不到 11% 攀升至 13% 以上，为 2019 年 1 月 7 日以来的最高水平。当时在英国议会就脱欧协议进行投票之前，无协议的风险也在上升。这一波动水平是 G10 货币中最高的，与墨西哥比索等新兴市场货币处于同一水平。投资者已经极度看跌英镑，这可能缓和了英镑的跌势。美国商品期货交易委员会（CFTC）数据显示，截至 8 月 20 日，投机客未平仓英镑空头仓位达 70.28 亿美元，这接近两年半前触及的水平。

此外，鉴于约翰逊坚决表示无论是否达成协议，英国将于 10 月 31 日退出欧盟，衍生品市场显示，未来几个月英镑下跌的可能性大于上涨的可能性。

彭博社对分析师的一项调查显示，如果英国无协议退出欧盟，英镑兑美元汇率可能会跌至 1.10 美元。

英国无协议退出欧盟导致英镑隐含波动率上升，衍生品市场对英镑看跌，加之外汇衍生品在运作时多利用财务杠杆，这样市场的参与者只需动用少量资金便可购买资金量巨大的合约。它虽然显著提高了资金的利用率和经济效益，但也不可避免地带来了巨大的风险。

（资料来源：环球外汇网，2019 年 8 月 29 日）

本章就带大家了解外汇衍生产品市场的功能、种类及其基本业务，并认识外汇衍生品市场的现状和发展。

4.1　外汇衍生产品市场概述

4.1.1　外汇衍生产品交易基础

外汇交易最早可追溯到 14 世纪的英国，而外汇衍生品市场却是在 20 世纪 70 年代深刻的历史背景条件和经济环境因素下才产生和发展起来的。

【芝加哥商品交易所介绍】

1. 外汇衍生品发展历程与背景

20 世纪 60 年代，西方金融市场开始出现一些简单的外汇衍生品，如外汇远期和外汇掉期交易。1972 年 5 月，芝加哥商业交易所（CME）正式建立了国际货币市场，推出全球第一个金融期货——外汇期货，其中包括英镑、加拿大元、西德马克、法国法郎、日元和瑞士法郎等在内的多币种外汇期货合约，标志着外汇场内衍生市场的产生，这也是金融期货中最早出现的品种。

布雷顿森林体系崩溃后，1976 年 IMF 在牙买加举行会议，达成了从根本上改革国际货币体系的《牙买加协议》。浮动汇率制代替固定汇率制，不少国家又逐步放松了利率管制，全球金融自由化的浪潮导致各国汇率、利率的剧烈波动，金融市场风险不断增大。为了减少和规避风险，达到保值目的，现代金融衍生产品应运而生。

经济全球化带动了金融活动和金融市场的全球化。布雷顿森林体系崩溃后，大量资金跨国流动，石油和国际债务危机在一定程度上推动了国际金融市场的发展。各国普遍放松了对国内外金融机构和外国投资者的限制。宏观经济因素的变化导致市场风险进一步加大，增大了市场对外汇衍生品的需求，推动了衍生品市场的发展。

在这种背景下，金融机构不断创立新的金融工具以满足交易者规避风险的需要，大量外汇衍生品出现并被广泛使用，从而使外汇市场从传统的交易市场扩展到衍生品交易市场，并快速发展。

进入 20 世纪 80 年代，外汇期权、利率期权等新产品相继上市。1980 年，货币互换在场外交易市场也逐步发展起来。1981 年，所罗门兄弟公司为美国的 IBM 公司和世界银行成功办理了美元与马克和瑞士法郎货币互换业务。至此，主要的外汇衍生品都已经出现在市场上，国际衍生品市场步入了快速发展阶段，利率、指数、股票等金融衍生品相继出现。此后，外汇期货交易迅速在英国、加拿大、澳大利亚等英语国家和地区发展。近几年，外汇期货在欧洲大陆、巴西、韩国、印度、以色列、匈牙利、墨西哥等国家和地区也有了飞速发展。

外汇衍生产品是一种金融合约，外汇衍生产品通常是指从原生资产派生出来的外汇交易工具。其价值取决于一种或多种基础资产或指数，合约的基本种类包括远期、期货、掉期（互换）和期权。外汇衍生产品还包括具有远期、期货、掉期（互换）和期权中一种或多种特征的结构化金融工具。

2. 外汇衍生品的基本特征

（1）杠杆效应。衍生产品通常采用保证金交易方式，即只需要支付一定比例的保证金就可以进行全额交易，不需要实际上的本金转移。合约的终止一般也采用差价结算方式进行，只有在到期日以实物交割方式履约的合约才需要买方交足货款。因此，金融衍生品的交易具有杠杆效应，保证金越低，杠杆效应越大，风险也就越大。

（2）风险性。衍生金融工具内在的杠杆作用和工具组合的复杂性、随意性等决定了其高风险性。

（3）高度投机性。金融衍生市场是一个充满不确定性的市场，价格高低在很大程度上取决于买卖双方在各自掌握信息基础上对未来价格形势的预期。因此，当一种金融产品价格进入上升周期时，价格越是上涨，就越是有人因为预期价格继续上涨而入市抢购，从而使得价格真的进一步上涨，这种所谓的"羊群效应"，又会增强价格上涨的预期。当这种正反馈过程得到足够的资金支持时，就会导致衍生产品价格完全脱离实体经济基础而过度膨胀。

（4）设计灵活性。一方面，对以场外交易方式进行的非标准化金融衍生产品合约来说，金融专家可以就时间、金额、杠杆化率、价格、风险级别等进行设计，以满足客户独特的非标准化要求，使之充分实现保值避险的目的。另一方面，那些在交易所挂牌交易的标准期货、期权等衍生产品合约，也能迅速地顺应时势，根据市场需求提供更加细分的衍生品种。在衍生交易的发展过程中，场外交易工具发展更为迅速，目前约有 2/3 的衍生交易是以场外交易方式进行的。客户主要通过金融机构作为中介参与衍生产品交易，金融机构代为寻找对手或干脆直接推荐自己作为交易对手来达成交易。

（5）表外性。金融衍生产品是对未来的交易。按照现有的财务规则，在交易结果发生之前，交易双方的资产负债表中都不会记录这类交易的情况。因此，其潜在的盈亏或风险无法在财务报表中体现。

（6）虚拟性。具有虚拟性的衍生产品本身并没有什么价值，它只代表获得收入的权利，是一种所有权证书。而且，外汇衍生产品的交易价格是按照利息资本化原则计算的。

4.1.2 外汇衍生产品的功能

1. 规避和管理系统性金融风险

据统计，发达国家金融市场投资风险中，系统性风险占50%左右，防范系统性风险为金融机构风险管理的重中之重。传统风险管理工具如保险、资产负债管理和证券投资组合等均无法防范系统性风险，外汇衍生产品却能以其特有的对冲和套期保值功能，有效规范汇率等基础产品市场价格发生不利变动所带来的系统性风险。

2. 增强金融体系整体抗风险能力

外汇衍生产品具有规避和转移风险功能，可将风险由承受能力较弱的个体转移至承受力较强的个体，将金融风险对承受能力较弱企业的强大冲击，转化为对承受能力较强的企业或投机者的较小或适当冲击，有的甚至转化为投机者的盈利机会，强化了金融体系的整体抗风险能力，增加了金融体系的稳健性。

3. 提高经济效率

这主要是指提高企业经营效率和金融市场效率。前者体现为给企业提供更好规避金融风险的工具，降低筹资成本，提高经济效益；后者体现为以多达2万余种的产品种类极大地丰富和完善了金融市场体系，减少了信息不对称，实现了风险的合理分配，提高了定价效率等。

4.1.3 外汇衍生产品的基本种类

外汇衍生产品最基本的类型是远期、期货、期权和互换。

1. 外汇远期

外汇远期（FX Forward）本质上是一种预约买卖外汇的交易。即买卖双方先行签订合同，约定买卖外汇的币种、数额、汇率和交割时间；到规定的交割日期或在约定的交割期内，按照合同规定条件完成交割。外汇远期与即期外汇交易的根本区别在于交割日不同。凡是交割日在成交两个营业日以后的外汇交易均属于远期外汇交易。

2. 外汇期货

外汇期货（FX Future），又称为货币期货，是一种在最终交易日，按照当时的汇率将一种货币兑换成另外一种货币的期货合约。一般来说，两种货币中的一种货币为美元，这种情况下，期货价格将以"X美元每另一货币"的形式表现。一些货币的期货价格的表示形式可能与对应的外汇现货汇率的表示形式不同。

外汇期货交易是指在约定的日期，按照已经确定的汇率，用美元买卖一定数量的另一种货币。外汇期货买卖与合约外汇现货买卖有共同点亦有不同点。外汇现货的买卖是通过银行或外汇交易公司来进行的，外汇期货的买卖是在专门的期货市场进行的。目前，全世界的期货交易所主要有：芝加哥期货交易所、纽约商品交易所、悉尼期货交易所、新加坡期货交易所、伦敦期货交易所等。

期货市场至少要包括两个部分：一是交易市场，二是清算中心。期货的买方或卖方在交易所成交后，清算中心就成为其交易对方，直至期货合同实际交割为止。

3. 外汇期权

外汇期权（FX Option）也称为货币期权，指合约购买方在向出售方支付一定期权费后，所获得的在未来约定日期或一定时间内，按照规定汇率买进或者卖出一定数量外汇资产的选择权。

外汇期权是期权的一种，相对于股票期权、指数期权等其他种类的期权来说，外汇期权买卖的是外汇，即期权买方在向期权卖方支付相应期权费后获得一项权利，期权买方在支付一定数额的期权费后，有权在约定的到期日，按照双方事先约定的协定汇率和金额向期权卖方买卖约定的货币，同时拥有权利的买方也有权不执行上述买卖合约。

4. 外汇互换

外汇互换（FX Swap）又称外汇掉期，是结合外汇现货及远期交易的一种合约，合约双方约定某一日期按即期汇率交换一定数额的外汇，然后在未来某一日期，按约定的汇率（即远期汇率）以相等金额再交换回来。实际上，合约双方是各自获得交换回来的货币的一定时间的使用权。

外汇互换的条件，反映了合约双方对所交换的两种货币的汇率走势及各自对利率的看法。外汇互换以远期点数的方式报价，除了可用来锁定在未来某一时点交换货币的汇率外，也可作为对即期与远期汇率间的异常差距进行套利的手段。

4.1.4 外汇衍生产品的风险及其管理

1. 外汇衍生品的风险类型

根据巴塞尔银行监管委员会1994年发布的报告，与金融衍生品交易相关的风险主要有以下五种。外汇衍生品交易是金融衍生品交易的重要组成部分，因此可以按照同样方法进行分类。

（1）市场风险，又称价格风险，即衍生品价格对衍生品的使用者发生不利影响的风险，也就是衍生品的价格发生逆向变动而带来的价值风险。

（2）信用风险，又称违约风险，是指交易的某一方无力履行合约义务引起的风险。

（3）流动性风险，包括两个方面的内容：一是市场的流动性风险，即市场业务量不足，无法获得市场价格，使得交易者无法平仓；二是资金流动风险，即用户流动资金不足，合约到期无法履行支付义务或无法按合约要求追加保证金。

（4）操作风险，又称营运风险，通常被分为两类：一类是由于内部监管体系不完善，经营管理上出现漏洞，工作流程不合理等，使交易决策出现人为的或非人为的失误而带来的风险；另一类是指由于各种偶发性事故或自然灾害，如计算机系统故障、通信系统瘫痪、地震、火灾、工作人员的差错等给衍生品交易者造成损失的可能性。

（5）法律风险，是指外汇衍生品合约的条款在法律上有缺陷，不具备法律效力而无法履约，或者由于税制、破产制度方面的改变等法律上的原因而带来的风险。

2. 外汇衍生品的风险特征

外汇衍生品在运作时多利用财务杠杆，即用交纳保证金的方式进行交易。这样市场的参与者只需动用少量资金，即可购买资金量巨大的合约。财务的杠杆作用可显著提高资金的利用率和经济效益，但也不可避免地带来巨大的风险。外汇衍生品的风险具有以下特征。

（1）流动性风险极大。外汇衍生品的种类繁多，可以根据客户要求的时间、金额、杠杆比率、价格、风险级别等参数"量身定做"，满足客户保值避险等目的。但是，这些个性化的外汇衍生品在到期前难以在市场上转让，流动性风险极大。

（2）风险的复杂性。外汇衍生品对基础汇率、利率、美元指数、期限、合约规格等进行组合、分解，所产生的衍生品交易日趋复杂，不但使业外人士如坠云里雾中，就是专业人士也经常看不懂。近年来发生的一系列外汇衍生品交易灾难，一个重要原因就是对其特性缺乏深层的了解，无法对交易过程进行有效监督和管理，运作的风险在所难免。

（3）风险发生的突然性。一方面，外汇衍生品交易是表外业务，不在资产负债表内体现；另一方面，它具有极强的杠杆作用，这使其表面的资金变化与潜在的盈亏相差很远。同时，由于外汇衍生品交易技术性很高，又很复杂，会计核算方法和监管一般不能对外汇衍生品潜在风险进行充分的反映和有效的管理。因此，外汇衍生品风险的爆发具有突然性。

（4）风险的联动性。外汇衍生品的发展打破了衍生产品同基础性产品之间及各国金融体系之间的传统界限，将外汇衍生品的风险扩散到全球金融体系的每一个角落。一方面，由于外汇衍生品市场与基础资产市场的紧密联系，一个市场体系发生金融动荡，必然导致另一个市场体系很快被蔓延和波及；另一方面，外汇衍生品交易在国际范围进行，一国外汇衍生品的风险极易跨国界传染，诱发超越本国范围的金融衍生品风险，甚至导致全球金融危机。

3. 加强外汇衍生品风险管理的对策

针对外汇衍生品的风险类型和风险特征，从以下几个方面探讨加强对包括外汇衍生品在内的整个金融衍生品风险管理的对策。

【知识拓展：加强外汇衍生品风险管理的对策】

（1）建立健全金融衍生品市场立法和监管体系。我国目前虽然已出台了一些金融行业相关的法律法规，但随着金融改革的深入，有些已不能适应金融业务的发展和金融监管的需要。为此，我国应尽快制定金融衍生品的相关法律法规。同时，监管部门要加大监管力度，在严格依照法律规定和标准实施监管行为时，确保监管行为自身的合法性，防止金融监管违法行为的发生。在监管体系建设方面可以借鉴欧美等先进国家的经验。

（2）对金融衍生品进行风险评估，建立相应风险预警制度。目前金融衍生品市场风险度量方法主要是 VAR，即风险价值模型。参与衍生品交易的金融机构应成立专门的风险管理部门，负责对衍生交易各种可能的风险进行事前的评估，准确测量衍生交易头寸变化时风险价值的变化情况，估计可能出现的极端情况下的风险状况。在对风险进行评估基础上，还应建立衍生交易的止损水平、风险预警线，以及救援预案制度。

（3）尽量分散信用风险，增加信用保障。首先，市场交易主体根据交易对手的信用级别，确定每一交易对手的信用限额。对同一信用级别的交易对手，尽量减少与每一家的交易量，这样就使信用风险得以分散，从而降低信用风险的总额。其次，还可以通过如要求交易对手提供抵押、保证、信用证、支付保证金等各种方法，进一步增加信用保障。

（4）积极完善内部控制。一方面，建立激励与约束机制，明确奖惩制度，将企业的发展与员工的切身利益联系起来；另一方面，通过严格的规章制度，形成合理高效的内部风险控制机制。对交易程序严格控制,实行前台交易与后台管理相脱离,对交易员的权限进行明确的限定,建立高效独立的信息通道。

(5) 培养高素质的金融衍生品风险管理人才。21世纪发展之最终竞争力是人才的竞争,金融市场发展之关键也是专业人才。坚持自主培养与引进来相结合,培养一支熟悉国际市场运行规则,了解我国金融市场发展特点,理论知识与实践经验丰富的专业人才队伍,为我国金融衍生品市场的可持续发展提供坚实的人才基础和广泛的智力支持。

资料卡

国际清算银行(BIS)数据源介绍

【境内外汇衍生品市场有待开放】

BIS从1998年6月起向其11个成员国(比利时、加拿大、法国、德国、意大利、日本、荷兰、瑞典、瑞士、英国、美国)定期统计OTC衍生品的情况,2011年12月澳大利亚和西班牙加入其中,统计成员国达到13个。这些成员国由本国的财政当局统计本国的金融机构及其控股的分支机构数据后报送BIS,由BIS每半年公布一次,用来连续和综合地反映国际OTC衍生品市场的规模和结构情况。

(1) 不同币种的国际OTC单币种外汇衍生品对比。

BIS将国际OTC市场中以不同币种为单位的单币种外汇衍生品统一折算成以美元为单位,并且每半年公布一次持有名义金额和总市值。

(2) 国际OTC外汇衍生品市场中的远期、互换和期权规模分析。

国际OTC外汇衍生品主要包括:外汇远期与互换(FX Forward and Swap)、货币互换(Currency Swap)、场外期权(Option)三种。

(3) 国际OTC外汇衍生品市场中的远期、互换和期权的期限分析。

国际OTC外汇衍生品市场中的远期、互换和期权的期限主要分为:1年以内(含1年)、1~5年和5年以上。从历年持有名义金额数据看,期限在1年以内(含1年)的OTC外汇衍生品规模都是最大的,平均占到OTC外汇衍生品总规模的74.9%。

(4) 国际OTC利率衍生品市场的投资者结构。

BIS将投资者分为申报交易商(Reporting Dealers)、其他金融机构(Other Financial Institutions)和非金融投资者(Non-financial Customer)。其中,申报交易商是指总部位于BIS的13个成员国之内、参与成员国数据统计的投资者,主要包括商业投资银行、证券公司及其分支机构和子公司等实际交易商。其他金融机构是指申报交易商未包括的金融机构交易者,主要包括中央对手方(CCPs)、银行和基金及作为金融终端的非银行金融机构(包括:共同基金、养老基金、对冲基金、货币基金、货币市场基金、房屋互助协会、租赁公司、保险公司和中央银行)。非金融投资者是指除以上两种投资者以外的投资者,主要包括公司、企业和政府。

自2010年以来,其他金融机构和申报交易商平分秋色,始终是持有国际OTC外汇衍生品规模最大的两类投资者,平均持有名义金额占国际OTC外汇衍生品总量的85.73%。非金融投资者最少,仅占14.27%。

(资料来源:腾讯财经,2015年5月26日)

4.2 外汇衍生品业务

外汇远期交易：与期货类似，但无保证金制度，是非标准化远期协议。

外汇期货交易：期货合同的买方或卖方在开始交易时提交保证金，作为价格变化后的一种缓冲机制。保证金依据合同价格的变化，定时调整。

外汇期权交易：期权合同可以允许合同持有人在未来以今天确定的价格买入/卖出，而且还是一种权力，而非义务。

外汇互换交易：签订互换合同的双方同意在一定时期内定期交换资产。

4.2.1 外汇远期交易

【央行干预外汇远期交易】

远期外汇交易可以进行规避风险，也可以进行投机，其优势在于：我们在两种货币之间建立了一个确定的汇率，如法郎 90 天的远期汇率为 1 法郎＝0.178 3 美元，也就是购买法郎并在 90 天内交割的成本为每法郎 0.178 3 美元，我们可以在 90 天内任何需要的时候买进法郎。这种方法要优于现在购买法郎并将法郎投资 3 个月的方法，因为既没必要现在就舍弃任何资金，也没必要了解法郎的投资机会。

具体有关远期交易的内容在本书第 3 章中已有完整阐述，这部分列举相关例子进一步说明应用。

1. 进口付汇的远期外汇操作案例

案例 4-1

某年 10 月中旬外汇市场行情为：即期汇率 USD/JPY＝116.30/40
　　　　　　　　　　　　3 个月掉期率　　　17/15

美国进口商从日本进口价值 10 亿日元的货物，在 3 个月后支付。为了避免日元对美元升值所带来的外汇风险，进口商可以从事远期外汇交易进行套期保值。此例中：

(1) 若美进口商不采取避免汇率变动风险的保值措施，现在支付 10 亿日元需要多少美元？

(2) 设 3 个月后 USD/JPY＝115.00/10，则到下年 1 月中旬时支付 10 亿日元需要多少美元？比现在支付日元预计多支出多少美元？

(3) 美国进口商如何利用远期外汇市场进行套期保值？

分析：

(1) 美国进口商具有日元债务，如果不采取避免汇率变动风险的保值措施，现在支付 10 亿日元需要 8 598 452.2（1/116.30×1 000 000 000）美元。

(2) 现在不支付日元，延后 3 个月支付 10 亿日元需要 1/115.00×1 000 000 000＝8 695 652.1 美元，比现在支付预计多支出 97 199.9（8 695 652.1－8 598 452.2）美元。

(3) 利用远期外汇交易进行套期保值的具体操作如下。

10 月中旬美进口商与日出口商签订进货合同的同时，与银行签订买入 10 亿 3 个月远期日元的合同，3 个月远期汇率水平为 USD/JPY＝116.13/25，这个合同保证美进口商在 3 个月后只需 8 611 039.3 (1/116.13×1 000 000 000) 美元就可满足支付需要。这实际上是将以美元计算的成本"锁定",比不进行套期保值节省 84 612.8 (8 695 652.1－8 611 039.3) 美元。

当然,如果 3 个月后日元汇率不仅没有上升反而下降了,则美进口商不能享受日元汇率下降时只需支付较少美元的好处。

2. 出口收汇的远期外汇操作案例

案例 4-2

某年 10 月中旬外汇市场行情为:即期汇率 GBP/USD=1.677 0/80

2 个月掉期率   125/122

一美国出口商签订向英国出口价值 10 万英镑的仪器协定,预计 2 个月后才会收到英镑,到时需将英镑兑换成美元核算盈亏。若美出口商预测 2 个月后英镑将贬值,即期汇率水平将变为 GBP/USD=1.660 0/10,不考虑交易费用,那么:

(1) 如果美国出口商现在不采取避免汇率变动风险的保值措施,则 2 个月后将收到的英镑折算为美元时相对 10 月中旬兑换美元将会损失多少?

(2) 美国出口商如何利用远期外汇市场进行套期保值?

分析:

(1) 现在美出口商具有英镑债权,若不采取避免汇率变动风险的保值措施,则 2 个月后收到的英镑折算为美元时相对 10 月中旬兑换美元将损失 1 700[(1.677 0－1.660 0)×100 000] 美元。

(2) 利用远期外汇市场避险的具体操作如下。

10 月中旬美出口商与英国进口商签订供货合同时,与银行签订卖出 10 万 2 个月远期英镑的合同。2 个月远期汇率水平为 GBP/USD=1.664 5/58。这个合同保证出口商在付给银行 10 万英镑后一定得到 166 450 (1.664 5×100 000) 美元。

这实际上是将以美元计算的收益"锁定",比不进行套期保值多收入 450[(1.6645－1.660 0)×100 000] 美元。

当然,如果 2 个月后英镑汇率不但没有下降反而上升了,则美出口商不能享受英镑汇率上升时兑换更多美元的好处。

3. 外币借款的远期外汇操作案例

案例 4-3

已知外汇市场行情为:即期汇率 EUR/USD=1/1.3500

6 个月欧元贴水   150

则 6 个月远期汇率 EUR/USD=1/1.335 0

一法国公司以 1.50% 的年利率借到 1 000 万美元,期限 6 个月。然后,该公司以 1 欧元＝1.350 0 美元的即期汇率,将美元兑换成欧元,最初贷款额相当于 7 407 407.4(10 000 000÷1.350 0) 欧元。试分析该公司应如何利用远期外汇市场进行套期保值。

分析:

该公司有义务在6个月后偿还借款 10 075 000 [10 000 000×（1+1.50%×6÷12）] 美元。如果公司作为借款者未进行保值，那么偿还美元借款的欧元成本将随汇率波动。如果美元相对欧元贬值，则购买 10 075 000 美元以偿还借款的欧元成本将下降；如果美元升值，则欧元成本将上升。

该公司利用远期外汇市场采取保值措施：公司以 1 欧元＝1.335 0 美元的远期汇率购买 6 个月 10 075 000 远期美元，将欧元成本锁定为 7 546 816.4（10 075 000÷1.335 0）欧元。通过套期保值，借款者消除了外汇风险。

在该例中，公司进行套期保值后，到偿还借款时需支付 7 546 816.4 欧元，实际支付利息为 139 409（7 546 816.4－7 407 407.4）欧元，该笔借款的实际年利率为 3.76% [（139 409÷7 407 407.4）×360÷180×100%]。

4.2.2 外汇期货交易

外汇期货交易合约是指以汇率为标的物的期货合约，用来归避汇率风险。

外汇期货合同到期时，外汇购置者（或出卖者），可以根据合同要求进行交割，也可做出一个与合同方向相反的合同来冲销原合同的权利和义务。签订货币期货合同，顾客要向清算公司或经纪人交付定额保证金。在货币期货合同有效期内，随买（卖）外币期货汇价的每天涨落，与原定汇价相比，顾客可能发生盈亏，如有盈余，顾客可从清算公司提走，如有亏损，要弥补，但要保持保证金的约定金额。

1. 外汇期货的产生与发展

1972 年 5 月，芝加哥商业交易所正式成立国际货币市场分部，推出了七种外汇期货合约，从而揭开了期货市场创新发展的序幕。1978 年，纽约商品交易所也增加了外汇期货业务，1979 年，纽约证券交易所亦宣布，设立一个新的交易所来专门从事外币和金融期货。1981 年 2 月，芝加哥商业交易所首次开设了欧洲美元期货交易。随后，澳大利亚、加拿大、荷兰、新加坡等国家和地区也开设了外汇期货交易市场，从此，外汇期货市场便蓬勃发展起来。

2. 外汇期货市场

目前，外汇期货交易的主要品种有美元、英镑、欧元、日元、瑞士法郎、加拿大元、澳大利亚元等。从世界范围看，外汇期货的主要市场在美国，其中又基本上集中在芝加哥商业交易所的国际货币市场（IMM）、中美洲商品交易所（MCE）和费城期货交易所（PBOT）。

此外，外汇期货的主要交易所还有伦敦国际金融期货交易所（LIFFE）、新加坡国际货币交易所（SIMEX）、东京国际金融期货交易所（TIFFE）、法国国际期货交易所（MATIF）等，每个交易所基本都有本国货币与其他主要货币交易的期货合约。

(1) 外汇期货交易与远期外汇交易的相同和不同。

在外汇市场上，传统的远期外汇交易方式与外汇期货交易在许多方面有着相同或相似之处，常常被误认为是期货交易。因此，有必要对两者做出简单的区分。

远期外汇交易是交易双方在成交时约定于未来某日期按成交时确定的汇率交收一定数量某种外汇的交易方式。远期外汇交易一般由银行和其他金融机构相互通过电话、传真等方式达成,交易数量、期限、价格自由商定,比外汇期货更加灵活。在套期保值时,远期交易的针对性更强,往往可以使风险全部对冲。但是,远期交易的价格不具备期货价格那样的公开性、公平性与公正性。远期交易没有交易所、清算所为中介,流动性远低于期货交易,而且面临着对手的违约风险。

外汇期货交易与远期外汇交易的相同点如下。

① 都是通过合同形式,把购买或出卖外汇的汇率固定下来。

② 都是一定时期以后交割,而不是即时交割。

③ 购买与出卖外汇所追求的目的相同,都是保值或投机。

外汇期货交易与远期外汇交易的不同点如表 4-1 所示。

表 4-1　外汇期货交易与远期外汇交易的不同点

类　　别	外汇期货交易	远期外汇交易
交易合约规范程度	标准化合约(买卖双方不见面)	非标准化合约(买卖双方不见面)
交易金额	每份合约交易金额固定	每份合约交易金额不固定
交易币种	较少	较多
交易者	法人和自然人均可参加交易	主要是金融机构和大企业
交易方式	场内交易	多数是场外交易
交割方式	绝大多数是现金交割	绝大多数是实物交割
流动性	外汇期货合约可以流通转让	远期外汇合约不可以流通转让
保证金要求	买卖双方必须按规定缴纳保证金	无须缴纳保证金

(2) 期货佣金商、清算所和保证金制度。

① 期货佣金商。期货佣金商(Futures Commission Merchant,FCM)又称经纪行或佣金行,是代表金融、商业机构或一般公众进行期货交易的公司或个人组织,其目的就是从代理交易中收取佣金。期货佣金商一般都是期货交易所的会员,有资格指令场内经纪人进行期货交易,或者本身就是期货交易所的会员。期货佣金商是广大非会员参加期货交易的中介,以最高的诚信向期货交易所、清算所和客户负责。

② 清算所。清算所(Clearing House)是负责对期货交易所内买卖的期货合同进行统一交割、对冲和结算的独立机构。清算所是随期货交易的发展及标准化期货合同的出现而设立的清算结算机构。在期货交易的发展中,清算所的创立完善了期货交易制度。保障了期货交易能在期货交易所内顺利进行,因此成为期货市场运行机制的核心。一旦期货交易达成,交易双方分别与清算所发生关系。清算所既是所有期货合同的买方,也是所有期货合同的卖方。

③ 保证金制度。在期货交易中,任何一个交易者必须按照其所买卖期货合约价值的一定比例(通常为 5%~10%)缴纳少量资金,作为其履行期货合约的财力担保,然后才能参与期货合约的买卖,并视价格变动情况确定是否追加资金。这种制度就是保证金制度,所缴的资金就是保证金。保证金的收取是分级进行的,可分为期货交易所向会员收取的保证金和期货经纪公司向客户收取的保证金,即分为会员保证金和客户保证金。保证金应当以货币资金缴纳,可以上市流通国库券、标准仓单折抵期货保证金。

客户保证金的收取比例由期货经纪公司自主规定。该保证金属于客户所有，期货经纪公司除按照中国证监会的规定为客户向期货交易所交存保证金，进行交易结算外，严禁挪作他用。当每日结算后客户保证金低于期货交易所规定或双方约定的保证金水平时，期货经纪公司应当按规定向客户发出保证金追加通知。客户在规定时间内补齐保证金缺口。

3. 外汇期货交易的作用

（1）套期保值。

外汇期货的套期保值分为卖出套期保值和买入套期保值两种。它的主要原理就是利用期货市场和现货市场价格走势一致的规律，在期货市场和现汇市场上做币种相同、数量相等、方向相反的交易。不管汇率如何变动，利用期货市场上的盈与亏和现货市场上的亏与盈相补平，使其价值保持不变，实现保值。

出口商和从事国际业务的银行预计未来某一时间会得到一笔外汇，为了避免外汇汇率下浮造成的损失，一般采用卖出套期保值。卖出套期保值又称空头套期保值，即先在期货市场上卖出后再买进。买入套期保值又称多头套期保值，即先在期货市场上买入而后卖出。进口商或需要付汇的人因担心付汇时本国货币汇率下浮，往往采用买入套期保值。

① 多头套期保值案例。

案例 4-4

美国某进口商 2 月 10 日从德国购进价值 125 000 欧元（EUR）的货物，1 个月后支付货款。为防止欧元升值而使进口成本增加，该进口商买入 1 份 3 月期欧元期货合约，面值 125 000 欧元，价格为 USD1.168 2/EUR1。1 个月后欧元果然升值，则交易过程如表 4-2 所示。该进口商由于欧元升值，为支付 125 000 欧元的货款需多支出 3 250 美元，即在现货市场上成本增加 3 250 美元。但由于做了套期保值，在期货市场上盈利 3 000 美元，从而可以将现货市场上的大部分损失弥补。

表 4-2 多头套期保值的操作

现货市场	期货市场
2月10日 现汇汇率 USD1.163 0/EUR1 EUR125 000 折合 USD145 375	2月10日 买入一份3月期欧元期货合约（开仓） 价格：USD1.168 2/EUR1 总价值：USD146 025
3月10日 现汇汇率 USD1.189 0/EUR1 EUR125 000 折合 USD148 625	3月10日 卖出一份3月期欧元期货合约（平仓） 价格：USD1.192 2/EUR1 总价值：USD149 025
结果 损失 USD3 250	结果 盈利 USD3 000

如果欧元的汇率不是上升而是下降了,则期货市场上的损失要由现货市场上的盈利来弥补。

② 空头套期保值案例。

案例 4-5

假设在 1 月 9 日,某进出口公司预计 2 个月后将收到货款瑞士法郎(CHF)1 000 000,须在外汇市场上卖出。为了预防 2 个月后 CHF 贬值的风险,该公司卖出 8 份(CHF 期货合约的交易单位是 CHF125 000)3 月期 CHF 期货合约,其操作如表 4-3 所示。

表 4-3 空头套期保值的操作

现 货 市 场	期 货 市 场
1 月 9 日 现汇汇率 USD/CHF=1.377 8/88 CHF1 000 000 折合 USD725 268(1 000 000÷1.378 8)	1 月 9 日 卖出 8 份 3 月期 CHF 期货合约 价格:USD0.726 0/CHF1 总价值:USD726 000
3 月 9 日 现汇汇率 USD/CHF=1.385 0/60 CHF1 000 000 折合 USD721 501(1 000 000÷1.386 0)	3 月 9 日 买入 8 份 3 月期 CHF 期货合约 价格:USD0.721 0/CHF1 总价值:USD721 000
结果 损失 USD3 767	结果 盈利 USD5 000

该公司由于瑞士法郎贬值,在现货市场上少收入 3 767 美元。但由于做了套期保值,在期货市场上盈利 5 000 美元,从而可将现货市场上的损失加以弥补并有盈利。

(2)投机。

投机者往往无具体的外汇需求,而是借汇率涨落波动之机,进行冒险性的期货交易从中获利。由于外汇期货交易实行保证金交易,投机者能用较小资本做较大外汇交易,体现以小博大的投机特点。国际金融市场正是由于投机者的参与,保值者的愿望才便于实现,才使外汇期货市场有了更大的流动性。期货市场的投机活动分为多头投机和空头投机两种。

多头投机是指投机者预测某种货币汇率上升,先买后卖,将先前的多头头寸了结,从中谋取盈利行为。进行多头投机的前提是预测某种货币汇率上升,先进行买入,如果汇率果然按其预测方向变动,在交割之前进行卖出,就会盈利;反之,不管是做对冲结束还是进行实际交割,都会亏损。

空头投机与多头投机相反。空头投机是预测某种货币汇率下跌,先卖后买,了结先前的空头头寸,从中谋取盈利。进行空头投机的前提是汇率下跌。在预测汇率下跌的前提下,投机者先进行卖出期货,如果汇率果然按其预测方向变动,在交割日之前进行买入,就会盈利;否则,不管是做对冲结束还是进行实际交割,都会亏损。

(3) 价格发现功能。

所谓价格发现,是指形成竞争性价格的过程。由于外汇期货市场的透明度高、流动性强,因而成为更有效的价格发现制度。在外汇期货市场上,通过参与者各方有序的公开竞争和讨价还价,形成的汇率能比较真实地反映外汇市场的供求状况。

4.2.3 外汇期权交易

1. 外汇期权概述

(1) 外汇期权。

外汇期权指合约购买方在向出售方支付一定期权费后,所获得的在未来约定日期或在一定时间内,按照规定汇率买进或者卖出一定数量外汇资产的选择权。

外汇期权是期权的一种,相对于股票期权、指数期权等其他种类的期权来说,外汇期权买卖的是外汇,即期权买方在向期权卖方支付相应期权费后获得一项权利,也就是说,期权买方在支付一定数额的期权费后,有权在约定的到期日按照双方事先约定的协定汇率和金额同期权卖方买卖约定的货币,同时权利的买方也有权不执行上述买卖合约。

(2) 执行价格。

执行价格又称协议价格、履约价格、行使价格,是指期权交易双方商定在规定未来某时期内执行买权和卖权合同的价格。执行价格确定后,在期权合约规定的期限内,无论价格怎样波动,只要期权的买方要求执行该期权,期权的卖方就必须以此价格履行义务。

对于外汇期权来说,执行价格就是外汇期权的买方行使权利时事先规定的汇率。

(3) 期权费。

期权费也称期权保险费,英文名称为 Premium。期权费是指期权合约买方为取得期权合约所赋予的某种金融资产或商品的买卖选择权而付给期权合约卖方的费用,它是期权的价格。一般来说,签订的期权合约的平均期权费为合约交易的金融资产或商品价格的 10% 左右。该笔费用通常在交易后两个营业日交付,它代表了买方最大的损失额,从而代表了卖方最大的利润额。

【资料卡:期权费】

由于期权提供灵活的选择权,对购买者十分有利,同时也意味着对卖出者不利,因而卖出者必须制定合理的期权费才能保证自己不会亏损。在国外成熟的期权市场上,期权的流动性很高,有专门的定价方法,常用的有 Black-Scholes 期权定价模型。

 知识拓展

Black-Scholes 期权定价模型

Black-Scholes 期权定价模型(Black-Scholes Option Pricing Model)即布莱克-斯克尔斯期权定价模型。

1997 年 10 月 10 日,第二十九届诺贝尔经济学奖授予了两位美国学者,哈佛商学院教授罗伯特·默顿(Robert Merton)和斯坦福大学教授迈伦·斯克尔斯(Myron Scholes),同时肯定了布莱克(Black)的杰出贡献。他们创立和发展的布莱克·斯克尔斯期权定价模型为包括股票、债券、货币、商品在内的新兴衍生金融市场的各种以市价价格变动定价的衍生金融工具的合理定价奠定了基础。

迈伦·斯克尔斯与他的同事、已故数学家费雪·布莱克（Fischer Black）在20世纪70年代初合作研究出了一个期权定价的复杂公式。与此同时，罗伯特·默顿也发现了同样的公式及许多其他有关期权的有用结论。结果，两篇论文几乎同时在不同刊物上发表。然而，罗伯特·默顿最初并没有获得与另外两人同样的威信，布莱克和斯科尔斯的名字却永远和模型联系在一起。所以，布莱克·斯克尔斯定价模型也可称为布莱克·斯克尔斯·默顿定价模型。罗伯特·默顿扩展了原模型的内涵，使之同样运用于许多其他形式的金融交易。瑞士皇家科学院（The Royal Swedish Academy of Science）赞誉他们在期权定价方面的研究成果为经济科学做出了杰出贡献。

【外汇期权的分类-百慕大期权】

2. 外汇期权的分类

（1）按期权的权利划分，有看涨期权和看跌期权两种类型。

① 看涨期权（Call Option）也叫买方期权，是指期权的买方向期权的卖方支付一定数额的权利金后，即拥有在期权合约的有效期内，按事先约定的价格向期权卖方买入一定数量的期权合约规定的特定商品的权利，但没有必须买进的义务。而期权卖方有义务在期权规定的有效期内，应期权买方的要求，以期权合约事先规定的价格卖出期权合约规定的特定商品。外汇看涨期权盈亏示意图如图 4.1 所示。

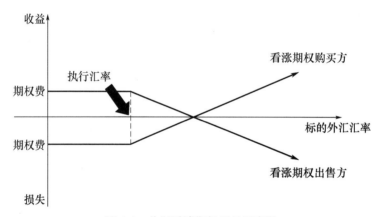

图 4.1　外汇看涨期权盈亏示意图

案例 4-6

某欧洲公司 4 月份以后有一笔美元收入，出于保值目的，它买入一笔欧元看涨期权，金额为 500 000 欧元，执行汇价 EUR1＝USD 1.735 0，到期日是 4 月份以后，期权价格 EUR1＝USD0.02。期权到期日的现货汇率为 X。

（1）当 $X>1.735\,0$ 时，公司行使期权，按执行价格 EUR1＝USD 1.735 0 买入欧元，使成本固定在 867 500 美元。

（2）当 $X\leqslant 1.735\,0$ 时，美元升值，公司不行使期权，而直接按即期汇率从市场上购入欧元。

② 看跌期权（Put Option）也叫卖方期权，是指期权的买方向期权的卖方支付一定数额的权利金后，即拥有在期权合约的有效期内，按事先约定的价格向期权卖方卖出一定数量的

期权合约规定的特定商品的权利,但没有必须卖出的义务。而期权卖方有义务在期权规定的有效期内,应期权买方的要求,以期权合约事先规定的价格买入期权合约规定的特定商品。外汇看跌期权盈亏示意图如图 4.2 所示。

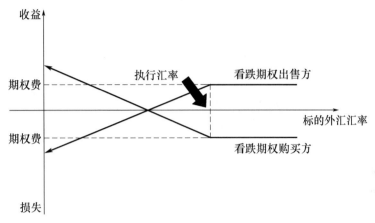

图 4.2　外汇看跌期权盈亏示意图

（2）按期权的交割时间划分,有美式期权和欧式期权两种类型。美式期权是指在期权合约规定的有效期内任何时候都可以行使权利。欧式期权是指在期权合约规定的到期日方可行使权利,期权的买方在合约到期日之前不能行使权利,过了期限,合约自动作废。目前中国新兴的外汇期权业务,类似于欧式期权,但又有所不同。

（3）按期权合约上的标的划分,有股票期权、股指期权、利率期权、商品期权及外汇期权等种类。

3. 外汇期权的避险应用

借助外汇市场进行套期保值交易,是国际市场上跨国贸易企业规避汇率风险的主要手段。对于中国的进出口企业来说,学会外汇套期保值,将会有助于化解汇率风险。

在固定汇率时期,进出口企业的汇率风险很小,甚至可以忽略不计。2005 年 7 月,人民币实行"有管理的浮动汇率"之后,人民币的波动幅度越来越大、频率越来越快,进出口企业面临的汇率风险在不断升高。劳动密集型、附加值低是我国现阶段大部分出口产品的特征,这决定了出口企业的利润率很低,扩大出口数量是他们赚取更多利润的唯一手段。出口企业的利润率越低,其面临的汇率风险就越大。如果一家出口企业的利润率只有 3%,并且销售货款每个月结算一次,那么当月外汇市场 1% 的波动很可能吞噬这家企业 1/3 的利润,而 3% 的波动则可能将这家公司从市场淘汰。

在国外,跨国贸易公司通常利用外汇市场进行套期保值交易,以规避汇率风险。大型的跨国公司(如摩托罗拉、西门子等)一般都会成立单独的部门,专门研究如何规避包括汇率在内的金融风险。在国内,像"中粮"这样的大公司也有专门规避金融风险的部门,大多数中小进出口企业虽已经切身体会到汇率风险,但大多数尚未找到有效规避汇率风险的办法。

外汇期权可用于保值和投机。有远期外汇支出的进出口商可用买进外汇期权以固定成本,减缓风险;有远期外汇收入的出口商,则可利用卖出外汇期权达到锁定成本,达到保值的目的。

4.2.4 外汇互换交易

【外汇互换交易-平行贷款】

1. 外汇互换交易的定义

外汇互换交易是指交易双方相互交换币种不同但期限相同、金额相等的货币及利息的业务。

外汇互换交易主要包括货币互换和利率互换。这些互换内容也是外汇交易有别于掉期交易的标志，因为后者是套期保值性质的外汇买卖交易，双面性的掉期交易中并未包括利率互换。

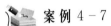案例 4-7

【外汇券涨幅不错前景看好有价值】

外汇互换交易的常用形式是货币互换交易，另外还有货币互换与远期交易的结合等形式。

（1）货币互换交易。

货币互换交易，是指交易双方向对方提供一定金额某种国家货币的本金，并在互换交易期限内相互逐期支付利息，在期满日再将原货币交换给对方的一种交易方式。

（2）货币互换与远期交易的结合。

货币互换与远期交易的结合形式，是指外汇现货和外汇远期同时发生的互换交易。这里需要理解的一个问题是：外汇的现货买入和远期售出，实际相同于本币的现货售出和远期买入。借入一定时期一定金额的外汇，那么在期满日就需要发生一次本币和外汇的互换交易。

例如，一家日本公司借入 1 年期 1 000 万欧元，在 1 年后该公司需要用美元兑换 1 000 万欧元及 1 年期的利息金额，偿还给对方。在 1 年的借款期内，美元与欧元的汇率可能会发生变化，该日本公司可以采用外汇远期交易方式来规避其外汇风险，不过远期交易的金额需等于借入金额加利息金额的总和。

因此，货币互换与远期交易的结合形式，一般的情况是某家公司或有关机构借入（或购买）一定期限一定金额的外国货币，并同时做该外国货币相同金额的一笔远期交易，以规避期满日时本币短期位置的外汇风险。

2. 利率互换

利率互换是交易双方按事先商定的规则，以同一货币、相同金额的名义本金作为计算的基础，在相同的期限内，交换固定利率利息和浮动利率利息的支付的交易。

整个互换过程不发生本金的转移，结算时采用"净额支付"方式，即只支付利息差。如两笔货币相同、债务额相同（本金相同）、期限相同的资金，做固定利率与浮动利率的调换。这个调换是双方的，甲方以固定利率换取乙方的浮动利率，乙方则以浮动利率换取甲方的固定利率，故称互换。互换的目的在于降低资金成本和利率风险。

利率互换与货币互换都是于 1982 年开拓的，是适用于银行信贷和债券筹资的一种资金融通新技术，也是一种避免风险的新型金融技巧，目前已在国际上被广泛采用。

（1）利率互换的前提条件。

① 存在品质加码差异。

② 存在相反的筹资意向。

（2）利率互换的原理。

【存在品质加码差异】

利率互换交易的基本原理就是大卫·李嘉图的比较优势理论与利益共享。根据比较优势理论，筹资双方信用等级、筹资渠道、地理位置和信息掌握程度等方面的不同，在各自的领域存在着比较优势。因此，双方愿意达成协议，发挥各自优势，然后再互相交换债务，达到两者总成本的降低，进而由于利益共享，最终使得互换双方的筹资成本都能够得到一定的降低。下面举一个简单的例子进行说明。

案例 4-8

假设有甲、乙两家公司，其信用等级及各自在固定利率市场和浮动利率市场上的借款成本如表 4-4 所示。

表 4-4 案例数据

类　　别	甲　公　司	乙　公　司
信用等级	AAA	BBB
固定利率	9%	10.5%
浮动利率	6个月 LIBOR+0.2%	6个月 LIBOR+0.5%

通过表中的数据可以看出，甲公司由于信用等级高，在浮动利率市场和固定利率市场都有优势。但是，不难发现两公司固定利率之差为 1.5%，而浮动利率之差仅为 0.3%。因此，可以认为甲公司在固定利率市场具有比较优势。假设甲公司根据资产匹配的要求希望支付浮动利率利息，而乙公司希望支付固定利率利息，如果二者按照各自原本的借款成本借款，总成本为：6个月 LIBOR+0.2%+10.5%=6个月 LIBOR+10.7%。根据双方的比较优势，甲公司借入固定利率贷款，乙公司借入浮动利率贷款，然后再进行互换，总成本为：9%+6个月 LIBOR+0.5%=6个月 LIBOR+9.5%。很显然，相对于不进行互换而言一共节省成本 1.2%。双方可以按照事先确定的比例分享这部分节省下来的成本。比如，按照利益均分原则每一方都可以节省 0.6%。具体的操作流程如图 4.3 所示。

假设二者利益均分，即每一方都节省 0.6%，$X=9.4\%$，那么，甲公司的实际贷款成本为：$9\%+\text{LIBOR}-9.4\%=\text{LIBOR}-0.4\%$，而乙公司的贷款成本为：$\text{LIBOR}+0.5\%-\text{LIBOR}+9.4\%=9.9\%$。双方成本都节省了 0.6%。

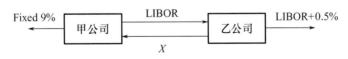

图 4.3 具体操作流程

（3）利率互换的特点。

① 利率互换作为金融衍生工具，为表外业务，可以逃避利率管制、税收限制等管制壁

垒，有利于资本的流动。

② 金额大，期限长，投机套利较难。绝大部分利率互换交易的期限在 3～10 年，由于期限较长，投机套利的机会比较少，另外，利率互换一般属于大宗交易，金额较大。

③ 交易的成本较低，流动性强。利率互换是典型的场外市场交易（Over-the-counter Market Transactions，OTC）工具，不能在交易所上市交易，可以根据客户的具体要求进行产品设计，无保证金要求，交易不受时间、空间及报价规则的限制。具体交易事项都由交易双方自主商定，交易手续简单，费用低。因此，成本较低，交易相当灵活。

④ 风险较小。因为利率互换不涉及本金交易，信用风险仅取决于不同利率计算的利息差，而且其中包含了数个计息期，能够有效地避免长期利率风险。

⑤ 参与者信用较高。互换交易的双方一般信用较高，因为如果信用太低往往找不到合适的互换对手，久而久之，信用太低者就会被互换市场所淘汰。能够顺利参与交易的大都信用等级比较高。

3. 货币互换

货币互换，又称货币掉期，是指两笔金额相同、期限相同、计算利率方法相同，但货币不同的债务资金之间的调换，同时也进行不同利息额的货币调换。

货币互换中，双方互换的是货币，它们之间各自的债权债务关系并没有改变。初次互换的汇率以协定的即期汇率计算。货币互换的目的在于降低筹资成本及防止汇率变动风险造成的损失。货币互换的条件与利率互换一样，包括存在品质加码差异与相反的筹资意愿，此外，还包括对汇率风险的防范。

货币互换优点：①降低筹资成本；②满足双方意愿；③避免汇率风险。互换的缺点与利率互换一样，也存在违约或不履行合同的风险。

这里需要注意的是，货币互换与利率互换可以分别进行，也可同时进行。但操作原理与上述单个互换一样。

(1) 货币互换的交易机制。

使用货币互换涉及以下三个步骤。

① 第一步是识别现存的现金流量。互换交易的宗旨是转换风险，因此首要的是准确界定已存在的风险。

② 第二步是匹配现有头寸。只有明确了现有头寸的地位，才可能进行现有头寸的匹配。基本上所有保值者都遵循相同的原则，即保值创造与现有头寸相同但方向相反的风险，这就是互换交易中所发生的。现有头寸被另一数量相等但方向相反的头寸相抵消，通过配对或保值消除了现有风险。

③ 第三步是创造所需的现金流量。保值者要想通过互换交易转换风险，在互换的前两步中先抵消后创造就可以达到目的。与现有头寸配对并创造所需的现金流量是互换交易本身，识别现有头寸不属于互换交易，而是保值过程的一部分。

(2) 货币互换交易价格的报价。

货币互换交易价格报价的一般做法是：在期初本金交换时，通常使用即期汇率，而在期末交换本金时，则使用远期汇率。远期汇率是根据利率平价理论，计算出两种货币的利差，用升水或贴水表示，与即期汇率相加减得出的。目前流行的另一种货币互换报价方式是：本金互换采用即期汇率，而不采用远期汇率。货币互换的利息交换则参考交叉货币利率互换报价。

(3) 货币互换功能。

① 套利：通过货币互换得到直接投资不能得到的所需级别、收益率的资产，或是得到比直接融资成本低的资金。

② 资产、负债管理：与利率互换不同，货币互换主要是对资产和负债的币种进行搭配。

③ 对货币暴露保值：随着经济全球化的发展，许多经济活动开始向全世界扩展。公司的资产和负债开始以多种货币计价，货币互换可用来使与这些货币相关的汇率风险最小化，对现存资产或负债的汇率风险保值，锁定收益或成本。

④ 规避外币管制：现有许多国家实行外汇管制，从这些国家汇回或向这些国家公司内部贷款的成本很高甚至是不可能的。通过货币互换可解决此问题。

4.3 外汇衍生品市场的现状和发展

4.3.1 国际金融衍生产品市场的发展动向

国际金融衍生产品种类繁多，活跃的金融创新活动接连不断地推出新的衍生产品。根据权威机构统计，目前国际金融市场衍生工具数量已高达 1 200 多种。这些衍生工具在金融原生工具基础上组合再组合，衍生再衍生，形成巨大的全球交易市场。

1. 主要国家金融衍生产品市场发展概览

自 1972 年美国芝加哥国际商品交易所推出包括英镑、法国法郎、日元、澳大利亚元、加元和瑞士法郎等在内的六种外汇期货合约以来，国际金融市场上金融衍生工具得到空前发展，交易品种迅速增加。总体上，表现出以下几个特点。

(1) 金融衍生工具是从简单到复杂的过程，新型工具力求在分解了原生金融工具基本特征的基础上增加新的因素。衍生工具组合的随机性很强，始终不同程度地存在着法律上的不确定因素，新型衍生工具的操作难度增大。

(2) 新型衍生工具的投机性更强、风险更大。这是因为其中的新增因素在度量、预测和管理等方面的难度更高。除了利率和汇率变化、证券指数走势、产业前景、经济周期以外，未来的政治格局变动、自然灾害等也相继发展成为影响合约价格的因素。而作为主要交易主体的金融机构，特别是一些投资基金，往往偏离稳健型分散风险的传统操作风格，热衷于追逐高风险的金融衍生交易。

(3) 金融衍生工具变幻莫测，难以用现有的法规加以界定，也难以实施统一、有效的监管。因此，金融衍生市场表现出极强的不稳定性。由于金融衍生交易的杠杆效应太大，原有的监管措施不能系统地对衍生交易中的负面影响加以疏导、制约和控制，结果导致金融衍生市场发生了一系列震动和危机。所以各国多以制度、法律约束为先导，由国家采取综合措施推动市场建立。这样，各国政府间接地成为金融衍生市场发展的竞争者，各国在监管方面呈现一致性与多样性并存的局面。

2. 国际社会对金融衍生市场的监督

经过 20 多年的发展，金融衍生市场所具有的巨大风险已经得到广大跨国金融机构的充分认识，加强衍生市场的监管力度及在监管方面相互协调已经成为共识。针对衍生市场的重大问题，以国际清算银行（BIS）为代表的国际金融组织频繁组织考察，从1995年开始每三年对场外衍生交易规模进行统计调查，并公开披露。巴塞尔银行监管委员会根据国际银行业务结构的改变和衍生市场交易风险对银行稳健性的要求，推出《新巴塞尔资本协议》，提出了最低资本金要求、监管当局对银行资本充足性的检查和市场约束三个支柱。为增强三个支柱性措施的可操作性，巴塞尔委员会仍在进一步探索表外业务风险特别是衍生交易风险的度量和监控。

3. 衍生产品市场国际监管中的主要问题

第一，对场外衍生市场监管乏力。IMF认为，衍生市场在全球金融市场的运作中发挥核心作用。交易所交易的衍生品和场外交易的衍生品都大大地改进了金融风险的定价与分配。在两者之间，场外衍生产品更具灵活性和创新性。从正面效应看，场外衍生市场在分配金融风险、提高金融市场效率方面更灵活、更有效，是场内市场所不能替代的。场外衍生交易的工具及交易这些工具的市场机构支撑着所有主要债券、股票、外汇市场的价格形成、交易、风险管理及市场环境，而且场外衍生市场大部分是跨国交易。因此，场外市场的稳定与否具有系统性意义。

目前，国际金融组织、金融行业协会、会计行业协会等组织正致力于完善法律法规，强化市场纪律约束，促进加强信息披露。在上述诸多环节中，信息披露的改善是关键。因为有了充分的信息，对动态风险的预测评价、对敞口风险的控制就有了基础。但信息披露又是难点。在金融领域，特别是衍生工具交易中，信息是经济租金的源泉。

第二，是监管的覆盖面问题。由于存在巴塞尔资本协议框架，国际社会对商业银行的监管，要比对证券机构和对冲基金的监管有力得多。目前，国际金融衍生市场的稳定性在很大程度上取决于场外衍生市场的稳定性，证券机构、对冲基金是场外衍生市场的主力机构，它们的风险控制主要来自市场纪律约束和机构的自我约束，而场外市场的稳定要通过有效的金融机构监管和市场监督来实现。现在，这两个环节的监管都存在较大的缺陷。

第三，对风险的认识不够充分。在监管方面，主要表现为对风险的易变性把握不准，以及缺乏评价、预警风险的有效工具。因此，国际金融理论界和管理层甚至认为，人们对金融衍生市场内在不确定性的认识偏差，有可能在金融衍生市场的波动中起到推波助澜的作用。

4.3.2 我国外汇衍生品市场的演进历程和发展

1. 我国外汇衍生品市场的演进历程

（1）2005年7月汇改前的外汇衍生业务。

20世纪90年代初期，我国开始尝试建立外汇期货市场，并于1992年6月在上海外汇调剂中心推出外汇期货交易试点，1993年6月9日中国人民银行批准国家外汇管理局发布了《外汇期货业务管理试行办法》。由于汇率双轨制的限制，外汇期货价格难以反映对汇率变动的预期，买卖难以自由及时进行，交易冷淡。1996年3月废止了《外汇期货业务管理试行办法》。

1997年1月颁布并实施《中国人民银行远期结售汇业务暂行管理办法》（2008年2月2

日废止），同年4月起允许开展远期结售汇业务，2003年起该业务逐步开放给其他商业银行。由于我国的人民币与外币远期结售汇交易限制较多，并非真正意义上的外汇衍生品。

（2）2005年7月21日，中国人民银行正式启动了人民币汇率形成机制改革，为我国场外衍生品市场的诞生创造出有利条件。

① 2005年8月8日，推出远期外汇业务。

② 2006年4月24日，银行间市场正式开始了人民币与外汇掉期交易。

③ 2007年8月17日，在银行间外汇市场正式推出了货币互换。

④ 2011年2月14日，国家外汇管理局决定推出人民币对外汇期权交易。

随着我国经济对外开放程度不断深化，外汇衍生品市场交易量从2006年的649.17亿美元大幅增加至2018年的21.5万亿美元。外汇衍生品市场的建立，使得国内金融风险分担机制进一步完善，汇率市场化改革进一步加强，有利于提升人民币的国际地位和市场份额，有助于加快人民币国际化的改革步伐。

2. 我国外汇衍生品市场存在的问题及对策建议

（1）我国外汇衍生品市场存在的问题。

我国外汇衍生品市场经过了多年探索，取得了可喜的成绩。但是站在全球视野，对比国内外两个市场，我国外汇衍生品市场还存在一些问题，主要表现在以下四个方面。

一是市场规模与经济水平不相符。我国国民生产总值占全球GDP的比例接近17%，而境内外汇市场日均交易额仅为全球外汇市场的4.3%左右，相差悬殊。

二是离岸人民币市场规模发展迅速，对在岸市场构成反客为主的压力。根据中国人民银行发布的人民币国际化报告显示，中国香港、新加坡、伦敦等主要离岸市场人民币外汇日均交易量是境内市场日均交易量的4倍以上。

三是市场参与者结构过于单一，造成市场的活跃度不高。从2005年7月21日我国启动人民币汇率形成机制改革以来，银行间人民币外汇市场发展迅速，但对参与者的主体限制仍比较严格，目前市场主体以金融机构为主，客观上限制了市场的发展。

四是微观主体内控机制不健全。当前我国企业特别是上市公司在运用包括外汇衍生品在内的金融衍生工具过程中暴露出许多问题，集中表现在三个方面。一是企业内部缺乏一个稳健审慎的内控环境。二是企业不能客观地对自身的风险承受能力进行评估，无法合理、审慎地确定衍生品业务中的风险偏好、风险容忍度及各类风险限额。三是企业缺少专业素质佳、实际操作能力强的交易人员和风险控制管理人员。2008年，在我国香港挂牌上市的中信泰富由于不当使用累计期权对冲澳元汇率风险而酿成巨额亏损，这是企业对衍生品缺乏有效管理的一个典型案例。

（2）完善市场的政策建议。

① 积极发展人民币外汇远期市场，推动活跃掉期市场。

从国际外汇市场的发展特点和规律来看，完善人民币远期市场对于掉期市场等衍生品市场具有非常重要的推动作用。相关机构应积极完善市场定价机制、优化产品结构、扩大市场交易主体，增强市场流动性。掉期交易是一种常用的对敞口头寸进行套期保值的方式，操作很灵活，对于维护和保持人民币利率和汇率的平价关系具有重要意义。

② 扩大衍生品市场的对内开放程度。

考虑到当前我国企业外汇衍生品使用比例偏低、市场参与度不足的现状，应当扩大外汇衍生品市场的对内开放力度，可以从两个方面入手：一是监管部门可适当放宽市场参与主体的资格限制，简化行政审批流程，降低市场交易成本，提升市场运行效率，为企业参与外汇衍生品交易提供便利。二是商业银行等金融机构应当加快经营模式的转变和金融业务的创新，有针对性地向企业提供对冲汇率风险的金融衍生工具，使企业规避汇率风险的内生性需求得以满足。

③ 健全业务监管法规，加强统计监测体系建设。

首先要从国家层面立法，明确银行机构申办外汇衍生业务必须具备的条件，明确交易规则，防范交易风险。其次要严格制定外汇衍生产品监管细则，便于职能部门全面及时掌握银行衍生产品交易数据信息，同时明确监管职责，加强对主体和行为的监管。最后要加强金融衍生业务统计监测，完善分析指标体系，及时掌握衍生产品业务现状和变化趋势，建立健全风险监测和预警手段。

本章重点回顾

1. 外汇衍生产品是一种金融合约，外汇衍生产品通常是指从原生资产派生出来的外汇交易工具。其价值取决于一种或多种基础资产或指数，合约的基本种类包括远期、期货、掉期（互换）和期权。外汇衍生产品还包括具有远期、期货、掉期（互换）和期权中一种或多种特征的结构化金融工具。

2. 外汇衍生产品的功能有规避和管理系统性金融风险、增强金融体系整体抗风险能力和提高经济效率等。

3. 外汇衍生产品的基本种类有外汇远期、外汇期货、外汇期权和外汇互换。

4. 外汇远期交易本质上是一种预约买卖外汇的交易，即买卖双方先行签订合同，约定买卖外汇的币种、数额、汇率和交割时间。到规定的交割日期或在约定的交割期内，按照合同规定条件完成交割。

5. 外汇期货交易是指在约定的日期，按照已经确定的汇率，用美元买卖一定数量的另一种货币。外汇期货买卖与合约现货买卖有共同点亦有不同点。

6. 外汇期权交易是指合约购买方在向出售方支付一定期权费后，所获得的在未来约定日期或一定时间内，按照规定汇率买进或者卖出一定数量外汇资产的选择权。

7. 外汇互换交易是结合外汇现货及远期交易的一种合约，合约双方约定某一日期按即期汇率交换一定数额的外汇，然后在未来某一日期，按约定的汇率（即远期汇率）以相等金额再交换回来。实际上，合约双方是各自获得交换回来的货币一定时间的使用权。

关键术语

杠杆效应	Leverage Effect	外汇远期	FX Forward
外汇期权	FX Option	外汇互换	FX Swap
外汇期货	FX Future	期货佣金商	Futures Commission Merchant
套期保值	Hedge	期权费	Premium
看涨期权	Call Option	看跌期权	Put Option

习 题

一、单项选择题

1. 20世纪70年代以来金融衍生产品迅速发展最主要最直接的原因是（   ）。
   A. 基础金融产品的品种越来越丰富
   B. 汇率与利率波动的加剧使规避市场风险变得非常必要
   C. 基础金融产品交易量的扩大
   D. 世界经济一体化的发展趋势使得金融朝着全球化的趋势发展

2. 以下几种外汇衍生工具中，履约风险最大的是（   ）。
   A. 远期外汇合约   B. 外汇期货合约
   C. 外汇期权合约   D. 货币互换协议

3. 一个投资者在芝加哥期货交易所国际货币市场（IMM）上以1英镑＝1.500 0美元的价格卖出一份英镑期货合约，支付了2 000美元的保证金，并持有到期。交割日的结算价为1英镑＝1.450 0美元，请问如果此时平仓，则该投资者的盈亏情况是（   ）。（每份英镑合约的面值为62 500英镑）
   A. 盈利100美元   B. 盈利3 125美元
   C. 亏损100美元   D. 亏损3 125美元

4. 以下关于期货的结算说法错误的是（   ）。
   A. 期货的结算实行每日盯市制度，即客户以开仓后，当天的盈亏是将交易所结算价与客户开仓价比较的结果，在此之后，平仓之前，客户每天的单日盈亏是交易所前一交易日结算价与当天结算价比较的结果。
   B. 客户平仓后，其总盈亏可以由其开仓价与其平仓价的比较得出，也可由所有的单日盈亏累加得出。
   C. 期货的结算实行每日结算制度，客户在持仓阶段每天的单日盈亏都将直接在其保证金账户上划拨。当客户处于盈利状态时，只要其保证金账户上的金额超过初始保证金的数额，则客户可以将超过部分体现；当处于亏损状态时，一旦保证金余额低于维持保证金的数额，则客户必须追加保证金，否则就会被强制平仓。
   D. 客户平仓之后的总盈亏是其保证金账户最初数额与最终数额之差。

5. 以下关于互换交易的作用说法错误的是（   ）。
   A. 可以绕开外汇管制
   B. 具有价格发现的功能
   C. 基于比较优势的原理降低长期资金筹措成本
   D. 在资产、负债管理中防范利率、汇率风险

6. 以下关于期权特点的说法错误的是（   ）。
   A. 交易的对象是抽象的商品——执行或放弃合约的权利
   B. 期权合约不存在交易对手风险
   C. 期权合约赋予交易双方的权利和义务不对等
   D. 期权合约使交易双方承担的亏损及获取的收益不对称

二、多项选择题

1. 金融期货交易的特点中，与保证金交易制度相关的有（   ）。
   A. 交易成本低
   B. 市场效率高
   C. 具有规避风险的职能
   D. 具有杠杆效应
   E. 具有高风险性

2. 以下关于外汇期货保证金制度的说法正确的有（   ）。
   A. 交易所对会员设定起始保证金和维持保证金
   B. 起始保证金与维持保证金数额应该相同
   C. 交易所可以对套期保值交易和投机交易设定不同的保证金额度
   D. 期货经纪人自己决定对客户的保证金要求
   E. 保证金是可以以交易所认可的证券充当的

3. 在进行外汇期货交易时，交易者应该明确标准化合约的基本要素，这些基本要素包括（   ）。
   A. 合约指向的外汇币种
   B. 每份合约的面值
   C. 合约的交割月份，以及合约的最后交易日
   D. 合约最小价格波动幅度和单日最大波幅
   E. 每份合约要求的保证金数额

4. 一个完整的金融期权合约应至少包含以下哪些要件（   ）。
   A. 期权的性质，即明确是买权还是卖权
   B. 期权的价格，即期权费
   C. 标的资产的协议价格
   D. 期权的合约金额
   E. 期权的开始日、到期日及交割日，是欧式期权还是美式期权

5. 假设一个欧洲出口商将在3个月后收到一笔美元付款，为防范美元贬值的风险，他可以采取以下哪些策略（   ）。
   A. 以当前的银行远期美元报价卖出3个月期的美元
   B. 在期货市场上买入3个月期的欧元
   C. 在期货市场上卖出3个月期的欧元
   D. 买入3个月期的美元的看跌期权
   E. 卖出3个月期的美元的看涨期权

三、判断题

1. 金融衍生产品市场上存在大量的投机交易，投机交易的存在破坏了市场秩序。（   ）
2. 期货对于现货的套期保值功能建立在期货与现货价格变动方向相同的原理上。（   ）
3. 外汇期货交易的报价惯例是一律将美元作为基础货币。（   ）
4. 在外汇期货市场上，合约指向的外汇汇率波动一个点就是指该外汇兑美元的汇率波动万分之一。（   ）

5. 在单纯的利率互换中,作为金融衍生工具的杠杆效应体现在互换中只对换利息的支付,而不涉及本金的对换。   (   )

6. 市场定价的不一致为互换交易的开展提供了空间,互换对于参与交易的双方来说是双赢。   (   )

7. 期权交易的杠杆效应体现在期权费往往只占期货所指向的标的资产的一个很小的比例。   (   )

8. 假如一个投资者手中持有英镑,为防止英镑贬值,他可以卖出英镑期货合约,也可以买入英镑看跌期权,如果期货的开仓价与期权的协议价相同,则运用这两种外汇衍生产品保值的效果是完全一样的。   (   )

四、简答题

1. 外汇衍生品的基本特征有哪些?
2. 比较外汇期货交易与外汇远期交易的异同。
3. 外汇期权交易的种类有哪些?
4. 外汇互换交易的种类有哪些?
5. 假定一美国企业的德国分公司将在6月份收到187.5万欧元的货款。为规避欧元贬值风险,购买了30张执行汇率为1欧元=0.9美元的欧式欧元看跌期权,期权费为每欧元0.0216美元。
   (1) 请画出该公司购买欧元看跌期权的收益曲线,标出盈亏平衡点汇率。
   (2) 若合约到期日的现汇汇率为1欧元=0.85美元,计算该公司的损益结果。
6. 分析当前国际金融衍生品市场发展的新趋势。

五、案例分析

1944年7月,在美国新罕布什尔州的布雷顿森林召开有44个国家参加的联合国与联盟国家国际货币金融会议,通过了以"怀特计划"为基础的"联合国家货币金融会议的最后决议书"及"国际货币基金组织协定"和"国际复兴开发银行协定"两个附件,总称为"布雷顿森林协定"。

布雷顿森林体系主要体现在两个方面:第一,美元与黄金直接挂钩。第二,其他会员国货币与美元挂钩,即同美元保持固定汇率关系。布雷顿森林体系实际上是一种国际金汇兑本位制,又称美元—黄金本位制。它使美元在战后国际货币体系中处于中心地位,美元成了黄金的"等价物",各国货币只有通过美元才能同黄金发生关系。从此,美元就成了国际清算的支付手段和各国的主要储备货币。

布雷顿森林体系是以美元和黄金为基础的金汇兑本位制。它必须具备两个基本前提:一是美国国际收支能保持平衡;二是美国拥有绝对的黄金储备优势。但是进入20世纪60年代后,随着资本主义体系危机的加深和政治经济发展不平衡的加剧,各国经济实力对比发生了变化,美国经济实力相对减弱,除个别年度略有顺差外,其余各年度都是逆差,并且有逐年增加的趋势。至1971年,仅上半年,逆差就高达83亿美元。随着国际收支逆差的逐步增加,美国的黄金储备也日益减少。1949年,美国的黄金储备为246亿美元,占当时整个资本主义世界黄金储备总额的73.4%,这是战后的最高数字。此后,美国的黄金储备逐年减少,至1971年8月,尼克松宣布"新经济政策"时,美国的黄金储备只剩下102亿美元,而短期外债为520亿美元,黄金储备只相当于积欠外债的1/5。美元大量流出美国,导致

"美元过剩",1973年年底,游荡在各国金融市场上的"欧洲美元"就达1 000多亿。由于布雷顿森林体系前提的消失,也就暴露了其致命弱点,即"特里芬难题"。体系本身发生了动摇,美元国际信用严重下降,各国争先向美国挤兑黄金,而美国的黄金储备已难于应付,这就导致了从1960年起,美元危机迭起,货币金融领域陷入日益混乱的局面。为此,美国于1971年宣布实行"新经济政策",停止各国政府用美元向美国兑换黄金,这就使西方货币市场更加混乱。1973年美元危机中,美国再次宣布美元贬值,导致各国相继实行浮动汇率制代替固定汇率制。美元停止兑换黄金和固定汇率制的垮台,标志着战后以美元为中心的货币体系瓦解。

思考题:什么是"特里芬难题"?为什么货币与黄金的联系最终会被切断?

第 2 篇　国际金融实务

第 5 章　　外汇风险及防范

第 6 章　　外汇管制政策

第 7 章　　国际金融市场及业务

第 8 章　　国际贸易短期融资

第 9 章　　国际贸易中长期融资

第 10 章　　跨国企业财务管理

第 11 章　　国际资本流动与金融危机

第 5 章　外汇风险及防范

教学要点

- 掌握外汇风险的概念、对象、构成要素、分类和影响；
- 理解外汇风险管理的概念、目标及原则，了解外汇风险管理的程序和相关手段；
- 掌握外汇风险的识别方法，理解外汇风险管理综合方法；
- 了解企业外汇风险管理方法和银行外汇风险管理方法。

知识架构

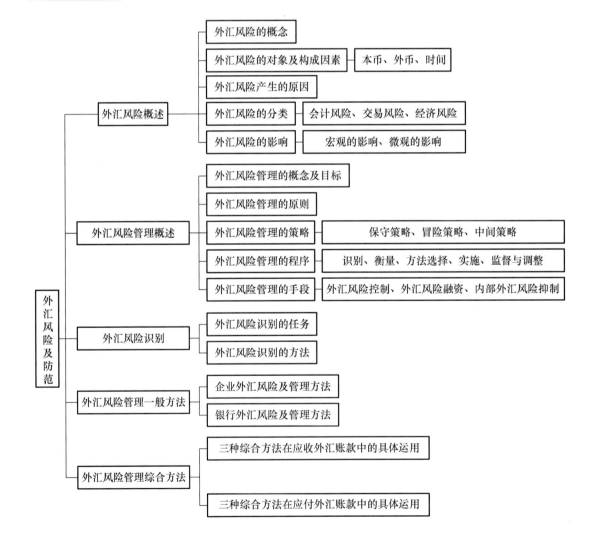

新兴市场汇率风险再聚焦

2019年，在发达国家经济可能放缓的大背景下，部分新兴市场经济增长预期再遭下调，汇率风险持续暴露。因此，在此轮新兴市场国家汇率波动的背景下，银企有必要对涉及这些国家的汇率风险予以认真分析，并思考应对之道。

从中国企业在新兴市场国家开展业务的实践看，目前凡是涉及货物贸易出口，且中国出口企业需要从新兴市场国家短期收汇的，计价与收汇货币主要为美元。在这种情况下，中国企业不承担新兴市场国家本币对美元的汇率风险，属于最为有利的情况。当然，在个别业务中，如新兴市场本币较为稳定，卖方竞争较为激烈导致买方议价能力较强，中国出口商为了争揽业务，不得不承担汇率风险，也存在与买方约定以该国本币计价但以美元进行支付的情况。在这种情况下，如合约签订日距实际支付日时间较长且不存在汇率或价格调整机制，新兴市场该国本币在此期间出现贬值，将导致中国企业收到的美元金额减少，汇率风险将造成实际损失。

如果交易条款不包含支付日汇率调整机制，在汇率参照日至支付日期间，若该国本币大幅贬值，或企业由于操作延误或该国汇兑限制，无法将收到的新兴市场本币及时兑换为美元，则该国本币贬值将对中资企业造成损失。

在全球风险事件频发的2018年，新兴市场汇率风险更值得聚焦。其中既有"一带一路"沿线重要国家，也有区域重要贸易伙伴等，很多是中国企业的重要市场。因此，新兴市场汇率风险分析及防范显得至关重要。

（资料来源：《中国外汇》2019年第3、4期合刊）

新兴市场汇率风险也是外汇风险的一种。因此，本章重点介绍外汇风险的识别方法、外汇风险管理及其综合方法。

5.1 外汇风险概述

5.1.1 外汇风险的概念

外汇风险（Foreign Exchange Risk）也称汇率风险，是指汇率变动对企业业绩的潜在影响。这种影响表现在两方面：一方面，汇率有利的变动可能导致企业现金流量增加；另一方面，汇率不利的变动可能导致企业现金流量减少。汇率未来可能的变化导致企业预期的现金流量发生波动，汇率可能的变化越大，现金流量可能的波动越大，企业面临的风险也越高，不以投机获利为目的的一般国际企业更需要的是控制这种风险，降低未来现金流量波动的幅度。

【外汇汇率的变化】

外汇风险有广义与狭义之分。广义的外汇风险是指在国际经济活动中，以外币计值的资产或者负债由于汇率及其他因素的变动而蒙受损失的可能性。广义的外汇风险包括一个组织、经济实体或个人在一定时期内对外经济、贸易、金融活动中所面临的一切风险，如汇率风险、利率风险、政策风险、信用风险、决策风险和道德风险等。狭义的外汇风险是指在国际经济活动中，以外币计值的资产或者负债因未曾预料的汇率变动而使当事人蒙受损失的可能性。狭义的外汇风险实际上只包括汇率风险和利率风险。

5.1.2 外汇风险的对象及构成因素

【外汇操作要避免风险】

并不是所有的外币资产和负债都要承担外汇风险,只有其中一部分承担外汇风险,这部分承担外汇风险的外币资金通常称为受险部分、敞口或风险头寸。具体地讲,在外汇买卖中,风险头寸表现为外汇持有额中"超买"或者"超卖"的部分。在企业经营中则表现为其外币资产与外币负债不相匹配的部分。例如,外币资产大于或小于外币负债;或者外币资产与外币负债在金额上相等,但是期限长短不一致。

凡是外汇风险都包含三个因素:本币、外币和时间。这三个因素必须同时具备才形成外汇风险。在国际经济交易中如果只以本币计价结算,不发生本币与外币之间的兑换关系,当然就不存在由于汇率变动带来的损失,从而不存在汇率风险。反之亦然,只以某种外币计价结算,不形成不同货币之间的兑换关系,自然也不存在外汇风险。但是这种情况几乎是不存在的,因为不管以哪一种外币计价结算,最终都必须进行本币与外币之间的兑换,才能保证企业的正常运转,尤其中国现在实行结汇、售汇制度,禁止外币在国内流通的情况下更是如此。同时,国际经济交易应收款的最后收进,应付款的最后付出,借贷本息的偿付,总有一个期限,正是这个期限构成了外汇风险的时间因素。因为汇率变动是在一定时间间隔的历史条件下形成的,所以没有时间间隔就谈不上汇率的变化,更谈不上外汇风险。

5.1.3 外汇风险产生的原因

外汇风险是指因为汇率变动而带来损失的可能性,汇率变动是外汇风险产生的直接原因,而汇率变动和变动的程度是由外汇市场及其汇率制度决定的。

1. 汇率制度是产生汇率波动的制度因素

国际货币体系从产生到现在,按不同的历史阶段,可以划分为国际金本位制、布雷顿森林体系、牙买加体系几个阶段。国际汇率制度是国际货币体系的重要内容,也是在不断发展变化的。在不同阶段,汇率制度及其发挥的作用也是不同的。

在金本位制度下,各国流通的是金币,决定两国货币汇率的基础是铸币平价,两国货币的汇率波动受黄金输出入点的限制,汇率波动被限制在较小的范围内。因此,金本位制度是一种自发的典型的固定汇率制度。在这种汇率制度下,汇率波动围绕一个固定的标准,幅度较小,基本没有外汇风险。

布雷顿森林体系是以美元为中心的国际货币体系,在这种体系下,美元与黄金挂钩,其他国家或地区货币与美元挂钩(双挂钩),实行可调整的固定汇率制度,汇率波动被限制在较小的范围内,各国货币对美元的汇率,一般只能在法定汇率下以1%的幅度上下波动。在这种汇率制度下,国际货币基金组织成员国的货币币值一直都保持相对稳定,基本不存在外汇风险,如果有的话,外汇风险也是很小的。

2. 浮动汇率制度下的汇率波动是产生外汇风险的直接原因

外汇风险直接产生于汇率波动。由于汇率波动,一定本币兑换成外币的数额与前面相比可能会或多或少,相应地,一定外币兑换成本币的数额与前面相比也可能会增加或减少,从而给持有或运用外币者带来意外的收获或损失。如果汇率在任何时候都保持不变,则不可能发生外汇风险。

3. 外汇敞口是产生外汇风险的充分条件

汇率波动是产生外汇风险的首要原因和必要条件，但却是非充分条件。外汇敞口才是产生汇率风险的充分条件。外汇市场上的各种外汇交易为外汇持有者和运用者提供了很好的保值手段和方法，如果企业在经营活动中管理稳健，其外币资产和外币负债在时间和金额上很好地匹配，没有暴露头寸（Exposure Position），或者仅仅持有外币资产或负债，而无须进行兑换，那么汇率波动也不可能形成外汇风险；如果其外币资产和负债在时间和数量上不匹配，有暴露头寸，即有"超买"或"超卖"部分，那么汇率波动就可能形成外汇风险。

5.1.4 外汇风险的分类

外汇风险可以分为三种基本类型，即会计风险、交易风险、经济风险。这种分类方法也是目前公认的分类方法。

【外汇风险和外汇储备】

1. 会计风险

会计风险也称转换风险或折算风险，主要是指由于汇率变动而引起的企业财务报表中以外币计价的有关项目发生变动的风险，一般是由企业为编制财务报表和合并财务报表时将国外子公司或分支机构的财务报表中的当地货币转化为本国货币引起的，其所导致的外汇损益在很大程度上由折算方法决定，并受会计准则的制约。

【会计风险】

2. 交易风险

交易风险是指由于汇率变动而引起的企业以外币表示的未履行合约价值的变化，其所导致的外汇损益受企业未了结的债权和债务制约，并在结算时引起企业相关外币现金流量的变化。它常常指一个会计期间记录的汇兑损益的总量，其衡量也依赖于会计准则，由于交易风险的度量是基于过去发生的但在未来结算的经济活动，所以其具有追溯性和前瞻性。

交易风险的主要表现有以下几个方面。

（1）以信用为基础的即期或延期付款为支付条件的商品或劳务的进出口，在货物装船或劳务提供后，出口商承受出口收入的外币汇率下降的风险，同样进口商承受进口支出的外币汇率上升的风险。

（2）以外币计价的国际投资和借贷活动，在债权或债务尚未清偿前所存的风险。

（3）在期汇交易中，由于合约的期汇率与合同到期日的即汇率不一致，而使交易的一方按期汇换得（或付出）的货币数额多于或少于按即汇换得（或付出）的货币数额而发生的风险。

3. 经济风险

经济风险是指由于未预料的汇率变化引起企业在未来经营现金流发生变化的一种潜在风险，其所导致的外汇损益由公司未来竞争状况决定，进而影响企业的生产、销售和融资等方面的决策战略。

经济风险的度量基于企业未来的经济活动，其受险部分是企业长期现金流量。经济方面的风险比前面所述两类风险影响更大，因为它的影响是长期的，而交易风险和会计折算风险都是一次性的。经济风险是一种概率分析，它取决于在一定时间内预测未来现金流量的能力，是企业从整体上进行预测、规划和进行经济分析的一个具体过程。对风险的分析在很大程度上取决于公司的预测能力，其预测的准确性程度将直接影响公司在融资、销售与生产诸方面的战略决策。

5.1.5 外汇风险的影响

1. 宏观的影响

（1）对国际贸易的影响。

一国的货币汇率下浮，有利于出口，不利于进口。这是因为其他条件不变时，等值本币的出口商品在国际市场上会折合成比贬值前更少的外币，在国外销售价格下降，竞争力增强，出口扩大；而以外币计价的进口商品在国内销售时折合的本币价格比贬值前提高，进口商成本增加，利润减少，进口数量相应减少。因此，本币贬值会自动地抑制外国商品的进口。与上述情况相反，一国的货币汇率上浮，不利于出口，但可以增加进口。

（2）对国际资本流动的影响。

外汇市场汇率变动对国际资本流动特别是短期资本流动有很大的影响。当本国货币汇率下降时，国内资金持有者为了规避汇率下降所蒙受的损失，就要把本国货币在外汇市场上兑换成汇率较高的货币进行资本逃避，导致资本外流；同时，外国在本国的投资者可能会调走在该国的资金，这将使该国国内投资规模缩减，影响其国民经济的发展，而且由于对外支出增加，将恶化本国的国际收支。反之，若本国货币汇率上升，则对资本流动的影响，与上述情况相反。

（3）对国内物价的影响。

汇率变动对国内经济的直接影响，集中表现在对物价的影响上。一方面，一国货币汇率下跌引起进口商品以本币表示的价格上涨，其中进口消费品的价格上升直接引起国内消费品价格某种程度的上升，进口原材料、中间品和机器设备等的价格上升还会造成国内生产使用这些进口投入品的非贸易品生产成本上升，也推动了非贸易品的价格上升；另一方面，汇率下跌引起出口扩大，进口缩减，加剧国内供需矛盾，使国内整个物价水平提高，加剧通货膨胀，导致经济恶化。相反，如果一国货币汇率上升，则会降低国内物价水平，减缓本国的通货膨胀。

2. 微观的影响

（1）对企业经营战略的影响。

企业经营战略是指企业人力、财力、物力的合理配置及产供销的总体安排。外汇风险给企业的产供销活动带来成本核算的不确定性，企业正常经营活动的预期收益因汇率波动而面临预料之外的损益，同时带来企业现金流量的增减变化，这些都会影响企业管理者的经营决策。如果汇率变动有利于企业的资金营运，企业就会采取大胆的、开拓的、冒险的经营战略；相反，如果汇率变动不利于企业的资金营运，企业就会采取保守的、稳妥的、谨慎的经营战略。外汇风险对企业经营战略的影响实际上关系到企业的兴衰成败。

（2）对企业业务安排的影响。

汇率波动对企业的业务活动的正常运行有较大影响。

对进出口企业来讲，汇率波动剧烈时，由于难以确定成本核算，企业或者观望，或者争取有利于自己的计价货币，造成谈判时间拖延，签约成交额下降；甚至在签约后，如果汇率变动超出预计的成本而导致企业可能亏损时，进出口企业往往寻找各种借口毁约，使外贸业务受损。

对商业银行、国际信托投资公司等金融机构来讲，汇率波动出现一面倒趋势时，外汇买卖将减少，银行业务量会下降；汇率波动还会造成银行的债务人因额外增加的债务负担而无力偿债或破产，银行呆账、坏账可能增加；汇率波动会引发大量投机和套期保值，要求银行具有更高超的风险头寸管理技巧，否则银行就会面临灭顶之灾。

(3) 对企业信用的影响。

企业信用是企业的无形资产，它取决于企业的规模、经营能力、盈利能力和企业形象等因素。企业信用等级越高，与之往来的客户对其信任程度越高，企业受益越多。信用等级高的企业能够以较低成本筹集所需资金，能获得较高的投资收益，还能够在商品买卖中赢得有利的交易条件。因此，企业信用如同企业的生命，是十分宝贵的财富。

5.2 外汇风险管理概述

5.2.1 外汇风险管理的概念及目标

外汇风险管理是外汇资产持有者通过风险识别、衡量和控制等方法，预防、规避、转移或消除外汇业务经营中的风险，从而减少或避免可能的经济损失，实现在风险一定的条件下收益最大化或收益一定条件下的风险最小化。外汇风险管理的目标如下。

1. 避免不确定性带来的恶劣影响

风险源于未预期的变动。利润和收入是评判经营效果的主要尺度，是企业进行再分配和发展的基础。现金流的持续和稳定则更为重要，现金流的不足会导致企业无力执行既有投资计划或战略调整，甚至破产。不确定性意味着企业的收入、利润可能会出现未预期的下滑，现金流也可能随着汇率的变动而出现不利的变化。不确定性带来的恶劣影响就表现为企业出现不可预知的巨额亏损、资金链断裂等，这将直接威胁企业的生存。因此，企业进行外汇风险管理的首要目标为对极其严重的不可预知损失进行适当"保险"，以便在出现重大不利变化时得到部分补偿，降低不确定性带来的恶劣影响。

2. 平稳受冲击的现金流及企业价值

对于企业而言，符合预期的现金流结构及利润水平非常重要。一方面，较为平稳、符合预期的现金流，可以帮助企业实现偿还债务和利息、保障生产和投资等目标，从而提高企业的生存和发展能力；另一方面，符合预期的现金流和利润水平，也有利于获得相应的税收收益，增加股东财富。进行外汇风险管理，应当对汇率变动可能带来的现金流及利润冲击进行适当对冲，平稳现金流和利润，确保企业经营目标的顺利实现。

3. 成本收益最大化

一般而言，企业管理的目标是提高企业价值。在规避重大风险、平稳现金流之外，外汇风险管理还应该尽量降低成本，并且不危害正常的价值机制，这就是成本收益最大化。为了规避风险，企业往往要做出很多经营决策或进行一系列衍生产品交易，在获得避险收益的同时，会产生成本，这些成本不仅仅包括投资决策或交易本身的成本，还应包括采取相应风险管理策略所带来的机会成本。具有涉外经济业务的企业，应当精确核算外汇风险管理的成本与收益，在确保实现预定避险目标的前提下，以尽可能少的成本，获取最大化的风险规避收益。

5.2.2 外汇风险管理的原则

外汇风险是涉外经济中不可避免的一种市场风险，对一国政府、企业乃至个人都会产生很大的影响，外汇风险管理因此成为企业经营管理的重要组成部分。外汇风险管理的目标是充分利用有效信息，力争减少汇率波动带来的现金流量的不确定性，控制或者消除业务活动中可能面临的由汇率波动带来的不利影响。为了实现这一目标，在外汇风险管理中应该遵循一些共同的指导思想和原则。这些原则包括全面重视原则、管理多样化原则、收益最大化原则。

1. 全面重视原则

全面重视原则要求涉外经济的政府部门、企业或个人对自身经济活动中的外汇风险高度重视。外汇风险有不同的种类，有的企业只有交易风险，有的还有经济风险和会计风险，不同的风险对企业的影响有差异，有的是有利的影响，有的是不利的影响。因此涉外企业和跨国公司需要对外汇买卖、国际结算、会计折算、企业未来资金运营、国际筹资成本及跨国投资收益等项目下的外汇风险保持清醒的头脑，做到胸有成竹，避免顾此失彼，造成重大的损失。

2. 管理多样化原则

管理多样化原则要求涉外企业或跨国公司灵活多样地进行外汇风险管理。企业的经营范围、经营特点、管理风格各不相同，涉及的外币波动性、外币净头寸、外币之间的相关性、外汇风险的大小都不一样，因此每个企业都应该具体情况具体分析，寻找最适合于自身风险状况和管理需要的外汇风险战术及具体的管理方法。

实际上，没有一种外汇风险管理办法能够完全消除外汇风险。因此，认为某一种风险防范措施必然比另一种措施更优越、效果更佳的论断有失偏颇。在选择风险管理办法时，需要考虑企业发展战略、风险头寸的规模和结构、涉外业务范围和性质、相关国家的外汇管理政策、金融市场发达程度等约束因素。随着时间的推移，外部约束因素会不断变化，因此，企业的外汇风险管理战略也需要相应地更改，企业不能故步自封，长期只采用一种外汇风险管理方法。

3. 收益最大化原则

收益最大化原则要求涉外企业或跨国公司精确核算外汇风险管理的成本和收益，在确保实现风险管理预期目标的前提下，支出最小的成本，获得最大的收益。这是企业进行外汇风险管理的基石和出发点，也是企业确定具体的风险管理战术、选择外汇风险管理方法的准绳。

外汇风险管理本质上是一种风险的转移或分摊。例如，采用远期外汇交易、期权、互换、期货等金融工具进行套期保值，都要支付一定的成本，以此为代价来固定未来的收益或支出，使企业的现金流量免受汇率波动的侵扰。一般来说，外汇风险管理支付的成本越小，进行风险管理后得到的收益越大，企业对其外汇风险进行管理的积极性就越高，反之亦然。

5.2.3 外汇风险管理的策略

外汇风险管理的策略是企业根据自己的利益和具体情况在外汇风险管理方面所采取的对策与谋略。各企业应根据跨国经营规模大小、涉及外汇的经济活动数量的多少、面临外汇风险大小、外汇风险管理费用多少、承担外汇风险能力强弱和管理者对外汇风险所持的态度等因素，选择采取不同的外汇风险管理策略。企业外汇风险管理策略可分为以下三种。

【外汇风险管理的策略】

1. 保守策略

保守策略是一种安全第一，不留下任何不稳定因素的策略。企业的跨国经营业务少，承受外汇风险的能力弱，管理者厌恶风险，往往采取保守策略，其管理目标是避免承担任何外汇风险损失。为此，对所有存在外汇风险损失的经营活动都采取管理措施或拒绝某些可能带来外汇风险损失的项目，这种做法有可能支付较多的外汇风险管理费用，也可能丧失一些较好的筹资和投资机会。

2. 冒险策略

冒险策略又称随意策略，是一种消极的、任其自然的策略。对涉及外汇的各项经营业务不采取任何外汇风险管理措施，当汇率变动有利时坐享利益，汇率变动不利时宁可蒙受损失，在这种情况下，企业不会发生外汇风险管理费用。

采取这种策略的企业，一般是涉及外汇的经营业务很少或相对于其他经营业务来讲不重要，管理者乐于冒风险，企业的承受能力强，而且预测计划期内汇率变动不大，认为汇率偶尔变动造成的损失是企业经营的正常成本，不影响企业的正常经营。

采用现金结算或只按短期商业信用进行交易的进出口商可以较安全地采取这种态度。已充分实行经营多元化和财务多元化的大跨国公司，由于风险已相当分散，在任何时间，汇率变动造成的净损失较小，所以也可采取这种策略。但是，在实际工作中，采取冒险策略的企业是很少见的。

3. 中间策略

中间策略是一种介于前两种极端策略之间的策略，是大多数企业通常采用的外汇风险管理策略。如果企业涉及外汇的经营业务很多，在其全部经营中占有重要地位，并且涉外业务的现金流入涉及的外国货币与现金流出涉及的外国货币不密切相关（相关性低或负相关）时，最佳的政策应该是按照成本效益原则，对企业涉及外汇的各项业务区别对待，分清主次，对某些涉外业务采取外汇风险管理措施，对某些涉外业务不采取外汇风险管理措施，管理好受险程度大的主要经营业务的外汇风险。

5.2.4 外汇风险管理的程序

外汇风险管理包括以下几个关键的程序：风险识别、风险衡量、风险管理方法选择、风险管理实施、监督与调整。

1. 风险识别

风险识别就是识别各种可能减少企业价值的外汇风险。外汇风险包括交易风险、经济风险和会计风险，不同的企业面临着不同种类的风险，企业必须根据自己的业务活动判别可能面临的风险状况，以便对症下药。例如，在交易风险的识别中，多采用外汇头寸分析方法。企业根据自己的交易活动，测算出公司的现金流入量和现金流出量，以此得出净头寸，进而识别公司拥有外汇风险的现金流量、币种、业务。

2. 风险衡量

风险衡量就是衡量外汇风险带来潜在损失的概率和损失程度。识别出公司可能面临的各类外汇风险后，需要对所涉及的不同外币的未来的汇率波动进行预测。由于外汇风险对企业的影响是双向的，有利有弊，最重要的是要推算外汇风险造成企业损失的概率，以及将各类风险综合后企业价值可能损失的范围和程度。通过外汇风险衡量，企业可以比较准确地知道外汇风险带来损失的概率和损失程度，从而为企业下一步选择风险管理方法奠定基础。

3. 风险管理方法选择

风险管理方法选择就是选择适当的风险管理方法，以达到最有效地实现企业预定的外汇风险管理目标。进入牙买加货币体系后，外汇风险有日益扩大的趋势，许多跨国公司深受其害，产生了强烈的外汇风险管理需求，一系列的金融创新因此应运而生，出现了种类繁多的外汇风险管理方法，每一种方法都有自身的优势和劣势，需要企业根据自己所处的风险状况进行甄别和筛选。不同的外汇风险管理战略在一定程度上决定了不同的风险管理方法。

4. 风险管理实施

风险管理实施就是通过具体的安排，落实所选定的外汇风险管理方法。企业需要进行内部的业务调整、资金调整、币种调整，以及在外部寻找合作伙伴、交易对手、签订外汇交易合同等，具体实施风险转移和控制。

5. 监督与调整

监督与调整就是对外汇风险管理方法实施后的效果进行监督与评估，根据每种方法的评估依据进行监督。另外，外汇市场时时风云变幻，没有哪种方法可以一劳永逸，企业必须持续地对公司风险管理方法和风险管理战略的实施情况和适用性进行监督，根据市场和自身的情况，对自己的战略战术进行监控管理，适时做出调整。不管是何种外汇风险的管理，也不管选用何种管理战略或战术，基本的程序和步骤都遵循上述法则。

5.2.5 外汇风险管理的手段

外汇风险管理手段从总体上可以分为三类：外汇风险控制手段、外汇风险融资手段和内部外汇风险抑制手段。风险控制和内部风险抑制通常包括为了增加企业的价值而进行的各种投资（或放弃投资）决策，风险融资是指为弥补损失而进行的各种融资决策。

1. 外汇风险控制手段

外汇风险控制手段是指通过降低风险损失概率及风险损失程度（规模）来减少风险成本的各种行为。通常把主要为降低损失概率的行为称为风险防范手段，而把主要为降低损失程度的行为称为风险降低手段。最常见的风险控制手段包括以下两种方法。

（1）减少外汇风险业务。涉外企业或跨国公司可以通过减少风险业务的数目降低风险。例如，减少使用外币个数，或者根本不持有任何外币净头寸。对风险行为的数目加以控制主要是为了降低风险发生的概率。最极端的情况是将风险行为的数目减到零，也就是公司不从事任何与外币沾边的活动，或者无论进出口、投融资活动都要求使用本币计价结算，这种极端的方法称为风险回避。减少外汇风险业务有个最大的缺陷，即它过多地考虑和回避了风险业务的损失，却因此丧失了风险业务可能带来的收益。

（2）提高外汇风险预防能力。企业根据市场需要和业务发展计划开拓海外业务，不必害怕风险业务多，而应提高这些业务的风险预防能力，提高外汇风险业务的安全性，从而降低风险的损失概率和损失程度。具体地讲，就是要提高企业外汇风险防范与管理的能力，提高汇率预测的准确度及风险管理办法的有效性。

2. 外汇风险融资手段

外汇风险融资手段也称为损失融资手段，是指各种获取资金用来支付或抵偿外汇风险损失的手段。根据风险补偿的资金来源，可以分为三种风险融资方法：自留、购买保险和套期保值。这些方法并不是完全相互独立的，企业根据风险补偿的实际需要，经常将它们结合在一起使用。

（1）自留。自留是指企业自己承担部分或全部的外汇风险损失。自留往往被称为自我保险。许多大型跨国公司在其财务与资金管理中，都有一个正式的损失融资计划，例如，有的公司建立外汇风险防范基金，有的公司每年按照销售额的一定比例提取外汇风险准备金。另外，一些大公司可以成立自己的专业保险公司，以确保公司在面临较大损失时能顺利渡过难关。当然，有的公司并没有上述自留资金计划，而是用自己的资本金弥补经营中的外汇风险。

（2）购买保险。通过购买保险，企业可以把外汇风险损失转嫁给保险公司。国际上有许多保险公司提供与外汇风险有关的保险险种，如国有化险、种类繁多的汇率波动险和利率波动险等。购买相关的保险，对涉外企业而言是一种省时省力的好办法。但是，在我国和许多发展中国家，保险市场不发达，还没有开发出分担企业外汇风险的相关险种，因此不可能运用购买保险的方法来弥补企业的外汇风险损失。

（3）套期保值。远期合约、期货合约、期权合约和互换合约等之所以能够作为典型的外汇风险管理工具，是因为它们能够事先将不确定的汇率按照某个远期价格确定下来，企业只承担约定的远期价格与目前即期价格之间的价差风险，交易的对方却要承担约定的远期价格与未来即期价格之间的价差风险，这就意味着外汇风险在企业与套期保值对手之间进行了分摊。

3. 内部外汇风险抑制手段

内部外汇风险抑制手段是指企业通过内部业务、管理调整来降低外汇风险的各种手段。内部风险抑制主要有两种方法：分散化和信息投资。

（1）分散化。企业的经营活动充满各种风险，在分析外汇风险成因和衡量外汇交易风险时，我们得知，保持货币多元化，特别是企业在业务中使用相关性较低的货币并注意分散化，公司整体的风险头寸的波动性就会明显降低。因此，企业可以通过持有各种外汇头寸的方式从内部来降低风险。这种分散化是广义的，不仅包括国别、币种的分散，还包括币种的波动性和相关性。

(2) 信息投资。充分占有信息,具有较强的处理、分析信息的能力,是企业提高外汇风险管理水平的前提条件。绝大多数对外交往比较频繁的公司都会花一定的人力、物力和财力进行外汇趋势的分析、预测及相关管理工作,通过信息的收集和研究,公司可以对未来汇率的走势做出比较准确的分析,以此为根据决定自己的外汇头寸,不仅可以避免汇率波动带来的损失,而且还可以从中盈利。

由于国际业务的复杂性,以及汇率波动的无序性,需要专业的投资公司或咨询公司进行信息收集、处理和分析,涉外企业大多没有如此专业的人才,因此进行必要的信息投资,购买决策所需信息甚至外汇风险管理方案,才能够对未来现金流进行精确的估计和评价,才能更有效地对外汇风险进行管理,降低现金流量的损失可能性。

跨国公司的风险管理——卡特比勒公司案例

卡特比勒公司是世界上最大的重型机械设备制造商之一,其曾面临着两个主要问题——来自日本柯马公司的竞争和汇率浮动的美元。1989—1990年年初,美元对日元的汇率上浮了30%,这样日本商品在美国和第三国市场上价格下降,柯马公司也因此获得了充分的竞争优势。这是卡特比勒公司自1981年以来,第二次尝试着制定一项应付坚挺的美元的政策。

20世纪80年代初期,美元开始稳步升值,在美元升值期间,卡特比勒公司承受着巨大的竞争压力。该公司很大程度上依赖于美国产的部件和成品的对外出口。公司超过2/3的雇员在美国的工厂工作,并且81%的资产在美国。

反观柯马公司,直到1980年,凭借着低于卡特比勒公司40%的价格优势,占有了超过17%的设备销售额。在美国市场上,柯马公司则以卡特比勒公司的利益损失为代价,将其市场份额由5%提高到了25%。另外,卡特比勒公司产品的一些主要市场正面临着严重的困难。由于石油价格的下降和第三世界债务的暴涨,采矿设备及有关能源的项目所需机械的销售变得不景气,尤其在发展中国家,情况更是如此。

为了解决这些问题,卡特比勒公司开展了一个"三步走"计划。第一步是公开要求美元汇率下调。第二步是关闭工厂和解雇员工。雇员人数从531 000名缩减到351 000名,减少了34%。关闭9间工厂,工厂面积也减少了1/3。第三步与美元的坚挺和降低成本的愿望都有关系,卡特比勒公司参与合作生产并扩大了国外生产能力,利用美元坚挺的优势,该公司开始进行国外生产,尽管这种生产模式的改变还远没有其他公司那样明显。与此同时,许多独立的在美分销商则以较低的价格购买卡特比勒公司的国外产品,再将其进口到美国市场,这样就稳定了卡特比勒公司自己的市场。因此,卡特比勒公司决定让国外生产商制造卡特比勒品牌的产品,并且用国外供应商取代了美国供应商。通过这种改变,卡特比勒公司产品的国外生产从1982年的19%上升到了1987年的25%,来自国外的零部件也于同期增长了4倍。

结合以上分析,卡特比勒公司进行的外汇风险管理主要是针对经济风险进行管理,但是从案例中我们看到该公司主要的外汇风险是美元相对于日元过于坚挺,但是公司没有针对日元进行足够的风险管理,并且忽视了交易风险的管理,因此卡特比勒公司还有很大的风险管理的改进空间。

(资料来源:https://doc.mbalib.com/view/84c5c2fae12a5949853d599ed2f3cda7.html,2020-12-10)

5.3 外汇风险识别

外汇风险识别所要解决的主要问题是：影响外汇风险的因素、性质及其后果，识别的方法及其效果。只有了解外汇风险在什么样的情况下出现，有什么样的表现形式，以及会造成什么样的后果，才能找出一个适当的管理方式。通过对单位、家庭和个人所面临的外汇风险采取有效方法进行系统的考察、了解，认识外汇风险的性质、类型及可能带来的损失后果，以便决策者增强对风险的识别和感知能力。

由于外汇风险本身处于一种十分不确定的状态，对于单位（包括银行、非银行金融机构、股份公司和政府等）所面临的全部风险来说，往往难以用一种方法孤立地考察和测量，因此，必须采用多种方法来综合考察。

5.3.1 外汇风险识别的任务

1. 分析风险原因

尽管外汇风险产生的根本原因是汇率未预料到的变动，这一点已非常清楚。但是，外汇风险在具体情况下的表现形式却大相径庭。分析风险原因，不应只考察汇率变动的直接影响，还应充分考虑它的间接作用，考虑间接作用传递的机制、作用的要素、作用程度等。此外，还应分析包括通货膨胀、物价变动、市场规模、竞争压力等因素在内的各种影响，力求对外汇风险的原因做较为透彻的分析。只有这样，才能从本质上认识风险，把握风险。

（1）风险清单的制作。

分析风险原因，主要指对潜在风险威胁和风险清单的分析。分析风险事件原因的最基本、最常用的方法即是制作并分析风险清单。具体来说，就是采用类似于备忘录的形式，将单位、家庭和个人面临的各种风险一一列举，并联系商品的生产经营活动及资金的借贷、经营活动，对这些风险进行综合考察。风险管理人员据此可对风险的性质及其可能产生的损失做出合理的判断，并研究采取何种措施来规避风险的发生。

（2）风险清单的基本内容。

风险清单的基本内容包括以下三个方面。

第一，直接损失。直接损失可分为两个部分：一种是无法控制和无法预测的损失，主要指各种自然灾害和环境事故引起的损失；另一种是可以控制和可以预测的损失，指企业经营范围内各种事故所引起的损失。

第二，间接损失。间接损失是指由于环境变化或管理问题所引起的经济损失。

第三，责任损失。责任损失包括公众责任、雇主责任、产品责任和职业责任等。

通过风险清单，可以从风险因素到风险事故及风险损失结果将企业面临的各种风险联系起来进行考察，从而达到分析风险的目的。

2. 估计风险后果

对风险后果的估计通常从定性和定量两个方面来进行。

定性估计主要是对外汇风险结果类型的判断。例如，是"两面性"风险还是"单面性"风险，是对未来经营能力有实质性影响，还是仅为表面性影响等。这种定性的估计有时是很重要的,因为它是整个风险管理政策的基础。例如,对那些具有"两面性"的风险,企业很有可能采取套期保值策略,而对那些"单面性"的风险,则采取保险、加强内部管理等措施进行防范。

风险的定量估计是指采用一些数学模型方法,对风险可能造成的结果进行估计、测算。概率统计是运用得最为广泛的一种方法。对风险进行定量估计,可以做到从量上把握风险。人们根据该风险对企业造成不良后果的量的大小,可以判定其重要程度,再结合"效益"管理原则,选择出合理的管理方法。

5.3.2 外汇风险识别的方法

1. 分解法

一种经营活动可能带有多种风险,这些风险的成因几近相同。按事物自身的规律,结合分析人员的知识经验,将这种经营活动的总体风险进行分解,将有助于对风险整体的认识和了解。

例如,对国际资金市场筹资行为的风险进行分析,我们可将之分解为以下几个方面来考虑。

汇率风险。汇率风险是指由于汇率波动,而使一项以外币计值的资产、负债、盈利或预期未来现金流量(不管是否确定)以本币衡量的价值发生变动,而给外汇交易主体带来的不确定性。这种不确定性是两方面的:可能使经济主体遭受损失,也可能带来收益。

利率风险。利率风险是由于利率水平变动的不确定性,从而导致行为人遭受损失的可能性。对于利润一般来自资产收益率与负债成本率之间差额的金融机构来说,一旦其资产转换中一部分的资产与负债的到期日匹配不当,就有可能把自己暴露于利率风险之中。

信用风险。从狭义上说,信用风险是指借款人到期不能或不愿履行还本付息协议,致使自身遭受损失的可能性,它实际上是一种违约风险。从广义上说,信用风险是指由于各种不确定因素的影响,使企业或金融机构经营的实际收益结果与预期目标发生背离,从而导致自身在经营活动中遭受损失或获取额外收益的一种可能性程度。

流动性风险。流动性风险是指金融资产在不发生损失的情况下迅速变现的能力,它要求的是经济主体在任何情况下都具有资产即时变现或是随时从外部获得可用资金的能力。对于企业尤其是金融机构而言,由于经营职能的特殊性,一旦其贷款承诺无法随时兑现或是客户提现要求不能及时满足,都会对其下一步的正常运行带来一定的困难。

【头脑风暴法】

2. 头脑风暴法

头脑风暴法又称智暴法,是一种专家调查咨询方法,本意是形容参加会议的人可以畅所欲言,不受任何约束地发表不同意见,也有的将其形象化地译为诸葛亮会议、神仙会、智力激励法或集体思考法等。这种方法可以采取广泛收集专家学者意见的方式,也可采取小组会议的方式。在小组会议上,大家可以畅所欲言,相互激励,相互启发。

【德尔菲法】

3. 德尔菲法

德尔菲法是一种典型的专家咨询调查法。它以希腊阿波罗神殿所在地德尔菲命名,表示这是一种集众人智慧进行准确预测的方法。这种方法后来被广泛运用于风险管理和风险决策中。

德尔菲法的基本特点是:参加者之间相互匿名,将各种回答进行统计处理,将上一次征询的统计结果反馈给参加者,这一过程反复进行,直到组织者得到满意的结果为止。

整个过程均采用匿名形式,这样可以避免权威、资历、劝说、压力等因素的影响,问询进行多轮反复,每一次反复都带有对每一条目的统计反馈,包括中位值及一些离散度的测量数值,有时要提供全部回答的概率分布。对问题回答结果采用"四分点"方法进行统计处理,即将所有回答按一定规则排列,将这一排列做"四分"处理,分成四个区间,相应的划分点称为"下四分点""中位数"和"上四分点'。回答在上下四分点之外的回答者可以被请求更正其回答,或陈述理由,对每一次的反复都可以提供必要的信息反馈,当将上一次的统计结果反馈给参加者时,他们会对自己的回答进行调整,这样得到新一轮的调查结果。反复的结果是,专家意见最后出现一定的收敛,即意见逐渐趋于一致。

4. 幕景分析法

幕景分析法是指在风险分析过程中,用幕景描绘能引起风险的关键因素及其影响程度的方法。幕景是对风险状态(包括静止状态和持续性状态)的一种描绘,这种状态既可以是文字型的,也可以是图形、图表或曲线型的。

幕景分析法研究的重点是:当某种因素变化时,整个情况将会是怎样?将会有什么样的风险发生?其影响力度将会有多大?通过选择一些关键因素,然后像电影屏幕一样一幕一幕地进行演示,比较不同的结果,以通俗、形象的方式表示出来,供决策时参考。可见,这种方法的功能主要在于考察风险范围及事态的发展,并对各种情况做对比研究,以选择最佳的效果。因此,幕景分析尤其适用于对企业进行风险分析。

5.4 外汇风险管理一般方法

本节将从企业和银行两个方面去介绍外汇风险管理的一般方法。外汇风险管理的一般方法,是单一种类的外汇风险防范措施,有的只能消除时间风险,不能消除价值风险;有的既能消除时间风险,又能消除价值风险。

5.4.1 企业外汇风险及管理方法

1. 企业外汇风险概述

企业外汇风险也有狭义和广义两种。狭义的外汇风险仅仅指汇率风险和利率风险,而广义的外汇风险还包括转换风险、信用风险、资金周转风险和交割风险等。以下主要介绍汇率风险、利率风险和转换风险。

(1) 汇率风险。

① 出口中的汇率风险。

出口中的汇率风险是指企业在国际贸易中,签订贸易合同的货币与企业出口货物的成本货币不一致时,企业会承担由于汇率变化带来的风险。通常,商务合同的结算时间越长,企业将承担的风险越大。当汇率发生变化时,出口商务合同货币相对货物的成本货币贬值,将对企业不利,产生亏损;出口商务合同的货币相对货物的成本货币升值,将对企业有利,产生利润。

② 进口中的汇率风险。

进口中的汇率风险，是指企业在国际贸易中，签订贸易合同的货币与企业的资金来源货币不一致时，企业会承担由于汇率变化带来的风险，一直到合同支付结算完毕为止。通常，支付时间持续越长，企业承担的汇率风险越大。进口时的汇率风险的原理与出口时一样，只不过方向相反。进口时，商务合同的货币相对企业资金来源货币升值，将对企业不利，产生亏损。反之，将对企业有利，产生利润。

③ 借款中的汇率风险。

借款中的汇率风险是指企业在国际借贷中，当借、用、还货币不一致时，由于汇率变化而承担的风险。这种汇率风险，既涉及用款货币与借款货币不一致造成的风险，又涉及偿还货币和借款货币不一致所引起的风险。借款不仅涉及本金金额，而且还涉及利息金额，受险部分的金额大于进出口时的金额，借款的时间长于进出口贸易中的结算时间。

（2）利率风险。

利率风险指利率变化对企业以外币计值的资产与负债带来损失的可能性。企业面临的利率风险不同于银行。银行在借贷活动中，一方面银行是债务人，另一方面银行又是债权人。因此，市场利率上升既增加了债务负担，也增加了债权收入。反过来，市场利率下降，既减少了债务负担，也减少了债权收入。只要债务和债权使用的利率是一致的，银行就没有利率风险。

（3）转换风险。

转换风险是指由于汇率变化引起公司海外资产和负债转换为母公司的资产和负债时遭受损失的可能性。假设公司拥有海外分公司和海外子公司，即公司进行跨国性的经营活动时，公司关心的是整个公司全部资产和负债的外汇风险。转换风险可分为存量敞口风险、固定资产敞口风险及长期债务敞口风险。

2. 企业外汇风险管理方法

（1）汇率预测法。

避免外汇风险的首要前提是对外汇汇率的变化趋势做出准确预测。在浮动汇率制下，汇率变化基本上取决于外汇市场上对各种货币的供求。影响供求的因素有：经济增长率、失业率、通货膨胀率、利率、货币供应量、贸易收支状况、按购买力计算的基础汇率、各国货币政策和财政政策的变化等。此外，世界政治发展趋势也可能直接或间接地影响各种货币的汇率。当前，预测汇率大体有如下三种方法。

① 计量经济学法：在计量经济学的基础上建立预测模型，然后将各种因素的预想值代入求出汇率的预测数值。

② 图表分析法：把汇率波动的日平均值、月平均值和年平均值等连成曲线，然后根据各种数值的位置来预测现时汇率趋势，确定其变动方向。我们需要注意单纯依靠图表曲线只能得到市场上一种短期内的变化趋势，因此预测人员还应当结合其他方法，从而更好地分析预测外汇的长期变化趋势。

③ 主观分析法：把影响汇价的因素归纳为通货膨胀率的差别、经常收支的动向和内外利差三个主要方面。在信息传递迅速的时代，人们会对上述因素产生不同的心理预期，而这种心理预期往往对外汇市场产生很大影响。在这种情况下，运用传统的正规分析方法往往难

以适应瞬息万变的市场,这就需要分析者运用长期积累的分析经验,果断地进行预测。

(2) 选择货币法:在国际贸易活动中,掌握外币的变动趋势,正确选择结算货币,是普遍通用的一种防范风险的措施。

在国际经济交易中,最常采用的方法如下。

① 选择可自由兑换货币。可自由兑换货币主要是指国际货币基金组织规定的那些自由兑换货币,如美元、欧元、日元等。这样既便于资金调拨运用,也有助于转移货币的汇价风险,可以根据汇率变化的趋势,随时在外汇市场上兑换转移。

② 争取用本币计价结算。一国在进出口商品时,采用本国货币作为计价货币,可以避免汇率变动的影响。由于不需要进行汇兑业务,从而规避了外汇风险。目前,主要发达国家的出口贸易,普遍是以本币计价结算的,如美国、日本和德国以本币作为结算货币的贸易额占到总贸易额的 3/4 以上。当然这种方法并没有消除风险,只是将风险从交易的一方转嫁到了交易的另一方。

③ 对构成债权资产,形成经济收入的交易尽量争取使用硬货币,以增加可能带来的债权收益。对构成债务、形成支出的经济交易尽量采用软货币,以减轻债务负担,避免造成还款数额的增加。

(3) 货币保值法。

货币保值,是指选择某种与合同货币不一致的、价值稳定的货币,将合同金额转换,用所选货币来表示,在结算或清偿时,按所选货币表示的金额以合同货币来完成收付。通常采用黄金保值法、硬货币保值法和"一篮子"货币保值法。

另外,也可以用特别提款权或欧洲货币单位来进行保值,这些综合货币单位由一定比重的硬币与软币搭配组成,其价值较为稳定,用它们保值可以减少外汇风险。

 资料卡

多边净额支付

位于不同国家的多个下属公司之间有相互的支付,将应该支付的数目抵消后,在约定日期只实际支付余额的做法,就是多边净额。充分的信息和净额中心是实现多边净额必不可少的条件。

(4) 国际信贷法。

① 出口信贷法。

出口信贷,是指出口国的官方金融机构或由其政府给予补贴的商业银行,以优惠利率向本国出口商和外国进口方银行或外国进口商提供的与出口项目相联系的中、长期资金融通,目的是鼓励本国大型成套设备和大工程项目的出口。出口信贷可分买方信贷和卖方信贷两种方式。

② 福费廷法。

福费廷业务源于 1965 年的瑞士,其内容即为卖断应收票据或包买应收票据,是指在延期付款的大型设备贸易中,出口商将进口商已经承兑的、期限不超过 5 年的远期应收票据的所有权,按照一定的折扣、无追索权地卖断给出口商所在地的金融机构,并由汇票的持有人(金融机构)负责向承兑人(进口商)追索的资金融通方式。

③ 国际保理业务。

国际保理业务，又称为保理业务，是一项集商业资信调查、应收账款管理、信用风险担保及贸易融资于一体的综合性金融服务。国际保理业务可以分为出口保理业务和进口保理业务。

保理业务对于出口商而言，进口商的财务风险转由保理商承担，出口商可以得到100%的收汇保障；进口商的资信调查、账务管理和追收账款都由保理商处理，减轻了出口商的业务负担，节约了管理成本，省去了开立信用证和处理繁杂文件的费用。并且由于出口额扩大，降低了业务成本，排除了信用风险和坏账损失，出口商由于加快了资金和货物的流动，增加了利润。

5.4.2 银行外汇风险及管理方法

1. 银行外汇风险概述

银行外汇风险主要包括汇率风险、利率风险、银行资金周转风险、信用风险、国家风险等。其中，汇率风险和利率风险是最经常发生的外汇风险。

(1) 汇率风险。

银行业务的汇率风险主要表现在银行的外汇买卖交易中，是汇率波动使保持的多头或空头外币头寸在平盘时所产生的汇兑损益。

银行在外汇市场上对外汇的买卖行为，一种是代客进行外汇买卖，即银行按客户的要求，从外汇市场上买入客户要求的货币，同时出售客户愿意卖出的货币，银行从代客买卖中赚取价差。另一种是银行的自营外汇买卖，可以是即期的，也可以是远期的，如果银行在某种货币的买进和卖出的金额不配称，就是银行持有了多头或者是空头头寸，这种敞口头寸就是受险部分，承受着国际金融市场汇率波动的影响。

另外，如果银行在某种货币的买进和卖出的金额或期限不配称，即银行持有了多头或空头头寸，这种敞口头寸就是受险部分，承受着汇率波动的影响，这是因为外汇市场的远期汇率因利率变化而不断变化。

(2) 利率风险。

利率风险指在一定时期内因外币利率的相对变化，导致涉外经济主体的实际收益与预期收益或实际成本与预期成本发生背离，从而导致损失的可能性。利率风险是商业银行资产负债管理工作中面临的最难对付的风险之一。利率风险的存在是因为商业银行的外汇资产与负债的期限结构不尽一致，存在期限缺口，当利率发生相对变化时，其成本和收益就会发生变化。

(3) 银行资金周转风险。

银行资金周转风险又称流动风险，是指在国际金融市场上，是由银行的外汇资产和负债的最终到期日不配称引起的。例如，某外汇银行的一笔外币贷款的最终到期日是10个月，而资金来源仅仅是2个月的外汇存款，这样，在此2个月内没有资金周转风险，如果银行不能保证2个月后的资金来源，就面临很大的资金风险。

从严格意义上讲，倘若一个外汇银行不能保证资金的流动性，该银行不仅面临资金周转风险，而且极有可能会倒闭。

(4) 信用风险。

信用风险指交易对方违约对银行以外币计值的资产或负债带来的损失可能性。在外汇买卖中，交易对方承担着到期卖出某种货币的责任。如果交易对方违约，到期没有卖出某种货币，则银行将面临平盘时可能遭受的损失。

【信用风险】

在货币市场的同业拆放交易中，借入（拆进）方可以说是无须承担信用风险的，但贷出方承担着交易对方偿还本息的风险。如果借入方违约，到期不偿还本金和利息，贷出方将遭受资产损失。拆出期限越长，银行面临着借款方偿还本金、支付利息和各种费用的信用风险越大。此外，信用风险中的交割风险也是很常见的，这种风险是短暂的，但影响是极大的。

(5) 国家风险。

国家风险也称作政治风险，指因国家强制的因素使交易对方违约而给银行的资产和负债带来损失的可能性。国家风险是信贷风险中特别的一种。一般地，汇率变动对国家风险的直接作用不大，但国家风险确实与汇率变动有关系。例如，在货币风潮冲击外汇市场时，一国货币当局可能下令关闭外汇市场，这期间的外汇交易暂时中止，企业就不能在该国外汇市场上进行外汇交易，这就导致企业承担了多种风险，此种风险就称为国家风险。

另外，如果汇率变动不利于一国的对外贸易或国民经济增长，一国就会实施某种程度的贸易管制或外汇管制，企业的未来外汇收益将受到损失。

2. 银行外汇风险管理方法

(1) 银行外汇头寸管理。

外汇银行处于外汇交易中的中介位置，日常的外汇买卖主要是代客户买卖外汇。每日营业终了时必然出现买卖差额（即头寸）。如果银行买入某种外币大于卖出，则称为多头或超买；如果银行卖出某种外币大于买入，则称为空头或超卖。外汇银行保有的多头或空头统称为敞口头寸，在汇率变化时，将面临风险。

外汇银行为防范这种风险，需要经常采取某些措施对头寸加以管理，这就是头寸管理。

银行外汇头寸管理的具体措施主要有以下几种：即期头寸管理、远期头寸管理、综合头寸管理、各种外币头寸管理、灵活管理。

(2) 外汇银行资产负债"配对"管理。

银行资产负债管理的核心内容就是"配对"。"配对"管理的实质是通过对外汇资产、负债时间、币别、利率、结构的"配对"，尽可能减少由于经营外汇存贷款业务、投资业务等而需要进行的外汇买卖，以避免外汇风险。

外汇资产负债"配对"管理，是避免外汇风险的有效措施。这里的外汇风险是指因汇率变动而产生的外汇风险。由于外汇交易合同中的对方不能履约而可能造成的外汇损失的外汇信用风险不包含在其中。这与人民币存贷、交易过程中的情况是类似的。外汇资产负债"配对"管理内容可归纳如下。

① 做好远期头寸的到期日搭配，使在未来的任一时点上，都尽可能地使到期的资产能够并且恰好抵付到期的负债。

② 在外汇的存贷款上做好币别的配对，实行筹集什么外币，借出什么外币；贷款到期时，收什么外币，筹资合同到期时银行付出什么外币的原则。

③ 做好存贷到期日搭配。

④ 做好存贷款的利率搭配。

⑤ 合理调整外汇资产负债期限结构。

⑥ 确定外汇交易限额，降低外汇风险。

（3）建立多层次的限额管理机制。

银行的交易风险主要产生于外汇买卖，因此制定外汇交易敞口头寸的最高限额是银行最重要的控制交易风险的方法。在实际操作中，对外汇交易设立多层次的限额管理机制，是银行监控汇率风险的最重要和最有效的方法。外汇交易限额包括日间头寸限额、隔夜头寸限额及止蚀限额。

① 日间头寸限额。

日间头寸限额，是指银行在每个营业日的时间内可持有外汇头寸的最大额度，具体可分为日间交易敞口总头寸限额和交易员日间头寸限额。日间交易敞口总头寸指日间交易过程中未平盘的头寸的最高持有限额，通常采取累计的方式计算额度，而且还对不同的货币设最大交易额度。日间交易敞口总头寸的大小一般依据银行的自有资本金额来确定，同时需要考虑银行的外汇交易政策、不同币种的优劣势、不同外汇交易种类的风险度，以及银行的资本金规模。

交易员日间头寸限额，是指交易员被授权在日间持有的外汇头寸的最大额度。银行管理层根据交易员的级别、业绩、经验，将日间交易敞口总头寸限额分解到每一个交易员，确定交易员的最高交易权利，防止其滥用职权，任意开盘。银行管理层可以通过各种风险监控系统来监控每个交易员在日间的交易行为，一旦有超额度叙做交易的情况发生，该系统会马上进行提示，交易员必须采取措施减少外汇头寸。

【设定隔夜头寸限额】

② 隔夜头寸限额。

交易员在日间所累计的未平盘头寸，保留到次一交易日，成为隔夜头寸。隔夜敞口头寸包括日间交易的遗留未平盘头寸（即持盘隔夜的头寸）和夜间交易的开盘头寸，甚至包括一部分已持盘很久未平的头寸。

隔夜敞口头寸显然要比日间敞口头寸的风险大得多，因为银行经营时间结束后，大部分交易员下班了，无法及时把握汇市的波动，也不可能像在营业时间内那样对汇率的波动做出迅速有效的反应，敞口、头寸随时都面临亏损的风险。

为了控制金融风险，一些国家的政府监管部门对银行持有隔夜敞口头寸的最高金额做出了规定，银行的隔夜总头寸不得超过银行资本金的一定比率，如 10%。为了有效地控制隔夜敞口头寸风险，银行对交易员的隔夜敞口头寸也设定最高限额，交易员的隔夜头寸限额通常是日间头寸限额的一半或者更低。

③ 止蚀限额。

在瞬息万变的外汇市场中，对汇率走势的判断错误是在所难免的。为了避免由于判断错误而导致巨大的损失，在银行现有外汇头寸的损失达到某一数额时，需要立即轧平其所有外汇头寸，以避免损失的金额过大而陷入无法收拾的局面。这一规定的最大损失金额就是止蚀限额。止蚀限额常常被称为止蚀点。

设定止蚀点是为了防止由于汇价朝不利于银行头寸的方向波动而造成巨额亏损的有效手段，也是国际上银行管理汇率风险的基本方法。银行外汇交易的止蚀控制一般分为整体止蚀限额和交易员止蚀限额。

整体止蚀限额是银行对外汇交易亏损的最大容忍程度，反映了外汇交易潜在亏损与银行整体经营风险控制的临界点。一旦超过这个临界点，就会影响银行的正常运行。

交易员的止蚀限额是银行允许的交易员进行外汇交易的最大亏损金额，交易员止蚀限额的总和不能超过整体止蚀限额，可以按每笔未平盘头寸的百分比或不同货币的汇价的点数来决定交易员的止蚀限额。与隔夜敞口头寸控制相同，银行对不同水平的交易员设定不同的止蚀限额。

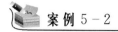

案例 5-2

总额达 660 亿美元，英镑持续贬值下，美国迅速行动收购英国企业？

英国脱欧的时间点越来越近，英镑的汇率也在迅速下滑。据媒体 8 月 26 日最新报道，由于有分析机构表示英镑汇率在英国脱欧期限前可能会继续下滑，各国企业已经开始利用英镑汇率下跌的优势来收购英国上市公司，毕竟这相当于"大减价"。

【美国支持英国脱欧】

作为盟友的美国选择第一个对英国出手。据了解，美国玩具制造商 Hasbro 在 8 月 22 日以 31 亿英镑的价格收购了英国企业 Entertainment One。大富豪李嘉诚也以 46 亿英镑的价格收购了英国最大的上市酒吧 Greene King。美国私人股本集团 Advent 斥资 40 亿英镑收购英国防务公司 Cobham。

数据显示，2019 年至今，英国已公布的境内收购案总价格达到 660 亿美元，而在 7 月英国新首相上任之后就已有约 160 亿美元定案，同时外汇市场上的英镑也在不断贬值。在此前，白宫方面才刚表示将与英国达成贸易协议，而英国也回应称，英国有进入美国市场的好机会。如今看来，似乎这个机会就是被美国企业所收购。

尽管英国央行总裁卡尼呼吁各国央行要联合起来"去美元化"并增持人民币，但留给英国的时间已经不多了。据英国央行方面表示，英国经济在当前季度可能停滞不前，即使剔除英国脱欧的波动影响，经济的潜在增长仍显得乏力。

自 2008 年金融危机以来，英国经济在截至今年 6 月份的三个月里首次出现萎缩。虽然英国就业市场仍然强劲，失业率接近历史最低水平，但英国央行已明确表示，如果英国无协议脱欧，那么将不得不放宽货币政策来促进经济增长，届时英镑贬值的速度可能会超出预期。

（资料来源：金十数据，2019 年 8 月 26 日）

5.5 外汇风险管理综合方法

本节将介绍三种常用的外汇风险管理综合方法，即远期合同法（Forward Contract）、借款-即期合同-投资法（Borrow-Spot-Invest，简称 BSI 法）和提早收付-即期合同-投资法（Lead-Spot-Invest，简称 LSI 法）。

5.5.1 三种综合方法在应收外汇账款中的具体运用

1. 远期合同法

远期合同法（Forward Contract）也称远期外汇买卖法，它是指买卖双方预先签订合同，规定买卖外汇的数额、汇率和将来交割的时间，到规定的交割日期（成交日后第二个工作日以后的某一日期）再按合同规定进行交割清算的外汇交易。

远期外汇买卖是国际上最常用的避免外汇风险、固定外汇成本的方法。一般来说，客户对外贸易结算、境外投资、外汇借贷或还贷过程中都会涉及外汇保值的问题。通过叙做远期外汇买卖业务，客户可事先将某一项目的外汇成本固定，或锁定远期外汇收付的换汇成本，从而达到保值的目的。通过恰当地运用远期外汇买卖，进口商或出口商可以锁定汇率，避免了汇率波动可能带来的损失。但是如果汇率向有利方向变动，那么由于锁定利率，远期外汇买卖也就失去了获利的机会。

2. BSI法

对于有应收账款的企业，采用BSI法，首先要借入同应收账款的外汇金额相同的外汇，从而将时间风险从未来转移到现在的办汇日。这样，在借款之后，已经消除了时间风险；同时为了消除外币与本币之间的汇兑风险，可采用即期合同法将外币兑换成为本币，也就是将借入的外币卖给银行换回本币，致使本币和外币之间的价值波动不再存在。同时，为了弥补向银行借入外汇而应当支付的利息和外币兑换成本币而向银行支付的卖汇成本，持有应收账款的出口商可以将兑换的本币用于投资，获得一定的投资收益，或者用于流动资金和扩大再生产的生产经营，待到期收到外汇时，再偿还银行的借款本息。

3. LSI法

对于有应收账款的企业而言，采用LSI法，首先，应当征得债务方的同意或者许可，请其提前支付款项，并给予债务人一定的折扣，从而将外币应收账款的时间风险转移到了办汇日；其次，将收到的外币贷款通过即期合同的方法转换为本币，从而消除外币应收账款的汇兑风险；最后，将兑换的本币用于投资活动，从而收到一定的投资收益，用以弥补外币兑换本币时向银行支付的手续费和因提前收汇而向债务人支付的折扣款项。

LSI法的基本原理同BSI法基本相同，只是将第一步从银行贷款对其支付利息，修改为请债务人提前支付，并给其一定折扣。

LSI法由于提前收款，消除了时间风险，由于兑换成本币，又消除了价值风险。LSI法的基本原理同BSI法的基本相同，只是将第一步从银行贷款对其支付利息，改为在给予对方一定折扣基础上请进口商提前支付货款。

5.5.2 三种综合方法在应付外汇账款中的具体运用

1. 远期合同法

远期合同法（Forward Contract）也称远期外汇买卖法，它是指买卖双方预先签订合同，规定买卖外汇的数额、汇率和将来交割的时间，到规定的交割日期（成交日后第二个工作日以后的某一日期）再按合同规定进行交割清算的外汇交易。远期外汇买卖是国际上最常用的避免外汇风险、固定外汇成本的方法。一般来说，客户在对外贸易结算、境外投资、外汇借贷或还贷的过程中都会涉及外汇保值的问题，通过叙做远期外汇买卖业务，客户可事先将某一项目的外汇成本固定，或锁定远期外汇收付的换汇成本，从而达到保值的目的。通过恰当地运用远期外汇买卖，进口商或出口商可以锁定汇率，避免了汇率波动可能带来的损失。但是如果汇率向有利方向变动，那么由于锁定利率，远期外汇买卖也就失去了获利的机会。

 **案例 5-3**

远期合同法

例如：某进出口公司计划从日本进口一批货物，预计 3 个月后对外支付 1 亿日元，而该公司持有美元，为防止日元升值带来汇率损失，该公司用美元向银行购买 3 个月远期日元，无论将来汇率如何变化，与企业无关，因为其已锁定了成本。如果不购买远期日元，一旦日元大幅升值，公司将蒙受汇率损失。

2. BSI 法

对于有应付外币账款的企业而言，采用 BSI 法。首先，要借入一定合适数量的本币，从而将应付账款的时间风险转移到目前的办汇日；其次，将借入的本金通过即期合同法兑换成外币，消除应收账款的汇兑风险；最后，把兑换的外币存入银行或者进行其他短期投资，获得的投资收益用于弥补本币兑换成外币时向银行支付的手续费和借入本币时需向银行支付的利息。等到外币投资到期时，正好用收回的外币进行应付账款的支付活动。

3. LSI 法

对于有应付外汇账款的进口商而言，采用 LSI 法。首先，进口商在征得债权人同意提前付款的前提下，从银行借入一笔数量相当的本币，将应付外汇账款的时间风险转移到目前的办汇日；其次，将借入的本币通过即期合同兑换成应付外汇账款的外汇，从而消除了应付账款的汇兑风险；最后，根据同拥有债券关系的出口商关于提前付款的协议，将兑换的外币提前支付给出口商，并得到一定数额的折扣。就上述的程序而言，LSI 法应该称为 BSL 法（Borrow-Spot-Lead），但是根据国际贸易惯例，还是称其为 LSI 法。

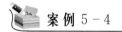 **案例 5-4**

延期到货 30 天损失 30 万美金案

1993 年 10 月，我国某进出口公司代理客户进口比利时纺织机械设备一套，合同约定：设备总价为 99 248 540 比利时法郎；价格条件为 FOB Antwerp；支付方式为 100% 信用证；最迟装运期为 1994 年 4 月 25 日。

1994 年 1 月，我方开出 100% 合同金额的不可撤销信用证，信用证有效期为 1994 年 5 月 5 日。开证金额是由用户向银行申请相应的美元贷款 276 万元（开证日汇率美元对比利时法郎为 1∶36）

1994 年 3 月初，卖方提出延期交货请求，我方用户口头同意卖方请求：延期 31 天交货。我方进出口公司对此默认，但未做书面合同修改文件。3 月底，我进出口公司根据用户要求对信用证做了相应修改：最迟装运期改为 5 月 26 日；信用证有效期展至 1994 年 6 月 21 日。

时至 4 月下旬，比利时法郎汇率发生波动，4 月 25 日为 1∶37（USD/BFR），随后一路上扬。5 月 21 日货物装运，5 月 26 日卖方交单议付，同日汇率涨为 1∶32。在此期间，我方进出口公司多次建议用户做套期保值，并与银行联系做好了相应准备。但用户却一直抱侥幸心理，期望比利时法郎能够下跌。故未接受进出口公司的建议。卖方交单后：经我方审核无误，单证严格相符，无拒付理由，于是我方进出口公司于 6 月 3 日通知银行承付并告用户准备接货，用户却通知银行止付。因该笔货款是开证行贷款，开证时作为押金划入用户的外汇押金账户。故我方进出口公司承付不能兑现。后议付行及卖方不断向我方催付。7月中旬，卖方派员与我方洽谈。经反复协商我方不得不同意承付了信用证金额，支出美金310余万元。同时我方进出口公司根据合同向卖方提出延迟交货罚金要求 BFR1 984 970（按每7天罚金0.5%合同额计），约合62 000美元（汇率为1∶32）。最终卖方仅同意提供价值3万美元的零配件作为补偿。

此合同我方直接经济损失约31万美元，我方银行及进出口公司的信誉也受到严重损害。

要点评析：

本案是汇率波动的风险造成货物买卖损失的典型案例，在风险出现时，本来有可能避免或减少的损失，但是由于代理关系及资金来源的特殊性使得我方延误了时机。纵观项目运作全过程，我方有如下失误：

（1）计价支付货币选用不当。在远期交货的大宗货物买卖中（当合同金额较大时），选用汇率稳定的货币作为支付货币，是国际货物买卖合同洽商的基本原则，也是买卖双方都易于接受的条件；除非我们能够预测某种货币在交货期会发生贬值，为获取汇率变化的利益而选用某种货币，即通常所说的"进口选软币，出口选硬币"，但这只是单方面的期望，而且应建立在对所选货币汇率变化趋势的充分研究之上。实际上交易的对方也会做出相应考虑。因此我们说，当以货物买卖为目的的合同金额较大时，选用汇率稳定的货币支付是比较现实的。在本案中，合同金额近300万美元，交货期为签约后6个月。我方在未对汇率做任何研究的情况下，接受以比利时法郎为支付货币的交易条件，这就给合同留下了汇率风险损失的隐患。

（2）轻率接受延期交货条件，使风险成为现实。当交货前卖方提出延迟交货请求时，我方仍未意识到合同的潜在风险，无条件地接受了卖方的要求，虽未做书面的合同修改但却按卖方提出的条件修改了信用证。这时若意识到汇率风险，则完全应以汇率风险由卖方承担作为接受延迟交货的条件，实际情况证明：正是这无条件地接受延期交货使得我方的汇率风险变成现实。

（3）风险处理不当，造成重大损失。4月下旬比利时法郎上涨时我方进出口公司为避免或减少损失，建议采取套期保值的做法是十分正确的，但用户却心存侥幸，拒绝采取防范措施。结果损失发生且无法挽救时又无理拒付，造成我方经济、信誉双重损失。

（资料来源：http://wenku.baidu.com/view/69ea286cb84ae45c3a358c04.html，2020-12-10）

 本章重点回顾

1. 外汇风险的概念及对象构成要素。外汇风险也称汇率风险，有广义与狭义之分。广义的外汇风险是指在国际经济活动中，以外币计值的资产或者负债由于汇率及其他因素的变动而蒙受损失的可能性。狭义的外汇风险是指在国际经济活动中，以外币计值的资产或者负债因未曾预料的汇率变动而使当事人蒙受损失的可能性。凡是外汇风险都包含三个因素：本币、外币和时间。这三个因素必须同时具备才形成外汇风险。

2. 外汇风险可以分为三种基本类型。会计风险主要是指由于汇率变动而引起的企业财务报表中以外币计价的有关项目发生变动的风险；交易风险是指由于汇率变动而引起的企业以外币表示的未履行合约价值的变化的风险；经济风险是指由于未预料的汇率变化引起企业在未来经营现金流发生变化的一种潜在风险。

3. 外汇风险的影响可分为宏观和微观的影响。宏观的影响主要包括对国际贸易的影响、对国际资本流动的影响和对国内物价的影响；微观的影响主要包括对企业经营战略的影响、对企业业务安排的影响和对企业信用的影响。

4. 外汇风险管理的概念及目标。外汇资产持有者通过风险识别、衡量和控制等方法，预防、规避、转移或消除外汇业务经营中的风险，从而减少或避免可能的经济损失，实现在风险一定的条件下收益最大化或收益一定条件下的风险最小化。

5. 外汇风险识别的方法主要有分解法、头脑风暴法、德尔菲法和幕景分析法。

6. 外汇风险管理综合方法主要有三种。远期合同法（Forward Contract）、借款-即期合同-投资法（Borrow-Spot-Invest，简称 BSI 法）和提早收付-即期合同-投资法（Lead-Spot-Invest，简称 LSI 法）。

关键术语

外汇风险　Foreign Exchange Risk　　　　暴露头寸　Exposure Position
外汇风险管理　Foreign Exchange Risk Management　　历史汇率　Historical Rate
远期合同法　Forward Contract

习　　题

一、名词解释

1. 外汇风险
2. 会计风险
3. 交易风险
4. 经济风险
5. 远期合同法

二、不定项选择题

1. 外汇风险的不确定性是指（　　）。
A. 外汇风险可能发生，也可能不发生
B. 外汇风险给持汇者或用汇者带来的可能是损失也可能是盈利
C. 给一方带来的是损失，给另一方带来的必然是盈利
D. 外汇汇率可能上升，也可能下降

2. 在资本输出入中，如果外汇汇率在外币债权债务清偿时较债权债务关系形成时发生下跌或上涨，当事人就会遭受风险。这属于（　　）。
A. 时间风险　　　B. 交易风险　　　C. 经济风险　　　D. 转换风险

3. 一笔应收或应付外币账款的时间结构对外汇风险的大小具有直接影响，时间越长，外汇风险就越（　　）。
A. 大　　　　　　B. 小　　　　　　C. 没有影响　　　D. 无法判断

4. 出口收汇的计价货币要尽量选择（　　）。
A. 软币　　　　　B. 硬币　　　　　C. 黄金　　　　　D. 篮子货币

5. LSI 法中，S 是指（　　）；L 是指（　　）。
A. 提前收付　　　B. 借款　　　　　C. 即期合同　　　D. 无法判断

6. 时间结构对外汇风险的影响是（　　）。
   A. 时间越长，风险越大　　　　　　　　B. 时间越长，风险越小
   C. 时间越短，风险越大　　　　　　　　D. 时间越短，风险越小

7. BSI消除外汇风险的原理是（　　）。
   A. 在有应收账款的条件下，借入本币　　B. 在有应收账款的条件下，借入外币
   C. 在有应付账款的条件下，借入外币　　D. 在有应付账款的条件下，借入本币

8. 外汇风险的构成因素包括（　　）。
   A. 时间　　　　　B. 地点　　　　　C. 本币　　　　　D. 外币

三、简答题

1. 什么是外汇风险？它的构成要素及类型有哪些？
2. 简述外汇风险的识别。
3. 什么是外汇风险管理？它有哪些管理原则和策略？
4. 简述怎样利用远期合同法进行外汇风险管理。

四、案例分析

20×9年1月，中华集团公司与美国某公司签订出口订单1 000万美元，当时美元/人民币汇率为1/7.20。6个月后交货时，人民币已经大大升值，美元/人民币汇率为1/7.00，由于人民币汇率的变动，该公司损失了200万元人民币。

这一事件发生后，该公司为了加强外汇风险管理，切实提升公司外汇风险防范水平，于20×9年3月召开了关于公司强化外汇风险管理的高层会议，总结本次损失发生的经验教训，制定公司外汇风险管理对策。有关人员的发言要点如下。

总经理陈某：（1）加强外汇风险管理工作十分重要，对于这一问题必须引起高度重视。（2）外汇风险管理应当抓住重点，尤其是对于交易风险和折算风险的管理，必须制定切实的措施，防止汇率变化对于公司利润的侵蚀。

总会计师李某：加强外汇管理的确十分重要。我最近对外汇风险管理的相关问题进行了初步研究，发现进行外汇风险管理的金融工具还是比较多的，采取任何一种金融工具进行避险的同时，也就失去了汇率向有利方面变动带来的收益，外汇的损失和收益主要取决于汇率变动的时间和幅度，因此强化外汇风险管理，首先必须重视对于汇率变动趋势的研究，根据汇率的不同变动趋势，采取不同的对策。

1. 题目中的举例体现的是哪一种风险？
2. 从外汇风险管理基本原理的角度，指出总经理陈某、总会计师李某在会议发言中的观点有何不当之处？并分别简要说明理由。

第6章 外汇管制政策

教学要点

- 了解外汇管制的演变历程,掌握外汇管制的内容和方法;
- 掌握可自由兑换货币的含义、划分层次及条件;
- 了解人民币汇率制度及其改革;
- 了解我国外汇管理体制的沿革,理解我国外汇管理体制的主要内容。

知识架构

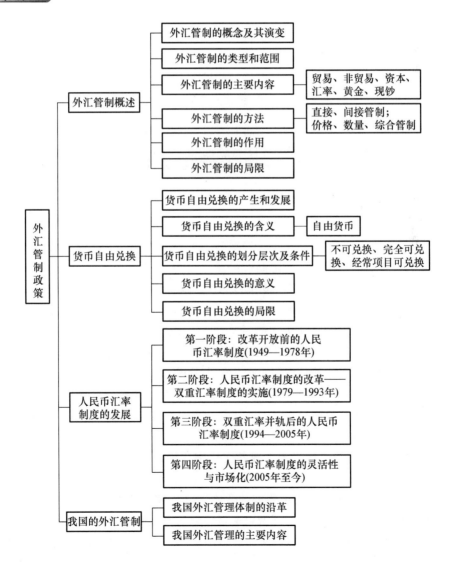

外汇收付管制放松，实体经济或迎重大利好

国家外汇管理局近日表示"不会再回外汇管制老路"。同时有消息指出，央行做出窗口指导，不再要求商业银行跨境人民币结算收付业务严格执行 1∶1 的限制规定。央行对此回应称，2016 年以来，央行在某些方面出台了规范措施，但对于合法合规的人民币跨境收付从未设置比例限制。

事实上，央行进一步放宽上述比例限制的范围，的确符合当前市场的内在逻辑：一方面是由于近期人民币企稳、资本外流压力减小；另一方面是为了加快人民币国际化的进程。

外汇局数据显示，3 月末我国外汇储备资产余额为 30 091 亿美元，在重回 3 万亿美元敏感指标线后，外汇储备实现两月连续增长。另外各项数据也表现良好，一季度银行结售汇逆差为 409 亿美元，同比下降 67%；银行涉外收付款逆差为 252 亿美元，同比下降 78%；3 月份，银行结售汇逆差为 116 亿美元，其中银行代客结售汇逆差为 70 亿美元，达到 2015 年"8·11 汇改"以来的历史最低位。

可以看出，目前的资本外流压力及居民、企业对人民币的贬值预期均有所减缓。

（资料来源：证券时报，2017 年 04 月 22 日）

外汇管制政策变动带来的影响，大到波及国家乃至国际社会的金融，中到企业、公司，小到对个人。案例中，外汇管制的放松为投资公司及个人都创造了便利条件，也为中国资本的海外投资配置打开了窗口。同时，外汇管制放松无疑也会为人民币的国际化做出贡献。本章就带大家了解外汇管制的相关概念、内容及其影响，了解货币兑换及人民币汇率的相关知识。

6.1　外汇管制概述

6.1.1　外汇管制的概念及其演变

【国家外汇管理局：继续保持外汇管理政策连续性稳定性】

外汇管制是指一国政府为平衡国际收支和维持本国货币汇率而对外汇进出实行的限制性措施。在中国又称外汇管理，是一国政府通过法令对国际结算和外汇买卖进行限制的一种限制进口的国际贸易政策。

世界各国在不同的历史时期，都曾实施过不同程度的外汇管制。作为一种主动实施的经济政策，各国经济当局的目的都是改善本国的国际收支和稳定本国货币的汇率，但也为此付出了沉重的代价。从外汇管制的历史演变过程来看，外汇管制可分为三个阶段。

第一个阶段（1914—1945 年）：第一次世界大战以前，世界主要国家都实行金本位制，货币可以自由流通、自由兑换和自由进出入国境，而且各国大多采用固定汇率制度，因而根本不存在外汇管制。外汇管制的历史，近代可以追溯到 17 世纪的英格兰，但现代意义上的外汇管制只在 1917 年才由第一次世界大战各交战国实施。虽然战后西方国家进入了暂时的相对稳定时期，先后建立起金块本位制和金汇兑本位制，外汇管制有所放松，但 1929—1933 年爆发的世界经济危机又使几乎所有的资本主义国家都陷入了国际收支和货币信用制度的双重危机之中，一些实力较强的国家急速把资金从各金融市场大量撤回，使大部分国家国际支付无法继续维持，被迫再次放弃金本位制度。这一个阶段的外汇管制以防止资本外逃和投机为目的，管制的范围以资本收支项目为限。因为在这个阶段中，由于战争和经济危机导致各国经济不稳定，资本大量外逃，对外汇市场影响很大。

第二个阶段（1945—1958年）：第二次世界大战结束以后的初期，由于各国普遍面临着重建经济需要大量资金和外汇的问题，因而继续实行外汇管制。与此同时，美国利用其战后占绝对优势的经济地位，抬高美元汇率，大量输出资本，占领国际市场，并一再施加压力迫使英、法、日、联邦德国等国放松外汇管制。20世纪50年代以后，由于美国经济实力的相对削弱，而西欧各国及日本经济实力的相对增强，从1958年起，英国、法国、联邦德国、意大利、荷兰、卢森堡、比利时、西班牙、葡萄牙、瑞典、挪威、丹麦、奥地利、爱尔兰14个国家实行了有限的货币自由兑换。在第二个阶段中，外汇管制范围从资本项目扩大到经常项目，一切外汇交易都要经过外汇管理机关批准。

第三个阶段（1958年至今）：在20世纪50年代末特别是60年代以后，随着各国经济状况的好转，积累的外汇数额增多，经济实力增强，同时资本主义国家兴起了贸易、资本自由化的浪潮，外汇管制也随之放宽。从发展趋势上看，各国都在进行金融自由化改革，逐步放宽甚至取消了外汇管制。1960年7月，日本也实行了部分货币的自由兑换。联邦德国则进一步实行全面的货币兑换。1979年10月，英国撤销了原有的外汇管理条例。进入20世纪80年代以后，瑞士、意大利、日本、法国等一些国家继续放松外汇管制。1986年，法国解除了90%的外汇管理措施，意大利也跟着撤除了大部分的外汇管制条例。1990年7月1日起，欧共体决定其成员国原则上完全取消外汇管制，但其中希腊、西班牙、葡萄牙、爱尔兰可以延期几年逐步取消外汇管制。不过自从20世纪80年代末以后，国际金融领域的动荡不安，特别是几次影响甚大的金融危机的爆发，使得一些国家在取消外汇管制这一问题上放慢了步伐。

6.1.2 外汇管制的类型和范围

1. 实行全面外汇管制的国家和地区

这类国家和地区对贸易外汇收支、非贸易外汇收支和资本项目收支都实行严格的外汇管制，其货币一般是不可自由兑换的。目前大多数发展中国家（如印度、巴西等国）均属这一类型。这些国家和地区经济相对比较落后，出口创汇能力不强，外汇资金缺乏，为了有计划地使用好这些稀缺的外汇资源，促进本国经济发展，维持国际收支平衡，不得不实行严格的外汇管制。

2. 实行部分外汇管制的国家和地区

这类国家和地区一般对贸易收支和非贸易收支原则上不加限制，准许外汇自由兑换和汇出汇入，但对资本项目的收支仍加以限制。其货币一般是有限制的自由兑换货币。一些工业发达国家（如法国、意大利、澳大利亚等国）和新兴工业化国家，以及经济、金融状况较好的发展中国家均属这一类型。这些国家和地区经济发达或者说比较发达，贸易和非贸易收支状况良好，外汇储备较为充裕，有条件实行部分外汇管制。

3. 基本上不实行外汇管制的国家和地区

这类国家和地区允许货币自由兑换，对贸易收支、非贸易收支和资本项目收支均无限制。当然事实上这些国家也并非对所有项目完全不加限制（如对非居民的资本交易还实施着一些限制），只是限制的程度比上两类国家要轻得多。目前这类国家主要有美、英、德、加等工业发达国家和科威特、沙特阿拉伯等资金充裕的石油输出国。

6.1.3　外汇管制的主要内容

1. 对贸易外汇收支的管制

对贸易外汇收支的管制分为进出口两个方面，管制的宗旨为"奖出限入"。在出口方面，许多发展中国家的外汇行政管制采取了一些限制性政策措施，包括发放出口许可证、交验出口信用证、强制结汇等。

在进口方面，行政管制采取的政策措施主要有发放进口许可证、审批购汇手续、征收外汇购买税或提高进口商品关税及附加税、实行进口存款预交制等；数量管制采取的政策措施主要是实行进口配额制等；成本管制采取的政策措施主要是实行复汇率或双重汇率等。其主要目的是增加进口换汇成本，限制进口。

2. 对非贸易外汇收支的管制

对非贸易外汇收支的管制分为收入和支出两个方面。在收入管制方面，主要是对非贸易外汇收入实行强制结汇制和发放外汇券等政策，要求一切非贸易外汇收入，如海外投资汇回利润、个人汇款、技术转让等外汇收入统统卖给国家指定银行，并以发放外汇券的办法鼓励非贸易外汇收入卖给国家的行为，以增加本国的外汇收入。而外汇券则是一种代表特殊权利的票证，凭此票证可得到某种优惠待遇。

在支出管制方面，主要是实行进口许可证制，征收外汇购买税，限制各种利润、利息、股息和红利及个人外汇的汇出，限制外汇购买时间等。

3. 对资本输出入的管制

对资本输出入的管制主要是对资本流动进行控制，而在不同的国家，采取的政策及其目的是不同的。大部分发展中国家由于国际收支经常性逆差，因此一般都采取鼓励资本流入、限制资本流出的政策；而发达国家则由于国际收支常为顺差，因而一般采取鼓励资本流出、限制资本流入的政策。

4. 对汇率的管制

对汇率的管制分为两种方法，即直接管制和间接管制。直接管制的措施主要是制定官方汇率，以及采用复汇率或多重差别汇率等；间接管制的措施则主要是建立外汇平准基金，作为一种缓冲储备，在必要时，由中央银行用于干预外汇市场，以调节缓冲汇率波动。发展中国家由于外汇储备不足，因此经常采取直接管制的方法，而发达国家则大多采取间接管制的方法。

5. 对黄金、现钞输出入的管制

实行外汇管制的国家一般都同时实行黄金管制，禁止黄金自由输出、输入，实行黄金管制或垄断。现钞管制主要指对本币现钞的管制。实行外汇管制的国家一般也同时对本币现钞输出、输入加以管制。因为本币现钞的大量输出可能会影响本币在国际市场上的汇率，并会造成资本外逃，而且还会影响到本国对进口贸易的控制能力；而本币现钞的自由输入则会影响本国货币流通的正常秩序，干扰当局的货币政策实施。

6.1.4 外汇管制的方法

1. 根据外汇管制作用过程划分，可分为直接管制和间接管制

（1）直接管制：是指政府主管外汇管制部门对外汇交易直接地、强制地加以控制，从而直接影响外汇的供求，使外汇管制取得迅速的效果。

（2）间接管制：是指通过其他一些途径来影响外汇供求或交易数量，从而间接地实行管制的方法。例如，调整利率、双边清算、设立外汇平准基金等。

 知识拓展

间接外汇管制的主要方法

（1）运用财政金融手段，减少政府开支，提高存款准备金率，提高利率，以紧缩经济，促进扩大出口，减少进口。

（2）通过本国货币法定贬值，降低本国货币对外汇率，从而降低本国出口商品的成本，有利于增加出口商品的国际竞争力，扩大国际市场。同时，也能够提高进口商品的价格，减少国内对进口商品的需求。

（3）在进口方面发放进口许可证，凭进口许可证购买所需外汇。

（4）采用进口配额制，对一定时期内进口商品的数量和金额加以限制，对超过配额部分的进口商品不准进口或征收高关税或罚款。

（5）进口存款制，是要求进口商对某些限制进口商品预交一定金额的进口存款作为无息存款。有些国家还规定进口方必须获得出口方所提供的一定数量的出口信贷或提高开出信用证押金等方式限制进口。

（6）在出口方面给予出口信贷、出口补贴，鼓励出口。

（7）管制资本输出入，即根据经济情况变化，有时采取一些措施鼓励资本输出，限制资本输入。通常情况下，发达国家多实行限制资本输入鼓励资本输出的政策；发展中国家多采取鼓励资本输入限制资本输出的政策。

（8）建立外汇平准基金。当国际收支发生逆差，表现在国内外汇市场上就是外汇供不应求，外汇汇率必然上升。此时，中央银行抛出外汇，阻止汇率继续上扬；当国际收支出现顺差而引起外汇汇率下跌时，买进外汇，防止汇率继续下跌。这种外汇买卖活动，在国家不直接规定汇率变动幅度的情况下对汇率起到了缓冲和稳定作用。但是，这种方式只对国际收支的短期逆差效果显著，而对长期逆差作用不大。这是因为外汇平准基金数额有限，无法供应长期的外汇市场需求。

（资料来源：http://zhishi.ccy.com.cn/jinrong/jrsy/261_22018.html，2020-12-10）

2. 根据外汇管制的限制形式划分，可分为价格管制、数量管制和综合管制

（1）价格管制：是指对外汇交易的汇价或进出口商品价格进行管制。一种方法是实行本币定值过高，以鼓励先进机器设备进口，促进经济发展，这有利于维持本国物价稳定，控制通货膨胀，也有利于减轻政府的外债负担。另一种方法是采用复汇率制度，即当局对外汇汇率人为规定两个或两个以上的汇率，不同的汇率适用于不同类别的交易项目的一种制度。复汇率制根据需要对不同的交易实行歧视性待遇，原则是对需要鼓励的交易规定优惠的汇率（如对出口规定适用较高的外汇价格，对先进技术设备的进口适用较低的外汇价格）；对需要限制的交易规定不利的汇率（如对奢侈品进口和资本输出用汇规定适用较高的价格）。

（2）数量管制：是指对超过一定数量的外汇交易才限制，而在限度以内的则不加限制，对外汇数量统筹统配，包括外汇配给控制和外汇结汇控制两种。在外汇配给方面，当局主要根据用汇方向的优先等级对有限的外汇资金在各种用汇方向之间进行分配，控制办法主要是进口许可证制和申请批汇制。在外汇结汇方面，其控制办法如下。

① 颁发出口许可证。

② 由出口商向指定银行事先报告出口交易，请其发给出口证书，借以办理出口装船业务，并由银行负责收购其所得外汇。

③ 强制居民申报国外资产，必要时收购。

目前，许多国家的外汇管制实际上在很多方面无论数额大小一概进行管制，只有在少数项目上才实行数量管制。

（3）综合管制：是指价格管制与数量管制两种方法的结合。在具体做法上，可因时间不同、情况不同、项目不同，或以前者为主，或以后者为主，不能一概而论。综合管制灵活性大，可更严格地控制外汇交易，为世界大多数国家所采用。

6.1.5 外汇管制的作用

1. 增加有效需求，提高就业和收入水平

一国通过实行外汇管制，可以鼓励本国商品的出口和外国资本的输入，限制外国商品的进口和本国资本的外流。商品净出口构成有效需求，有利于增加就业和提高国民收入水平；资本净流入在增加对资本品需求的同时，也会带来更多的就业机会，从而促进国民收入的提高和本国经济的发展。

2. 阻止国际通货膨胀的输入，稳定国内物价水平

在汇率稳定的情况下，国际通货膨胀可以经由商品贸易传入国内，导致诸如进口型的通货膨胀。那些存在巨额国际收支盈余、货币趋于坚挺的国家，常面临外国资本的冲击，国际通货膨胀往往通过资本交易传入国内。这种情况下，通过外汇管制、限制商品进口和资本输入，可将国际通货膨胀拒于国门之外，使国内物价水平保持稳定。

3. 防止资本外逃或大量涌入，保持本国金融市场的稳定

政治、经济局势的动荡，往往会引起国际间资本的大规模流动。对于一国来说，无论是资本的大量外逃还是资本的大量涌入，都会破坏其国内金融市场正常的货币流通和信贷投资活动，妨碍该国金融政策的实行。因此，绝大多数实行外汇管制的国家都采取了不同的限制措施，以防止国际资本非正常流动给本国金融市场带来不利影响。

4. 保护本国幼稚工业，发展本国民族经济

幼稚工业是指一个国家刚刚发展起来的新兴工业。由于其工艺技术水平还处于发展和待完善阶段，生产也尚未达到规模经济要求的规模。如果市场完全开放，外汇买卖完全自由，国外廉价的同类产品就会大量涌入该国市场，将该国幼稚工业扼杀在摇篮之中。通过外汇管制，限制威胁本国幼稚工业生存与发展的商品进口，可以使幼稚工业在被保护的国内市场内通过规模的扩大而迅速成长起来，从而保证本国民族经济的顺利发展。

5. 提高产品国际竞争力，增加世界市场销售份额

一国国际收支出现大量顺差，必然使其货币遭受升值的压力，货币汇率上涨（升值）将削弱该国商品的出口竞争能力。因此顺差国政府往往利用外汇管制限制长、短期资本流入，减轻本国货币承受的压力，以保持其商品的国际竞争能力和国际市场份额。此外，通过对非居民的贸易收付采取种种限制，也可以更有效地占有国外销售市场。

6. 根据社会需要，实现外汇资源最优配置

在外汇资源的分配上，私人与社会之间存在分歧，因而政府对外汇资源的分配具有重要意义。外汇管制可使一国政府集中外汇收入，采取优先配给的方法，保证某些社会效益较高的重点部门的外汇需求，阻止奢侈品进口或资本外流，使外汇资源实现最优配置，取得最大的社会效益。在战争时期或是大规模经济建设时期，这种做法尤为必要。

7. 增加财政收入、缓解财政紧张状况

如果外汇自由买卖，国家不进行干预和控制，那么买卖外汇的利润完全归私人所有。实行外汇管制后，经营外汇的利润在国家与私人之间重新进行分配。国家通过参与外汇交易、课征外汇税等方法，获得额外的财政收入。同时，外汇管制的严格措施还使纳税人很难逃避这种纳税义务。因此，对许多发展中国家来说，外汇管制无疑是一种增加财政收入、缓解财政紧张状况的现成而有效的方法。

6.1.6 外汇管制的局限

1. 对外汇市场的影响

在外汇管制下，汇率由外汇管制当局决定，未经批准的私人外汇交易是被禁止的，因而外汇的供求也受到控制而不能自由调整，资金的流出与流入更受到严格的限制。这些情况使实际的外汇交易发生了很大的变化，一部分外汇需求不能得到正常的满足，官方汇率低于均衡汇率，外汇黑市的出现就成为必然。

2. 对国际经济交易的影响

在外汇管制下，外汇的自由买卖与自由支付受到限制，各国货币丧失了自由兑换性，国际支付中的多边结算方式因此被打破。由于多边结算方式使得贸易商可以用与一国交易的顺差去抵消与另一国交易的逆差，如果不能进行多边结算，多边贸易也就难以进行，这对国际贸易的开展是极为不利的。

3. 对国内经济的影响

外汇管制容易使市场信息出现混乱，难以进行国际间成本、价格的比较，从而造成国际比较利益错位，并降低资源配置的效率。复汇率制事实上是对不同行业实行的价格歧视，会导致价格相对于实际成本的偏离，从而造成生产模式和贸易模式的扭曲。

4. 外汇管制自身的低效率

由于外汇管制面临着一系列复杂的行政管理方面的问题，需要建立一整套庞大的行政管理机构，以监督商业银行、进出口代理商及贸易商品生产企业的一切外汇业务，因此外汇管制本身通常都是低效率的。

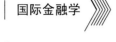

案例 6-1

【非法买卖外汇认定标准】

两高院：非法买卖外汇管制加压围堵地下钱庄

非法买卖外汇管制加压，围堵地下钱庄。

两高院司法解释明确非法买卖外汇认定标准，新增非法外汇交易所得超 50 万元可获刑 5 年以上。

1 月 31 日，最高人民法院、最高人民检察院联合发布《关于办理非法从事资金支付结算业务、非法买卖外汇刑事案件适用法律若干问题的解释》（下称《解释》），对非法买卖外汇的认定、量刑标准进行了明确，自 2019 年 2 月 1 日起施行。

《解释》规定，实施倒买倒卖外汇或者变相买卖外汇等非法买卖外汇行为，以非法经营罪定罪处罚；同时，提高了非法买卖外汇"情节严重"和"情节特别严重"的认定标准。专家认为，《解释》的出台将对非法买卖外汇犯罪产生较强震慑作用，对于普通的境外旅游、求学人群影响不大。

（资料来源：新京报，2019 年 02 月 14 日）

6.2　货币自由兑换

6.2.1　货币自由兑换的产生和发展

【货币和汇率的发展】

19 世纪，西方各主要国家先后实行了金本位制，在这一制度下，货币可在国际间不受限制地自由兑付、流通，这就是所谓的货币自由兑换。

第一次世界大战期间，当时的各参战国为了筹集战争经费，都放弃了金本位制，对黄金的输出入进行限制，开始对纸币实行强制性的兑换率，中央银行不再负有兑换黄金的义务，停止金币自由流通和外汇自由买卖。第一次世界大战以后，一些国家恢复了金本位制，但大多数国家的货币已不能再兑换成金币，只能兑换成别的国家的纸币。

1929—1933 年世界经济危机后，黄金退出了流通领域。货币的可兑换及可兑换程度基本上以一国实行的外汇管制程度高低来衡量，一国实行严格的外汇管制，就意味着该国货币不可自由兑换；相反，如果一国实行宽松的外汇管制或取消外汇管制，就意味着该国货币可兑换或自由兑换。

1944 年建立的布雷顿森林体系的核心是确定以黄金和纸币美元作为货币标准。但由于黄金的生产与储备量的增加，无法满足日益扩大的国际经济交易的需要，同时在正常的条件下，外汇交易与外汇市场的扩大与现代化，也不需要黄金的流通与兑换，使得政府交易中纸币与黄金的兑换关系彻底割断了。黄金在金融市场的地位削弱，纸币的作用越来越大。在这一时期，货币自由兑换的定义有了发展。

1973 年 2 月，各国普遍实现浮动汇率制度。1976 年国际货币基金牙买加协定确认了浮动汇率制度的合法化，黄金被排除出货币流通领域。这标志着纸币制度过渡的完成。在完全纸币制度下，更多国家开始推进货币自由兑换。

6.2.2 可自由兑换货币的含义

可自由兑换货币亦称自由货币。当一种货币的持有人能把该种货币兑换为任何其他国家货币而不受限制时，则这种货币就被称为可自由兑换货币。

根据 IMF 的规定，所谓自由兑换，是指对国际经常往来的付款和资金转移不得施加限制，也就是说，这种货币在国际经常往来中，随时可以无条件地作为支付手段使用，对方亦应无条件接受并承认其法定价值，不施行歧视性货币政策措施或多种货币汇率。在另一成员国要求下，随时有义务换回对方在经常性往来中所结存的本国货币，即参加该协定的成员国具有无条件承兑本币的义务。

目前，世界上有 50 多个国家接受了 IMF 中关于货币自由兑换的规定，也就是说，这些国家的货币被认为是自由兑换的货币，其中主要有：美元（USD）、欧元（EUR）、日元（JPY）、瑞士法郎（CHF）、丹麦克朗（DKR）、瑞典克朗（SKR）、挪威克朗（NKR）、加拿大元（CAD）、澳大利亚元（AUD）、新西兰元（NZD）、新加坡元（SGD）。

6.2.3 货币自由兑换的层次及条件

1. 货币自由兑换的层次

货币可自由兑换包括经常项目可兑换和资本项目可兑换。通常情况下，货币自由兑换分为三个层次：一是不可兑换；二是国际收支经常项目（包括贸易收支、服务收支、单方面转移等）可兑换；三是完全可兑换，即在经常项目和资本项目（国家之间发生的资本流出与流入）下均可自由兑换。

2. 货币资本项目下可自由兑换的条件

当一国资本账户下实现货币自由兑换后，很容易引起大量资本流入，导致国内经济过热，出现通货膨胀，最终引发经济危机。或者一国资本账户下货币可以自由兑换后，引起国际炒家的大量热钱频繁进出该国，对该国金融市场造成严重影响。因此，一国货币能否实现资本账户下自由兑换，关键看该国以下条件是否成熟。

【货币自由兑换条件】

（1）汇率浮动。

根据蒙代尔-弗莱明模型引申出来的"三元悖论"，一国的货币政策独立性、汇率稳定和资本自由流动三者不能同时实现，只能择其二作为政策目标。大部分国家在资本账户自由化时都是采用浮动或管理浮动汇率制度，即放弃汇率稳定换来资本自由流动和货币政策的独立性。由此可见，一国要实现资本账户下货币自由兑换，至少要实行有管理的浮动汇率制度。

（2）利率市场化。

如果没有实现利率市场化，通过经常账户和资本账户流入的外资往往会直接形成过多的外汇、本币资金投入，在国内引起"输入型"通货膨胀；相反，通过经常账户和资本账户流出的外汇资金过多的话，本币会大幅度贬值，造成汇率不稳定，加大通货膨胀的压力，影响国内经济稳定。同时，在利率扭曲的情况下贸然实现资本项下货币的自由兑换，非常容易诱发套利活动和外汇投机，甚至酿成金融危机。因此，利率市场化也应是实现资本账户下自由兑换的先决条件之一。

（3）完善的金融市场和成熟的金融机构。

资本账户下货币自由兑换使国内金融市场与国际金融市场连接更紧密，必然带来国际游资对国内金融市场（特别是证券市场和外汇市场）的冲击，同时国外的各种冲击可以通过金融市场很快地传导到国内。如果国内金融市场广度和深度足够，金融体系比较健全，金融机构比较成熟，对外部竞争和冲击反应灵敏，那么就可以较好地吸收冲击，高效地应对短期资金大量流入或者流出，将资本账户开放的不利影响减到最小。

(4) 审慎的金融监管体制。

资本账户下货币自由兑换必然带来国际游资对国内金融市场（特别是证券市场和外汇市场）的冲击，建立健全的金融监管是完善金融市场不可或缺的一个前提条件。

在银行监管方面，当资本管制解除之后，随着外国资本的大规模流入，银行体系的可贷资金将迅速膨胀。如果没有有效的银行监管，结果将是灾难性的。因此，为了防止银行系统的风险加大，在决定开放资本账户之前，发展中国家必须健全和强化对银行的各项监管措施。在证券监管方面，当外国证券资本大量流入时，如何防止市场过度投机将成为发展中国家政府面临的艰难课题，加强证券市场监管，无疑是解决这一难题的主要出路。

(5) 稳定的宏观经济环境。

稳定的宏观经济可以使自由化过程更为平稳。实际上，在通货膨胀率较低和经济发展水平比较高的情况下，一国抗风险能力比较强，适合推动自由化。一国经济发展水平越高，经济结构和产品结构就越多样，抵御资本账户开放所带来风险的能力就越大，资本账户自由化可能造成的负面影响就越小。

(6) 国内企业具有国际竞争力。

一般而言，一国的资本账户开放，一方面能够加速该国经济的国际化进程，从而促进国内企业素质及竞争力的提高；另一方面，国内企业（尤其是国有企业）在产品生产、销售、进出口贸易等各方面将直接面临国际市场竞争，波动的汇率与利率无不向企业的经营环境提出挑战。因此，在实现资本账户自由化前应致力于提高国内企业的国际竞争力，并且使其具备随时对汇率和利率的变化做出反应，调整产量、生产规模和产品结构的能力。

(7) 合理的国际收支和充足的国际清偿手段。

合适的国际储备水平对于解决影响国际收支的各种干扰十分必要，可以吸收国际收支所面临的各种暂时性冲击。

案例 6-2

人民币终将战胜美元 在世界舞台上大放异彩

金投外汇网 9 月 18 日讯，从罗马时期到今天的美国，从当年的古老帝国到今天的全球霸主，都铸造了主导贸易的货币并为其注入了影响力。中国也希望人民币具有一定的国际影响力，尽管人民币国际化之路还很漫长，但是终有一天，人民币会在世界舞台上大放异彩。

10 月 1 日，人民币将被正式纳入国际货币基金组织（IMF）特别提款权（SDR），为人民币国际化铺平道路。

中国改革开放从 20 世纪 70 年代末期开始，只有 30 多年的历史，目前人民币在全球央行外汇储备中占比不高，且在全球支付中占比不足 2%。人民币国际化还有很长一段路要走。

美国外交关系协会高级研究员，前美国政府经济和市场顾问 Jennifer Harris 称，国家不可能简单的动动手指就创造出一个储备货币，无视历史尝试创造货币，其动机更多在于地缘政治考虑而不是经济方面，比如欧元就是特例。

中国的地缘政治目标很明确：增加全球影响力。而从经济方面而言，广泛使用的人民币将提升中国消费者的购买力，是中国金融改革的锁定目标之一。

对于全球经济而言，降低对美元的依赖意味着其受到美国经济政策周期影响更小，并能减少对单一的处于掌控地位的储备货币的流动性需求飙升所带来的风险。中国的贸易伙伴将从中国坚挺的购买力加强中收益，并获得新的投资来源。

(资料来源：金融界外汇，2016 年 9 月 18 日)

6.2.4 货币自由兑换的意义

1. 有利于提高货币的国际地位

可自由兑换的货币在国际货币体系中的地位较高，作用也较大，它在一国的国际收支、外汇储备、市场干预及其他国际事务等方面，发挥着更大或更关键的作用。

2. 有利于形成多边国际结算，促进国际贸易的发展

可自由兑换的货币有利于形成多边国际结算，促进国际贸易的发展。

3. 有利于利用国际资本发展经济

一国货币能否自由兑换，尽管不是利用外资的先决条件，但却是一个长期性的影响因素，特别是外国投资者的利息利润能否汇出，是外国投资者必然要考虑的重要因素。

4. 有利于维护贸易往来和资本交易的公平性

在贸易结算往来中，如果货币是可自由兑换的，那么资本交易更加公平。

5. 有利于获取比较优势，减少储备风险与成本

如果一国货币是可自由兑换货币，该国在国际收支逆差时，就可以用本币支付，由此减少了动用外汇储备来平衡的压力；同时，也可以不因储备太多的外汇而造成投资机会与投资收益的损失，即减少储备风险和成本。

6. 有利于满足于国际金融、贸易组织的要求，改善国际间的各种经济关系

实现货币可兑换可以优化资源配置，推动贸易和投资的自由化，取得最大的经济福利。货币可兑换作为金融自由化的一个组成部分，能有效平衡国际金融和国际贸易中各种经济关系。

6.2.5 货币自由兑换的局限

【货币自由兑换的局限】

1. 货币替代

货币替代是在经济发展的过程中，因对本国货币币值的稳定失去信心或本国货币资产收益率较低时而发生的将本国货币兑换为外汇，进而发生的外币在各种货币职能方面替代本币并伴随资金外流的现象。

2. 资本外逃

资本外逃是指由于恐惧、怀疑或为规避某种风险和管制所引起的资本在国际间进行短期流动的现象，主要表现为国内的资本向国外异常流动。资本外逃的特点是时间集中、数量大，以保障资本安全、避免资本的货币性危险为目的。因此，资本外逃与正常的资本流出不同。

3. 易受国际游资的攻击

随着金融国际化趋势的发展,尤其是在 20 世纪 90 年代以后,实现资本项目自由兑换的国家面临着本国货币受国际游资攻击的风险。

国际游资最易对那些资本可以自由出入且金融体制和金融政策存在缺陷的国家进行攻击,墨西哥、泰国和韩国金融危机的产生就是典型的例证。

一般而言,货币可兑换是一个不可逆的过程。也就是说,一旦放开经常项目和资本项目,由于各种原因,很难重新实施管制措施。

6.3 人民币汇率制度的发展

6.3.1 第一阶段:改革开放之前的人民币汇率制度(1949—1978 年)

【人民币汇率制度的发展】

在 1978 年中国实施经济体制改革和对外开放政策之前,传统的计划经济体制占统治地位,人民币汇率由国家实行严格的管理和控制,在不同时期、不同程度上受到国家宏观经济政策调控的影响。

在这一时期,根据不同阶段的经济发展需要和政治环境的变化,中国的汇率体制经历了新中国成立初期的单一浮动汇率制(1949—1952 年)、单一固定汇率制(1953—1972 年)和布雷顿森林体系后以"一篮子货币"计算的单一浮动汇率制(1973—1978 年)。

6.3.2 第二阶段:人民币汇率制度的改革——双重汇率制度的实施(1979—1993 年)

1. 人民币汇率制度的初步改革

与人民币汇率制度改革相关的一些措施主要体现在外汇管理方式的改变。1979 年以后,伴随着改革开放政策的逐步实施,对外经济交易也逐步活跃起来。1979 年 3 月,经中国国务院批准设立了国家外汇管理总局,统一负责外汇管理。1979 年之前由中国银行垄断外汇经营业务的局面逐渐被打破。1979 年 10 月成立的中国国际信托投资公司一开始就拥有经营外汇业务的权利。1985 年,国务院在经济特区批准设立了一些经营外汇业务的外资银行和合资银行,同时开始允许各专业银行业务交叉,开办外汇业务。

2. 人民币双重汇率制度的雏形——官方牌价与内部结算价格(1981—1984 年)

中国共产党十一届三中全会以后,中国进入了向社会主义市场经济过渡的改革开放新时期。为鼓励外贸企业出口的积极性,汇率体制从单一汇率制转为双重汇率制。经历了官方汇率与贸易外汇内部结算价格并存(1981—1984 年)和官方汇率与外汇调剂价格并存(1985—1993 年)的两个汇率双轨制时期。

3. 人民币双重汇率制度——官方汇率和市场调剂汇率并存(1985—1993 年)

由于 20 世纪 80 年代中国国内物价水平波动较大,在 1985—1990 年,人民币汇率依国内物价的变化多次做过大幅度调整,由 1985 年 1 月 1 日的 2.8 元人民币兑 1 美元,逐步调整至 1990 年 11 月 17 日的 5.22 元人民币兑 1 美元。

(1) 外汇调剂市场产生的背景

始于 20 世纪 80 年代初的外汇留成制度使企业之间产生了调剂外汇余缺的需要，为了满足这种需要，1980 年国家外汇管理总局和人民银行颁布了《外汇调剂暂行办法》，开始办理外汇调剂业务。

(2) 外汇调剂中心的形成

为了适应外贸体制改革的需要，经国家批准，1988 年 3 月起各地先后设立了外汇调剂中心，外汇调剂量逐步增加，形成了官方汇率和调剂市场汇率并存的汇率制度。从深圳开始，各地相继出现外汇调剂中心（无形市场）。

以外汇留成制为基础的外汇调剂市场的发展，对促进企业出口创汇、外商投资企业的外汇收支平衡和中央银行调节货币流通均起到了积极的作用。但随着改革开放的不断深入，官方汇率与外汇调剂价格并存的人民币双轨制的弊端逐渐显现出来。

6.3.3 第三阶段：双重汇率并轨后的人民币汇率制度（1994—2005 年）

中国人民银行于 1993 年 12 月 28 日公布了《进一步改革外汇管理体制的公告》，其中对汇率制度改革规定：人民币官方汇率由 1993 年 12 月 31 日的 5.72 元兑 1 美元下浮至 1994 年 1 月 1 日的 8.70 元兑 1 美元，人民币对美元贬值 33.33%。汇率的形成以市场供求状况为基础，改变了以行政命令决定或调节汇率的方式，发挥了市场机制对汇率的调节作用。

在人民币汇率并轨的同时，取消外汇收支的指令性计划，禁止外币在境内计价、结算和流通，建立银行间外汇交易市场，改革汇率形成机制。这次汇率并轨后，中国建立的是以市场供求为基础的、单一的、有管理的浮动汇率制度。

1996 年，中国人民银行宣布中国接受《国际货币基金协定》第八条款并履行该义务，即国际收支平衡表经常账目项下的外汇收支实施自由兑换。1997 年亚洲金融危机对中国经济同样造成了很大的冲击，但是中国人民银行仍然履行保持人民币汇率基本稳定的承诺，主动缩小人民币波动区间，并将人民币汇率由 1997 年 8 月的人民币 8.28 元兑 1 美元调至年底的人民币 8.27 元兑 1 美元，尽管在危机中周边国家的货币大幅度贬值，中国依然坚持人民币汇率的稳定，这一汇价一直维持到 2005 年 7 月 21 日人民币再度升值时。

6.3.4 第四阶段：人民币汇率制度的灵活性与市场化（2005 年至今）

2005 年 7 月 21 日，中国启动了新一轮汇率制度改革，实行以市场供求为基础、参考一篮子货币进行调节、有管理的浮动汇率制度。人民币汇率不再盯住单一美元货币，而是按照中国对外经济发展的实际情况，选择若干种主要货币，赋予相应的权重，组成一个货币篮子。同时，根据国内外经济金融形势，以市场供求为基础，参考一篮子货币计算人民币多边汇率指数的变化，对人民币汇率进行管理和调节，维护人民币汇率在合理均衡水平上的基本稳定。

参考一篮子货币表明外币之间的汇率变化会影响人民币汇率，但参考一篮子货币不等于盯住一篮子货币，它还需要将市场供求关系作为另一重要依据，据此形成有管理的浮动汇率。在篮子货币的选取以及权重的确定时主要遵循的基本原则是：综合考虑在对外贸易、外债（付息）、外商直接投资（分红）等对外经贸活动中占较大比重的主要国家、地区的货币，组成一个货币篮子，并分别赋予其在篮子中相应的权重。

(1) 根据中国国情，商品和服务贸易是经常项目的主体，因此以对外贸易权重为主。

(2) 适当考虑外债来源的币种结构。

(3) 适当考虑外商直接投资的因素。

(4) 适当考虑经常项目中一些无偿转移类项目的收支。

资料卡

【我国外汇储备规模稳中有升】

回顾人民币汇率形成机制改革进程

2011年10月11日，美国会参议院通过了《2011年货币汇率监督改革法案》。中国人民银行金融研究所对人民币汇改的历程和成果进行了长期跟踪研究，撰写了《人民币汇率形成机制改革进程回顾与展望》报告，以事实和数据反驳了美方关于我国操纵汇率、人民币币值大幅低估等错误言论。统计数据表明，2005年7月汇改以来，人民币对美元双边汇率升值30.2%，人民币名义和实际有效汇率分别升值13.5%和23.1%。经常项目顺差与GDP之比在2007年达到历史最高点的10.1%后明显回落，2010年为5.2%，2011年上半年进一步下降至2.8%。这些事实充分说明，人民币汇率正逐渐趋于均衡合理水平。

（资料来源：中国新闻网，2011年10月12日）

6.4 我国的外汇管制

6.4.1 我国外汇管理体制的沿革

【外汇管理实行高度集中控制的阶段】

新中国成立以来，我国的外汇管理大体上经历了一个由分散到集中、由不完善到逐步完善的发展过程，大致经历了四个发展阶段。

1. 新中国外汇管理职能的形成阶段（1949—1952年）

新中国成立前对外贸易和海关被帝国主义完全控制，外国银行在中国擅自发行钞票，操纵汇率和外汇等其他业务，外币可在中国自由流通。新中国成立后，外汇管理的首要任务是取消帝国主义在华的经济金融特权，建立独立自主的外汇管理制度和汇价制度，禁止外币在市场上流通，建立供汇与统汇管理制度，发展对外贸易，稳定国内金融，促进国民经济的恢复与发展。一系列外汇管理措施，保证了外汇收入集中在国家手中，用于恢复和发展国民经济最急需的部门和地方，对稳定当时的金融物价起到了重要的作用。

2. 外汇管理实行高度集中控制的阶段（1953—1976年）

自1953年起，我国进入了社会主义改造和建设时期，外币在国内已停止流通，对外贸易由国营外贸专业公司统一经营。这一时期我国外汇管理由对外贸易部、财政部和中国人民银行三个单位分口负债管理。这一时期根据国家管理外汇的实际需要，还制定了一些内部管理办法，如《贸易外汇管理办法》《非贸易外汇管理办法》《个人申请非贸易外汇管理办法》等。由于在这时期我国没有设立统一独立的外汇主管部门，也没有制定出全国统一的外汇管理法令，因此在对外经济交往和往来中，外汇管理工作比较被动。

3. 外汇管理的双轨制阶段（1979—1993年）

1978年年底，党的十一届三中全会以后，我国全面实行对内搞活、对外开放的政策，与有计划的商品经济体制改革相适应，对外汇管理体制进行了一系列改革，外汇管理工作进入了一个崭新阶段。

(1) 设立专门的外汇管理机构。
(2) 制定外汇管理条例和实施细则。
(3) 实行外汇留成制。
(4) 建立外汇调剂市场，对外汇进行市场调节。
(5) 允许国内居民外汇存款。

4. 外汇管理体制改革的深化阶段（1994年至今）

如前所述，由于长期以来人民币官方汇率与调剂汇率并存、多种多样的留成比例及人民币与外汇券同时流通，使我国的外汇管理变得极其复杂，产生了许多问题。为了适应进一步改革开放的需要，加速我国外汇管理体制改革，中国人民银行总行发布公告，从1994年1月1日起，对我国的外汇管理体制进行重大改革，这一方案改革的力度很强，标志着我国外汇管理体制改革进入深化阶段。其主要内容如下所述。

(1) 汇率并轨，建立单一的、以市场供求关系为基础的有管理的浮动汇率制。从1994年1月起，实行汇率并轨，即把调剂外汇市场价与官方牌价合二为一，合并后的汇率由外汇市场的供求关系决定，国家外汇当局只进行必要的宏观调控。

(2) 实行结售汇制，取消对国内企业实行了长达15年的外汇留成制，企业出口所得外汇收入须于当日结售给指定的经营外汇业务的银行。以后需用外汇时，凭合法进口单据再向银行买汇，不必再经外汇管理当局批准。供求由汇率调节。

(3) 银行向持有合法进口单据的用汇需求者提供（出售）外汇。为确保供汇，建立银行间外汇市场，中心设在上海（即全国外汇交易中心），通过全国联网调剂外汇头寸，形成银行市场决定的汇率，外汇调剂中心的原有功能逐步消退。

(4) 取消外币和外汇券计价，禁止外币在境内流通。

(5) 取消外汇收支的指令性计划，国家主要运用经济、法律手段实现对外汇和国际收支宏观调控。

这一方案的长远目标是使人民币成为可自由兑换的货币。要实现这一目标，我国计划分三步走：第一步，实现经常项目下人民币有条件可兑换，这在1994年已经实现；第二步，实现经常项目下人民币可自由兑换，这在1996年12月已经实现；第三步，开放资本市场，实现资本项目下人民币可兑换。

经过上述诸方面的改革，使我国的外汇管理体制发生了重大的变化，其主要特征是：汇率统一；以结售汇制代替留成制；以全国联网的统一银行间外汇市场取代以前的官价市场和分散隔离的调剂市场；以管理浮动汇率制取代以前的官价固定和调剂价浮动的双重汇率制；以单一货币（人民币）流通取代以前的多种货币流通和计价。这些变化有利于我国外汇管理与国际金融体系接轨，并为实现我国外汇体制改革的最终目标奠定了基础。

6.4.2 我国外汇管理的主要内容

1. 出口收汇管理

企业通过进出口渠道逃避外汇管理，把外汇存放境外时有发生。为了防止外汇流失，堵塞漏洞，1991年实行了出口收汇跟踪结汇制度，要求出口单位在货物出口后，必须在规定的期限内将货款调回,向外汇管理部门核销这笔外汇,其具体规定如下。

(1) 出口单位到当地外汇管理局领取盖有外汇局章的出口收汇核销单。

(2) 在货物出口报关时,向海关交验核销单,在核销单上写明出口单位的名称、出口货物数量、出口货款总余额、收汇方式、预计收款日期、出口单位所在地及报关日期等,海关审核后在核销单和报关单上加盖"放行"章后,将核销单和报关单退出口单位。

(3) 货物出口后,出口单位将有关单据和核销单交银行收汇,同时将核销单存根、发票、报关单和有关汇票副本在规定的期限内,送原签发核销单的外汇局。

(4) 银行收妥货款后,在核销单上填写有关项目并盖章,将结汇水单或收账通知副联和核销单一并退回出口单位。

(5) 出口单位将银行确认货款已收回的核销单送当地外汇局,当地外汇局核对报关单和海关、银行签章的核销单后,核销该笔收汇。出口单位必须在最迟收款日后 30 个工作日内向外汇局办理核销手续。

2. 进口用汇的管理

根据 1994 年我国外汇管理体制改革的规定,凡有进出口权的企业其进口所需外汇,不超过设备价款 15% 的预付款所需外汇,凭有效的政府文件和商业文件,均可向外汇指定银行购买。如预付款超过设备价款金额的 15%,对外支付佣金超过国际惯例和国家规定的比例,以及转口贸易先支后收的外汇需要,须获得外汇管理局批准后,才可到外汇指定银行购买外汇。进口业务中发生的索赔、保险或运输、赔款、减退货款及佣金、回扣等外汇收入应及时调回,结售给外汇指定银行。

为了防止外汇流失,制止逃套汇行为,1994 年 8 月 1 日我国开始实行进口付汇核销制度,即进口单位在货款支付后,在合同期限内将货物运抵境内,向外汇指定银行核销这笔进口用汇。一般程序如下。

【对金融机构开办外汇业务的管理】

(1) 进口单位到当地外汇指定银行领取进口付汇核销单。

(2) 预付货款项目下的进口,外汇指定银行在付汇时,核对进口付汇核销单上所填项目,在核销单上加盖银行戳记后退回进口单位。

(3) 进口单位在合同规定期限内,把货物运抵境内,向海关报关后持进口付汇核销单等,到外汇指定银行办理核销手续。

(4) 进口单位信用证、托收项下的进口付汇,由外汇指定银行办理付汇时同步核销。

3. 关于货物贸易外汇管理制度改革

2012 年,国家外汇管理局、海关总署和国家税务总局联合颁布《关于货物贸易外汇管理制度改革的公告》(国家外汇管理局公告 2012 年度第一号),决定自 2012 年 8 月 1 日起在全国范围内实施货物贸易外汇管理制度改革,并相应调整出口报关流程、简化出口退税凭证。内容主要包括以下三点。

(1) 全国改革货物贸易外汇管理方式,简化贸易进出口收付汇业务办理手续和程序。外汇局取消货物贸易外汇收支的逐笔核销,改为对企业货物流、资金流实施非现场总量核查,并对企业实行动态监测和分类管理。

(2) 调整出口报关流程:取消出口收汇核销单,企业办理出口报关时不再提供核销单。

(3) 自 2012 年 8 月 1 日起报关出口的货物,企业申请出口退税时不再提供出口收汇核清单;税务部门参考外汇局提供的企业出口收汇信息和分类情况,依据相关规定,审核企业出口退税。

4. 对金融机构开办外汇业务的管理

目前,在我国经营外汇业务的金融机构有国家专业银行、外资银行和中外合资银行、非银行金融机构三类。外汇管理局对其进行管理的基本原则如下。

(1) 银行和金融机构经营外汇业务须向外汇管理局申请,批准以后由外汇管理局发给"经营外汇业务许可证"。

(2) 在经营外汇业务的范围上各类金融机构是有区别的。国家银行和综合性银行可以申请经营外汇银行的各种外汇业务;外资银行和中外合资银行可以申请经营一般商业银行的外汇业务,但只能办理外商投资企业、外国人、华侨、港澳同胞的外汇存款、汇出汇款和进口贸易的结算及押汇,不允许经营人民币业务;非银行金融机构的业务限制在信托、投资、租赁、担保、证券交易等业务上,并对吸收存款的期限和数额给予一定限制。

(3) 对经营外汇业务的具体做法也有明确的规定:如规定检查和稽核制度,规定资本与债务比率,规定对一个企业的外汇放款加外汇担保总额不能超过其实收外汇资本加储备金的30%等。金融机构终止经营外汇业务,应当向外汇管理机关提出申请。金融机构经批准终止经营外汇业务的,应当依法进行外汇债权、债务的清算,并缴销经营外汇业务许可证。

5. 境内居民外汇管理

境内居民包括居住在中国境内的中国人和外国侨民(居住一年以上者),凡居民个人存放在国内或国外的外汇,准许持有、存入或卖给银行,但不准私自买卖。

个人移居境外后,其境内资产产生的收益,可以持规定的证明材料和有效凭证,向外汇指定银行汇出或者携带出境。

个人因私用汇,在规定限额以内购汇;超过规定限额的个人因私用汇,应向外汇管理机构提出申请,外汇管理机构认为其申请属实的,可以购汇。

个人携带外汇进境,应当向海关办理申报手续;携带外汇出境,超过规定限额的,还应当向海关出具有效凭证。

居住在境内的中国公民持有的外币支付凭证、外币有价证券形式的外汇资产,未经外汇管理机构批准,不得携带或者邮寄出境。

6. 境内非居民的外汇管理

非居民包括各国驻华外交机构、国际机构、民间机构、外交人员、短期在中国的外国人、留学生及旅游人员等,对他们入境携带的外汇,允许自由保留和运用,自由存入银行和提取,或卖给外汇指定银行,也可以持有效凭证汇出或者携带出境,但不能私自买卖。他们的合法人民币收入,需要汇出境外的,可以持有关证明材料和凭证到外汇指定银行兑付。

知识拓展

走在改革开放道路上的外汇管理

【知识拓展:走在改革开放道路上的外汇管理】

当前,全球经济金融一体化处于调整期,各主要经济体经济结构和货币政策均处于再调整、再平衡过程中,跨境资本流动格局出现新变化。受此影响,我国外汇形势也出现了深刻变化,国际收支从过去"双顺差"的格局转变为经常账户顺差、资本和金融账户(不含储备资产,下同)逆差。对此,外汇管理部门牢牢把握形势的新变化，始终坚持稳中求进的工作总基调，兼顾便利化和防风险，坚定不移地推进供给侧结构性改革；同时，继续简政放权，推进外汇管理方式转变，不断增强服务实体经济的能力，牢牢守住不发生系统性风险的底线。

1. 客观、全面地认识我国跨境资本流动的新变化

2008年国际金融危机以来，全球经济复苏缓慢，贸易投资发展乏力，发达国家量化宽松政策步调不一，经济发展的不平衡加剧。从全球资本流动来看，新兴经济体经历了一个跨境资本流动从平稳流入到持续高涨，再逐渐回落、逆转的完整周期。

2. 便利化与防风险是当前中国外汇管理的两块基石

在新的国际资本循环流动格局下，便利化和防风险是我国外汇管理的两条主线，必须统筹兼顾，不可偏废。近年来，随着我国对外开放的不断深化，中国与世界深度融合，联系更加紧密。外汇管理坚持稳中求进的原则，围绕"三去一降一补"，切实服务实体经济发展，防范跨境资本流动风险。

3. 坚定不移推动外汇管理重点领域改革，积极支持新业态发展

服务实体经济是外汇管理部门始终坚持的方向。为便利企业开展跨境贸易投资，支持企业深度参与国际市场，实现产业结构优化升级，外汇管理部门大力推进供给侧结构性改革，通过简政放权，不断深化重点领域的外汇管理改革，始终寓管理于服务之中。

4. 坚定不移深化金融市场双向开放，服务贸易投资便利化

金融开放是改革开放的重要内容，也是在我国进入经济新常态背景下优化全球金融资源配置的内在要求。作为金融开放的排头兵，外汇管理部门按照国家统一部署，积极扩大金融业双向开放。

5. 坚定不移改革跨境融资管理模式，解决融资难、融资贵问题

近年来，随着我国"走出去"和"一带一路"倡议的实施，我国企业（尤其是民营企业）的融资需求日益上升。为了便利企业合理利用"两个市场、两种资源"，外债、对外担保、外债转贷款等相关审批相继取消，以支持企业拓宽海外投融资渠道。

6. 坚定不移打击跨境违法违规行为，维护外汇市场正常秩序

2008年国际金融危机以来，国际金融监管理念发生了新变化，加强对跨境资本流动的审慎管理，已成为包括IMF在内的许多国际组织和国家的共识。这为我国在稳步推进资本项目可兑换过程中转变外汇管理方式、防范跨境资本流动风险提供了有益借鉴。

7. 坚持以改革实现便利化与防风险的统一

当前，虽然我国跨境资本流动波动性有所加大，但中国长期向好的经济基本面没有改变，我国外汇形势在基本平衡中趋向稳定的趋势没有改变。新形势下，外汇管理将不忘初心，继续统筹兼顾好促进贸易投资便利化和防范跨境资本流动风险的关系，深化外汇管理改革，转变外汇管理方式，促进贸易投资便利化，进一步增强外汇管理服务实体经济的能力；同时，防范跨境资本流动风险，维护正常合理的外汇市场秩序。

(资料来源：《中国外汇》2017年第5期)

本章重点回顾

1. 外汇管制的主要内容有对贸易外汇收支的管制、对非贸易外汇收支的管制、对资本输出入的管制、对汇率的管制和对黄金、现钞输出入的管制。

2. 外汇管制的方法。根据外汇管制作用过程划分，可分为直接管制方法和间接管制方法；根据外汇管制的限制形式划分，可分为价格管制、数量管制和综合管制。

3. 可自由兑换货币的含义。可自由兑换货币也称"自由货币"，当一种货币的持有人能把该种货币兑换为任何其他国家货币而不受限制，则这种货币就被称为可自由兑换货币。

4. 可自由兑换货币的划分层次。货币可自由兑换包括经常项目可兑换和资本项目可兑换。通常情况下，货币自由兑换分为三个层次：一是不可兑换；二是国际收支经常项目（包括贸易收支、服务收支、单方面转移等）可兑换；三是完全可兑换，即在经常项目和资本项目（国家之间发生的资本流出与流入）下均可自由兑换。

5. 可自由兑换货币的条件。一国货币能否实现资本账户下自由兑换，关键看该国是否有成熟的汇率浮动、利率市场化、完善的金融市场和成熟的金融机构、审慎的金融监管体制、稳定的宏观经济环境、国内企业具有国际竞争力，以及合理的国际收支和充足的国际清偿手段。

6. 我国外汇管理的主要内容有出口收汇管理、进口用汇的管理、对金融机构开办外汇业务的管理、境内居民外汇管理和境内非居民的外汇管理。

关键术语

外汇管制　Exchange Control　　　　价格管制　Price Control
货币自由兑换　Currency Convertibility　浮动汇率制 Floating Exchange Rate System
固定汇率制　Fixed Exchange Rate System

习　题

一、名词解释

1. 外汇管制
2. 可自由兑换货币
3. 资本外逃
4. 货币替代

二、选择题

1. 根据外汇管制作用过程划分，可将外汇管制的方法分为（　　）。
   A. 直接管制和间接管制　　　　B. 价格管制和数量管制
   C. 价格管制和综合管制　　　　D. 数量管制和综合管制
2. 人民币自由兑换的含义是（　　）。
   A. 经常项目的交易中实现人民币自由兑换
   B. 资本项目的交易中实现人民币自由兑换
   C. 国内公民实现人民币自由兑换
   D. 经常项目和资本项目下都实现人民币自由兑换

三、简答题

1. 简述货币自由兑换的局限。
2. 简述人民币汇率制度的发展。

第 7 章　国际金融市场及业务

教学要点

- 了解国际金融市场的发展过程，理解国际金融市场的概念、分类、构成及其作用；
- 理解欧洲货币市场的概念、类型及其对世界的影响；
- 掌握外国债券和欧洲债券的种类、特点和区别；
- 了解国际股票市场的概念和主要的国际股票市场情况；
- 理解金融衍生工具的含义、特点和分类。

知识架构

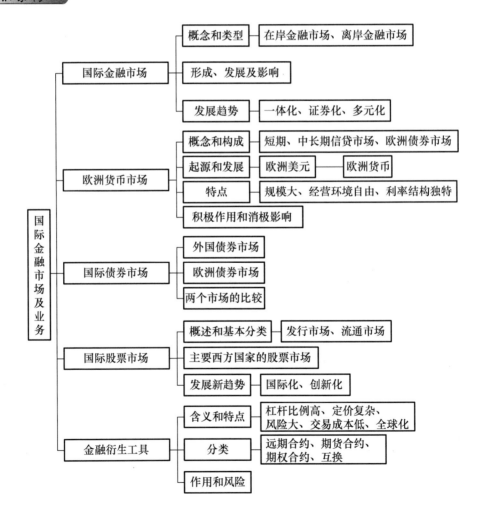

【导入案例：中美贸易摩擦】

美国对贸易伙伴加征关税，全球金融市场波动将加剧

美国特朗普政府挑起的贸易争端，已成为全球经济最大的不确定因素。特朗普上任后，挥舞贸易制裁大棒，对钢铁和铝产品征收高额关税。美国增税对象从中国、墨西哥等对美有较大贸易顺差的发展中国家，逐渐发展到欧元区和日本等发达经济体。美国主导重签的北美贸易协定（美墨加三方协定），还包含针对中国的"毒丸条款"。全球贸易摩擦的广度、深度不断加剧。中美在 G20 阿根廷峰会达成了停止加征新关税的重要共识，但是贸易摩擦的长期性和曲折性仍然存在。

贸易摩擦发生以来，金融市场反应迅速，美国依赖中国出口和进口的企业股价都有较大幅度下跌，当前全球经济正处于一个微妙的阶段，经济周期走到末端，风险正在上升。持续的贸易争端，会给已有的经济下行趋势和金融市场波动增添更大的不确定性。美国股市位于高估值、高风险阶段，经济增长放缓意味着公司盈利收缩，将进一步影响股市估值。全球的债务水平超过金融危机前水平。随着美联储继续加息，债务的利息水平上升，企业偿债负担加重，高债务国家财政压力上升。今年 5 月以来，部分新兴市场出现大幅波动、资本外流和货币贬值。我们正处于全球金融市场变化的前夜。

贸易摩擦引发地缘政治风险和不确定性上升。国际金融危机以来，全球经济中速增长，增长速度已经低于危机前的平均水平。今年是危机发生以来全球经济增长最强的一年，达到 3.7%，是国际金融危机以来的最高点。受贸易摩擦的影响，明年经济增长将下滑，后年会继续下滑。同时，贸易摩擦也将拖累美国经济，进而使其经济逐渐回归至 2% 的潜在增长水平。

（资料来源：新浪财经综合，2018 年 12 月 27 日）

贸易摩擦为什么会引发国际金融市场的动荡？除了国际金融市场动荡外，贸易摩擦或者贸易争端还会引发哪些国际市场行为？本章将为大家介绍国际市场的概念、作用及影响，还将介绍国际债券市场、国际股票市场的相关知识，并阐述国际金融衍生品市场的作用和风险。

7.1 国际金融市场

在国际领域中，国际金融市场是十分重要的一部分，商品与劳务的国际性转移，资本的国际性转移、黄金输出入、外汇的买卖，以及国际货币体系运转等各方面的国际经济交往都离不开国际金融市场，它已成为推动世界经济发展的主导因素。

国际金融市场的特点在于：其交易活动发生在本国居民与非居民，或非居民与非居民之间；其业务范围不受国界限制；其交易对象不仅限于本国货币，还包括国际主要可自由兑换的货币及以这些货币标价的金融工具；业务活动比较自由开放，较少受某一国政策、法令的限制。

7.1.1 国际金融市场的概念

国际金融市场的概念有广义和狭义之分。从广义上讲，国际金融市场是指在国际范围内进行资金融通、证券买卖及相关金融业务活动的场所，包括国际货币市场、国际资本市场、国际外汇市场、国际黄金市场和金融衍生工具市场等。从狭义上讲，国际金融市场则仅指从事国际资金借贷和融通的市场，包括国际货币市场和国际资本市场。

7.1.2 国际金融市场的类型

【国际金融市场的类型】

1. 按照性质不同，可以分为在岸金融市场和离岸金融市场

(1) 在岸金融市场。

在岸金融市场是指居民与非居民之间进行资金融通及相关金融业务的场所，较典型的有外国债券市场和国际股票市场。

① 外国债券是指外国借款人在某国发行的，以该国货币标示面值的债券。如外国人在美国发行的美元债券，又称"扬基债券"；在日本发行的日元债券，又称"武士债券"；在英国发行的英镑债券，又称"猛犬债券"，等等。

② 国际股票是指外国公司在某个国家的股票市场发行的以本币或外币交易的股票，它是外国发行者在国际资本市场上筹措长期资金的工具，也是各国股票市场自身不断发展并走向国际化的一种必然结果。

(2) 离岸金融市场。

离岸金融市场是指非居民与非居民之间进行资金融通及相关金融业务的场所，基本不受所在国金融和税收法规的限制，又称为欧洲货币市场。就其业务活动可分为欧洲短期信贷市场、欧洲中长期信贷市场和欧洲债券市场。

2. 按照资金融通期限的长短不同，可以分为国际货币市场和国际资本市场

(1) 国际货币市场是指期限在一年及一年以内的国际短期资金的借贷和短期金融工具买卖的交易市场，包括短期信贷市场、短期票据市场和贴现市场。

(2) 国际资本市场是指期限在一年以上或者是无具体期限约定的国际中长期融资交易市场，包括中长期信贷市场、债券市场和股票市场。

3. 按照功能不同，可以分为国际资金市场、国际外汇市场和国际黄金市场

(1) 国际资金市场是指国际金融市场上融资方与筹资方进行资金融通的场所。它根据资金使用期限可以分为短期资金市场和长期资金市场。

(2) 国际外汇市场是指进行外汇买卖的交易场所，或者说是各种不同货币彼此进行交换的场所。外汇市场是在西方国家放松外汇管制的情况下，随着商品经济、货币信用和国际贸易的发展而逐步形成的，它在实际购买力的国际转移、防止外汇风险，以及提供国际性的资金融通和国际结算等方面都发挥着重要的作用。

(3) 国际黄金市场是指专门进行黄金买卖的交易场所。黄金买卖既是调节国际储备的重要手段，也是居民调整个人财富贮藏形式的一种方式。目前，国际上的黄金交易主要集中在伦敦、苏黎世、纽约、新加坡及中国香港地区等。黄金市场的参与者主要有：产金国的采金企业、持有黄金出售的集团或个人、各国的外汇银行或中央银行，以及从事投机牟利的交易者等。此外，还有一些国际金融组织，如国际清算银行、国际货币基金组织、世界银行等。

7.1.3 国际金融市场的形成、发展及影响

1. 传统国际金融市场

第一次世界大战之前，英国处于资本主义世界经济中心的位置，英国的自由资本主义迅

速发展,并不断推进海外殖民,成为当时世界上最大的工业强国和贸易大国。英镑成为国际贸易结算中使用最广泛的货币,英国伦敦逐渐发展成为最主要的国际贸易和国际金融中心,是世界上最大的金融市场。

第一次世界大战后,由于战争的破坏,英国的经济实力不断衰落,英镑的地位随之下降,伦敦作为国际金融中心的作用逐步消退。但与此同时,美国的地位迅速上升,美元成为各国的主要储备货币和结算货币。1944年的布雷顿森林会议更是确立了美元在国际货币体系中的核心地位,纽约也一跃成为最大的国际金融市场。

2. 欧洲货币市场

20世纪60年代后,美国由于连年的侵略战争,军费开支庞大,美元的信用发生危机,美国政府被迫采取了一系列限制资本外流的措施。为逃避这些管制,大量美元资金转移到美国境外,以伦敦为中心的境外美元市场迅速发展起来,即欧洲美元市场。而随着德国马克、瑞士法郎和日元等其他主要货币境外交易的增加,欧洲货币市场开始形成。

欧洲货币市场的出现,实现了信贷交易的国际化,结束了金融中心必须是国内资本提供者的旧传统,这就为国际金融中心的扩散创造了重要条件。只要市场所在国家或地区政局稳定、地理位置优越、政策优惠、服务完善,就有可能发展成为新型的国际金融市场。因此,国际金融中心不再限于少数发达国家的金融市场,而是向亚太、中东、拉美等地区扩展。

20世纪70年代以来,西方主要国家相继实行浮动汇率制。同时,西方发达国家纷纷放松金融管制,导致金融资产价格不稳定,国际金融市场的风险增加。同时第二次世界大战后政治上获得独立的发展中国家在建立和发展民族经济的斗争中,努力摆脱外国金融垄断资本的控制,积极建立和拓展发展中国家的金融市场和金融中心,新加坡等地的金融市场有较大发展,逐步向国际金融市场迈进。

3. 新兴国际金融市场

进入20世纪80年代以后,随着广大的发展中国家的金融改革和金融自由化的发展和深入,国际金融市场的一体化趋势越加显著,金融市场不同产品间价格相关性增加,导致市场的价格风险增大,而这一趋势又进一步促进了市场中金融产品尤其是金融衍生产品的创新,衍生金融工具的迅猛发展成为国际金融市场的主旋律。

这一方面表现为,新的更为复杂的衍生工具不断涌现;另一方面表现为,国际金融市场上衍生金融工具的交易量远远超过基础资产的交易量。根据国际互换与衍生产品协会和国际清算银行的统计数据,我们可以发现衍生金融工具的发展已经改变了国际金融市场的结构和交易方式,成为当今国际金融市场的主体。

4. 国际金融市场的影响

(1) 积极影响。
① 促进了经济与贸易的发展。
② 促进生产和资本国际化的发展。
③ 实现全球资源的合理配置。

(2) 消极影响。
① 一些国家债务管理存在缺陷,埋下债务危机隐患。

② 资本频繁流动，容易引发金融动荡。
③ 形成了复杂的国际债权债务关系，金融风险破坏性加剧。

7.1.4 国际金融市场的发展趋势

1. 国际金融市场一体化

国际金融市场一体化，简单地讲，就是各国国内金融市场与国际金融市场日益紧密联系、相互影响和促进、逐渐走向统一的过程和趋势。

国际金融市场一体化的发展与跨国银行空前规模的海外扩张是分不开的。跨国银行的大规模扩张，是与第二次世界大战后资本主义世界经济的飞速发展和跨国公司海外投资的大量增加相伴随的，特别是 20 世纪 80 年代以来，一些早先并不对外国银行开放的主要资本主义国家也相继允许外国银行自由进入本国开设分行。跨国银行在海外大量设立分行，促进了全球范围的资本流动，也加速了金融市场的全球一体化。

为了促使国际金融市场一体化这一目标的实现，各主要西方国家的政府和金融管理当局纷纷采取放松金融管制的措施。主要包括以下几点。

（1）取消或放宽各类金融机构经营的业务领域的限制。
（2）取消外汇控制。
（3）放松对本国证券市场的控制。
（4）实行税收优惠。

2. 国际金融市场证券化

【国际金融市场的发展趋势：证券化】

国际金融市场证券化的一个重要表现是国际融资的证券化。国际融资的证券化即由国际债券发行代替了银行贷款，并逐渐处于主导地位。第二次世界大战以后，国际银行贷款一直在国际资本市场上占据主导地位，并于 1980 年达到顶峰，占国际信贷总额的比重高达 85.1%。20 世纪 90 年代以后，国际金融市场融资的证券化已进入成熟稳步发展时期。

国际金融市场证券化的另一个重要表现是资产证券化。所谓资产证券化，就是将那些缺乏流动性但具有未来现金收入的资产进行适当组合，对该组合产生的现金流进行结构性重组，对不同的风险（包括信用、流动性、利率、汇率等风险）进行重新配置管理，并依托该现金流发行债券来融通资金的过程。

3. 国际金融市场多元化

【国际货币市场形势】

国际金融市场多元化主要表现为衍生金融工具市场和场外交易的快速发展。所谓衍生金融工具，是指在基础资产交易的基础上派生出来的各种金融合约，其价值取决于基础金融资产的价格变化。基础金融资产是指外汇、股票、债券等传统的金融资产。衍生金融工具按交易的性质大致可分为期货、期权和互换类衍生金融工具。衍生金融市场就是以各种金融衍生工具为交易对象的交易场所，既包括交易所内的交易，也包括场外交易。目前衍生金融工具市场已经取代现货市场的传统优势地位，互换、远期合约、期货和期权等衍生金融工具交易额都有了很大程度的增长。

📖 **资料卡**

另类数据赋能金融量化，中译语通推动金融科技创新发展

近年来金融科技公司如雨后春笋般涌现，用科技赋能金融成为最新流行趋势。而定位在人工智能、大数据企业的中译语通也在金融业务中发挥出大数据和人工智能技术的优势，在纵向深耕金融科技基础上，横向布局多元场景的科技应用，主推金融科技创新发展。

1. 大数据助力金融量化发展

一般来说，量化投资既要正视当前的策略困境，又要顺应资管行业变革的发展潮流，向主动量化进一步拓展，基于金融大数据，将以前人工较难考虑的因素纳入投资模型中去，通过机器学习等人工智能方式去挖掘历史规律，发现可行的投资策略。

传统量化投资主要是通过对基本面数据和交易数据进行分析来预测未来收益。其中，基本面数据是指与公司相关或者与宏观相关的数据，如盈利、分红、GDP、CPI、利率等；交易数据则是与技术分析相关，如价格、成交量、资金流向等。

2. 深挖另类数据价值

关于如何以大数据、人工智能技术驱动金融量化发展，挖掘另类数据潜力并实现其价值最大化，于洋结合中译语通的实践给出了详细的阐述。

于洋重点从市场情绪、市场情感、全球恐慌指数等独有算法与数据出发，结合数据资产、知识图谱构建能力等角度介绍了中译语通探索全球海量金融另类数据价值的技术实力和实践成果。其中，中译语通构建的上证指数量化模型超过三个月的连续交易预测趋势准确率超过 85%，并且能够实现长周期、短周期和每日股指数值进行实时数据计算。

随着金融科技与大数据技术的不断发展，于洋表示，未来，中译语通将深度布局金融大数据，挖掘全球海量另类数据的巨大价值。通过持续深耕大数据和人工智能技术，推动金融量化科技的创新发展。

（资料来源：东北新闻网，2018 年 2 月 28 日）

7.2 欧洲货币市场

7.2.1 欧洲货币市场的概念

欧洲货币市场（Euro-currency Market），是一种以非居民参与为主的、以欧洲银行为中介的在某种货币发行国国境之外从事该种货币借贷或交易的市场，又称为离岸金融市场。

1. 欧洲货币市场不单是欧洲区域内的市场

欧洲货币市场最早是指存在于伦敦及西欧其他地方的美元的借贷市场，这就是人们通常所说的狭义的欧洲货币市场的概念。目前，欧洲货币市场既包括欧洲各主要金融中心，同时还包括日本、新加坡、中国香港地区、加拿大、巴林、巴拿马等新的全球或区域性金融中心。

2. 欧洲货币不单指欧洲国家的货币

欧洲货币是指设在某种货币发行国国境以外的银行收存与贷放的该种货币资金。一般来

说，只要是欧洲货币，都不能在该货币的本国境内进行交易。与此相应，经营这种货币资金的收、存、贷、放等业务的银行，称为欧洲银行，而由这种货币资金的供求借贷形成的市场就称为欧洲货币市场。欧洲货币中的"欧洲"一词，实质是指非国内的或境外的，因此，欧洲货币亦称境外货币。

3. 欧洲货币市场实质是货币市场

欧洲货币实质是货币市场，是由众多的欧洲银行经营欧洲货币存贷款业务而形成的信贷与债券市场，即它主要是一种借贷市场，发生关系的是存款人（通过银行）和借款人，这与买卖不同国家货币的外汇市场有所区别。

7.2.2 欧洲货币市场的构成

欧洲货币市场按借贷方式、借贷期限和业务性质，可分为欧洲货币短期信贷市场、欧洲货币中长期信贷市场、欧洲债券市场。

1. 欧洲货币短期信贷市场

欧洲货币短期信贷市场主要进行1年以内的短期资金拆放，最短的为日拆。但随着国际金融业务的不断拓展，有的期限也延至1~5年。该市场借贷业务主要靠信用，无须担保，一般通过电话或电传即可成交，成交额以百万或千万美元以上为单位。这个市场的存款大多数是企业、银行、机关团体和个人在短期内的闲置资金，这些资金又通过银行提供给另一些国家的企业、银行、个人和官方机构做短期周转。

2. 欧洲货币中长期信贷市场

欧洲货币中长期信贷市场信贷期限都在1年以上。这个市场的筹资者主要是世界各地私营或国有企业、社会团体、政府及国际性机构。资金绝大部分来自短期存款，少部分来自长期存款。该市场贷款额多在1亿美元以上，往往由几家或十几家不同国家的银行组成银团，通过一家或几家信誉卓著的大银行牵头贷款，即辛迪加贷款。由于这类贷款期限较长，贷款人与借款人都不愿承担利率变动的风险，因此，该种贷款利率多为浮动利率，并根据市场利率变化每3个月或每半年调整一次。欧洲货币中长期信贷市场与欧洲债券市场合称为欧洲资本市场。

3. 欧洲债券市场

欧洲债券市场指发行欧洲货币债券进行筹资而形成的一种长期资金市场。它是国际中长期资金市场的重要组成部分，也是欧洲货币市场的重要组成部分。它产生于20世纪60年代初，1961年2月1日在卢森堡发行了第一笔欧洲货币，1963年正式形成市场。20世纪70年代后，各国对中长期资金的需求日益增加，以债券形式出现的借贷活动迅速发展。

7.2.3 欧洲货币市场的起源和发展

【欧洲美元市场的形成】

1. 欧洲美元市场的形成

欧洲货币市场是从欧洲美元市场发展起来的。欧洲美元市场产生和发展的根本原因在于第二次世界大战以后，随着世界经济一体化和资本流动国际化的发展，传统的国际金融市场不能满足需要，借贷关系必须进一步国际化。

2. 欧洲货币的出现

一方面，20 世纪 50 年代末期，西欧一些国家相继恢复货币的自由兑换和资本的自由流动，增加了境外货币的种类，为欧洲货币从单一的欧洲美元发展到欧洲英镑、欧洲法郎、欧洲马克等多种欧洲货币铺平了道路。另一方面，20 世纪 60 年代中期，美元危机导致抛售美元、抢购黄金和其他硬货币的风潮发生。各国中央银行和西欧主要商业银行为了避免外汇风险，改为持有多种储备货币，包括英镑、法国法郎、德国马克、瑞士法郎、荷兰盾、日元等。因此，欧洲美元市场逐渐扩大为国际性的欧洲货币市场。

3. 欧洲货币市场的发展

欧洲货币市场发展的原因可以归结为美国国际收支逆差、各国政策的推动、美国政府金融政策的影响、石油美元的注入等方面。

【欧洲货币市场的发展】

7.2.4 欧洲货币市场的特点

1. 规模巨大，品种繁多

欧洲货币市场资金规模极其庞大，来自世界各地，币种除了美元和欧元，还扩展到其他欧洲国家货币、日元和加拿大元等十多种货币。欧洲货币市场的借款人和存款人都是大客户，不仅包括国际性银行、跨国公司，而且各国政府、中央银行和国际金融机构也经常出入其中。

2. 独特的利率结构

欧洲货币市场利率体系的基础是伦敦银行同业拆放利率。该市场上的贷款客户通常都是大企业和政府机构，信誉度很高，贷款风险相对较低，贷款利率也略低，这一利率上的优势使欧洲货币市场吸引了大批客户。其存款利率略高于国内金融市场，是因为国外存款的风险比国内大，而且在欧洲货币市场的存款不受货币发行国或市场所在国法定准备金和存款利率最高额的限制。

3. 非居民的货币交易借贷关系

由于一般从事非居民的境外货币借贷，因而所受管制较少。欧洲货币市场使用的是境外货币，没有存款准备金及利率上限等管制与限制，其交易活动很少受到当地有关规章法令的管辖，税收法规也更加宽松。

【非居民的货币交易借贷关系】

4. 经营环境自由

首先，经营活动不受当地政府金融政策、法令的管辖和外汇管制约束；其次，借款条件灵活，借款不限制用途，而且允许免交存款准备金；最后，非居民可以自由进行外币资金的交易、自由转移资金。但是货币发行国政府对其货币的境外交易依然可以施加一些影响。在欧洲货币市场上，任何欧洲货币的交易最终都要在货币发行国国内的银行进行转账清算。

7.2.5 欧洲货币市场的积极作用和消极影响

1. 欧洲货币市场的积极作用

（1）推动了世界经济的发展。

欧洲货币市场是国际资金再分配的重要渠道。在这个市场上，金融机构发达，资金规模大，借款成本较低，融资效率高，它为西方国家的经济增长和发展中国家的经济起飞提供了必要的资金，推动了世界经济的发展。

(2) 有助于各国改善国际收支状况。

如果一国在国际贸易上出现了逆差，就可以从欧洲货币市场上直接借入欧洲美元或其他欧洲货币来弥补，从而缓和逆差压力；反之，一国出现贸易顺差，过多的外汇储备也可投入该市场，从而使这些国家的国际收支状况得到改善。

(3) 推动了国际金融市场一体化。

欧洲货币市场既可为跨国公司的国际投资提供大量的资金来源，又可为这些资金在国际间进行转移提供便利。它不仅使交易突破了时间和空间的限制，而且促进了国际金融一体化的进程，提高了国际资本在世界范围内的流通使用效率。

2. 欧洲货币市场的消极影响

(1) 投机活动加剧了外汇市场的动荡。

由于不受市场所在地政府法令的管理，管制较少，在欧洲货币市场有大量的短期欧洲美元用于外汇投机。一旦各地信贷市场和外汇市场的利率和汇率稍有变化，货币投机者便会倾巢而出，用于投机的这些巨额资金在几种主要货币间快速频繁流动，加剧了外汇市场的动荡。

(2) 增加了银行业的信贷风险。

首先，银行发放的长期信贷资金，大部分是从客户那里吸收来的短期存款，一旦银行信用出现问题而引起客户大量挤提，银行就会陷入困境；一旦某一银行发生支付困难，就会引起一系列的连锁反应，导致银行体系的流动性风险。其次，欧洲货币的贷款是由许多家银行组成银团联合贷出的，贷款对象又难以集中在一个国家或政府机构，万一贷款对象到期无力偿还，这些银行就会遭受损失。

(3) 削弱各国货币金融政策的效果。

如果一国采取紧缩的货币政策，提高利率，国内企业能很容易地从欧洲货币市场得到利率较低的资金，增加了货币供给，从而削弱了紧缩性货币政策的效果；反之，当某一国为采取扩张性的货币政策而降低利率时，国内资金又会为了追求较高的利息收入而调往欧洲货币市场，使扩张性货币政策的效果受到影响，预期的目标也难以实现。

7.3 国际债券市场

国际债券是借款者在国际金融市场上发行的长期的债务凭证，是一种重要的国际化融资方式。国际债券市场是由一系列独立的具有国际特征的单个债券市场组成的，其中每个个体市场往往与其相关的国内债券市场而非其他国际债券市场关系更密切。

国际债券市场上的主要金融工具是各国政府、各国企业发行的各种债券和抵押凭证。其中政府债券由于有政府信誉作为担保，因而相对于企业债券而言具有更高的安全性和更低的风险，一般不需要实体担保凭证。

国际债券市场的两大类型是外国债券市场和欧洲债券市场。

 **知识拓展**

富达国际基金经理 Bryan Collins：2019 年亚洲及中国高收益债券市场吸引力与波动并存

富达国际基金经理 Bryan Collins 表示："根据当前估值，亚洲及中国高收益债券或将在 2019 年带来资本增值机会。"同时，他还提醒投资者留意，未来 6 至 12 个月内市场可能出现一定程度的波动。

Bryan Collins 表示："与 2017 年的紧缩情况相比，高收益债券利差已大幅扩大。因此，亚洲及中国高收益债券市场的估值仍具吸引力。自 2018 年 5 月以来，新兴市场疲软、中国经济增长放缓为市场情绪蒙上一层乌云，我们预计 2019 年波动仍将持续。"

"中国经济基本面将保持稳定。虽然市场仍对中国经济放缓表示担忧，但未来 2～3 年中国 GDP 增速仍将维持在 6% 以上，而印度和印度尼西亚的 GDP 增速将分别在 7% 和 5% 以上。相较于欧洲、美国这些发达市场，亚洲经济增长势头相对强劲，并将继续对高收益债券市场起到支撑作用。"

"亚洲及中国高收益债券的信贷质量将继续健康发展。规模较小、评级较低、短期内有再融资需求并且在资本市场经验有限以及融资渠道较窄的信贷产品，将在市场波动期内接受考验。亚洲及中国高收益债券的违约率或将维持在较低水平，预计未来 6 至 12 个月内仍将低于美国和欧洲高收益债券的违约率。"

Bryan Collins 分析，亚洲高收益美元债券净发行量在 2018 年见顶，全年供应渠道已有所收紧。在岸债券市场的复苏可能会是投资者意料之外的机会，发行商或会重返这一市场，以更低的融资成本发行人民币债券。这为其提供了一个低成本的另类融资渠道，可帮助改善企业整体财务状况。在岸债券市场的复苏将有利于中国高收益信贷的基本面和技术面，离岸供应将转向在岸市场。上述情况更将利好中国高收益债券，其表现在未来一年将有望超过亚洲高收益债券。

他提醒，亚洲和中国高收益债券市场的流动性在 2018 年已有所下降，投资者仍需留意流动性或将进一步趋弱，尤其是在市场长期波动的情况下。

（资料来源：中国证券报，2018 年 12 月 11 日）

7.3.1 外国债券市场

1. 外国债券市场概述

外国债券市场是传统的国际债券市场。简单地说，外国债券是在一国国内市场发行的外国政府或外国公司债券，这种债券以发行地的法定货币发行，受发行地国家法律管辖。例如，中国企业在日本东京发行的日元债券就属于外国债券。

【外国债券市场】

由于各国对居民和非居民发行债券的法律要求不同，如不同的发行时间和数量、信息披露等，从而造成外国债券与当地国内债券的差异。

2. 主要的外国债券市场

主要的外国债券市场有美国外国债券市场、日本外国债券市场、瑞士外国债券市场、德国外国债券市场和英国外国债券市场等。

（1）美国外国债券市场。

美国外国债券市场亦称扬基债券市场，是世界上规模最大、资金实力最强、发展最成熟的外国债券市场。外国债券发行人在美国发行的债券称为扬基债券。扬基债券以其价值、流动性及收益率为大多数投资人所看中。外国债券发行人在美国发行的债券称为扬基债券。扬基债券以其价值、流动性及收益率为大多数投资人所看中。

（2）日本外国债券市场。

日本外国债券是指外国借款人在日本发行的以日元标值的债券，一般是附息债券，每半年支付一次利息，也叫武士债券。亚洲开发银行于1970年12月首次发行武士债券。20世纪80年代中期以前，由于对发行人和主承销商等的管制，武士债券市场发展受到限制。1984年以后，日本放松了市场管制，规定除国际金融机构和外国政府外，非官方组织、公司和个人也允许发行武士债券。1992年，大藏省进一步放宽发行人资格标准，市场得以复苏，这之后，武士债券市场的发行量特别是公司债的发行量不断扩大。目前，发行日元债券的筹资者多是需要在东京市场融资的国际机构和一些发行期限在10年以上的长期筹资者，以及在欧洲市场上信用不好的发展中国家的企业或机构。

（3）瑞士外国债券市场。

瑞士外国债券是无记名债券，每年支付息票，通常由三大银行（瑞士银行、瑞士联合银行和瑞士信贷银行）之一作为主承销商，发行后一般在瑞士证券交易所上市交易。瑞士作为中立国，在两次世界大战中均未遭受影响，国民收入很高，加上苏黎世是世界上最大的金融市场之一，善于组织大额证券的发行和大额贷款，瑞士法郎也是自由兑换货币，没有外汇管制和税收限制，因而吸引了大量的国际资本。20世纪90年代以来，随着发行费用的降低、对发行承销团要求的放松，以及外国债券交易商之间交易印花税的取消，瑞士外国债券市场得到进一步发展。

（4）德国外国债券市场。

法兰克福是德国主要的外国债券市场，也是仅次于纽约和瑞士的外国债券市场。欧元启动后，单一货币体制使德国马克强币地位不复存在，法兰克福的中心地位受到动摇，但是由于欧洲中央银行设在那里，以及欧元区强大的经济实力，使其仍有竞争优势。

（5）英国外国债券市场。

英国外国债券，称为猛犬债券。发行者可以是外国政府，也可以是外国私人企业。发行方式也分为公募和私募两种，前者由伦敦市场的银行组织包销，后者则由管理集团包销。猛犬债券的期限为5~40年。

 资料卡

首只交易所市场熊猫债成功发行

【资料卡：熊猫债】

2016年3月22日，首只交易所市场公募熊猫债发行完成，这是自2005年国际多边金融机构获准于银行间市场发行熊猫债以来，交易所市场首只公开发行的熊猫债。该债券简称"16越交01/02"，发行人为越秀交通基建，广州证券作为主承销商，开启了交易所市场熊猫债发行的序幕。

该债券实际发行规模为10亿元，其中品种一发行规模为3亿元，最终票面利率为2.85%，5年期固定利率，附第三年年末发行人调整票面利率选择权、发行人赎回选择权和投资者回售选择权，简称"16越交01"；品种二发行规模为7亿元，最终票面利率为

3.38%，7年期固定利率，附第五年年末发行人调整票面利率选择权、发行人赎回选择权和投资者回售选择权，简称"16越交02"。

广州证券表示，目前境外注册公司在境内公开发行熊猫债券尚未完全放开，主要还是属于择优试点，主体信用等级需达到AAA。公募发行需满足《证券法》关于累计债券余额不得超过净资产40%，以及最近3年可分配利润不得少于债券1年利息的要求；私募发行则需满足中国证券业协会及拟交易流通场所的相关规定。

（资料来源：中国证券报，2016年3月25日）

7.3.2 欧洲债券市场

1. 欧洲债券市场概述

欧洲债券又称为离岸债券，是指由外国筹资人发行的、以发行所在国以外的可自由兑换的货币为面值的债券。其中，发行者属某一个国家，面值货币是另一个国家的货币，而发行地可以是一个或几个国家的金融中心。在美国境外发行的以美元标价的债券称为欧洲美元债券，在英国境外发行的以英镑标价的债券称为欧洲英镑债券。

欧洲债券市场是随着欧洲货币市场的形成而逐渐兴起的，最先形成的是欧洲美元债券市场，它产生于20世纪60年代，被公认的第一支欧洲美元债券是1963年发行的意大利高速公路债券。与欧洲货币市场一样，欧洲债券市场在地理范围上并不仅限于欧洲，除了欧洲金融中心（伦敦、卢森堡等）的债券市场外，还包括亚洲、中东等地的国际债券市场。欧洲债券不受外币所属国法规的约束，不需要在市场所在国注册，也没有披露信息的要求，并且其发行时间和数量也没有什么限制，因而其发行相对于外国债券而言便捷很多。

2. 欧洲债券的种类

（1）固定利率债券。

固定利率债券也称普通债券，这种债券的利率在债券发行时确定，之后不再变更，利息按固定的利率每年支付一次，期限多为8~15年。

（2）浮动利率债券。

浮动利率债券是一种定期根据市场情况调整利率的债券，通常多为半年调整一次，以6个月期的伦敦银行同业拆放利率、美国国债收益率或商业银行优惠放款利率为准，加上一定的附加利息。

（3）可转换债券。

可转换债券是公司债券的一种，它可以在指定的日期，以约定的价格转换成债券发行公司的普通股票，或其他可转让流通的金融工具。

（4）零息债券。

零息债券是欧洲债券市场20世纪80年代的创新，也称纯贴现债券，指到期前不支付利息、只在到期时进行一次性支付的没有票面利率的债券。

（5）双重货币债券。

双重货币债券是指以一种货币购买而到期时按固定汇率以另一种货币偿还的债券，这种债券代表了一份普通固定利率债券和一份或几份远期外汇合约的组合。

(6) 附认购权证债券。

附认购权证债券指债券发行时附加一定的认购权证，该权证给予投资者在一定时期按一定价格购买一定的金融资产的权利，可视为普通债权与股票或债券的看涨期权多头的组合。

(7) 选择权债券。

选择权债券是指债券的持有人有权按自己的意愿，在指定的时期内，以事先约定的汇率将债券的面值货币转换成其他货币，但是仍按照原货币的利率收取利息。

(8) 全球债券。

全球债券被定义为在全世界各主要资本市场同时大量发行，并且可以在这些市场内部和市场之间自由交易的一种国际债券。它有以下三个特点：一是全球发行；二是全球交易和高度流动性；三是借款人信用级别高而且多为政府机构。

3. 欧洲债券市场的特点

(1) 发行高度自由。欧洲债券市场对任何国家而言，都是境外债券，是一个境外市场。债券发行自由，无须得到有关国家政府的批准，不受任何国家政策、法规的限制。债券持有者所获利息，无须缴纳所得税。这是任何国家外国债券市场都无法做到的。

(2) 发行方式宽松，安全性高。欧洲债券的发行和销售一般采用非正式方式，对发行债券的审批手续、资料提供、评级条件的掌握，不如其他债券市场严格，受到的限制较少。债券的发行方式，一般由一家大专业银行或大商人银行或投资银行牵头，联合十几家或数十家不同国家的大银行代为发行，它们的资信较好，因而对于投资者来说比较安全。

(3) 发行种类多，发行成本低。欧洲债券的面值货币多种多样，主要有欧洲美元债券、欧洲日元债券、欧洲英镑债券、欧洲瑞士法郎债券等。如果按债券不同类型划分，欧洲债券有固定利率债券、浮动利率债券、可转换债券、附认购权证债券、零息债券、双重货币债券等。但欧洲债券的发行费用一般为债券面值的 2.5%，利息成本也较低。以美元债券为例，同期欧洲美元债券的利息成本要低于扬基债券的利息成本。

(4) 大多数欧洲债券是不记名式的，可以保护投资者的利益。不记名债券可以比较方便地转让，投资者的投资情况及其收入可以保密。而且如果一个国家征收利息税，通常由债券发行者承担，不影响投资者的利息收入。

(5) 欧洲债券市场容量大、期限长。欧洲债券是在全世界范围发行，因而其市场容量远远大于任何一个国家市场上所能提供的债券的数量，能满足各国政府、跨国公司和国际组织筹款的需要。而且该市场发行期限长。以前债券的期限最短为 1~2 年，一般为 3~5 年，现在延长到 20~40 年，甚至出现无偿还期的永久性债券。

(6) 不影响发行地国家的货币流通。发行债券所筹措的是欧洲货币资金，而非发行地国家的货币资金，故这个债券的发行，对债券发行地国家的货币资金流动影响不太大。

(7) 金融创新持续不断。欧洲债券市场根据供求情况不断推出新的产品。一是信用衍生品种快速发展。信用违约互换大幅增长，这一衍生产品单独对违约风险进行定价，并促进了现货市场的合理定价；二是资产证券化的发展；三是回购、利率互换、期货等配套市场也快速成长。

4. 欧洲债券的发行程序

首先，债券发行人要选定一家同自己有业务往来且关系密切的银行作为主承销商，这家银行接受委托后，便成为该笔债券整个发行工作的组织者。一般多数为资力雄厚的大型跨国银行或国际联合银行。这家主承销商将邀请其他的银行组成一个国际银团来协助与借款人商谈进入市场及组织发行的工作。主承销商还要与借款人开预备会讨论有关债券发行前的一些条件，如息票、金额和发行价格等，同时选择财政支付代理人或本息支付代理人。如果债券准备上市，还要选择上市代理机构。然后做一些准备工作：一是法律文件的准备；二是提供发债说明书，主要介绍借款人及其历史。

其次，主承销商开始组建承销集团，并列出可能参加承销或销售的银团成员名单。从宣布发债日到发行日是认购债券期，约 7~10 天。这期间，宣布发债日举行新闻发布会向外界宣布发债，并对这些成员发出邀请函，得到答复后即可在第一阶段准备的法律文件上签字。至此，由主承销商、承销团、销售集团组成的国际银团成立。认购期末，主承销商和发行人决定最终的债券价格。当主承销商接受了这一价格后，定下债券发行的最终条款，两者签署认购协议；然后主承销商开始在银团成员间初步分配认购额并等待签署承销和销售协议。协议一经签订，债券就正式发行。

最后，从发行日到结账日是银团稳定期，时间约为 2 周。欧洲债券价格在这个时期如果发生波动，将对主承销商造成不利影响。假如欧洲债券价格上升，这意味着借款人本来可以按更低的利率发行这笔欧洲债券，也就是说主承销商定价偏高；假如欧洲债券价格下降，投资者将遭受损失，当下降幅度接近或超过发行费用，那么承销团也将遭受损失，因此，主承销商将会用买进或卖出的方式稳定欧洲债券的价格。这一阶段主承销商将通知承销商和销售商领取分配给他们的认购额。结账日，银团成员将资金存入主承销商的账户以交纳已购债券的付款。这时，最终投资者也在其债券账户上获得贷记。随后，借款人收到认购协议中规定的相应资金，标志着债券发行结束。欧洲债券的发行程序如图 7.1 所示。

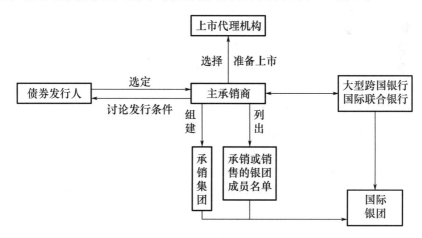

图 7.1　欧洲债券的发行程序

7.3.3　欧洲债券市场与外国债券市场的比较

（1）外国债券一般由市场所在地国家的金融机构为主承销商，而欧洲债券则由来自多个国家的金融机构组成的国际性承销（辛迪加承销）。

（2）外国债券受市场所在地国家证券主管机构的监管，公募发行管理比较严格，需要向证券主管机构注册登记，发行后可申请在证券交易所上市，它要受到其发行地各种规章制度的监管和约束。私募发行无须注册登记，但不能上市挂牌交易。欧洲债券发行时不必向债券面值货币国或发行市场所在地的证券主管机构登记，不受任何一国的管制，通常采用公募发行方式，发行后可申请在某一证券交易所上市。它可以最大限度地避开各种苛刻的监督和管制。

（3）外国债券由面值货币国家的证券公司、金融公司、财务公司等机构组成承销团承购债券，往往采用公募和私募两种形式发行，公募发行债券须在证券主管部门登记，受其调节和监控。欧洲债券的发行一般由欧洲债券市场的一家或数家大银行牵头，联合多家银行等金融机构组成承销团对债券进行全球配售，欧洲债券发行较为自由灵活，不必向债券面值货币所在国或销售市场所在国的任何监督部门登记注册，又无利率管制和发行数额限制。

（4）外国债券的发行人和投资者必须根据市场所在地的法规交纳税金，而欧洲债券采取不记名债券形式，投资者的利息收入是免税的。

（5）对于外国债券来说，资本市场所在国与表示债券的货币的发行国是一致的；对于欧洲债券来说，资本市场所在国与表示债券的货币的发行国是不一致的。外国债券的性质决定了它只能在一个国家发行，欧洲债券则可以同时在多个国家发行。

7.4　国际股票市场

7.4.1　股票市场概述

1. 股票、国际股票与国际股票市场

股票是股份公司发给股东证明其入股并持有该公司股权的凭证。

国际股票是在国际证券市场上发行与交易的股票的总称。国际股票的发行和交易过程通常是跨国进行的，即股票的发行者和交易者、发行地和交易地、发行币种和发行者所属本币等有至少一种或多种不属于同一国度内。

国际股票市场是一个以各国股票市场为基础，利用现代化通信工具联系起来的全球性交易网络。在20世纪80年代以前，受各国证券法规的制约，各国的股票市场基本上处于一种相对封闭的状态，各国投资者只能在本国市场买卖股票交易所推出的品种。20世纪80年代以来，全球性金融自由化浪潮引发了国际筹资的证券化趋势，从而促进了股票发行市场的国际化和交易市场的跨国界流动，一个建立在各国股票市场基础上的全球性股票交易网络逐渐形成。

【股票的种类】

2. 股票的种类

（1）按照赋予股东权利的不同划分为普通股与优先股。

① 普通股是指在公司的经营管理、盈利与财产的分配上享有普通权利的股份，代表满足所有债权偿付要求及优先股东的收益权与求偿权要求后对企业盈利和剩余财产的索取权。普通股票的股息是不固定的，它随着企业经营状况的变动而变动。

② 优先股是指股份有限公司在筹集资本时给予认购者某些优先条件的股票。优先权主要表现在两个方面：一是优先领取公司股息，在公司付给普通股红利之前，必须按规定先付

给优先股股息;二是优先分配公司剩余财产,当公司改组、解散和破产时,公司偿还债务后若有剩余财产,优先股比普通股有优先求偿权。

(2) 按所有人性质的不同划分为国有股、法人股、社会公众股和外资股。

① 国有股又叫国家股,是国家持有的股票,是有权代表国家的政府部门或机构以国有资产投入股份公司所形成的股份的表现形式。

② 法人股是指股份公司创立时,以本企业有权支配的资金折算入股形成的股份的表现形式,也指具有法人资格的企事业单位,以其依法可经营的资产,向上市公司非流通股权部分投资所形成的股份的表现形式。

③ 社会公众股是指我国境内个人和机构,以其合法财产向上市公司可流通股权部分投资所形成的股份的表现形式。

④ 外资股是指股份公司向外国和我国香港、澳门、台湾地区投资者发行的股票。

(3) 按是否记载股东姓名划分为记名股票和无记名股票。

① 记名股票是指将股东姓名记载在股票上和股东名册上的股票。

② 无记名股票是指股票票面上不记载股东姓名的股票,凡持有股票者即取得股东资格,仅凭股票所附息票即可领取股息。

记名股票与无记名股票在股东权利上没有任何差别,不同的只是记载方式、权利行使方法、对股东的通知方法等。

(4) 按股票票面是否注明股本金额或每股金额为标准划分为面额股票和无面额股票。

① 面额股票是在股票票面上载明一定金额数值的股票。股票持有者可以根据自己所持股票的面额总值来确定自己在该公司中所占的股份比例,以表明他在公司中所拥有的股权大小。

② 无面额股票是在票面上不载明金额,而只标明每股占资本总数的比例的股票。它是以公司财产价值的一定比例为划分标准的,每一股所代表的资产价值随公司财产的增减而增减。

(5) 按上市地点和使用币种的不同划分为 A 股、B 股、H 股、N 股、S 股。

① A 股的正式名称是人民币普通股票。它是由我国境内的公司发行,供境内机构、组织或个人(不含台、港、澳投资人)以人民币认购和交易的普通股股票。

② B 股的正式名称是人民币特种股票。它是以人民币标明面值,以外币认购和买卖,在境内(上海、深圳)证券交易所上市交易的,以港币和美元认购和交易的普通股股票。

③ H 股是注册地在内地、上市地在香港的外资股。

④ N 股是注册地在内地、上市地在纽约的外资股。

⑤ S 股是注册地在内地、上市地在新加坡的外资股。

3. 世界主要股票价格指数

(1) 道·琼斯股票平均价格指数。

道·琼斯股票平均价格指数是世界上最早、最享盛誉和最有影响的股票价格指数,由美国道·琼斯公司计算并在《华尔街日报》上公布。

(2) 标准·普尔股票价格指数。

标准·普尔股票价格指数是由美国最大的证券研究机构——标准·普尔公司于 1923 年

开始编制发表的股票价格指数。标准·普尔公司是美国一家最大的证券研究机构,它于1923年开始编制股票价格指数,最初选择的股票是233种。

(3) 日经股票价格指数。

日经股票价格指数是日本经济新闻社编制公布的反映日本股票市场价格变动的股价指数。该指数从1950年9月开始编制,最初是根据东京的证券交易所第一市场上市的225家公司的股票算出修正平均股价的。

7.4.2 国际股票市场的基本分类

1. 股票发行市场

【股票发行市场】股票发行市场是办理证券初次发行的场所,是新证券的发行市场,又称一级市场或初级市场。其功能是为新设立的股份公司筹集资金,或为已经设立的股份公司扩大经营而补充资金增发股票。一级市场的发行者大多是工业化国家的大公司和金融机构。

2. 股票流通市场

股票流通市场是已发行的股票转让、买卖和流通的场所,其主要功能是为金融资产提供流动性,它不仅使股票持有者在需要货币时能随时变卖其股票,同时使新的投资者有投资的选择机会,而且还能使投资者方便地选换股票品种,抛劣购优,并通过这种投资选择,对发行公司的经营实现间接制约以提高整体经济效率。

发行市场和流通市场是互为依存、互为补充的整体。没有发行市场,交易市场的交易就会成为无源之水;反过来没有交易市场,发行市场的发行就会缺乏吸引力。

7.4.3 主要西方国家的股票市场

1. 美国股票市场

美国股票市场是世界上最大的股票市场。按照股票市场资本总值来看,美国股票市场约占世界股票市场的30%。除1987~1989年日本股票市场曾【美国股票市场】短暂超越外,美国股票市场一直雄居世界第一。一提起美国股票市场,人们马上会想起当今世界上最大的,同时也是最著名的股票交易所——纽约股票交易所。

目前,美国有14家联邦注册的股票交易所。除了纽约股票交易所外,主要有美国股票交易所、费城股票交易所、中西部股票交易所和太平洋股票交易所等。

 知识拓展

纳斯达克市场

纳斯达克(NASDAQ),全称为美国全国证券交易商协会自动报价表(National Association of Securities Dealers Automated Quotations),是美国【知识拓展:的一个电子证券交易机构,是由纳斯达克股票市场公司所拥有与操作的。纳斯达克市场】纳斯达克创立于1971年,迄今已成为世界最大的股票市场之一。相比较而言,纳斯达克有其自身的特点:双轨制、交易系统、造市人、保荐人制度和交易报告。

纳斯达克股票市场是世界上主要的股票市场中成长速度最快的市场,而且它是首家电子化的股票市场。每天在美国市场上换手的股票中有超过半数的交易是在纳斯达克股票市场进行的,将近有5400家公司的证券在这个市场上挂牌。纳斯达克在传统的交易方式上通过应用当今先进的技术和信息——计算机和通信技术使它与其他股票市场相比独树一帜,代表着世界上最大的几家证券公司的519位券商被称作市商,他们在纳斯达克上提供了6万个竞买和竞卖价格。这些大范围的活动由一个庞大的计算机网络进行处理,向遍布55个国家的投资者显示其中的最优报价。

2006年2月,纳斯达克宣布将股票市场分为三个层次:"纳斯达克全球精选市场""纳斯达克全球市场"(即原来的"纳斯达克全国市场"),以及"纳斯达克资本市场"(即原来的纳斯达克小型股市场),进一步优化了市场结构,吸引不同层次的企业上市。

(资料来源:https://baike.baidu.com/item/纳斯达克/17437? fr=aladdin,2020-12-10)

2. 英国股票市场

英国股票市场基本上是一个交易所市场。和美国的交易所体制不同,英国股票交易所是"大一统"的。就是说,到目前为止,英国只有一个统一的股票交易所,这就是伦敦股票交易所。

伦敦股票交易所成立于1773年,1802年伦敦股票交易所的法律地位被正式确立。1890年英国成立了股票交易所协作委员会,开始对分散于各地的小型股票交易所进行合并。1973年,英国把仅存的以伦敦股票交易为首的8家交易所(伦敦、都柏林、贝尔法斯特、伯明翰、布列斯托尔、格拉斯哥、曼彻斯特和利物浦)联合起来,成立了大不列颠及爱尔兰股票交易所,又称联合王国交易所。

伦敦股票交易所的一大特点是上市股票中非英国公司的股票数量多,交易量大。伦敦股票交易所虽然在资本总值和成交量方面都不及纽约和东京,但在国际股票交易方面一直稳居首位。20世纪80年代后期,伦敦股票交易所和英国政府对传统规章制度进行了一系列根本性改革,这在后来被称为伦敦股票交易所的"大爆炸"。

3. 日本股票市场

日本股票市场以东京股票交易所为代表。东京股票交易所的前身是1879年成立的东京股票交易株式会社,但由于当时日本经济还很不发达,股票交易并不兴旺,没有几年就宣告解体。1949年4月,东京股票交易所正式成立。随着第二次世界大战后日本经济的迅速恢复和发展,股票交易也不断兴旺起来。目前,东京股票交易所的交易额占日本股票交易总额的80%以上,成为当今世界第二大股票交易所。东京股票交易采取会员制的组建方式,有资格成为交易所会员的只限于达到一定标准的证券公司。

在东京股票交易所上市的国内股票分为第一部和第二部两大类。第一部的上市条件要比第二部的条件高。新上市股票原则上先在交易所第二部上市交易。交易所在每一营业年度结束后考评各上市股票的实际成绩,再据此来做下一部类的划分。

7.4.4 国际股票市场的发展新趋势

1. 全球股市不断膨胀,越来越多的新兴股市加入国际股市行列

随着时间的推移,全球股市发展规模越来越大,交易额不断增加。低

【国际股票市场的发展新趋势】

利率、低通货膨胀率和收入前景的改善,是近期工业国股票市场迅速发展的主要推动力。就全球最大的股票市场——美国股票市场而言,导致其迅速发展的另一个重要原因是大量储蓄源源不断地流入共同基金,而不是进入银行负债,美国的共同基金正在成为与商业银行同等重要的国民储蓄托管人。

尽管近些年来发展中国家和地区新兴市场取得了突飞猛进的发展,但是其不成熟、不稳定性从来没有从根本上得到消除,新兴市场中始终潜藏着不可忽视的风险。在全面开放、推进广泛国际筹资的同时,新兴市场往往未能强化其抵御风险的能力。

2. 股票发行、交易的国际化趋势日益显著

股票市场的国际化主要包括海外上市和开放本国股市两条途径。

海外上市是指国内公司通过直接或间接途径在海外股票交易所发行和上市股票。按照上市公司的名义,海外上市又可分为直接上市和间接上市。

开放本国股市就是允许外国投资者投资于国内股市。按照外国投资者投资一国股市的方式,开放本国股市又可分为直接开放和间接开放两种。直接开放是指允许外国投资者直接购买本国股票。间接开放是指在境内或境外组建共同基金,通过在海外发行受益凭证或入股凭证方式筹集外资,再由基金组织集中投资于国内股票,外资按比例分享利润,分担风险。

3. 创新工具、创新技术不断出现

与整个国际金融市场创新趋势相适应,股票市场的创新工具亦不断推出,如存股证、可转换股票、可赎股、后配股等,新的信用工具层出不穷。存股证可以在纽约股票交易所、美国股票交易所或美国证券商自动报价系统全国协会股票市场上进行交易。利用存股证在美国市场上交易不仅可以筹集到大量资本,而且可以通过美国市场来提高发行人及其产品的知名度。到目前为止,利用存股证方式发行股票并到美国上市的公司遍及世界各地,既有发达国家的公司,也有发展中国家的公司。

另外,存股证这种方式目前还演化成全球存股证、欧洲存股证、新加坡存股证等被推广到美国以外的其他市场,并被广泛用来作为对非本国公司在本国资本市场上筹集资本的有效途径。

自从1970年伦敦股票交易所首先将电子计算机引入股票市场后,时至今日,全球股票市场已实现了交易技术的电脑化,发达的通信工具不仅打破了地域、国别限制,为区域性乃至全球性的联网交易创造了条件,也在一定程度上抑制了由于信息不灵造成的时差投机活动。

案例 7-1

境外媒体:世界期待中美重回谈判桌中方从容应对挑战

(参考消息网8月28日报道)境外媒体称,由于有迹象显示中美贸易敌对状态可能暂时缓解,投资者信心得以恢复,亚洲股市8月27日与全球股市同步上涨,避险债券价格回落。

特朗普称"赞许"中方表态。

据俄罗斯卫星通讯社8月26日报道,中国国务院副总理刘鹤26日在重庆出席第二届中国国际智能产业博览会时表示,中国坚决反对贸易战升级。他表示,中国愿以冷静态度通过磋商

和合作解决问题,坚决反对贸易战升级,贸易战升级不利于中国、美国和全世界人民利益。

路透社 8 月 26 日报道称,时任美国总统特朗普 8 月 26 日说,中国国务院副总理刘鹤的讲话是一个积极的迹象。他表示,将会与中国达成贸易协议。他的话安抚了因中美两国新一轮关税交锋而大幅震荡的全球市场。

法国总统马克龙在同特朗普举行联合记者会时表示,中美两国达成协议将有助于消除一直重压全球市场的不确定性。他表示,特朗普曾告诉七国集团(G7)其他领导人,他希望与中国达成协议。特朗普表示,他对达成协议的前景比近期更乐观。

(资料来源:新浪财经,2019 年 08 月 28 日)

7.5 金融衍生工具

7.5.1 金融衍生工具的含义

金融衍生工具是由基础金融工具或金融变量的未来价值衍生而来的,是由两方或多方共同达成的金融合约及其各种组合的总称。最初的衍生工具交易中通常以一种商品作为基础金融工具。今天,尽管部分金融衍生工具仍以商品作为基础金融工具,但占衍生工具市场主导地位的金融衍生工具的基础是各种金融工具或金融变量,如债券、商业票据、股票指数、货币市场工具,甚至其他金融衍生工具。

7.5.2 金融衍生工具的特点

1. 杠杆比例高

商品期货的保证金比率一般小于 10%,这意味着交易者可以将手中的资金放大 10 倍以上进行投资,而金融期货和期权的杠杆比率往往比商品期货还大,某些特殊金融衍生产品的杠杆比例甚至可以高达 50 倍以上。

高杠杆比率是一把"双刃剑",高杠杆产生的初衷是降低套期保值的成本,从而更有效地发挥金融衍生工具风险转移的功能,但这也为投机者打开了方便之门。

2. 定价复杂

金融衍生工具是由基础金融工具或金融变量的未来价值衍生而来的,而未来价值是难以预测的。

现在的金融衍生工具发展非常迅速,为了迎合客户的需要,投资银行把各种期货、期权和互换进行组合,创造出新的衍生产品,这在提高金融衍生工具的应用弹性和适用范围的同时也提高了对这些工具定价的难度,使一般投资者难以理解和使用这些工具。

3. 风险大

创造金融衍生工具的初衷是转移风险,而金融衍生工具高杠杆比率的特点放大了它的风险,金融衍生工具的风险往往要持续很长时间。金融衍生工具不仅仅要承担基础金融工具的市场价格风险,还要承担信用风险和流动性风险。

4. 交易成本低

由于交易成本低,所以保值者和投机者都可以用相当低廉的成本来规避风险或者投机。

金融衍生工具的杠杆比率高，衍生工具市场交易效率高、费用低，是导致金融衍生工具交易成本低的主要原因。

5. 全球化程度高

与股票和债券主要受当地经济和政策的影响不同，金融衍生工具已经形成了一个世界范围的市场。随着电子化交易的兴起，交易者可以迅速、低成本地进入任何一个市场进行交易，这使得各个市场之间互相影响的程度大大提高。尽管每个交易所每天只开放一定的交易时段，但由于几大主要交易所分布在世界各地，所以交易者可以实现 24 小时不间断地交易。

案例 7-2

【方正中期总裁许丹良：重塑期货行业未来发展业态】

方正中期总裁许丹良：重塑期货行业未来发展业态

2018 年对于资本市场来说可能是最困难的一年，但对于期货市场来说，却是收获最多的一年。

方正中期总裁许丹良在接受《证券日报》记者采访时表示，回顾过去的一年，期货市场可谓收获颇多，有人称其为商品期货品种扩容的"60+"时代，有人划定为"国际化元年"，有人认为是商品期权崛起之年，但从行业的各项发展情况来看，应该称为期货行业发展转型最迫切的一年。基于从服务实体经济角度出发，现阶段，公司发展乃至行业发展，应当重新定义，具体表现在三方面：一是应当从衍生品市场发展角度重新定义中国期货市场；二是应当用金融机构属性重新定义期货公司；三是按照服务实体经济的需要赋予期货公司全牌照企业。

（资料来源：证券日报，2019 年 02 月 11 日）

7.5.3 金融衍生工具的分类

1. 按照金融衍生工具的基础金融工具分类

（1）汇率衍生工具。

汇率衍生工具是指以各种货币作为基础金融工具的金融衍生工具，主要包括外汇期货、远期外汇合约、外汇期权、货币互换，以及上述工具的混合交易工具。

（2）利率衍生工具。

利率衍生工具是指以利率或债券等利率的载体为基础金融工具的金融衍生工具，主要包括短期利率期货与期权、长期利率期货与期权、利率互换、利率互换期权、远期利率协议等。

（3）指数衍生工具。

指数衍生工具是指以各种指数为基础金融工具的金融衍生工具，主要包括各个市场股票指数的期货和期权、商品指数及基金指数的期货与期权等。

（4）股票衍生工具。

股票衍生工具是指以股票为基础金融工具的金融衍生工具，主要包括个股期货、个股期权及其变种和混合工具。

（5）其他新兴衍生工具。

随着世界经济的发展，新的经济问题不断涌现，为此，新的金融衍生工具也不断被设计出来。如房地产衍生工具、税收衍生工具、信用风险衍生工具和通货膨胀衍生工具等。

2. 按照交易市场的类型分类

(1) 场内工具。

场内工具是指在交易所内按照交易所制定的规则进行交易的工具。交易的合约是标准化的,交易所的价格透明度高、清算的可靠性好、流动性高。场内工具主要包括各种期权和期货等。

(2) 场外工具。

场外工具是指在交易所外交易的金融衍生工具,又称柜台交易工具。场外交易没有固定场所、交易规则约束较少,产品一般是非标准化的,更有弹性的。场外工具主要包括远期、期权和互换等。

3. 按照金融衍生工具的合约类型分类

(1) 远期合约。

远期合约是在确定的将来时刻按确定的价格购买或出售某项资产的协议。远期合约不在规范的交易所内交易,也没有标准化的条款,一般不可以转让。远期合约最大的优点是它锁定了未来某一时期的价格,而且合约条款可以根据双方的需要来进行协商,但是与现货市场一样,远期合约的交易双方也面临着信用风险。

常见的金融远期合约有远期外汇合约、远期利率合约、远期指数合约和远期股票合约。

(2) 期货合约。

期货合约是买卖双方在交易所签订的在确定的将来时间按成交时确定的价格购买或出售某项资产的标准化协议。期货合约是格式化合同,期货合约的成交价格是在交易所通过买卖双方的指令竞价形成的。

金融期货合约基础金融工具的范围广泛,主要有股票、股票指数、利率和汇率等。

(3) 期权合约。

期权又称选择权,期权合约是赋予它的持有者在未来某一日期,即到期日之前或到期日当天,以一定的价格买入或卖出一定数量基础金融工具权利的合约。

期权交易是在期货的基础上逐渐演变而来的,根据期权交易买进和卖出的不同分为看涨期权和看跌期权;根据履约时间的不同,分为欧式期权和美式期权;根据金融期权的交易对象的不同,分为股票期权、外汇期权、利率期权和股票指数期权。

(4) 互换。

互换又称套购交易,指在一定的期限内交易双方同时买入和卖出资本量相当的类似资产或债务的一种交易。互换本质上是远期合约的一种延伸,可以使交易双方获得比他们没有这笔互换交易所预期的更为有利的条件。互换交易现在已经是成熟市场融资和风险管理不可缺少的策略之一,金融互换的种类有利率互换、货币互换、有价证券互换等。

需要补充的是,上述分类界限正逐渐变得模糊,随着金融工程学的发展和为了迎合客户的需求,由多种衍生工具合成的合成衍生工具不断出现,如由期货和期权合成的期货期权、由股票和期权合成的可转换债券、走廊式期权等。另一些衍生工具则有着全新的内涵和外延,如信用风险衍生工具、能创造信用和权益的金融衍生工具等。

7.5.4 金融衍生工具的积极作用及风险

1. 金融衍生工具的积极作用

（1）金融衍生工具具有套期保值、规避风险的功能。

金融衍生工具交易之所以发展迅速，一个重要原因就是这种交易的套期保值性。无论期货还是期权，它们都是一种跨期交易，主要是利用当前进行而在未来结清的买卖交易产生一个正资金流入量，以弥补因价格变动所导致的持有的金融资产的负价值损失。由于跨期交易能够产生一个正资金流入量，这显然比不上进行跨期交易、听任自身拥有的金融资产价值下跌要有利些。金融衍生工具交易的这种套期保值性功能正是其得以存在和发展的条件。

（2）金融衍生工具交易是一种更高级的资源配置机制。

金融衍生工具交易是一种跨期交易，在公开的跨期交易市场上，由于参与者众多、供求集中、竞价公开，所以它能够反映供求双方的力量对比及其价格运动的趋势，从而为广大参与预期金融资产的价格变化趋势提供了重要的参考依据。市场成交价格代表一种行市预期的均衡，它对各种资产持有者合理配置和运用资源，以及对金融债务的发行者、投资者都具有很强的指导作用，因而是一种更高级的资源配置机制。

（3）金融衍生工具交易促进了资本形成。

金融衍生工具交易对资本形成的促进作用主要表现为利用少量现金（或有价证券）作为保证金，而获得相关资产的经营权和管理权。

（4）金融衍生工具交易促进了金融市场的发展。

金融衍生工具交易由于其套期保值、回避风险的作用，促进了金融产品交易得以稳步发展。

由于金融衍生工具交易具有供求对峙、价格发现的作用，使得金融市场更趋成熟、稳定和全球化、一体化，且金融资产的配置运动空间扩大，配置过程加速。由于金融衍生工具交易的杠杆性为投资者提供了新的投资领域，也吸引了更多的潜在参与者进入金融市场，成为实际参与者，从而活跃了市场。总之，金融衍生工具交易作为金融创新的突出代表，对国际金融市场的发展起了重大推动作用。

2. 金融衍生工具交易的风险

金融衍生工具交易犹如一把"双刃剑"，运用得当则具有保值、发现未来价格和降低市场风险等重要功能；若运用不当或对交易的某些环节处理不当，则会给有关交易参与者带来损失，甚至是惨重的损失。因此，对金融衍生工具交易可能涉及的风险损失进行足够的认识是很有必要的。

在巴塞尔委员会1994年7月发表的《衍生工具风险管理指南》中，金融衍生工具交易的风险被归纳为以下五种。

（1）信用风险。

金融衍生工具交易的信用风险是指金融衍生工具交易中合约的对方出现违约所引起的风险。金融衍生工具交易的信用风险与银行借贷业务中的信用风险是不同的。产生金融衍生工具信用风险需要两个条件：一是交易对方因财务危机出现违约；二是在合约剩余期限内，违约方的合约价值为负。金融衍生工具的信用风险包括交割前风险和交割时风险两类，交割前风险是指在合约到期前由于交易对方破产而无力履行合约义务的风险；交割时风险是在合约到期日交易一方履行了合约，但交易对方却未付款而造成的风险。

金融衍生工具交易信用风险的大小与衍生工具合约的到期时间长短密切相关，一般来说时间越长风险越大。而且交易所内交易的金融衍生工具的信用风险要远远小于场外交易的信用风险，因为场外交易既没有保证金要求，也没有集中清算制度。因此，交易者到期能否履约是无法控制的，这完全取决于交易对手履约的能力和意愿。

（2）市场风险。

金融衍生工具交易的市场风险是指因为基础金融工具价格发生变化，从而产生损失的一种风险。它是金融衍生工具的各种风险中最为普遍的一种风险，存在于每一种金融衍生工具的交易之中。因为每种金融衍生工具的交易都是以对相关基础金融产品价格变化的预测为基础的，当实际价格的变化方向或波动幅度与交易者的预测出现背离时，就会造成损失。

对不同的交易者来说，金融衍生工具交易的市场风险是不同的。对套期保值者来说，市场风险相对较小，因为套期保值者在持有金融衍生工具的同时，持有基础金融工具，形成相反的交易地位。而对投机者来说，市场风险较大，因为投机者进行此类交易的目的就是通过承担风险来实现盈利，不但没有持有基础金融工具，还会尽量增加杠杆比率，所以一旦失误，损失将十分惨重。

（3）流动性风险。

金融衍生工具交易的流动性风险主要包括两类：一类是与市场状况关联的市场流动性风险，另一类是与总的资金状况有关的资金流动性风险。市场流动性风险是指由于缺少交易对手而无法变现或平仓的风险。有些金融产品，因为参与的交易者少，市场交易广度和深度不够，一遇到市场剧烈波动，就难以寻找交易对手，无法及时止损，发生了损失。资金流动性风险是指交易者因为流动资金的不足，造成合约到期时无法履行支付义务，被迫申请破产，或者无法按合约的要求追加保证金，从而被迫平仓，造成巨额亏损的风险。

流动性风险的大小取决于交易合约的标准化程度、市场规模的大小和市场环境的变化。场外交易的金融衍生工具基本上是根据交易者的要求设计的，可流通转让的市场极小，流动性风险很大。

（4）操作风险。

金融衍生工具交易的操作风险是指由于公司或企业内部管理不善、人为错误等原因而带来的损失。操作风险包括两类：一类是指在日常交易过程中，由于各种自然灾害或意外事故，如火灾、抢劫或盗窃、通信线路故障、计算机系统故障、高级管理人员人身意外事故和职员日常工作差错等，而给整个机构带来损失的风险；另一类是指由于经营管理上的漏洞，使交易员在交易决策中出现故意的错误或者非故意的失误，而给整个机构带来损失的风险。

操作风险在任何投资形式（如贷款、股权投资、债权投资等）中都会存在，但由于金融衍生工具投资的技术性和复杂性，使交易者在营运管理上有可能遇到更多的问题。金融衍生工具交易需要充足的专业人员、完备的管理模式和完善的风险内控机制，以保证和监控交易的进行和头寸变动。而且由于现行会计制度对金融衍生工具合约的"表外性"处理，使得其风险和收益在会计报表中得不到真实的反映，导致管理人员对其交易头寸的管理和监控不到位，从而可能增加操作风险。

(5) 法律风险。

金融衍生工具交易的法律风险是指因为法规不明确或交易不受法律保护,从而使合约无法履行而给交易者带来损失的风险。金融衍生工具交易的增长大大快于市场的建设速度,由于金融衍生工具属于新型金融工具,相关的法律法规和制度都不是很健全,无法可依和无先例可循的情况会时常出现。法规的不完善增加了金融衍生工具交易的风险。

案例 7-3

A 股期货第一股今日登陆上交所

【A 股期货开启】

今日,国内期货业迎来意义非凡的时刻:A 股期货第一股——南华期货正式登陆上交所主板。

根据上交所 8 月 29 日发布的关于南华期货股份有限公司(简称南华期货)人民币普通股股票上市交易的公告,南华期货 A 股股本为 5.8 亿股,其中 7000 万股今日起上市交易,证券简称为"南华期货",证券代码为"603093",保荐机构为中信证券。

业内人士普遍认为,期货公司登陆 A 股,对中国期货业来说是一个极大利好。"这将对我国期货业做大、做强起到实质性的推动作用。"中国(香港)金融衍生品投资研究院院长王红英向期货日报记者表示,通过上市的方式,期货公司不仅可以募集到资金用于业务拓展并做大做强,而且还将以公众公司的身份接受全市场的监督,促使自身更高质量发展,赢得投资者的肯定,使更多的人认识和了解期货公司乃至期货行业。而成为公众关注的公司和行业,有利于期货公司和期货业更好地展现自身的价值,更好地为实体经济服务。

也有行业人士表示,期货公司登陆 A 股也反映出了近年来国内期货公司整体实力的提升,尤其是即将上市的南华期货和瑞达期货,在行业内各具特色。

南华期货 8 月 28 日发布的首次公开发行 A 股股票上市公告书显示,公司今年上半年实现营业收入 38.27 亿元,净利润 5 262 万元。

据了解,作为成立于 1996 年的国内老牌期货公司之一,南华期货在保持稳健发展态势的前提下,不断探索国际化和多元化发展道路。在多元化经营上,南华期货的公募基金业务最具特色,是国内唯一一家获得公募牌照的期货公司。国际化方面,截至目前,南华期货通过在我国香港地区设立的全资子公司横华国际金融股份有限公司,已在美国芝加哥、新加坡、英国伦敦三个重要国际金融中心设置了分支机构,形成了多市场、多牌照的全球化战略布局,有效提升了公司综合服务能力和在国际金融市场的竞争能力。

对于未来发展,南华期货表示,将以此次上市为契机,未来 3 年以提升业务规模、增强盈利能力和实现战略转型为目标,以经纪业务为基础,大力拓展资产管理、风险管理等创新业务,持续推进国际化发展战略,以求为投资者提供以期货及衍生品工具为主的境内外一体化的风险管理服务,并使公司发展成为"以衍生品服务为核心的金融服务集团"。

(资料来源:期货日报网,2019 年 08 月 29 日)

本章重点回顾

1. 国际金融市场的概念有广义和狭义之分。从广义上讲,国际金融市场是指在国际范围内进行资金融通、证券买卖及相关金融业务活动的场所。从狭义上讲,国际金融市场则仅指从事国际资金借贷和融通的市场。

2. 国际金融市场的类型。按照性质不同，可以分为在岸金融市场和离岸金融市场；按照资金融通期限的长短不同，可以分为国际货币市场和国际资本市场；按照功能不同，可以分为国际资金市场、国际外汇市场和国际黄金市场。

3. 欧洲货币市场的概念及类型。欧洲货币市场是一种以非居民参与为主的、以欧洲银行为中介的在某种货币发行国国境之外，从事该种货币借贷或交易的市场，又称为离岸金融市场。按借贷方式、借贷期限和业务性质，可分为欧洲货币短期信贷市场、欧洲货币中长期信贷市场、欧洲债券市场。

4. 外国债券和欧洲债券的种类。主要的外国债券市场有美国外国债券市场、日本外国债券市场、瑞士外国债券市场、德国外国债券市场和英国外国债券市场；主要的欧洲债券有固定利率债券、浮动利率债券、可转换债券、零息债券、双重货币债券、全球债券、选择权债券和附认购权证债券。

5. 欧洲债券市场的特点有发行高度自由、发行方式宽松，安全性高、发行种类多，发行成本低，金融创新持续不断，欧洲债券市场容量大、期限长，不影响发行地国家的货币流通，以及大多数欧洲债券是不记名式的，可以保护投资者的利益。

6. 金融衍生工具的含义及特点。金融衍生工具是由基础金融工具或金融变量的未来价值衍生而来的，是由两方或多方共同达成的金融合约及各种组合的总称，并有杠杆比率高、定价复杂、风险大、交易成本低和全球化程度高等特点。

关键术语

国际金融市场	International Financial Market	欧洲货币市场	Euro-currency Market
扬基债券	Yankee Bond	武士债券	Samurai Bonds
金融衍生工具	Financial Derivatives	远期合约	Forward Contracts
欧洲债券	Eurobonds	期权交易	Options Trading
期货合约	Futures Contracts	互换交易	Swapping
利率互换	Interest Rate Swap	货币互换	Currency Swap
外国债券	Foreign Bond	远期利率协议	Forward Rate Agreement

习 题

一、名词解释

1. 国际金融市场
2. 欧洲货币市场
3. 扬基债券
4. 武士债券
5. 金融衍生工具
6. 远期合约

二、不定项选择题

1. 按照资金融通期限的长短不同，可以将国际金融市场分为（　　　）。

A. 在岸金融市场和离岸金融市场
B. 国际资金市场、国际外汇市场和国际黄金市场
C. 国际货币市场和国际资本市场
D. 国际资金市场和国际黄金市场

2. （　　）的筹资者主要是世界各地私营或国有企业、社会团体、政府及国际性机构。资金绝大部分来自短期存款，少部分来自长期存款。

A. 欧洲货币短期信贷市场
B. 欧洲货币中长期信贷市场
C. 欧洲债券市场
D. 欧洲货币市场

3. 猛犬债券是外国借款人在（　　）发行的。

A. 英国　　　　　　B. 美国
C. 日本　　　　　　D. 瑞士

4. 按照赋予股东权利的不同，可将股票分为（　　）。

A. 普通股与优先股
B. 国有股、法人股、社会公众股和外资股
C. 记名股票和无记名股票
D. 面额股票和无面额股票

5. 国际债券是在国际证券市场上筹资，发行对象为众多国家的投资者，主要包括（　　）。

A. 外国债券　　　　B. 欧洲债券
C. 武士债券　　　　D. 扬基债券

6. 欧洲货币市场的特点包括（　　）。

A. 市场范围广阔，不受地理限制
B. 交易品种繁多，规模庞大
C. 经济环境高度自由
D. 资金调度灵活、手续简便、利率体系完美

三、简答题

1. 简述国际金融市场的发展趋势。
2. 什么是欧洲货币市场？欧洲货币市场的特点是什么？
3. 简述欧洲债券市场与外国债券市场的异同。

第8章 国际贸易短期融资

教学要点

- 理解国际贸易融资的含义;
- 能够分析国际贸易、国际结算和国际贸易融资之间的关系;
- 了解不同的国际贸易融资类型;
- 掌握国际贸易短期融资的主要形式。

知识架构

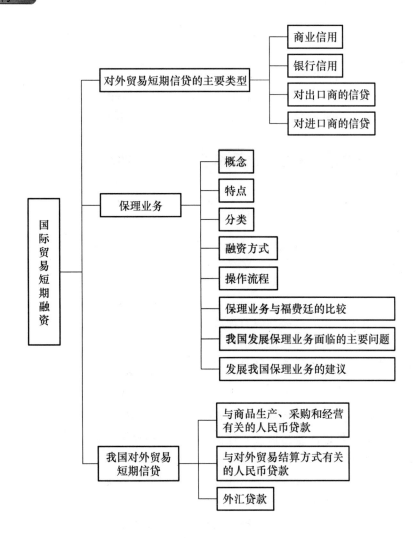

中小企业融资

上海某纺织品进出口企业 A 公司年营业额超过 5 亿元，常年向欧美出口毛纺织产品。2008 年金融危机后，纺织业受到冲击，从前通常采用的赊销交易方式风险加大，且进口商的资金亦不宽松，其国内融资成本过高。经商议，双方达成以开立远期信用证的方式进行付款。该做法虽在某种程度上避免了 A 公司收不到货款的风险，但从组织货物出口到拿到货款仍需较长一段时间，这让 A 公司的流动资金出现了短缺。另外，A 公司担心较长的付款时间会承担一定的汇率风险。则该案例如何设计解决方案？

A 公司出口一向较为频繁，且该公司履约记录良好。结合具体情况，设计融资方案如下：在押汇总额度内，银行为 A 公司提供出口押汇和银行承兑汇票两种方式的融资，以此降低客户的融资成本。A 公司按期限为提单后 90 天付款的远期信用证出运货物后，公司将全套单据提交给国内 B 商业银行，申请办理出口押汇业务。而后，B 银行将单据寄往美国开证行，对方承诺向 B 银行承诺到期付汇。于是 B 银行答应放款，并与 A 公司协商以人民币押汇，以免除客户的汇率风险。融资金额的计算是需要扣除自贴现日至预计收汇日间利息及有关银行费用。A、B 两公司也属于两个信贷的主体，双方提供的信用属于对外贸易商业信用，是一种主要的对外贸易短期信贷，这与本章内容有一定的联系。

（资料来源：https://max.book118.com/html/2016/1130/67031285.shtm，2020-12-10）

信贷作为借贷资本运作和资金融通的一种形式，在国际商务活动中得到不断的运用。贸易信贷包括短期贸易信贷和中长期贸易信贷。本章主要介绍短期贸易信贷的基本知识、保付代理业务和我国现行的对外贸易短期信贷业务。

8.1 对外贸易短期信贷的主要类型

【对外贸易银行信用】

8.1.1 商业信用和银行信用

根据提供信贷主体的不同，对外贸易信贷可分为商业信用和银行信用两种形式。

1. 对外贸易商业信用

对外贸易商业信用是在进口商和出口商之间互相提供的信贷。例如，进口商在收到货物单据后的相当时间才支付货款，这就是出口商对进口商提供了商业信用；当进口商在收到货物单据以前就付出全部或部分货款，就是进口商对出口商提供了商业信用。

2. 对外贸易银行信用

进口商与出口商中的一方信贷资金的获得是由银行或其他金融机构提供的，就是银行信用。例如，对出口商提供以准备出口或发往国外的货物为保证的贷款；银行贴现出口商向进口商签发的汇票；凭出口商对进口商的债权给予贷款。

对外贸易信贷虽然可划分为银行信用和商业信用，但二者又紧密联系，不可分割。一方面，银行对出口商提供信用加强了出口商对进口商提供信用的能力，这样，银行信用就与商业信用交织在一起；另一方面，银行对进口商也提供银行信用，对进口商和出口商提供信用的银行不限于本国银行，外国银行也对进口商和出口商提供信用。

案例 8-1

【中小企业融资难的原因】

中小企业融资难的4个原因与3个破解方法

融资难一直是中小企业发展面临的障碍，国家和地方的各级领导都反复要求各地要切实解决中小企业融资难的问题，许多地方积极帮扶中小企业渡过难关的首要举措就是解决融资问题。

银行界对中小企业贷款有以下四重顾虑。

一是抗击风险能力弱。中小企业规模小，资产少，经不起大风大浪，银行担心它突然出问题，所欠贷款最终由银行买单。

二是对回款来源没信心。一方面，中小企业没有足够资金进行固定投资，缺乏融资担保的物品；另一方面，中小企业财务管理松散，财务报表等不规范。

三是贷款不易于管理。中小企业贷款具有数量不大、风险大等特点，对银行缺乏吸引力。

四是行业偏见难克服。行业偏见使中小企业贷款更是难上加难。

破解中小企业融资难其实也不难。

首先，金融创新是关键。培育以中小企业为主要客户的中小金融机构，部分地方和金融部门应鼓励发展适应中小企业特点的小额贷款公司、村镇银行、中小企业投融资公司等新型金融机构。商业银行则应积极推动票据融资、授信贷款、个人创业贷款、循环额度贷款、小企业联保贷款等为中小企业量身定做的金融产品，为中小企业融资开设通道。

其次，政府在帮助中小企业经济救急方面应加大公共财政支持力度，并在对中小企业风险评估上多发挥监管的作用。积极规范引导企业运用民间资本，拓宽中小企业直接融资渠道。

最后，信用不足也是融资难的重要原因之一。因此，中小企业在市场经济条件下要诚实守信，守法经营，规范管理，提升自身素质，也就提高了融资条件。如此，才能从根本上破解中小企业融资难的问题。

（资料来源：https://www.sohu.com/a/233291310_100163617，2020-12-10）

8.1.2 对出口商的信贷和对进口商的信贷

根据接受信贷对象的不同，对外贸易信贷可分为对出口商的信贷和对进口商的信贷。

1. 对出口商的信贷

对出口商的信贷包括：进口商对出口商的预付款；经纪人对出口商的信贷；银行对出口商的信贷。

(1) 进口商对出口商的预付款，是指进口商在收到货物之前，就支付一定金额给出口商，是进口商对出口商预付的货款，将来出口商以供货的方式偿还。预付有两种情况：一种是作为进口商执行合同的保证，通常称为定金；一种是进口商对出口商的信贷。

保证性质的预付款，其金额一般相当于货物价格可能下落的额度。如果预付款期限较长，金额较大，这种预付就是进口商对出口商提供的信贷。

(2) 经纪人对出口商的信贷。经纪人在某些发达国家的某些原料和粮食的对外贸易方面，起着很大的作用。他们通常以以下几种方式对出口商提供信贷。

① 无抵押采购商品贷款。无抵押采购商品贷款是经纪人在与出口商签订合同时，便对出口商发放的商品贷款。

② 货物单据抵押贷款。货物单据抵押贷款是以经纪人所提供的货物单据来抵付的贷款。

③ 承兑出口商汇票。有时经纪人的资本有限，使用承兑出口汇票的方式来提供信贷，出口商持承兑的汇票向银行贴现。经纪人办理承兑，收取手续费。

（3）银行对出口商的信贷。出口商可以在某出口业务的各个阶段，从银行取得信贷，获得其所需要的资金供应。以下是一些常见的信贷方式。

① 无抵押品贷款。银行对有关工业垄断组织提供无抵押货物贷款，用以生产出口商品，特别是出口商获得外国订单时，银行都办理这种贷款。

② 国内货物抵押贷款。国内货物抵押贷款亦称抵押品贷款，是出口商以国内货物作为抵押品从银行取得的贷款，用以采购预定出口的商品，进行必要的储备。

③ 打包贷款。打包贷款也叫装船前信贷，它是指银行对出口商在接受国外订货到货物装运前这段时间所需流动资金的一种贷款，用于出口货物进行加工、包装及运输过程出现的资金缺口。

④ 信托收据抵押贷款，是以信托收据作为抵押品而发放的贷款。

⑤ 库存供应品抵押贷款，是指在出口商未将货物销售时就先行装运出口到进口国，在进口国将货物销售时，需在一定时间内存放于进口国家。

⑥ 出口押汇。银行以出口商提交的单据和汇票为抵押品，如银行根据汇票金额和收款日期，扣除邮程和一定日期的利息后，而给予出口商融资并加以结汇的业务，即称为出口押汇。

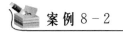

案例 8-2

信 托 收 据

上海 A 公司与美国 B 公司以 CIF 术语、D/P AT 45 DAYS AFTER SIGHT 签订一份买卖合同。美国 B 公司要求指定纽约 D 银行为代收行，我方同意了对方的要求。A 公司按合同规定准时装运货物，并通过上海 C 银行为托收行办理托收业务。货到美国后由于汇票还没有到期，B 公司出具 T/R（信托收据）把全套单据从代收行借出并顺利提货。待汇票期满提示 B 公司付款时，B 公司已经宣布破产，导致 A 公司货款没能收回。

在此案例中，D 银行作为代收行有责任，因为采用的结算方式为 D/P，银行交出单据的前提是必须收到货款，但是其没有收到货款就放出单据，是导致最后没有收回货款的直接原因。我方办理托收环节存在过失，出口方在托收业务中不应该由对方指定代收行，而应该由我方托收行指定。远期付款交单对于出口方的风险主要有：由于托收属于商业信用，卖方收款依赖于进口方的信用，存在不能收回、延迟收回货款的风险；若买方拒绝付款赎单，货物则面临就地变卖、运回，途中出现损失或者完全灭失的风险；国外有一些银行对于远期 D/P 采用 D/A 的处理方法，即对方承兑后即交出单据，或者凭进口方出具的信托收据或者保函就可以借出单据，从而提走货物，对出口方收款带来很大不确定性。

（资料来源：https://wenku.baidu.com/view/ace02160c950ad02de80d4d8d15abe23482f033a.html, 2020-12-10）

2. 对进口商的信贷

对进口商的信贷有出口商对进口商提供的信贷和银行对进口商提供的信贷。

【对进口商的信贷】

（1）出口商对进口商提供的信贷，通常称为公司信贷。公司信贷分为开立账户信贷和票据信贷两种形式。

① 开立账户信贷，也称挂账信贷，是公司信贷的一种。开立账户信贷的提供是在出口商和进口商订立协议的基础上，当出口商将出口商品发运后，将进口商应付货款借记在进口商账户，而进口商则将这笔货款贷记出口商账户。

开立账户信贷在对外贸易中并不流行，大多是在出口商和进口商之间已经有了密切的联系，且相互取得信任的情况下采用的。它适用于连续分批供货的出口，多用在小型工业设备和小型装备品的出售方面。

② 票据信贷。进口商凭银行提交的单据承兑出口商汇票，或是出口商将单据直接寄交进口商，后者于一定期间支付出口商的汇票。汇票期限的长短，依商品性质、买方资信和汇票能否在银行贴现而定。

（2）银行对进口商提供的信贷。银行对进口商提供的信贷有承兑信用和放款两种形式。

① 承兑信用。承兑信用指银行应进口商的申请，对出口商开出的远期汇票进行承兑，从而向进口商提供信用。承兑信用有以下三种类型。

一是一般承兑信用。一般承兑信用指出口商未对承兑行提出特别要求的前提下，进口商便会向进口方银行提出承兑申请。待汇票到期，进口商对承兑行付款，后者支付承兑汇票。一般的承兑信用手续比较简单，但是若开证行缺乏知名度，可能会影响汇票在贴现市场上的信誉。

二是承兑-偿还信用。承兑-偿还信用是由第三国银行承兑汇票的承兑信用。为了提高汇票的信誉，出口商可能要求进口商向这些承兑公司申请承兑。其承兑费按承兑期每月1‰计收，但是低于60天承兑期的至少收2‰。这笔费用仍要由进口商负担。待汇票到期，开证行将款项付给承兑公司，后者用它支付承兑汇票。

三是承兑汇票贴现。承兑汇票贴现是由银行承兑进口商签发的以银行为付款人的远期汇票的承兑信用。当出口商要求进口商用现金支付时，后者可通过贴现方式融资。在取得银行同意的前提下，进口商自行开出汇票，由银行承兑后，在贴现市场上取得现金，用于支付出口商货款。在商品销售之后，进口商将相应款项付给银行，由银行向贴现公司支付承兑汇票。

② 放款。银行对进口商的放款方式主要有以下三种。

一是透支。在进口信贷业务方面，西方国家的银行向其关系密切的工商企业提供透支信用。根据契约，银行允许工商企业向银行签发超过其往来账户余额一定金额的支票。

二是商品抵押放款。通常的方式是银行应进口商的委托，开立以出口商为受益人的凭货物单据付出现款的信用证。出口商提交货运单据，成为开证银行代付货款的保证。

三是进口押汇。进出口双方签订买卖合同之后，进口方请求进口地某个银行（一般为自己的往来银行）向出口方开立保证付款文件，大多数为信用证。然后，开证行将此文件寄送给出口商，出口商见证后，将货物发送给进口商。商业银行为进口商开立信用保证文件的这一过程，称为进口押汇。

案例 8-3

【进出口银行:"一带一路"项目贷款余额】

进出口银行："一带一路"项目贷款余额超过 8 300 亿元

在 14 日举行的银行业例行新闻发布会上，中国进出口银行风险管理部总经理李忠元表示，截至 2018 年一季度末，中国进出口银行支持"一带一路"建设贷款余额超过 8 300 亿元。2017 年"一带一路"国际合作高峰论坛成果清单涉及进出口银行的 28 项贷款协议中，已有 23 项生效，其中 14 项已实现首次放款。

在服务"一带一路"建设的过程中，中国进出口银行加大了基金的支持力度。目前，中国进出口银行在"一带一路"区域主要发起设立或出资参与了中国—东盟投资合作基金、中国—中东欧投资合作基金、中国—欧亚经济合作基金、丝路基金和中非产能合作基金五只基金。

中国进出口银行授信管理部副总经理成泽宇表示，近年来，受部分发展中国家债务率较高影响，政府举债能力有限，加之一些基础设施项目前期风险较大，期限比较长，单纯以贷款支持不符合项目的期限和风险收益特征。而利用股权投资基金进行支持，在不加重东道国债务负担的同时，还可以整合和撬动市场资金，满足项目需求。

(资料来源：央广网，2018 年 06 月 14 日)

8.2 保理业务

近年来随着国际贸易竞争的日益激烈，国际贸易买方市场逐渐形成，对进口商不利的信用证结算的比例逐年下降，赊销日益盛行。由于保理业务能够很好地解决赊销中出口商面临的资金占压和进口商信用风险的问题，因而在世界各地发展迅速。

8.2.1 保理业务的概念

保理全称为保付代理，又称承购应收账款、托收保付，是指保理商承担进口商的信用风险、进口国的政治风险和转移风险的出口融资业务。

保理是指出口商将其现在或将来的基于其与买方订立的货物销售服务合同所产生的应收账款转让给保理商（提供保理服务的金融机构），由保理商向其提供资金融通、进口商资信评估、销售账户管理、信用风险担保、账款催收等一系列服务的综合金融服务方式。它是国际贸易中以托收、赊账方式结算货款时，出口方为了避免收汇风险而采用的一种请求第三者（保理商）承担风险责任的做法。

8.2.2 保理业务的特点

1. 保理组织承担了信贷风险

出口商将单据卖断给保理组织，这就是说如果海外进口商拒付货款或不按期付款等，保理组织不能向出口商行使追索权，全部风险由其承担。这是保理业务的最主要的特点和内容。

保理组织设有专门部门，有条件对进口商资信情况进行调查，并在此基础上决定是否承购出口商的票据。只要得到该组织的确认，出口商就可以赊销方式出售商品，并能避免货款收不到的风险。

2. 保理组织承担资信调查、托收、催收账款，甚至代办会计处理手续

出卖应收债权的出口商，多为中小企业，对国际市场了解不深。保理组织不仅代理他们对进口商进行资信调查，并且承担托收货款的任务；有时他们还要求出口商交出与进口商进行交易磋商的全套记录，以了解进口商负债状况及偿还能力。一些具有季节性的出口企业，每年出口时间相对集中，他们为减少人员开支，还委托保理组织代其办理会计处理手续等。

所以，保理业务是一种广泛的、综合的服务，不同于议付业务，也不同于贴现业务。这是保理业务的另一个主要内容与特点。保理组织具有一定的国际影响与声誉，并对进口商进行了深入的调查；在托收业务中，一般进口商都会如期支付货款，以保持其社会地位与声誉。

3. 预支货款

典型的保理业务是出口商在出卖单据后，立即收到现款，得到融通资金。这是保理业务的第三个主要内容与特点。但是，如果出口商资金雄厚，有时也可在票据到期后再向保理组织索要货款；有时保理组织也在票据到期日以前，先向出口商支付80%的出口货款，其余20%的货款待进口商付款后再给予支付。

8.2.3 保理业务的分类

保理业务依卖方与买方的分布不同，可分为国内保理和国际保理，国际保理是保理业务的一个分支。国际保理从不同的角度可以进行不同的分类。

1. 有追索权保理与无追索权保理

根据保理商是否对供应商享有追索权可分为有追索权保理与无追索权保理。

有追索权保理指保理商凭债权转让向供应商融通资金后，如果买方拒绝付款或无力付款，保理商有权向供应商要求偿还资金，保理商具有全部追索权。严格说此种保理因缺少信用担保功能，并非严格意义上的保理业务。

无追索权保理指保理商凭债权转让向供应商融通资金后，即放弃对供应商追索的权利，保理商独自承担买方拒绝付款或无力付款的风险，但无追索权只是指保理商在对债务人核准的信用额度内承担债务人的信用风险，对于超过信用额度的预付款，保理商仍享有追索权。此类保理是国际保理业务的主流，体现了保理业务坏账担保的特点。

2. 单保理和双保理

根据保理商的数量可分为单保理和双保理。

单保理指由出口保理商单独承购卖方的应收账款，进口保理商只为出口保理商承担坏账风险而不承担向买方收取货款的义务，只有在买方严重逾期不付款时，才会通过一定程序负责催收。

双保理是进口保理商与出口保理商共同参与完成一项保理事务的保理。国际保理中由于存在语言、文化、法律的差异和障碍，往往采用双保理形式，由进出口合同和两个保理合同将各方当事人有效地联系在一起。

3. 明保理和暗保理

明保理和暗保理是按照是否将保理业务通知购货商来区分的。

明保理是指供货商在债权转让的时候应立即将保理情况告知购货商,并指示购货商将货款直接付给保理商。而暗保理则是将购货商排除在保理业务之外,由银行和供货商单独进行保理业务,在到期后供货商出面进行款项的催讨,收回之后再交给保理商。供货商通过开展暗保理可以隐瞒自己资金状况不佳的状况。

需要注意的是,在我国《合同法》中有明确的规定,供应商在对自有应收账款转让时,须在购销合同中约定,且必须通知买方。这就决定了目前在国内银行所开展保理业务都是明保理。

4. 折扣保理和到期保理

折扣保理又称为融资保理,是指当出口商将代表应收账款的票据交给保理商时,保理商立即以预付款方式向出口商提供不超过应收账款 80% 的融资,剩余 20% 的应收账款待保理商向债务人(进口商)收取全部货款后,再行清算。这是比较典型的保理方式。

到期保理是指保理商在收到出口商提交的、代表应收账款的销售发票等单据时并不向出口商提供融资,而是在单据到期后,向出口商支付货款。无论到时货款是否能够收到,保理商都必须支付货款。

8.2.4 保理业务的融资方式

1. 买断式保理、非买断式保理

买断式保理是指银行受让供应商应收账款债权后,即放弃对供应商追索的权利,银行独力承担买方拒绝付款或无力付款的风险。

非买断式保理是指银行受让供应商应收账款债权后,如果买方拒绝付款或无力支付,银行有权要求供应商回购应收账款。

2. 融资保理、到期保理

融资保理是指银行承购供应商的应收账款,给予融通资金,并通过一定方式向买方催还欠款。

到期保理是指银行在保理业务中不向供应商提供融资,只提供资信调查、应收账款催收及销售分户账管理等非融资性服务。

8.2.5 保理业务的操作流程

【申请保理业务的操作流程】

企业向银行提出保理业务申请时,应按规定提供申请材料,银行在尽职调查的基础上决定是否做保理业务;如获批准,则按照规定程序审批保理业务授信额度;企业根据商务合同完成商品或服务交易,供应商向买方开出发票,并附带《应收账款转让通知书》,说明发票所代表的债权转让予银行,要求买方必须直接向银行付款;供应商在开出发票的同时将发票副本送交银行;银行根据发票金额按事先商定的比例,向供应商提供应收账款融资服务(若企业无融资需求则无此步骤),通常

80%～90%，并从中扣除所应收取的保理费用；银行负责向买方催收账款，并向供应商提供合同规定的销售分户账管理；待买方付款后，银行向企业支付余下的款项。

 **知识拓展**

国 际 保 理

国际保理（International Factoring）又称为承购应收账款，是指在以商业信用出口货物时（如以 D/A 作为付款方式），出口商交货后把应收账款的发票和装运单据转让给保理商，即可取得应收取的大部分贷款，日后一旦发生进口商不付或逾期付款，则由保理商承担付款责任，在保理业务中，保理商承担第一付款责任。

（1）国际保理的内容与特点

① 销售分户账管理。

② 账款回收。保理银行利用其专门的账款回收技术和知识，帮助出口商正确适时地对不同债务人收回债款。

③ 信用控制销售。保理银行利用其独特的代理网络、分支机构、先进技术等优势，依据所掌握的客户资信的变化情况，为出口商提供进口商的信用销售额度，帮助出口商将应收账款的风险降到最低限度。

④ 坏账担保。保理银行可以对已核准的应收账款提供100%的坏账担保。

⑤ 贸易融资。保理银行可以向出口商提供无追索权的贸易融资，而且无须办理复杂的审批手续、抵押品移交和过户手续。

（2）由于各个国家和地区的商业交易习惯及法律法规的不同，各国办理国际保理业务的内容及做法也不同。根据保理业务的性质、服务内容、付款条件、融资状况等方面存在的差异，我们可以将保理业务进行以下分类：预付融资；保理商公开；保理商索权；单保理双保理。业务品种主要有以下几种。

① 出口保理。为出口商的出口赊销提供贸易融资、销售分户账管理、账款催收和坏账担保等服务。

② 进口保理。为进口商利用赊销方式进口货物向出口商提供信用风险控制和坏账担保。

③ 国内保理。a. 应收账款买断：以买断客户的应收账款为基础，为客户提供包括贸易融资、销售分户账管理、应收账款的催收和信用风险控制及坏账担保等服务；b. 应收账款收购及代收：以保留追索权的收购客户应收账款为基础，为客户提供贸易融资、销售分户账管理、应收账款的催收三项服务。

（资料来源：https：//baike.baidu.com/item/国际保理/1403389? fr=aladdin，2020-12-10）

8.2.6 保理业务与福费廷业务的比较

保理业务与福费廷业务的本质区别在于保理处理的是应收账款，而福费廷处理的是经过承兑的远期票据。保理业务因为开证行也会对到期付款进行保证，虽然没有汇票，但可视同为是对票据承兑，因此可以称为非标准的福费廷业务。但从根本上来说，福费廷业务的实质就是无追索权地买入已经承兑的远期票据，并非应收账款。两者的区别除了处理应收账款和承兑的票据这一实质性不同外，还包括表 8-1 所列的几个方面。

表 8-1 保理业务和福费廷业务的区别（部分）

类别	保理业务	福费廷业务
双保理业务	通过进口保理商向进口商传递全套商品单据，并以进口商付款为赎单条件	通过其他商业银行向进口商传递单据，进口商以承兑汇票或开立本票并提供银行担保为获取单据的条件，不直接付款赎单
追索权	保理商的无追索权只针对核准的应收账款部分，而出口保理商提供的融资则是有追索权的	福费廷在买断票据后，即将风险全部转移，视为无追索权
融资期限	只能做短期，适合批量大、金额小、期限短的贸易结算，融资期限只在1年内	可做短期、中期和长期，适合成套设备、机械工程等大型项目交易的结算，其金额大、付款期限长
贴现	部分贴现，贴现的是发票或应收账款的融资	全额贴现，贴现的是汇票或本票
风险	保理是商业风险，控制风险手段是资信调查及赊销额度	福费廷是银行风险，风险较大，必须由进口国的大银行为进口商作担保
支付款项	在收到出口商交付的合格单据后，先支付部分款项，其余款项在收到进口商付款后，扣除保理费等各项费用后，才将余额付给出口商	融资商在收到出口商交付的合格票据后，扣除贴息和各项费用，即将全部余额支付给出口商

对出口商来讲，做福费廷业务收款的保证更大。但要根据客户的贸易方式和竞价能力和市场环境来定，如果是卖方市场，出口商能够要求进口商开立信用证，肯定对出口商有利。如果是买方市场，进口商不愿开信用证，采用 D/A 或 O/A 的方式，出口商只能做保理。目前我国保理市场潜力较大，与市场环境有很大的关系。

8.2.7 我国发展保理业务面临的主要问题

【我国发展保理业务面临的主要问题】

1. 能够开展保理业务的主体少

在 FCI 中，我国目前共有 12 个正式会员。保理业务只是他们诸多中间业务之一，而且这些银行并没有设置独立的部门来开展保理业务，而是由相关职能部门兼营。

2. 保理法律法规不健全

至今我国还没有建立一套完整的保理业务法律体系。虽然在实务中我们已经接受了 FCI 的《国际保理管理规则》及国际上颁布的《国际保理服务公约》《仲裁规则》等国际统一的操作规则，但这些法律规范还不能直接用于指导和监督我国保理业务的具体开展。

到目前为止，对保理的债权转让只能依据《合同法》中的有关规定；在外汇转让方面，直到 2003 年 7 月，国家外汇管理局才发布了《关于出口保付代理业务项下收汇核销管理有关问题的通知》，用以规范出口保理项下的核销。我国商业银行目前所做的保理业务作为中间业务在中国人民银行备案，中国人民银行也没有规定保理业务的操作模式。也就是说，各商业银行都是按照自己对保理业务的理解在操作，中国人民银行在政策上给予许可，这使得保理业务的操作一直处于无法可依、有法难依的状态。

3. 保理业务范围窄

目前我国保理业务的种类主要是对进出口的国际贸易活动进行有追索权的双保理，即由进出口保理商分别负责向进出口商提供对资信的评估、对信用风险的担保、对应收账款的管理和追收及其对贸易的融资等。

至于无追索权的保理业务对于绝大多数相关保理商来说，则难以提供。主要是我国目前尚无保险公司为保理商开展无追索权的保理业务提供保险，这就意味着保理商必须独自承担可能出现的信用风险，从而使得风险成本增加，实际收益率降价。推及更深层，主要是保理商、保险公司既无业务准入，又无合作经验所致。

4. 缺乏开展保理业务的专门人才

在我国从事保理业务的人员大多未经过专业的保理业务培训，加之我国保理业务量少、开展时间短，从业人员缺乏实务方面的锻炼，造成整体效率低下，从而影响了保理业务在我国的推广速度和应用范围。

 案例 8-4

商业保理涉猎多领域 上海中庚助力中小企业融资

近年来，我国国内商业保理市场收入涨势喜人，从 2014 年的 20 亿元增至 2017 年的 290 亿元，短短三年间其收入增长 10 倍以上，而且以目前发展态势预测，到 2021 年其收入将高达 1 310 亿元。

商业保理业务也以独特优势满足不同领域的中小企业融资需求。

一是商业保理业务融资对企业整体的资信能力要求低，可规避中小企业整体资信能力较差的劣势，利于拥有畅销产品的中小企业进行融资。

二是商业保理业务融资不需要担保，能够解决中小企业缺少担保物和难以得到第三者提供担保的问题。

三是商业保理业务融资费用相对较低，并能减轻中小企业应收账款的管理负担，也能降低中小企业资金占用的机会成本。

四是商业保理业务可改善中小企业的财务结构，降低中小企业融资的风险水平，利于中小企业再融资。

商业保理未来发展趋势如下。

我国国内商业保理市场对应的是国内应收账款融资市场，目前市场需求仍在继续增长。基于信用交易的应收账款未来会越来越多，相应的应收账款融资管理服务的需求也会越来越多。另外，数字化技术对此行业的影响将越来越大，保理业务向线上转移。

作为商业保理领域的"新势力"，上海中庚融资租赁有限公司依托医疗大健康领域的最

【保理公司的组织模式】

强实力"大咖"国药集团提供的资源与渠道,打造成熟的全产业链,并以雄厚的资金与实力、丰富的资源与渠道、卓越的人才与品牌强势进军保理领域,开展保理业务,解决中小企业融资难的困境,助力中小企业持续发展、推动医疗大健康领域保理事业健康发展。

(资料来源:华夏晚讯,2019 年 02 月 21)

8.2.8 发展我国保理业务的建议

1. 逐步放开保理市场,允许成立独立的保理公司

我国目前只有商业银行从事保理业务,这就意味着,保理业务涉及的融资标准必须服从于商业银行发放贷款的要求,保理业务的优势也因而丧失殆尽。由于目前保理业务还无法立即从银行中分离,因此建议商业银行应成立专业部门,充实专业力量,遵循独立的规则,对保理业务进行独立操作。而监管部门应尽快放开对保理业务的种种限制,以便保理业务从银行中独立出来,由独立的保理公司来开展。

2. 建立健全有关法律法规

一方面,要清理、修改、完善保理业务涉及的现存法律法规,营造有利于保理体系建设的外部法律环境。另一方面,要借鉴参考已有的国际公约、国际惯例和国外成熟市场针对保理业务的专门法律法规和案例,为保理业务的开展设计一套符合我国国情的完整规范的法律制度和具体的业务操作流程,以便规范我国保理业务的发展,形成公平竞争的机制。

3. 拓宽保理业务的范围

首先,应进一步发展双保理,并让出口国保理商和进口国保理商建立合作关系,这是发展国际保理业务的必要条件,也是借鉴与学习国外保理公司经验的有效途径之一。其次,开发无追索权的保理业务。在买方市场条件下,卖方更乐于接受无追索权的保理,一方面可以免除金融风险,另一方面又能及时获得现金。在无追索权的保理业务中,银行由于丧失了对销售方的追索权,承担了较大的风险,因此需要进行风险分散。而加强商业银行与保险公司的合作,尝试开展保理业务保险,是积极有效地分散风险的措施。

4. 培养专业的保理业务人才

保理专业人才需要有很高的素质,银行等保理商要对自身的保理业务从业人员进行专业培训,组织人员参加 FCI 组织的保理函授课程学习和考试,以获得 FCI 颁发的合格证书。同时还可邀请国外专家来国内授课或派人员到国外学习等,利用国外成熟的管理模式和丰富的交易经验培养专业人才,以紧跟保理业务的最新发展。

案例 8-5

【银行出口双保理业务】

双保理制

经营日用纺织品的英国 Tex UK 公司主要从中国、土耳其、葡萄牙、西班牙和埃及进口有关商品。几年前,当该公司首次从中国进口商品时,采用

的是信用证结算方式。为了继续保持业务增长，该公司开始谋求至少60天的赊销付款方式。英国的进口保理商为该公司核定了一定的信用额度，并通过中国银行通知了中国出口商。通过双保理制，进口商得到了赊销的优惠付款条件，而出口商也得到了100%的风险保障及发票金额80%的贸易融资。公司董事Jeremy Smith先生称，双保理业务为进口商提供了极好的无担保迟期付款条件，使其拥有了额外的银行工具，帮助其扩大了从中国的进口量，而中国的供货商对此也十分高兴。

虽然出口商会将保理费用加入进口货价中，但Jeremy Smith先生认为对进口商而言，从某种角度看也有它的好处。当进口商下订单时，交货价格就已确定，他们无须负担信用证手续费等其他附加费用。而对于出口商十分关心的保理业务中的合同纠纷问题，相对而言，虽然理论上说信用证方式可以保护出口商的利益，但实务中由于很难做到完全的单证一致、单单一致，因此出口商的收汇安全也受到挑战。Jeremy Smith先生介绍，该公司在与中国供货商合作的五年时间里仅有两笔交易出现一些货物质量方面的争议，但很快都得到了解决，并且结果令双方满意。

（资料来源：https://www.docin.com/p-322945750.html，2020-12-10）

8.3 我国对外贸易短期信贷

我国对外贸易贷款从总体上可分为三种类型：一种是适合外贸商品的生产采购与经营等有关的人民币贷款；一种是与对外贸易结算方式有关的人民币贷款；一种是对外贸易业务运营过程中所需要的外汇贷款。

8.3.1 与商品生产、采购和经营有关的人民币贷款

（1）商品流转贷款是指银行向从事商品流通的企业发放的除商品政策性和准政策性贷款之外的，用于解决企业商品经营资金需要的短期贷款。

（2）临时贷款是指期限在3个月（含3个月）以内，为满足借款人在生产经营过程中因季节性或临时性的物资采购资金需求，以对应的产品（商品）销售收入和其他合法收入等作为还款来源而发放的短期贷款。临时贷款主要用于企业一次性进货的临时需要和弥补其他季节性支付资金不足。临时贷款利率应根据业务风险状况在人民银行规定的同期限档次的贷款基准利率基础上合理确定。

（3）出口商品生产贷款是指用于支持企业按出口合同、购销协议、排产单等规定，为按期、按质、按量完成生产、交货任务需要的贷款。

（4）出口打包贷款是指出口地银行向出口商提供的短期资金融通。具体做法是：出口商与国外进口商签订买卖合同后，就要组织货物出口。在此过程中，出口商可能出现资金周转困难的情况。打包贷款的期限一般很短，出口商借入打包贷款后，很快将货物装船运出，在取得各种单据并向进口商开发汇票后，出口商通常前往贷款银行，请其提供出口抵押贷款，该银行收下汇票和单据后，将以前的打包贷款改为出口押汇，这时的打包贷款即告结束。

（5）科技开发贷款是指用于新技术和新产品的研制开发、科技成果向生产领域转化或应用而发放的贷款。这类贷款主要用于支持国家科技开发计划（星火、火炬、成果推广等）的实施，以及"攻关"等科技计划的成果转化。科技开发贷款对象包括：工业、农业、商业企

业和科研生产联合体或实行企业化管理的科研事业单位。

（6）联营股本贷款是指银行为支持外贸企业建立稳定的出口货源基地，在国内组织各种形式的联营而发放的一种占用固定资产指标的融资业务。贷款对象是对外经贸部及其授权单位批准经营进出口业务的外贸和其生产企业。贷款的使用范围是经营进出口业务的企业，根据国家的外贸政策和国际市场销售情况，在国内组织各种形式的联营企业（不包括与外商合资合作经营的企业）所需入股资金的不足部分。

（7）出口商品生产中短期贷款是为了支持出口商品的生产企业进行技术改造、增添设备所需要的资金而发放的贷款。凡属于生产出口产品的外贸部门直属加工生产企业、全民和集体所有制的工业企业和农、副、土特产产品的生产单位，用于在原生产条件基础上的挖潜、革新、改造和为发展农、副、土特产品生产所需的设备（包括制造设备改造）、种畜、种子等均可使用此项贷款。新建续建企业的基本建设投资，不属于贷款范围。

（8）票据抵押贷款是票据融资作用的一种形式。票据融资就是用票据调度资金。票据持有人通过贴现未到期的票据，以取得资金。票据的质押是一种债的担保方式，它有利于督促当事人履行其债务，保证经济活动的正常进行。如果票据债务人不能如期履行还贷义务，持票人在票据到期就可以行使票据上的权利，向付款人请求付款，并从所得票款中按贷款数额、利息、违约金等优先受偿。因此，设定票据质押，对债务人来讲，就会促使其如期履行还贷义务；对债权人来讲，在收回贷款上要比一纸合同更有保障，在债务人不能如期还贷时，可以通过行使质权，以避免债权风险。票据质押贷款是非单纯的融资手段，因为它尚未进行票据买卖。

8.3.2 与对外贸易结算方式有关的人民币贷款

【信用证抵押放款】

与对外贸易结算方式有关的人民币贷款，主要有信用证抵押放款、出口押汇和商业汇票承兑贴现三种主要形式，现分别将其贷款原则、条件和做法分析介绍如下。

1. 信用证抵押放款

信用证抵押放款是指出口商收到境外开来的信用证，出口商在采购这笔信用证有关的出口商品或生产出口商品时，资金出现短缺，用该笔信用证作为抵押，向银行申请本、外币流动资金贷款，用于出口货物进行加工、包装及运输过程出现的资金缺口。

信用证抵押放款的条件如下。

（1）在本地区登记注册、具有独立法人资格、实行独立核算、有进出口经营权、在银行开有人民币账户或外汇账户的企业。

（2）出口商应是独立核算、自负盈亏、财务状况良好、领取贷款证、信用等级评定A级以上的。

（3）申请打包放款的出口商，应是信用证的受益人，并已从有关部门取得信用证项下货物出口所必需的全部批准文件。

（4）信用证应是不可撤销的跟单信用证，并且信用证的结算不能改为电汇或托收等其他的结算方式，开证行应该是具有实力的大银行。

（5）信用证条款应该与所签订的合同基本相符。

（6）最好能找到其他企业提供担保，或提供抵押物。

(7) 出口的货物应该属于出口商所经营的范围。
(8) 开出信用证的国家政局稳定。
(9) 如果信用证指定了议付行,该笔打包放款应该在议付行办理。
(10) 信用证类型不能为:可撤销信用证、可转让信用证、备用信用证、付款信用证等。
(11) 远期信用证不能超过 90 天。

申请信用证抵押放款需要向银行提供的资料如下。

①信用证正本;②流动资金借款申请书;③外销合同;④境内采购合同;⑤营业执照副本;⑥贷款证;⑦近三年度的年度报表;⑧最近一个月的财务报表;⑨法人代表证明书。

信用证抵押放款的金额和期限如下。

①最高金额为信用证金额的 80%。②期限不超过信用证有效期后的 15 天,一般为三个月,最长不超过半年。③展期:当信用证出现修改最后装船期、信用证有效期时,出口商不能按照原有的时间将单据交到银行那里,出口商应在贷款到期前十个工作日内向银行申请展期。④展期所需要提供的资料:贷款展期申请书、信用证修改的正本。

信用证抵押放款的业务流程图如图 8.1 所示。

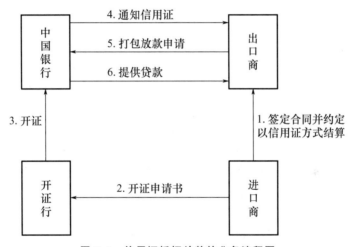

图 8.1 信用证抵押放款的业务流程图

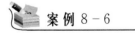

信用证抵押放款案

广州市一家经营家具的 A 公司,2002 年开始承接美国 B 公司的家具业务。近日,A 公司又接到 B 公司一批价值 125 多万美元的订单,约定结算方式为信用证。但受金融危机影响,A 公司赊账进行原料采购的模式受到严重冲击,原料迟迟无法到货,公司急需贷款,却又苦于缺少有效抵押物,陷入了手握订单却为资金周转发愁的窘境。

经审核,银行同意给 A 公司发放信用证金额 80% 的打包贷款授信额度。收到美方开立的 125 万美元即期付款信用证后,A 公司凭正本信用证向银行提出叙做打包贷款申请,假定期限为 90 天,同期的美元贷款利率仅为年息 2.987 5%。则企业需要付出的利息计算为:

125万美元×80％×2.987 5％×90天÷360天＝0.746 8(万美元)

生产结束后，A公司向银行交单，单证相符，银行向开证行寄单索汇。银行收到该笔信用证项下的出口货款125万美元，在归还银行打包贷款本息100.746 8万美元后，余额入A公司结算账户。

(资料来源：https://max.book118.com/html/2016/1219/74277828.shtm，2020-12-10)

2. 出口押汇

出口押汇是指企业（信用证受益人）在向银行提交信用证项下单据议付时，银行（议付行）根据企业的申请，凭企业提交的全套单证相符的单据作为质押进行审核，审核无误后，参照票面金额将款项垫付给企业，然后向开证行寄单索汇，并向企业收取押汇利息和银行费用并保留追索权的一种短期出口融资业务。

（1）出口押汇的对象。

企业具有进出口经营权并具备独立法人资格，且以信用证作为出口结算的方式，即可凭信用证项下的出口单据向银行申请叙做出口押汇。

企业如需向银行申请叙做出口押汇，必须满足以下条件。

① 企业应在申请行开立人民币或外币往来账户，办理进出口结算业务，并在押汇融资业务项下核算一切收支。

② 企业资信良好，履约能力强，收汇记录良好，具有一定的外贸经验。

③ 出口的商品应为企业主要出口创汇产品，适应市场需求，国内外进销网络健全畅通，并能取得必要的配额及批文。

④ 企业应具有健全的财务会计制度，能按时向银行报送财务报表，接受银行对企业生产经营及财务状况的实时审核。出口押汇款项应用于合理的资金周转需要。

⑤ 开证行及偿付行所在地政局及经济形势稳定，无外汇短缺，无特别严格外汇管制，无金融危机状况，且开证行自身资信可靠，经营作风稳健，没有故意挑剔单据不符点而无理拒付的不良记录。

⑥ 信用证条款清晰完整且符合国际惯例，经银行认可无潜在风险因素。转让信用证银行原则上不予办理出口押汇。

⑦ 叙做出口押汇的单据必须严格符合信用证条款，做到单单一致、单证一致。对远期信用证项下的出口押汇，须在收到开证行承兑后方可叙作。

（2）出口押汇的币种、利率、期限。

出口押汇的币种为单据原币种，押汇利率按照国际金融市场的状况、申请行筹资成本、开证行资信风险等因素确定。押汇金额比例由银行根据实际情况核定，最高额为单据金额的100％，银行预扣银行费用、押汇利息后，将净额划入企业账户。如实际收汇日超出押汇的期限，银行将向企业补收押汇利息。即期出口押汇期限按照出口收汇的地区及路线来确定，远期信用证押汇期限为收到开证行承兑日起至付款到期日后的第三个工作日止。如超过押汇期限，经银行向开证行催收交涉后仍未收回议付款项，银行有权向企业行使追索权，追索押汇金额、利息及银行费用。

（3）出口押汇的作用。

客户出口交单后，凭与信用证要求相符、收汇有保障的单据向银行申请短期融资，客户能在国外收汇到达之前提前从银行得到垫款,加速资金周转。

(4) 出口押汇的特点。

① 押汇/贴现系短期垫款,押汇期限一般不超过 180 天,贴现不超过 360 天。

② 押汇/贴现系预扣利息后,将剩余款项给予客户,利息按"融资金额×融资年利率×押汇天数/360"计算。

③ 押汇/贴现系银行保留追索权的垫款,无论保种原因,如无法从国外收汇,客户应及时另筹资金归还垫款。

(5) 办理出口押汇的条件。

①所交单据与信用证要求相符。②信用证项下单据收款有保障。③已办妥相关手续。④对有下列情况之一的,银行将拒绝接受押汇申请:a. 来证限制其他银行议付;b. 远期信用证超过 180 天;c. 运输单据为非物权凭证;d. 能提交全套物权凭证;e. 带有软条款的信用证;f. 转让行不承担独立付款责任的转让信用证;g. 单证或单单间有实质性不符点;h. 索汇路线迂回曲折,影响安全及时收汇;i. 开证行或付款行所在地是局势紧张动荡或发生战争的国家或地区;j. 收汇地区外汇短缺,管制较严,或发生金融危机,收汇无把握的;k. 其他银行认为不宜提供押汇的情况。

3. 商业承兑汇票贴现

商业承兑汇票贴现是指商业承兑汇票的持票人在票据到期日前为了取得资金,贴付一定利息将票据权利转让给银行的票据行为,也是金融机构向持票人融通资金的一种方式。

(1) 商业承兑汇票贴现的优点如下。

①利用自身信用完成货款结算,降低融资成本;②客户可以根据需要灵活签发商业承兑汇票,操作手续简便;③相对于银行承兑汇票,可以有效降低手续费支出;④有利于企业培植自身良好的商业信用。

(2) 商业承兑汇票贴现的申请资料。

①客户贴现申请;②申请企业营业执照、企业代码证、税务登记证及法人代表身份证的复印件;③拟贴现的未到期的票据原件及复印件;④与票据相符的商品交易合同;⑤有关履行该票据项下商品交易合同的发票、货物发运单据、运输单、提单等凭证的复印件;⑥近两年及最近一期的各类财务报表;⑦银行认为必须担保的保证单位的保证承诺及营业执照、企业代码证、法人代表身份证的复印件;⑧有处分权人的抵(质)押承诺及抵(质)押物清单和所有权、产权证明银行认为需要的其他资料。

(3) 商业承兑汇票贴现的处理程序。

第一,申请贴现。

申请人申请贴现需要资金,持未到期的商业承兑汇票向开户银行申请贴现。持票人填写完毕,在贴现凭证的第一联上和商业承兑汇票背面的贴现背书栏,分别注明贴现银行名称,并在"申请人盖章"处加盖预留银行印鉴,然后将商业承兑汇票和五联贴现凭证一并提交贴现银行。

第二,审查办理贴现。

贴现银行信贷部门接到申请贴现人提交的未到期商业承兑汇票和贴现凭证,经按照信贷政策审查符合条件时,即在贴现凭证的银行审批栏签注"同意"字样,并加盖有关人员印章后转交会计部门。贴现银行会计部门应审查商业承兑汇票内容有无涂改，与贴现凭证的有关栏的填写是否相符，收款单位是否已在汇票上做成。背书和加盖印签，信贷部门是否同意贴现及有关人员印章是否齐备。经审核无误，即按照规定的贴现率，计算出贴现利息，从贴现的商业承兑汇票金额中预扣贴现利息后，将实付贴现金额转入贴现人账户使用。同时，会计部门应将贴现的商业承兑汇票留存专夹保管。

第三，委托收款。

贴现银行会计部门应经常查看已受理贴现的商业承兑汇票的到期情况。于到期前匡算至承兑人开户银行的邮程，填制"委托收款结算凭证"提前委托承兑人开户银行收取票款。

第四，到期付款。

承兑人应于商业承兑汇票到期前备足资金，以备支付到期的票款。承兑人开户银行收到贴现银行寄来的委托收款的商业承兑汇票后，经审查无误，于汇票到期日凭以从承兑人账户中支付票款。

第五，划回票款。

承兑人开户银行将第五联委托收款凭证加盖业务公章作为付款通知交给付款单位，在汇票上加盖转讫章，作为第三联委托收款凭证代付出传票的附件，并按照委托收款结算的付款手续将票款划回贴现银行，贴现银行收回贴现票款，至此，这笔商业承兑汇票贴现业务就结束了。

8.3.3 我国的外汇贷款

外汇贷款是银行以外币为计算单位向企业发放的贷款。外汇贷款的开办，对于利用外资和引进先进技术设备、促进我国对外贸易和国际交往的发展、国际商品市场和国际金融市场的变化都具有十分重要的意义。

外汇贷款除了具有银行其他信贷业务的一般特点外，还具有以下特点：借外汇还外汇；实行浮动利率；收取承担费；借款单位必须有外汇收入或其他外汇来源；政策性强，涉及面广，工作要求高。

1. 我国外汇贷款类型

（1）按照外企自身业务需求分类。

我国的外贸企业根据本身业务经营的需要与有关银行的规定，可申请外汇贷款。外汇贷款按资金运用的不同方式，设立多种不同的种类，借款单位可根据自己的需要选择借用。

① 短期外汇浮动利率贷款。

这种贷款主要是解决外商投资企业、国内金融机构和企业临时周转的外汇资金需求。

② 短期周转外汇贷款。

这种贷款具有外汇流动资金贷款的性质，采用定期进行调整的固定利率，期利率水平一般高于优惠利率，低于浮动利率。在贷款期内，如利率调整，贷款利率相应调整，分段计算。

③ 对外承包工程外汇贷款。

这种贷款是为了支持国内承包工程公司开展国际经济技术合作而发放的一种外汇贷款。贷款的使用范围是用于购买国外建设工程所需施工机具；用于购买承包工程所需施工材料、安装设施；用于支付洽谈业务所需费用。贷款期限是按照贷款协议中规定贷款的期限确定，并按优惠利率计算。

（2）按外汇贷款的投向分类。

按外汇贷款的投向可将外汇贷款分为固定资金贷款和流动资金贷款。其中，固定资金贷款又可分为技术改造贷款和基本建设贷款。

（3）按融资的目的分类。

按照融资的目的可将外汇贷款分为对外贸易贷款和出口信贷。

① 对外贸易贷款。

a. 打包贷款。打包贷款是银行对信用证项下的出口商生产进料、加工、包装运输的资金需要而发放的专项贷款。

b. 出口押汇。出口押汇是银行应出口商的要求，以装运出口后提交的与信用证要求完全相符的全套单据为依据，以应收的出口款项为抵押对出口商发放的结算贷款。

c. 进口押汇。进口押汇是银行在信用证项下，因进口商付款赎单的资金不足而发放的贷款。

d. 银行承兑。银行承兑是由借款人（进出口商）以对外贸易交易为基础，开立最长期限为 6 个月的汇票，经国际大银行承兑，然后在金融市场上贴现，以取得资金的融通。

e. 代理融通。代理融通是指商业银行或专业代理融通公司购买借款企业的应收账款，并在账款收回前提供融通资金之外的其他服务项目。

f. 包买票据。习惯上称之为"福费廷"，又叫作无追索权信贷，是一种由出口地银行通过出口商给予进口商的信贷，而出口商却无须承担进口商停止或拒付款的风险。

② 出口信贷。

出口信贷，是为扩大本国大型成套设备、运输工具的出口，由国家给予利息补贴和承担信贷风险，由本国银行对本国出口商或外国进口商（或银行）提供的优惠贷款。

（4）按外汇资金来源分类。

按外汇资金来源可将外汇贷款分为现汇贷款、转贷款、项目贷款、金融信贷和其他，以下介绍转贷款和项目贷款。

转贷款是指商业银行既作为债务人，对外签订贷款协议，借入资金；又作为债权人，将此资金转贷给国内企业。转贷款多属于国际融资贷款。

项目贷款是若干贷款人（银团、多国银行、政府、国际金融机构）共同向另一项目公司提供的中长期贷款，专用于大型工程建设或生产性项目的信贷。

（5）按贷款组织的方式分类。

按贷款组织的方式可将外汇贷款分为银团贷款、联合贷款和单一银行贷款。

银团贷款又称辛迪加贷款，是由一家或几家银行牵头，多家银行参加，按一定的分工和出资比例组成银行集团，向某一特定借款者发放的贷款。

联合贷款是指两家或两家以上银行共同对某一客户或某一项目进行贷款，但各家银行分签贷款合同，分别谈判贷款条件。

单一银行贷款是由单一银行向某一特定借款者发放的贷款。

（6）按外汇贷款期限长短分类。

按外汇贷款期限长短可将外汇贷款分为短期贷款和中长期贷款。短期贷款是一年以内

（含一年）的贷款。中长期贷款是1年以上的贷款。

2. 外汇贷款的对象和条件

（1）外汇贷款发放的对象。

外汇贷款的对象主要是有外汇支付需求的企（事）业法人或经济实体，包括中资国有、集体企（事）业；股份制企业；中外合资、合作企业；外商独资企业；港澳台商投资企业等。

（2）外汇贷款发放的条件。

从宏观上来讲，外汇贷款有两个基本条件：一是贷款项目必须按程序上报，经批准并纳入计划。二是国内配套设备要落实。借款人还应具备以下条件。

① 经济效益好，产品适销对路，有偿还外汇贷款本息的能力。

② 外汇贷款借款必须具有独立法人资格，实行独立核算，持有《贷款证》，在银行开立账户；有健全的财务会计制度，资产负债率一般不超过75%；注册资本金已按期到位，并经合法核资。

③ 固定资产贷款项目须符合国家产业政策，并经有关机关批准，项目配套人民币资金、设备、物资、技术条件落实。

④ 建设项目投资总额中自筹资金不低于30%，新建项目企业法人所有者权益与项目总投资比例一般不低于30%。

⑤ 借款人申请外汇贷款须提供贷款人认可的相关资料。

3. 外汇贷款增长对经济的影响

首先，外汇贷款的快速增长对我国的流动性管理及从紧货币政策带来了不利的影响。

本外币贷款成本差异和人民币升值预期导致企业负债外币化资产本币化倾向明显，货币反替代现象突出，货币政策调控力度削弱。外汇贷款的迅速增加是货币反替代的一种表现，将会增加央行基础货币投放，使中央银行货币政策的自主性受到很大的削弱。外汇贷款游离于货币政策之外，弱化了货币政策调控效果。

其次，外汇贷款的迅猛增长加速了人民币升值的进程。

基于投机动机的外汇贷款增长是人民币持续升值的结果，但企业外汇贷款的快速增长也为企业将其外汇收入尽快结汇创造了条件，进而促进了外汇储备的持续增长，加速了人民币升值的"自我实现"。同时，外汇贷款大量投放于涉外经济部门，不可避免地将会增强这些部门的国际市场竞争力，提高出口收汇能力，进而促进人民币升值。

最后，外汇贷款的迅猛增长正在使中国的银行业积聚新的金融风险。

企业境外收款落地结汇，外汇存款增长滞缓，与外汇贷款需求扩大形成的外汇流动性缺口一时难以弥补，导致出现较大幅度的外汇存贷差，加剧了银行体系外汇流动性紧缺矛盾。一旦汇率出现浮动，银行随时会承受巨大的损失，同时，为弥补外汇资金缺口，满足外汇贷款需求，金融机构采取从外汇市场拆借、境外融资等方式获取外汇资金。外汇资金来源的对外依存度越来越高，负债来源的短期化倾向日趋明显，严重影响银行外汇资金来源稳定性，流动性风险日益显露。

4. 我国外汇贷款发展的趋势

随着金融市场改革的深化，本外币业务的存贷款利差将逐渐收窄，商业银行利润增幅下降的趋势已成定局，这将使其对包括利率、汇率在内的市场价格更为关注，也更为敏感。

在存款方面：个人外汇存款的稳定增长，给银行外汇贷款业务提供了充足的资金来源。一方面，个人存款由于分散而议价能力相对较弱，属于低成本存款；另一方面，人民币国际化为市场主体提供了选择的权利，即随时可以选择使用人民币或是美元。从这个角度讲，个人外汇存款将会有很大的发展空间。

在贷款方面：人民币汇率双向波动甚至贬值，对境内银行利润核算的影响是正向的，如果用美元贷款置换人民币贷款，依然能实现银企双赢。

知识拓展

第三届贸易金融论坛在京开幕开启贸易金融新时代

2018年4月21—22日，由北京天九湾投资咨询有限公司、通九湾金融信息服务（上海）有限公司主办，主题为"走进贸易金融新时代"的2018年度第三届贸易金融论坛在北京召开。

"让世界学习我国设计的产品，由我们来主导国际惯例的制定，是在座所有人的梦想"。国际商会执行董事、中国银行原副行长张燕玲在"走进贸易金融新时代"的主旨演讲中提到，贸易金融对经济大国非常重要。在所有的国际惯例中，只有在跟单信用证的惯例方面，中国起了一定的主导作用。

开幕式上，作为主办方的林建煌董事长发表题为《因为专注，所以专业》的致辞，据悉，该公司正在自主研发中的跨行信用证云平台，基于全国的中小银行缺乏人才、缺乏高效率管理团队这一普遍情况而进行智能化设计，既有系统创新，又有服务支撑，还在文本表述上有了新的突破。该平台可以直连供应链核心企业和上下游企业，将提供包括中文金融通讯、福费廷、信用证、资金池、供应链在内的综合解决方案，为银行贸易金融战略转型和企业的贸易金融提供财资运作途径。

作为国内有一定声誉的最大行业盛会，贸易金融年度论坛已成功举办两届。公司自移驻北京以来，聚焦跨行同业、聚焦数字平台、聚焦产融整合，致力于尽快实现"做中小银行贸易金融专家"的愿景。

（资料来源：光明网—经济频道，2018年4月23日）

本章重点回顾

1. 对外贸易短期信贷的主要类型。根据提供信贷主体的不同，对外贸易信贷可分为商业信用和银行信用两种形式；根据接受信贷对象的不同，对外贸易信贷可分为对出口商的信贷和对进口商的信贷。

2. 保理是指出口商将其现在或将来的基于其与买方订立的货物销售服务合同所产生的应收账款转让给保理商（提供保理服务的金融机构），由保理商向其提供资金融通、进口商资信评估、销售账户管理、信用风险担保、账款催收等一系列服务的综合金融服务方式。

3. 保理业务的特点有保理组织承担了信贷风险、预支货款和保理组织承担资信调查、托收、催收账款，甚至代办会计处理手续。

4. 保理业务的类型及融资方式，保理业务依卖方与买方的分布不同，可分为国内保理和国际保理，国际保理是保理业务的一个分支。国际保理从不同的角度可以进行不同的分类。例如，有追索权保理与无追索权保理、单保理和双保理、明保理和暗保理、折扣保理和到期保理等，并有买断式保理、非买断式保理、融资保理和到期保理等融资方式。

5. 我国对外贸易贷款从总体上可分为三种类型：一种是适合外贸商品的生产采购与经营等有关的人民币贷款；一种是与对外贸易结算方式有关的人民币贷款；一种是对外贸易业务运营过程中所需要的外汇贷款。

关键术语

商业信用　Commercial Standing

银行信用　Bank Credit

无抵押采购商品贷款　Unmortgaged Purchase Commodity Loan

货物单据抵押贷款　Goods Document Mortgage Loan

承兑出口商汇票　Acceptance of Exporter's Draft

无押品贷款　No Collateral Loan

信托收据抵押贷款　Trust receipt mortgage loan

信用证　Letter of Credit（L/C）

出口押汇　Bill Purchased

进口押汇　Import Bill

商业承兑票据贴现　Discount on Commercial Acceptance

外汇贷款　Foreign Exchange Loan

习　　题

一、填空题

1. 无抵押贷款是以此项贷款来抵付，经纪人所提供的货物单据抵押贷款，按货物所在地的不同可分为＿＿＿＿＿＿＿＿、＿＿＿＿＿＿＿＿、运抵经纪人所在国货物抵押贷款或＿＿＿＿＿＿＿＿。

2. 国内货物抵押贷款亦称抵押品贷款，是出口商以国内货物作为抵押品从＿＿＿＿取得的贷款，用以＿＿＿＿＿＿出口的商品，进行必要的储备。

3. 打包贷款也叫＿＿＿＿＿＿＿＿，是指银行对＿＿＿＿＿＿在接受国外订货到货物装运前这段时间所需流动资金的一种贷款，是用于出口货物进行＿＿＿＿＿、＿＿＿＿＿及运输过程出现的资金缺口。

4. 贸易融资（Trade Finance）一般可以分为＿＿＿＿＿（Trade Loan）和＿＿＿＿＿（Bank Credit）。根据保理商的数量可分为＿＿＿＿＿和＿＿＿＿＿。

5. 进口押汇是开证行给予进口商（开证申请人）的一项＿＿＿＿＿便利，即企业（开证申请人）在银行给予减免保证金的情况下，委托银行开出信用证，在单证相符须对外承担付款责任时，由于企业临时资金短缺，无法向银行缴足全额付款资金，经向银行申请并获得批准后，由银行在对企业保留＿＿＿＿＿和＿＿＿＿＿的前提下代为垫付款项给国外银行或出口商，并在规定期限内由企业偿还银行押汇贷款及利息的融资业务。

二、判断题

1. 单保理是进口保理商与出口保理商共同参与完成一项保理事务的保理。国际保理中由于存在语言、文化、法律的差异和障碍,往往采用双保理形式,由进出口合同和两个保理合同将各方当事人有效地联系在一起。（　　）

2. 银行为客户开立信用证是商业信用,开证行为申请人偿还进口申请书下的应付款而提供的融资是贸易贷款。（　　）

3. 承兑信用指银行应进口商的申请,对出口商开出的远期汇票进行承兑,从而向进口商提供信用。承兑行并不负责垫付资金,它所贷出的是自己的信誉,以换取承兑手续费。（　　）

4. 按外汇贷款期限长短可将外汇贷款分为短期贷款和中长期贷款。短期贷款是2年以内的贷款。中长期贷款是2年以上的外汇贷款。（　　）

5. 信托收据抵押贷款是以信托收据作为抵押品而发放的贷款。内地商人发运货物给出口商后,委托银行向出口商代收货款。（　　）

三、名词解释

1. 商业信用
2. 银行信用
3. 打包放款
4. 偿还信用
5. 承兑信用

四、简答题

1. 对外贸易短期信贷有哪几种主要形式?
2. 比较商业信用与银行信用的差异。
3. 简述保付代理业务的类型及其特点。
4. 分析保付代理业务的优势。

五、案例分析

2009年美国哥伦比亚服装公司（COLUMBIA FABRIC INC.）想从我国华通公司（某从事服装纺织类商品的制造）进口一批服装,金额约为7 668 000美元。此次美国哥伦比亚服装公司想用D/A at 90 days进行结算,但是我国华通公司在D/A方面涉及较少,并认为资金稍大,占用时间较长,会使自己资金吃紧,影响与其他合作伙伴的合作,因此提出使用出口双保理,双方达成协议同意使用出口双保理。华通公司随即选择了中国银行浙江某分行签订《授信协议》和《扣款申请书》,约定有追索权公开型出口保理授信额度40 000 000元。双方通过签订《国际保理业务合同》约定对该额度的具体使用并且依《授信协议》约定,签订多份相关文件,约定保理届至日即为保理合同买方应付款日。美国方面的进口保理商为美国远东国民银行（Far East National Bank）。华通公司于2009年4月16日和2009年5月18日向中国银行浙江分行提交两份出口单据（INV.2054；INV.2055）,总计7 668 000美元,提出融资申请,按照《国内保理业务合同》的约定,中国银行浙江分行向华通公司支付了3 787万元的收购款,受让了华通公司对美国哥伦比亚服装公司所享有的48 348 036元的应收账款债权。保理合同约定原告基本收购款按照应收账款债权的78.1%的比例计算。双方共同向美国方面发出了《应收账款债权转让通知书》,美国哥伦比亚服装公司在签收回执上盖章确认并承诺向原告履行付款责任。然而，2009年8月5日，中行收到美国远东国民银行发来的争议通知，内容为此公司年初发给美国进口商托收项下的货物其中部分由于质量与要求不符问题，所以美国哥伦比亚服装公司拒绝付款总计7 668 000美元的合同货款，并随即附上质量检验证明书。中行立即通知该公司争议内容，希望其与美国公司协商，并要求其返还已付的收购款，华通公司拒绝偿付，认为已经将发票等票据卖给了中国银行浙江分行，进口商不付款，而应该由中国银行浙江分行承担。后来由法院判定要归还，华通公司出于无奈只能与进口商协商以1/3的市场价请求对方接受有质量问题的部分商品。

根据上述案例回答以下问题。

1. 选择保理业务的动机分析。
2. 试分析该案例中双方的融资过程。
3. 试分析该案例中存在的争议有哪些？
4. 根据案例内容分析此次保理业务参与双方的利益得失。
5. 从各方的角度分析出口保理是否是适合的选择。

第 9 章　国际贸易中长期融资

教学要点

- 了解国际贸易中长期融资的主要形式；
- 掌握出口信贷的定义和主要形式；
- 了解国际项目融资和 BOT，了解 BOT 的具体运作流程；
- 了解国际融资租赁和我国融资租赁发展概况。

知识架构

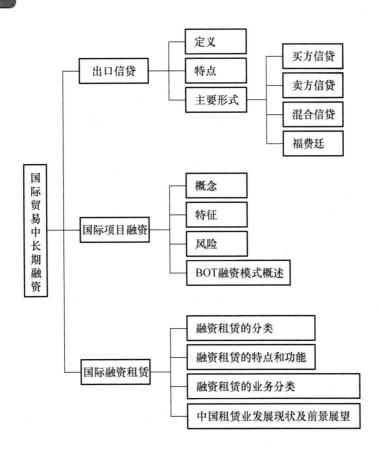

人民币协议付款指境内银行代理境外银行与境内进口商签订融资合同后,以加押电文方式向境外银行发出《协议付款指示电》,请求境外银行对进口商外币应付业务叙做人民币协议付款融资,同时按起息日当日境内银行与境外银行确定的汇率,将人民币融资本金折算成指定金额的外币款项支付给收款行,境内银行承诺在融资到期日向境外银行支付人民币本息的资金融通业务。

如境内 A 银行原来与境内进口商 C 公司合作 TT 项下外币融资,但由于短期内受到贷款额度规模和短期外债规模限制,未能为客户提供融资服务,也未能采取正常的海外代付方式(海外代付需要占用 A 银行短期外债额度)满足客户的资金需求。于是,A 银行联系境外代理行 B 银行与 C 公司签订融资合同,由 B 银行为 C 公司垫付外币进口货款,A 银行在融资到期日前向 B 银行支付按约定汇率计算外币贷款的应付人民币本息。

在这个案例中,A 银行可以在自身融资额度和外债额度不足的情况下为 C 公司提供融资解决方案,并通过预先锁定人民币汇率,赚取汇差收益;C 公司可享受境外外币贷款较低的利率(如按 1 亿美元利率降低 2 个百分点计算,约节省 200 万美元财务费用)。

在这个案例中,协议融资的签订主体是境外银行 B 和境内进口商 C。境内银行 A 履行对境外融资的保证义务,承诺在一定额度内对境外银行 B 对境内企业 C 的融资行为进行保证。一旦发生境内进口商 C 到期无法偿还的情况,境内银行 A 代为偿付本息。B 银行为 C 公司垫付外币进口货款,属于出口信贷买方信贷类型,即由出口国银行直接向进口商或进口国银行提供贷款,使进口商可以用此款支付货款。买方信贷是出口商银行直接贷款给进口商,由进口商银行出具担保。贷款币种为美元或经银行同意的其他货币。

(资料来源:http://www.sinotf.com/GB/News/1001/2014-12-31/1NMDAwMDE4NTg1Nw.html,2020-12-10)

9.1 出口信贷

在国际贸易中出口信贷是垄断资本争夺市场、扩大出口的一种手段。第二次世界大战后,出口信贷发展迅速。20 世纪 70 年代初,主要资本主义国家提供的出口信贷约为 110 亿美元,到 20 世纪 70 年代末已增至 320 亿美元以上。其产品的国际贸易额增长得也最为迅速。例如,1955—1971 年国际贸易总额约增长 2 倍,而机器设备的贸易则增长 34 倍以上。生产和贸易的迅速增长,要求资金融通规模也相应扩大,而市场问题的尖锐化更促使主要资本主义国家加紧利用出口信贷来提高自己的竞争能力。机器设备的国际贸易,除了在发达资本主义国家之间有了很大增长外,发展中国家及苏联、东欧国家也是机器设备的大买主,他们也都有增加利用出口信贷的需要。因此出口信贷在战后国际贸易中的作用大为提高。

9.1.1 出口信贷的定义

出口信贷是一种国际信贷方式,它是一国政府为支持和扩大本国大型设备等产品的出口,增强国际竞争力,对出口产品给予利息补贴、提供出口信用保险及信贷担保,鼓励本国的银行或非银行金融机构对本国的出口商或外国的进口商(或其银行)提供利率较低的贷款,以解决本国出口商资金周转的困难,或满足国外进口商对本国出口商支付货款需要的一种国际信贷方式。出口信贷名称的由来就是因为这种贷款由出口方提供,并且以推动出口为目的的。

广义的出口信贷包括官方支持型和非官方支持型两类。狭义的出口信贷则仅指官方支持型这一最为典型的出口信贷形式。根据放贷对象的不同,官方支持型出口信贷可以分为卖方信贷（Supplier Credit）和买方信贷（Buyer Credit）。前者是指由出口国银行向出口商提供信贷，以方便出口商以延期付款或赊销等方式向外国进口商出售设备。后者是指由出口国银行直接向进口商或进口国银行提供贷款，使进口商可以用此款支付货款。

在国际贸易中，卖方同意买方在收到货物后可以不用立即支付全部货款，而在规定期限内付讫由出口方提供的信贷，作为奖励出口的一种措施。通常将1~5年期限的出口信贷列为中期，将5年以上者列为长期。中、长期出口信贷大多用于金额大、生产周期长的资本货物，主要包括机器、船舶、飞机、成套设备等。出口国官方机构、商业银行为支持该国出口向该国出口商提供的信贷不属于国际出口信贷范围。

 资料卡

中国政府对民营企业的出口信贷支持

中国进出口银行上海分行作为牵头行组建银团，支持中国民生投资股份有限公司（以下简称"中民投"）收购全球领先的（再）保险集团 Sirius International Insurance Group, Ltd.（以下简称"思诺保险"）100％股权。2018年11月9日，思诺保险在纳斯达克正式上市。

中国进出口银行上海分行立足上海国际金融中心定位，为有竞争优势的中资民营企业在境外并购、拓展国际市场提供了有力的融资支持，同时为大量企业提供包括进出口信贷、贸易融资、对外合作贷款等金融服务，持续保障对外投资、对外贸易的稳定发展。

（资料来源：http://www.shanghai.gov.cn/nw2/nw2314/nw2315/nw31406/u21aw1351543.html，2020-12-10）

9.1.2 出口信贷的特点

1. 利率较低

对外贸易中长期信贷的利率一般低于相同条件资金贷放的市场利率，由国家补贴利差。

大型机械设备制造业在西方国家的经济中占有重要地位，其产品价值和交易金额都十分巨大。为了加强该国设备的竞争力，削弱竞争对手，许多国家的银行竞相以低于市场的利率对外国进口商或该国出口商提供中长期贷款（给予信贷支持），以扩大该国资本货物的国外销路，银行提供的低利率贷款与市场利率的差额由国家补贴。

2. 与信贷保险相结合

由于中长期对外贸易信贷偿还期限长、金额大，发放贷款的银行承担着较大的风险。为了减缓出口国家银行的后顾之忧，保证其贷款资金的安全发放，国家一般设有信贷保险机构，对银行发放的中长期贷款给予担保。

【出口信贷保险】

3. 由专门机构进行管理

发达国家提供的对外贸易中长期信贷，一般直接由商业银行发放，若因为金额巨大，商业银行资金不足时，则由国家专设的出口信贷机构给予支持。不少国家还对一定类型的对外贸易中长期贷款，直接由出口信贷机构承担发放的责任。它的好处是利用国家资金支持对外贸易中长期信贷，可弥补私人商业银行资金的不足，改善该国的出口信贷条件，加强该国出口商夺取国外销售市场的力量。

9.1.3 出口信贷的主要形式

1. 出口卖方信贷

(1) 出口卖方信贷的定义。

出口卖方信贷是出口方银行向该国出口商提供的商业贷款。出口商（卖方）以此贷款为垫付资金，允许进口商（买方）赊购自己的产品和设备。出口商（卖方）一般将利息等资金成本费用计入出口货价中，将贷款成本转移给进口商（买方）。

(2) 出口卖方信贷的方式。

一般做法是在签订出口合同后，进口商支付 5%～10% 的定金，在分批交货、验收和保证期满时再分期付给 10%～15% 的货款，其余 75%～85% 的货款，则由出口商在设备制造或交货期间向出口方银行取得中、长期贷款，以便周转。在进口商按合同规定的延期付款时间付讫余款和利息时，出口商再向出口商银行偿还所借款项和应付的利息。因此，卖方信贷实际上是出口商由出口商银行取得中、长期贷款后，再向进口商提供的一种商业信用。

(3) 出口卖方信贷与延期付款的区别。

① 当事人不同，出口卖方信贷下是银行与工商企业的关系，延期付款下是工商企业之间的关系。

② 标的物不同，出口卖方信贷下是货币资本，延期付款下是商品资本。

③ 信用性质不同，出口卖方信贷下是银行信用，延期付款下是商业信用。

(4) 出口卖方信贷的特点和优势。

相对于打包放款、出口押汇、票据贴现等贸易融资方式，出口卖方信贷主要用于解决该国出口商延期付款销售大型设备或承包国外工程项目所面临的资金周转困难，是一种中长期贷款，通常贷款金额大，贷款期限长。例如，中国进出口银行发放的出口卖方信贷，贷款期限可长达 10 年。

此外，出口卖方信贷的利率水平一般低于相同条件下资金贷放市场利率，利差由出口国政府补贴。出口卖方信贷的发放与出口信贷保险相结合，在中国主要由中国出口信用保险公司承保此类风险。

案例 9-1

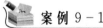

【卖方信贷产品助力本土企业蓬勃发展】

卖方信贷产品助力本土企业蓬勃发展

福耀集团是福建当地的知名企业，也是全球行业排名第一、国内规模最大、出口量最大的汽车玻璃生产供应商。福耀玻璃财务总监陈向明称，中国进出口银行福建分行自 2009 年伊始就与福耀集团开展了密切的合作关系，并先后支持福耀集团俄罗斯汽车玻璃制造工厂等项目。

据了解，为帮助企业积极融入经济全球化发展，深度参与国际产能合作与竞争，目前中国进出口银行福建分行为福耀集团境外投资项目累计批贷 5 亿元。同时，分行还持续为福耀集团提供出口卖方信贷产品，为集团在降低成本、推动转型升级、稳外贸稳外资等方面提供资金支持，累计发放贷款 67.5 亿元。解决了企业延期付款销售大型设备或承包国外工程项目所面临的资金周转困难。

(资料来源：http://www.xinhuanet.com/money/2019-08/09/c_1124856274.htm，2020-12-10)

2. 出口买方信贷

（1）出口买方信贷的定义。

出口买方信贷是出口国政府支持出口方银行直接向进口商或进口商银行提供信贷支持，以供进口商购买技术和设备，并支付有关费用。出口买方信贷一般由出口国出口信用保险机构提供出口买方信贷保险。

出口买方信贷主要有两种形式：一是出口商银行将贷款发放给进口商银行，再由进口商银行转贷给进口商；二是由出口商银行直接贷款给进口商，由进口商银行出具担保。贷款币种为美元或经银行同意的其他货币。贷款金额不超过贸易合同金额的80%～85%。贷款期限根据实际情况而定，一般不超过10年。贷款利率参照经济合作与发展组织（OECD）确定的利率水平而定。

（2）直接贷给进口商。

其做法与程序如下。

① 进口商（买方）与出口商（卖方）签订贸易合同后，进口商（买方）先缴相当于货价15%的现汇定金。现汇定金在贸易合同生效日支付，也可在合同签订后的60天或90天支付。

② 在贸易合同签订后至预付定金前，进口商（买方）再与出口商（卖方）所在地的银行签订贷款协议，这个协议是以上述贸易合同作为基础的，若进口商不购买出口国设备，则进口商不能从出口商所在地银行取得此项贷款。

③ 进口商（买方）用其借到的款项，以现汇付款形式向出口商（卖方）支付货款。

④ 进口商（买方）对出口商（卖方）所在地银行的欠款，按贷款协议的条件分期偿付。

（3）直接贷给进口商（买方）银行。

其做法与程序如下。

① 进口商（买方）与出口商（卖方）洽谈贸易，签订贸易合同后，买方先缴15%的现汇定金。

② 签订合同至预付定金前，买方的银行与卖方所在地的银行签订贷款协议，该协议虽以前述贸易合同为基础，但在法律上具有相对独立性。

③ 买方银行以其借得的款项，转贷予买方，使买方以现汇向卖方支付货款。

④ 买方银行根据贷款协议分期向卖方所在地银行偿还贷款。

⑤ 买方与卖方银行间的债务按双方商定的办法在国内清偿结算。

（4）买方信贷的贷款原则。

① 接受买方信贷的进口商所得贷款仅限于向提供买方信贷国家的出口商或在该国注册的外国出口公司进行支付，不得用于第三国。

② 进口商利用买方信贷，仅限于进口资本货物，一般不能以贷款进口原料和消费品。

③ 提供买方信贷国家出口的资本货物限于是该国制造的，若该项货物系由多国部件组装，该国部件应占50%以上。

④ 贷款只提供贸易合同金额的85%，船舶为80%，其余部分需支付现汇，贸易合同签订后，买方可先付5%的定金，一般需付足15%或20%现汇后才能使用买方信贷。

⑤ 贷款均为分期偿还，一般规定半年还本付息一次。还款期限根据贷款协议的具体规

定执行。

⑥ 还款的期限对富国为 5 年，中等发达国家为 8.5 年，相对贫穷国家为 10 年。

（5）买方信贷利率和利息计算方法。

买方信贷一般低于市场利率，但各国不同，大致可分为以下几种类型。

① OECD 国家类型，一种商业参考利率，它是经合组织国家各国的政府债券利率，是单一货币利率。

② 伦敦银行同业拆放利率（LIBOR）类型，此利率高于 OECD 类型。

③ 加拿大类型，一般高于 OECD 类型，低于 LIBOR 类型。

④ 美国类型，美国发放的买方信贷资金一部分由进出口银行提供，一部分由商业银行提供，前者收取的利率较低。

 知识拓展

船舶出口买方信贷历尽艰险完美首航

2009 年伊始，由于外资银行流动性短缺无法按计划提供融资，大船重工与香港华光海运集团签订的"大连勇士"号 VLCC 订单面临无法履约的窘境。凭借敏锐的市场洞察力，建设银行为该项目设计了出口买方信贷融资方案，并做了大量排险解难工作：排险一，提前成立专门团队，跟踪营销项目并理顺内部流程；排险二，担当大船重工、中船重工和机电商会等三方联系人，积极与国家主管部门沟通；排险三，组建总分行联动团队，定期跟踪中国出口信用保险公司、机电商会、财政部对项目的推进进度；排险四，积极充当香港华光海运、中信保公司和大船重工之间的协调人，建立定期沟通机制，保持每周两次以上的四方沟通，解难答疑，通报工作进展。经过精心筹备和不懈努力，建设银行这艘"大船"终于扬帆出海，2010 年签署金融协议，2011 年放款，实现出口买方信贷首航。

（资料来源：http://www.ccb.com/cn/ccbtoday/news/20140926_1411711896.html，2020-12-10）

3. 混合信贷

卖方信贷或买方信贷与政府信贷或赠款混合贷放的方式，构成了混合信贷。由于政府贷款收取的利率比一般出口信贷要低，这更有利于出口国设备的出口。

西方发达国家提供的混合信贷的形式大致有以下两种。

（1）对一个项目的融资，同时提供一定比例的政府贷款（或赠款）和一定比例的买方信贷（或卖方信贷）。

（2）对一个项目的融资，将一定比例的政府信贷（或赠款）和一定比例的买方信贷（或卖方信贷）混合在一起，然后根据赠予成分的比例计算出一个混合利率。如英国的 ATP 方式。

4. 福费廷（Forfaiting）

（1）福费廷的定义。

福费廷是指在延期付款的大型设备贸易中，出口商把经进口商承兑的、期限在半年以上到五六年的远期汇票、无追索权地售出口商所在地的银行，提前取得现款的一种资金融通形式，它是出口信贷的一个类型。

（2）福费廷的主要内容。

① 出口商与进口商在洽谈设备、资本货物的贸易时，若要使用福费廷，应该先行与其所在地银行进行约定。

② 进出口商签订贸易合同言明使用福费廷，进口商提供担保。

③ 进出口商签订合同。

④ 出口商发运货物后，将全套货运单据通过银行的正常途径寄给进口商以换取进口商银行承兑的付有银行担保的汇票。

⑤ 进口商将经承兑的汇票寄交出口商。

⑥ 出口商取得经进口商银行的附有银行担保的汇票后，按照事先的约定，出售给出口地银行，办理贴现手续。

（3）福费廷与一般贴现业务的区别。

① 贴现业务中的票据有追索权，而福费廷业务中贴现的票据无追索权。

② 贴现业务中的票据一般为国内贸易和国际贸易往来中的票据，而福费廷票据则多是与出口大型设备相联系的有关票据，可包括数张等值的汇票（或期票），每张票据的间隔时间一般为六个月。

③ 有的国家规定贴现业务中的票据要具备三个人的背书，但一般无须银行担保，而办理福费廷业务的票据，必须有第一流的银行担保。

④ 贴现业务的手续比较简单，而福费廷业务的手续则比较复杂。

（4）福费廷与保付代理业务的区别。

① 福费廷用于大型成套设备交易，金额大，付款期限长，多在较大的企业间进行。而保理用于一般商品的进出口贸易，金额不大，付款期在一年以下，通常在中小企业之间进行。

② 福费廷的票据要求进口商所在地的银行担保，而保理业务中的票据不要求担保。

③ 福费廷是经进出口双方协商确定的，而做保理业务可由进口商或出口商单边决定。

④ 福费廷内容单一，主要用于大型成套设备的出口和结算，而保理业务内容比较综合，它包括多种金融服务项目。

（5）福费廷对出口商的作用。

① 能提前融通资金，改善资产负债表，有利于其证券的发行和上市。

② 可以加速资金周转。

③ 不受汇率变化与债务人情况变化的影响。

④ 减少信贷管理和票据托收费用与风险都转嫁给了银行。

（6）对进口商来说，办理福费廷手续比较简单，但也有以下不利之处。

① 福费廷的利息和所发生的费用要计算在货价之中，因此，货价比较高。

② 要有一流银行的担保，保费高。

5. 买卖双方银行间信贷

买方信贷的另一种形式，即由出口方银行向进口方银行提供信贷，以便进口方得以用现汇偿付进口的机械设备的货款。进口方银行可以按照进口商原计划延期付款的时间陆续向出口方银行归还贷款，也可以按照双方银行另行商定的还款办法办理。至于进口商对进口方银行的债务，则由它们在国内直接结算清偿。

无论是卖方信贷还是买方信贷，其信用的实际代价通常并不仅限于合同中所规定的利息一项，还包括出口信贷保险费和办理信贷的各种手续费用、管理费用等。

9.1.4 我国出口信贷发展现状

中国实施改革开放政策后，为改善出口商品结构，促进机电仪器类产品的出口，中国银行于1980年开办了出口卖方信贷业务，并在1983年开办过出口买方信贷业务。1994年，中国成立了新的政策性银行——中国进出口银行。我国的出口信贷业务可以划分为两个阶段：第一个阶段是从1980年到1994年，由中国银行负责办理；第二个阶段是1994年之后，将原来由中国银行承办的出口信贷业务交由新成立的中国进出口银行办理，并赋予其办理出口信用保险的职能，实现了政策性金融和商业性金融的分离。

 资料卡

【资料卡：中国进出口银行】

中国进出口银行

自1994年7月1日中国进出口银行正式开业以来，出口信贷业务取得了较大的进展。目前，已完成的出口卖方信贷项目超过130个，批贷金额超过百亿元人民币，为我国机电产品和成套设备等资本性货物出口提供了有力的政策性金融支持。

中国进出口银行的主要业务范围包括办理进口信贷、办理对外承包工程和境外投资贷款、办理中国政府对外优惠贷款、提供对外担保、转贷外国政府和金融机构提供的贷款、办理本行贷款项下国际国内结算业务和企业存款业务。出口卖方信贷业务主要包括船舶出口、设备出口、高新技术产品出口、一般机电产品出口、农产品出口、文化产品和服务出口卖方信贷、对外工程承包贷款和境外投资贷款。中国进出口银行为徐工集团工程设备有限公司高端机械设备出口提供了卖方信贷支持，同样的支持项目包括大连万达集团的境外投资项目、中国建筑设计研究院海外收购项目及赤道几内亚污水处理工程项目。

中国进出口银行的国际信用评级与国家主权评级相一致，现在已从成立之初的单一官方出口信用机构，发展成为支持出口、进口、提供发展援助，以及支持对外投资的新兴国际经济合作银行，成为中外交流与合作的重要桥梁。

（资料来源：http://www.eximbank.gov.cn，2020-12-10）

1. 我国的出口买方信贷业务

出口买方信贷主要用于支持中国产品、技术和服务的出口，以及能带动中国设备、施工机具、材料、工程施工、技术、管理出口和劳务输出的对外工程承包项目。

我国的出口买方信贷业务申请贷款条件是：出口买方信贷的借款人应为中国进出口银行认可的进口商、金融机构进口国财政部或进口国政府授权的机构。出口商为独立的法人企业，具有中国政府授权机构认定的实施出口项目的资格，并具备履行商务合同的能力。

我国的出口买方信贷业务信贷条件如下。

贷款货币：一般为美元或中国进出口银行认可的其他货币，中国进出口银行也可按照有关规定提供人民币出口买方信贷。

贷款金额：对出口船舶提供的贷款金额一般不超过合同金额的 80%，对其他出口项目和工程承包项目提供的贷款一般不超过合同金额的 85%。

贷款期限：贷款期限根据项目现金流核定，原则上不超过 15 年，还款期内借款人原则上每半年等额还款一次，特殊情况下也可非等额还款。

贷款利率：外币贷款利率按照中国进出口银行有关规定执行，可采用浮动利率或固定利率，人民币贷款利率按照有关规定执行。

贷款费用：中国进出口银行有权收取与贷款相关的管理费、承担费和其他费用。对于未投保或未足额投保的出口信用险的项目，中国进出口银行有权就覆盖部分收取风险费。

2. 我国的出口卖方信贷

出口卖方信贷主要解决出口商或采购出口产品或提供相关劳务的资金需求。此类信贷具有官方性质，不以营利为目的。贷款人的资本金由国家财政全额提供，贯彻国家产业政策、对外经贸政策、金融政策和财政政策，体现政府强有力的支持。

目前中国进出口银行买方信贷的类别，包括设备出口卖方信贷、高新技术产品出口卖方信贷、一般机电产品出口卖方信贷业务、对外承包工程贷款、境外投资贷款、农产品出口卖方信贷，以及文化产品和服务出口信贷等。

9.2 国际项目融资

9.2.1 国际项目融资的定义

关于国际项目融资（以下称项目融资）的定义，目前在经济学界尚无统一公认的准确概念，学者们见仁见智，定义的角度不尽相同。总而言之，国际项目融资是指含有国际因素的融资人对项目公司所建设的项目提供贷款或者其他形式的投资，项目公司以项目建成后生产经营所获利润来偿还融资人贷款或其他形式投资的交易。

9.2.2 国际项目融资的特征

1. 项目导向性

一些大型项目对资金的需求量相当大，投资金额常常可以达到几亿、几十亿甚至几百亿美元。这些大型项目，其资金需求数量巨大，投资风险大大超出项目投资者所能够承受的程度，采取传统的融资方式往往无法取得理想的融资效果。

由于项目融资具有项目导向性的法律特征，因此可以利用项目自身的资产和预期收入作为贷款人追索权的保证，并辅以其他综合措施，给那些超过项目投资者自身筹资能力的大型项目提供融资，使得难以筹措的项目资金通过项目融资的方式达到目的。对于一些投资者难以得到的担保条件，也可以通过项目融资的方式实现，从而达到成功融资、使项目顺利完工的目的。

2. 法律关系的涉外性

在项目融资中，特别是在发展中国家的项目融资中，投资者来自境外的某国或多国的银行或银团居多，项目产品的买方或项目设备的供应商等在许多情况下，也具有涉外因素；另外，在项目赢利还贷的过程中，还涉及资金的跨境流通；在项目融资证券化过程中，有时还需要在境外的资本市场上市融资。

在我国，越来越多的企业向境外投资，不同的国家法律制度迥异，法律冲突大量存在，如果不从国际法的角度去研究中国企业的境外投资问题，其投资的后果将难以把握，这方面积极的和消极的例子都很多。因此，如果忽略项目融资涉外性这一特点，就无法从国际法（广义的国际法）的角度对项目融资进行研究，也就无法准确地把握项目融资，更无法顺利达到融资目的。

3. 风险的复杂性及分担性

风险的复杂性应该包括三方面含义：其一是指风险类别较多，包括完工风险、资源风险、操作风险、市场风险、外汇兑换限制风险、汇率风险、政治风险等，一个项目融资要涉及诸多类型的风险，自然十分复杂；其二是指项目融资的风险很大，主要因为项目融资对资金量的要求很高，而项目受市场变化的影响而波动较大，收回投资的方式直接同项目的经营水平或项目产品的销售有关，同时还受到东道国政策变化的影响等，这一点主要从资金风险的角度考虑；其三是指风险的动态性，项目的各种风险随着项目的进展，从一个阶段到另一个阶段，其风险的分担可能会有所不同。综上可以看出项目融资风险的复杂性。

针对项目的复杂性，许多国家都对风险的分担做出了强制性规定，如我国规定，项目主要投资者和合同参与方的资格、风险分担的原则应该作为向国家行政主管部门上报的，并需要审批的项目可行性研究报告的必要内容。

投资的风险比较大是项目融资的最大特点，但项目融资的风险也孕育了巨大的商机。在融资项目建成投产后，如果风险分配合理，经营得当，产品销售状况良好，那么投资者的回报将是长期稳定的。因此，项目融资中，针对风险的复杂性，如何分散风险非常重要。

在成功的项目融资中，很少有任何一方当事人单独承担项目的全部债务风险。与项目有关的各种风险，都需要以某种形式在借款人、贷款人，以及与项目开发有利益关系的其他参与人之间加以分配。

正是因为风险的复杂性、分散性，融资项目赢利的长期稳定性，才使得项目融资对项目投资人、贷款人等项目参与人具有独特的吸引力。因此，作为分享利润的交换条件，金融资本的提供者应与企业家共同分担企业的风险，这一点也是项目融资特征的具体体现。

4. 融资法律适用的多样性

在项目融资过程中，法律关系复杂多样，涉及多国法律。既涉及东道国法，又涉及外国法；既涉及实体法，又涉及程序法；既涉及国内法，又涉及国际法。在特定情况下，国家和政府还作为项目融资中的主体之一，会涉及复杂的法律适用问题。因此，在项目融资涉及的众多法律关系中，根据不同的法律关系性质，适用的法律也不同，呈现出适用法律多样性的特征。

5. 担保的灵活多样性

在项目融资中，灵活多样的担保，能够提高项目的债务承受能力，减少贷款人对借款人资信的过分依赖。为了成功安排一个特定的项目融资，通常可以采取传统的多种形式的担保

(人保、物保和其他形式的担保等),将该贷款的保证分解到项目的不同方面。更重要的是,在项目融资中,当事人可以创新多种灵活多样的担保形式,达到对项目担保的目的。

6. 表外融资性

表外融资性也可以称作"非公司负债型融资"(Off-Balance-Sheet Finance),资产负债表外融资,是指无须列入资产负债表的融资方式,即该项融资既不在资产负债表的资产方表现为某项资产的增加,也不在负债及所有者权益方表现为负债的增加。具体而言,资产负债表外融资是指根据某国法律规定,项目的债务不必体现在项目投资者的资产负债表中,或者,项目的债务仅仅以说明注释的方式体现在项目投资者资产负债表中。

表外融资的方式主要有以下几种。

第一,长期租赁。

第二,合资经营公司。

第三,资产证券化。

第四,创新金融工具(衍生金融工具)。

【融资手段的创新性】

7. 融资手段的创新性

传统的项目融资方式除了企业自身股本金之外,过分依靠银行贷款,特别是在我国,这种情况更加明显。这种过分依靠单一融资模式的形式,其消极后果是非常明显的,往往造成企业过分依靠银行贷款,限制了企业的发展。而国际项目融资在融资手段创新方面体现出了巨大的生命力,例如,业务创新是国外融资租赁业在运行方式上的总体趋势。

多种融资手段的完美结合,实现了当事人之间权利义务的动态平衡,将项目的资金问题以最优化的方案解决,如中国对外经济贸易信托投资有限公司在全国率先推出创新型信托品种——医疗设备融资租赁信托计划。此次推出的信托产品是融资租赁和信托法律关系相结合的国内首次创新型金融产品,也是首家完全基于多边共赢下市场化运作的信托产品。

8. 资金的多样性

项目融资的资金来源广泛,有国内资金,也有国际资金;有股本资金,也有债务资金。在确定融资方案时,要根据项目的特点来选择适当的资金来源。对于我国的项目发起人而言,除了项目发起人内部融资外,项目融资资金来源具有以下渠道。

第一,国内金融机构贷款融资。

第二,资本市场融资。

第三,国际金融机构融资。对于项目发起人而言,国际金融机构融资贷款是在进行项目融资过程中必须考虑的资金来源之一。

第四,国际商业贷款融资(International Commercial Loan)。对于国际商业贷款融资,往往根据项目的实际需求和资本的状况综合考虑,以达到充分利用的目的。

第五,出口信贷机构提供的债务融资。常见的融资方式有卖方信贷、买方信贷和福费廷。

项目融资的资金来源非常广泛,除了上述资金来源以外,还有许多其他融资来源,如融资租赁、财政拨款、贴息贷款等。作为项目发起人,应当根据项目的实际情况,并结合准据法的规定,合理安排、使用各种资金,以达到最优的资金配置效果。

9. 风险收益均衡性

风险的复杂性及分担性作为项目融资的一个特征在前文已经讲述。众所周知，在项目融资和一切经济活动当中，风险与收益是一对矛盾，两者呈正比关系。风险越高，回报可能越高，这个特性体现在项目融资中，就是风险和收益的均衡性。

将风险与收益在项目融资各方当事人中合理负担是确保项目融资成功的至关重要的因素，各方当事人自愿接受并且承担风险的前提条件是他们对自己在项目当中收益的预期，这种预期将风险和收益协调统一起来，使得项目在遇到困难的时候，各方当事人能够依据风险收益均衡性原则，并依照有关项目融资协议的约定，继续参与项目融资的运行，直到项目的最后成功。

9.2.3 国际项目融资的风险

按照项目风险在各个阶段的不同表现形式，项目融资中风险主要可以分为以下几类。

1. 信用风险

有限追索的项目融资是依靠完整有效的信用保证支撑，而信用保证的各个参与人能否依照约定的法律文件履行各自承担的信用保证责任，就构成了项目融资所面临的信用风险。它贯穿于项目融资的所有阶段，其中主要包括政府面临的信用风险、债权人面临的信用风险和股权投资者面临的信用风险等。信用风险的成功管理是项目融资的重要环节。

2. 完工风险

完工风险指项目不能按照约定期限完工或项目中途停工，又或工程完工没有达到约定指标要求的风险。该风险主要存在于项目的建设和试生产阶段，主要表现形式为项目建设延期、建设成本超支、项目达不到技术标准的要求等。完工风险是项目融资的主要核心风险之一，它可以造成项目建设成本加大，项目贷款利息负担增加，甚至项目完全停工，从而根本动摇项目融资所依赖的项目基础。

为了防止完工风险的发生，贷款人一般都要求项目主办人或第三人就项目具体完工日期提供担保，并要求项目公司保证不放弃项目、不使项目完全停工。另外，贷款人与承包商签订"交钥匙合同"或"固定价格合同"，也是分散风险、防止逾期完工或停工的方法。

3. 生产风险

生产风险是在项目试生产阶段和生产运营阶段存在的技术、资源、能源、原材料供应、生产经营、劳动力状况等风险因素的总称，是项目融资另一个主要风险。

贷款人在项目融资时，常针对生产风险，提出不同的融资方案，以降低风险，提高融资效率。

4. 市场风险

市场风险指项目完工后，其最终产品在市场方面的风险，包括两方面内容：价格风险和市场销售风险。除了某些特殊产品如黄金、石油等，一般产品都面临价格和市场销售双重市场风险。

降低市场风险应当主要考虑上述两方面内容。长期的产品销售协议是对项目融资的必要支持，通过该协议，协议的买方对项目融资承担了间接的付款保证责任，是降低市场风险的主要手段之一；另外，通过浮动定价方式，即以国际市场某种公认价格作为基价，同时根据项目的具体情况予以调整的方式，或通过限定最低价购买项目产品的方式，又或采用固定价格购买产品等方式，建立一个合理的价格体系，最大限度地降低市场行情对产品销售和贷款回收的影响。

5. 金融风险

金融风险主要表现为汇率风险和利率风险。金融风险对特定项目的影响主要体现在以下几个方面。首先，项目所在国货币与国际主要货币汇率变化对项目成本和利润的影响；其次，各个国家之间货币的交叉汇率的变化对项目能够构成间接影响；再次，由于汇率的变化可能直接影响项目的清偿能力，汇率变化可能对项目的债务结构产生影响；最后，项目还将面对项目所在国货币贷款利率的影响和国际主要货币贷款利率的影响，如果利率提高，项目实际成本增加，项目现金流量则相对减少，从而影响借款人的还贷能力，并影响项目的竞争力。

在当今国际金融市场上，用于避免或减少金融风险的金融衍生工具越来越多，这些金融工具包括掉期、期权、期货协议、远期协议等的独立和综合运用，常会取得较为满意的金融风险管理效果。

6. 政治风险

政治风险一直是困扰国际直接投资的一大负面因素，对于项目融资的成败影响巨大。在政治不稳定和民族仇视严重的地方，民族主义与宗教带来的政治风险对于项目融资的负面影响十分严重。由于政治原因，项目所在国可能采取对贷款项目不利的政策措施。

典型的政治风险有战争、内乱、革命、征用、没收等。此外，外汇管理、税收制度、劳资关系、拒绝发放许可证等可能对项目带来不利影响的各种风险也属于政治风险的范围。

降低项目政治风险的常用办法是政治风险保险，许多国家的政府为了保护本国的海外投资者，都设有专门的投资保险机构，或国家之间订立专门的双边投资保护协定，又或共同参加投资保护公约（如《多边投资担保机构公约》《解决国家与他国公民之间投资争端的公约》等）专门承保政治风险，以弥补商业保险的不足，促进海外投资的发展。

7. 法律风险

在项目融资中，法律风险大致可划分为以下三种。

其一是宏观方面的法律风险，主要指各国不同的法律制度所形成的风险。

其二是微观方面的法律风险，主要指由调整当事人具体权利义务的法律产生的风险。

其三是冲突法的风险，主要体现在四个方面。第一，准据法的准确识别问题。第二，准据法的落空。第三，外国人在项目所在国诉讼的权利是否能够得到保障，涉及外国人在项目所在国的法律地位问题。第四，外国法院的判决及仲裁裁决能否在项目所在国执行。

8. 环保风险

随着工业化的发展，人类在获得进步的同时，也付出了环境恶化等给人类带来负面影响的代价。在项目融资中，世界各国越来越重视通过国内立法和国际合作，使得项目和环境和谐统一发展。

在开发利用自然资源时，必须采取措施保护生态环境。在进行项目建设时，必须遵守东道国有关建设项目环境保护法律规定，进行项目环境保护影响评估。建设项目中防治污染的设施，必须与主体工程同时设计、同时施工、同时投产使用。

9.2.4 BOT 融资模式概述

【BOT 融资模式的概念及演进】

1. BOT 融资模式的概念及演进

BOT 是英语单词 Build（建设）、Operate（运营）、Transfer（转让）的首字母缩写，由项目的投资人组成一个投资机构，该投资机构对项目的设计、咨询、供货、施工等进行一揽子承包（建设阶段）。在项目完工后，在特许经营权范围内进行经营，收取费用，作为还贷和赢利的资金来源（运营阶段）。在特许经营权期满后，将项目无偿转让给东道国（转让阶段）。

BOT 融资模式自 20 世纪 80 年代开始从英、法等国家悄然兴起，逐渐被发展中国家广为青睐，目前，在跨国投资与融资领域里运用广泛。该融资模式涉及项目一般为东道国大型基础设施，如公路、机场、电站、隧道等，投资规模大，经营时间长，项目风险大，参加人数多，以东道国政府的特许经营许可作为前提，以资金输出国特殊保险机构、双边投资保护协定、国际投资保护条约等提供政治保险吸引项目融资。

2. BOT 融资模式的特点及作用

（1）BOT 融资模式的特点。

① 涉外性。在 BOT 融资模式中，基于政府所提供的保证（特许经营协议，通过该协议，来对投资者经营回报提供一种保证），为投资者的投资回报提供了重要的前提。因此，涉外性是 BOT 融资模式的重要特点。

② 资本聚合性。在 BOT 融资模式中，由于政府特许经营协议的存在，使得项目对于外资和民间资本具有强烈的吸引力，通过多种融资手段和风险分担措施，可以将各种资本聚合，达到融资的目的。

③ 合同是 BOT 融资模式中风险的重要调节器。在 BOT 融资模式中，各种形式的合同在分散项目风险方面起着非常重要的作用。

④ 政府在 BOT 融资模式中起着决定性作用。根据上述几个特点，可以看出政府特许经营协议是 BOT 模式顺利运行的前提，是利用合同分散风险的重要前提，也是聚合资本的前提，因此，政府在该模式中的作用应视为决定性作用，没有政府的特许经营协议，BOT 就无法进行。

（2）BOT 融资模式的作用。

在项目融资中，无论是对于项目所在地政府，还是对于项目投资者和贷款人而言，BOT 融资模式的作用显而易见。

① 对于政府而言，特别是对于发展中国家而言，由于基础设施建设任务繁重、资金短缺，同时以 BOT 融资模式进行的项目一般规模很大，资金投入量大，建设、经营周期长，单一资金来源难以满足项目要求，一般由多国的多个金融机构联合贷款或采取措施吸引私人资本，这样就可以吸引多国资金进入招标国基础建设市场，极大地激活资本市场；另外，BOT 融资模式可以将社会闲散资本集中运用，吸引大量境外资金和私人资本，扩大了基础设施建设资金的

来源，为减少政府直接投资风险提供了条件，同时也减少了国家债务，尤其是外债负担。

② 对于投资者而言，由于 BOT 融资模式中特许经营协议的存在，为项目的收益提供了保证，项目的市场和投资回报率比较稳定，因此，成为投资者的优质选择之一。

③ 对于贷款人而言，由于 BOT 融资模式中往往涉及基础设施等重要的大型项目，而这些大型项目的部分资金往往是由国外大财团、大企业基于特许经营协议而投资的，这样，有利于安排基于项目自身保证的有限追索的融资方式，有利于引进国外先进技术和管理经验，促进提高项目所在国的经营管理水平；另外，通过 BOT 融资模式可带动大型工业成套设备的出口，开拓产品市场，使其收益更加多元化。

3. BOT 融资模式的风险

在 BOT 融资模式中，项目的风险与前文所属项目融资的风险大致相同，主要包括完工风险、市场风险、货币风险、法律风险和不可抗力风险。

其中，市场风险是指 BOT 项目的购买者（往往是政府或政府的公共部门），他们能否按协议价格购买，对项目收益会带来风险。

货币风险是指在项目融资中，资金来自世界国家和不同的资本市场等，借款和贷款的偿还等都以外币计算，而项目收益通常以项目所在地国家货币计算，二者之间存在货币差异，因此存在因当地货币贬值而使项目收入不足以偿还贷款的风险。

不可抗力风险在 BOT 融资模式中应当作为重点考虑对象，特别应该予以考虑，将不可抗力的范围确定，以避免由此产生的风险。

9.3 国际融资租赁

国际融资租赁是指含有国际因素的出租人按照承租人的要求购买物并租赁给承租人，由承租人按约定支付租金，在租期结束时，承租人得以支付租赁物象征性余值并取得租赁物所有权的交易。

9.3.1 融资租赁的分类

融资租赁主要包括租赁和融资。

1. 租赁

【融资租赁的定义】

（1）简单融资租赁。

简单融资租赁是指由承租人选择需要购买的租赁物件，出租人通过对租赁项目风险评估后出租租赁物件给承租人使用。在整个租赁期间承租人没有所有权但享有使用权，并负责维修和保养租赁物件。出租人对租赁物件的好坏不负任何责任，设备折旧在承租人一方。

（2）回租融资租赁。

回租融资租赁是指设备的所有者先将设备按市场价格卖给出租人，然后又以租赁的方式租回原来设备的一种方式。回租租赁业务主要用于已使用过的设备。

回租融资租赁的优点在于：一是承租人既拥有原来设备的使用权，又能获得一笔资金；二是由于所有权不归承租人，租赁期满后根据需要决定续租还是停租，从而提高承租人对市场的应变能力；三是回租融资租赁后，使用权没有改变，承租人的设备操作人员、维修人员和技术管理人员对设备很熟悉,可以节省时间和培训费用。

(3) 杠杆融资租赁。

杠杆融资租赁的做法类似银团贷款,是一种专门做大型租赁项目的有税收优惠的融资租赁,主要是由一家租赁公司牵头作为主干公司,为一个超大型的租赁项目融资。由于可享受税收优惠、操作规范、综合效益好、租金回收安全、费用低,杠杆融资租赁一般用于飞机、轮船、通信设备和大型成套设备的融资租赁。

(4) 委托融资租赁。

委托融资租赁的方式有两种。第一种方式是拥有资金或设备的人委托非银行金融机构从事融资租赁,第一出租人同时是委托人,第二出租人同时是受托人。这种委托租赁的一大特点就是让没有租赁经营权的企业,可以"借权"经营。电子商务租赁即依靠委托租赁作为商务租赁平台。

第二种方式是出租人委托承租人或第三人购买租赁物,出租人根据合同支付货款,又称委托购买融资租赁。

(5) 项目融资租赁。

承租人以项目自身的财产和效益为保证,与出租人签订项目融资租赁合同,出租人对承租人项目以外的财产和收益无追索权,租金的收取也只能以项目的现金流量和效益来确定。出卖人(租赁物品生产商)通过自己控股的租赁公司采取这种方式推销产品,扩大市场份额。通信设备、大型医疗设备、运输设备甚至高速公路经营权都可以采用这种方式推销产品。

(6) 经营性租赁。

在融资租赁的基础上计算租金时留有10%以上的余值,租期结束时,承租人对租赁物件可以选择续租、退租、留购。出租人对租赁物件可以提供维修保养,也可以不提供,在会计处理上由出租人对租赁物件提取折旧。

(7) 国际融资转租赁。

国际融资转租赁指租赁公司从其他租赁公司融资租入租赁物件,再转租给下一个承租人,一般在国际进行。此时业务做法同简单融资租赁无太大区别。在做法上可以很灵活,有时租赁公司甚至直接将购货合同作为租赁资产签订转租赁合同。这种做法实际是租赁公司融通资金的一种方式,租赁公司作为第一承租人不是设备的最终用户,因此也不能提取租赁物件的折旧。转租赁的另一功能就是解决跨境租赁的法律和操作程序问题。

2. 融资

(1) 直接融资。

直接融资是指需要融入资金单位与融出资金单位双方通过直接协议后再进行货币资金的转移的过程。直接融资的形式有:买卖有价证券、预付定金和赊销商品,不通过银行等金融机构的货币借贷等。直接融资能最大可能地吸收社会游资,直接投资于企业生产经营之中,从而弥补了间接融资的不足。

(2) 间接融资。

间接融资是指拥有暂时闲置货币资金的单位通过存款的形式,或者购买银行、信托、保险等金融机构发行的有价证券,将其暂时闲置的资金先行提供给这些金融中介机构,然后再由这些金融机构以贷款、贴现等形式,或通过购买需要资金的单位发行的有价证券,把资金提供给这些单位使用，从而实现资金融通的过程。

案例 9-2

融 资 租 赁

成都作为一座国际化的旅游都市，大型游乐场在近年悄然兴起，A公司看准了这一热点，将地产与旅游产业相结合，既开发房产，又在房产项目旁边分期投资了一系列主题游乐园。在尝到该项目带来的甜头后，A公司追加了主题公园的后续开发。

A公司咨询了众多金融机构，最后决定采用国外通用的模式——以融资租赁方式来购买游乐设施设备。

经过考察，A公司选择了成都本土国有背景的成都金控融资租赁有限公司（以下简称金控租赁）来解决这笔融资款项。金控租赁根据A公司游乐园一期项目近年来良好的运营情况，测算了二期项目投入新设备后未来3年产生的现金流，整体评估出该项目未来现金流充足，不失为融资租赁的典型优质项目。金控租赁出具的融资方案为：A公司自行选择游乐设备生产厂商，采购总金额为4 759万元的设施设备，由A公司支付30%首付款给生产商，剩余70%资金由金控租赁提供。租赁期间设备所有权属于金控租赁，由金控租赁将游乐设备租给A公司使用，A公司向金控租赁支付租金，3年期满后，设备所有权从金控租赁转移给A公司。这样，既解决了A公司资金缺口问题，使得项目顺利开园；又满足了A公司最终获得设备所有权的需求。

通过融资租赁这笔"及时雨"款项的滋润，A公司在旅游市场和房地产市场上双双把握了时机，打了漂亮的一仗。

（资料来源：http://mt.sohu.com/20150627/n415752830.shtml，2020-12-10）

9.3.2 融资租赁的功能和特点

1. 融资租赁的功能

（1）融资功能。

融资租赁从其本质上看是以融通资金为目的的，它是为解决企业资金不足的问题而产生的。

（2）促销功能。

融资租赁可以用"以租代销"的形式，为生产企业提供金融服务。

（3）投资功能。

租赁业务也是一种投资行为。租赁公司对租赁项目具有选择权，可以挑选一些风险较小、收益较高和国家产业倾斜的项目给予资金支持。

（4）资产管理功能。

融资租赁将资金运动与实物运动联系起来。因为租赁物的所有权在租赁公司，所以租赁公司有责任对租赁资产进行管理、监督、控制资产流向。随着融资租赁业务的不断发展，还可利用设备生产者为设备的承租方提供维修、保养和产品升级换代等特别服务，使其经常能使用上先进的设备，降低使用成本和设备淘汰的风险，尤其是对于售价高、技术性强、无形损耗快或利用率不高的设备有较大好处。

2. 融资租赁的特点

融资租赁除了融资方式灵活的特点外,还具备融资期限长,还款方式灵活、压力小的特点。中小企业通过融资租赁所享有资金的期限可达三年,远远高于一般银行贷款期限。在还款方面,中小企业可根据自身条件选择分期还款,极大地减轻了短期资金压力,防止中小企业本身就比较脆弱的资金链发生断裂。

融资租赁具有门槛低、形式灵活等特点,非常适合中小企业解决自身融资难题,但是它却不适用于所有的中小企业。融资租赁比较适合生产、加工型中小企业,特别是那些有良好销售渠道,市场前景广阔,但是出现暂时困难或者需要及时购买设备扩大生产规模的中小企业。

融资租赁的特征一般归纳为以下五个方面。

第一,租赁物由承租人决定,出租人出资购买并租赁给承租人使用,并且在租赁期间内只能租给一个企业使用。

第二,承租人负责检查验收制造商所提供的租赁物,对该租赁物的质量与技术条件出租人不向承租人做出担保。

第三,出租人保留租赁物的所有权,承租人在租赁期间支付租金而享有使用权,并负责租赁期间租赁物的管理、维修和保养。

第四,租赁合同一经签订,在租赁期间任何一方均无权单方面撤销合同。只有租赁物毁坏或被证明为已丧失使用价值的情况下方能中止执行合同,无故毁约则要支付相当重的罚金。

第五,租期结束后,承租人一般对租赁物有留购和退租两种选择,若要留购,购买价格可由租赁双方协商确定。

9.3.3 融资租赁的业务分类

1. 直接融资租赁

直接融资租赁指由承租人指定设备及生产厂家,委托出租人融通资金购买并提供设备,由承租人使用并支付租金,租赁期满后由出租人向承租人转移设备所有权。它以出租人保留租赁物所有权和收取租金为条件,使承租人在租赁期内对租赁物取得占有、使用和收益的权利。这是一种最典型的融资租赁方式。

2. 出售回租

出售回租又称售后回租、回租赁等,是指物件的所有权人首先与租赁公司签订买卖合同,将物件卖给租赁公司,取得现金。然后,物件的原所有权人作为承租人,与该租赁公司签订回租合同,将该物件租回。承租人按回租合同支付完全部租金,并付清物件的残值以后,可重新取得物件的所有权。

3. 转租赁

转租赁是指以同一物件为标的物的多次融资租赁业务。在转租赁业务中,上一租赁合同的承租人同时又是下一租赁合同的出租人,称为转租人。转租人向其他出租人租入租赁物件再转租给第三人,转租人以收取租金差为目的。租赁物品的所有权归第一出租人。

4. 分成租赁

分成租赁是一种结合投资的某些特点的创新性租赁形式。租赁公司与承租人之间在确定租金水平时，是以租赁设备的生产量与租赁设备相关的收益来确定租金的，而不是以固定或者浮动的利率来确定租金的，设备生产量大或与租赁设备相关的收益高，租金就高，反之则低。

9.3.4 中国租赁业发展现状及前景展望

中国的现代租赁业是改革开放之初，在荣毅仁的积极倡导下，由中信公司在我国首创的。

【中信公司的租赁项目】

2000年经国务院批准，租赁业被列入"国家重点鼓励发展的产业"，2008年开始终于迎来了我国融资租赁业的快速发展阶段。融资租赁理论与实践经验的积累及国外先进经验的借鉴，使得我国融资租赁业不断成熟，开始走向规范、健康发展的轨道；新公司积极进入，各种类型日益完善，在市场上共存发展、各行其道。

2015年8月26日国务院常务会议上确定了加快融资租赁和金融租赁行业发展的措施，更好地服务实体经济。

1. 融资租赁业的法律环境明显改善

《中华人民共和国合同法》明确了融资租赁合同各方当事人的权利与义务。《企业会计准则第21号——租赁》，明确了融资租赁交易中租赁物的确认与计量。《中华人民共和国物权法》为"明确物的归属，发挥物的效用、保护权利人的物权"提供了法律保障。随着行业监管政策的变化及政策支持力度的加大，中国融资租赁业逐渐成熟，开始走向规范、健康、快速发展的轨道。

2. 融资租赁业行业规模和业务规模迅速增加

从2008年以来，中国融资租赁行业无论是在企业数目上，还是在行业整体业务量上，都经历了爆发式的增长。

【发展融资租赁是深化金融改革的重要举措】

在经历初创、迅猛发展、清理整顿后，我国融资租赁业逐渐走向规范、健康发展的轨道。2007年3月修订的《金融租赁公司管理办法》允许合格金融机构参股或设立金融租赁公司。随后，国内主要的商业银行先后设立或参股金融租赁公司。随着商业银行进入融资租赁业，我国融资租赁业进入了高速发展阶段。2007年年底融资租赁合同余额约240亿元，2016年年底融资租赁合同余额约53 300亿元，2016年较2007年业务量增长超过200倍，年均复合增长率高达82.27%。2016年年底我国的融资租赁合同余额较2015年年底增长20.05%。

随着监管政策的逐步放开，国内融资租赁公司总数快速增加，尤其是自2009年总投资5 000万美元以下的外商投资融资租赁公司的审批权限由商务部下放到省级商务委和国家级经济开发区后，外商投资融资租赁公司的数量每年都有大幅增加。全国融资租赁企业（不含单一项目公司、分公司、子公司和收购的海外公司）总数由2007年的109家增长到2016年年底的7 136家，其中金融租赁公司59家，内资租赁公司205家，外资租赁公司6 872家。

本章重点回顾

1. 出口信贷的确切含义为：它是一国政府通过金融机构为本国出口商提供低利率贷款，

以解决本国出口商资金周转的困难，或满足国外进口商对本国出口商支付货款需要的一种国际信贷方式。出口信贷的主要表现形式包括：卖方信贷、买方信贷、混合信贷、福费廷、买卖双方银行间信贷。

2. 国际项目融资一般是指国际性银行或银团对项目公司所建设的项目提供信贷资金或其他形式的投资，融资人以该项目的预期收益为还贷的主要来源，以项目资产及各种项目合约上的权利为随附担保的一种长期国际贷款形式。

3. BOT 融资模式通常是涉及大型基础设施项目，如公路、机场、电站、隧道等，针对项目投资规模大，经营时间长，项目风险大，参加人数多等问题，投资人以东道国政府的特许经营许可作为前提，以投资保护协定、国际投资保护条约为政治保障的投融资方式。

4. BOT 融资模式具体运作可以划分为三大流程，包括：建设阶段、运营阶段、转让阶段。在建设阶段，由项目投资人组成的投资机构对项目的设计、咨询、供货、施工等进行一揽子承包。在项目完工后，项目投资人在特许经营权范围内进行经营，收取费用，作为还贷和盈利的资金来源，此时即为 BOT 融资模式的运营阶段。在特许经营权期满后，项目投资人将项目无偿转让给东道国，BOT 融资模式进入转让阶段。

5. 国际融资租赁是指含有国际因素的出租人按照承租人的要求购买物并租赁给承租人，由承租人按约定支付租金，在租期结束时，承租人得以支付租赁物象征性余值并取得租赁物所有权的交易。从 2007 年 3 月《金融租赁公司管理办法》颁布以来，我国融资租赁的监管政策的逐步放开，国内融资租赁公司总数快速增加，我国融资租赁业务逐渐成熟，行业规模和业务规模迅速增加，开始走向规范、健康、快速发展的轨道。

关键术语

出口信贷　Export Credit　　　　卖方信贷　Seller Credit
买方信贷　Buyer Credit　　　　混合信贷　Mixed Credit
福费廷　Forfeiting　　　　　　出口信贷保险　Export Credit Insurance
买卖双方银行间信贷　Inter-bank Credit Between Buyers and Sellers
国际项目融资　International Project Financing
表外融资性　Off-Balance-Sheet Financing
国际商业贷款融资　International Commercial Loan Financing
BOT 融资模式　BOT Financing Model
国际融资租赁　International Financial Leasing

习　　题

一、填空题

1. 项目融资是指国际性银行或银团向某一特定工程项目提供_____，以该项目的_____为还款的主要来源，以项目的资产包括各种项目合约上的权利为随附担保的一种_____形式。

2. BOT 是 Build（建设）、Operate（运营）、_____（转让）的首字母缩写，由项目的投资人组成一投资机构，该投资结构对项目的_____、咨询、供货、施工等进行一揽子承包（建设阶段）。在项目完工后，在_____范围内进行经营，收取费用，作为还贷和赢利的资金来源（运营阶段）。

3. 国际融资租赁是指含有国际因素的出租人按照_____的要求购买物并租赁给承租人，由承租人按约定支付_____，在租期结束时，承租人得以支付租赁物象征性余值并取得租赁物_____的交易。

4. 出口买方信贷一般由_____出口信用保险机构提供出口买方信贷保险。出口买方信贷主要有两种形式：一是出口商银行将贷款发放给_____，再由进口商银行转贷给进口商；二是由出口商银行直接贷款给_____，由进口商银行出具担保。

5. 表外融资性也可以称作"_____"（Off-Balance-Sheet Finance），资产负债表外融资，是指无须列入资产负债表的融资方式，即该项融资既不在_____的资产方表现为某项资产的增加，也不在负债及_____表现为负债的增加。

二、判断题

1. 间接融资是指拥有暂时闲置货币资金的单位通过存款的形式，将其暂时闲置的资金先行提供给这些金融中介机构，然后再由这些金融机构以贷款、贴现等形式，或通过购买需要资金的单位发行的有价证券，把资金提供给这些单位使用，从而实现资金融通的过程。
（　　）

2. 简单租赁是指设备的所有者先将设备按市场价格卖给出租人，然后又以租赁的方式租回原来设备的一种方式。（　　）

3. BOT 是英语单 Build（建设）、Operate（运营）、Transformation（转让）的首字母缩写。（　　）

4. 生产风险指在项目试生产阶段和生产运营阶段存在的技术、资源、能源、原材料供应、生产经营、劳动力状况等风险因素的总称，是项目融资另一个主要风险。（　　）

5. 出口买方信贷贷款金额不超过贸易合同金额的 70%～75%。贷款期限根据实际情况而定，一般不超过 20 年。（　　）

三、名词解释

1. 出口信贷
2. 买方信贷
3. 卖方信贷
4. 福费廷
5. BOT
6. 融资租赁
7. 项目融资

四、简答题

1. 出口信贷有哪几种主要形式？
2. 比较福费廷和保理的差异。
3. 简述 BOT 模型的特点和风险。
4. 简述融资租赁的发展阶段。

五、案例分析

就租赁公司而言，资金成本直接决定了它的利润空间。如何以相对低的成本筹集资金，常被融资租赁公司看重,境外人民币借款的成本比境内低1~2个百分点,极具吸引力。但在此之前,具有内资背景的金融租赁公司和融资租赁公司,无法在境外举债用于境内。上海自贸区相关细则落地后,这一通道得以打通。同时,上海自贸区对租赁公司单机、单船税收上的优惠,以及境外收付汇程序的简化,也增加了对租赁公司的吸引力。具体做法是,内资背景的金融租赁公司先在上海自贸区设立一个子公司,通过这个子公司的实体,发起跨境人民币借款。日前,内资背景的G金融租赁有限责任公司(属于H银行的关联租赁公司,以下简称"G租赁")就是通过设在上海自贸区的子公司,以子公司的实体从H银行新加坡分行获得了总计7亿元的跨境人民币借款,用于支持G租赁航空、航运等专项租赁业务。其业务办理过程主要分为以下七个步骤。

(1) G租赁在上海自贸区内的子公司向境内银行提交工商营业执照、组织机构代码证、最近一期验资报告,以及确认截至申请日其境外人民币借款余额的情况说明。

(2) H银行上海分行审核确认,申请企业为上海自贸区内注册的企业,并计算企业可借人民币外债额度。

(3) H银行上海分行根据G租赁在上海自贸区内的子公司的要求,联系H银行新加坡分行,直接对区内企业放款。授信方式可以是H银行新加坡分行直接对区内企业授信,或由H银行上海分行开立以境外放款银行为受益人的融资性保函。借贷双方商定贷款条件后,签订人民币借贷合同。

(4) G租赁在上海自贸区内的子公司向H银行上海分行提交人民币借贷合同。H银行上海分行审核人民币借贷合同,确认金额、期限、借款资金用途与政策规定相符后,为借款企业开立人民币境外借款专用账户。

(5) H银行上海分行为区内企业办理人民币境外借款解付入账,并完成人民币跨境收付信息管理系统的信息报送,以及向外汇局的国际收支申报。

(6) G租赁在上海自贸区内的子公司到外汇局(提款前或提款后)办理跨境人民币外债签约情况及提款资金流入情况登记。

(7) G租赁在上海自贸区内的子公司向H银行上海分行提交支付用途凭证,银行审核确认符合政策规定后,办理外债资金的支付使用手续。

根据上述案例回答以下问题。

1. 境内H银行所提供的业务是何种业务?

2. 如果以7亿元的融资总额计算,H银行的业务收益为多少?阐述H银行的融资作用。

3. 计算G租赁公司通过该次融资,资金成本降低多少?

第10章 跨国企业财务管理

教学要点

- 通过本章的学习，了解跨国企业财务管理的概念、特点、内容和体制；
- 了解跨国企业的资金来源，筹资方式，以及筹资的战略目标；
- 掌握跨国企业对外直接投资理论、类型、环境和决策；
- 了解跨国企业采用转移价格的目的，掌握转移价格的制定，了解运用转移价格的困难；
- 了解国际税收环境对跨国企业海外经营的影响。

知识架构

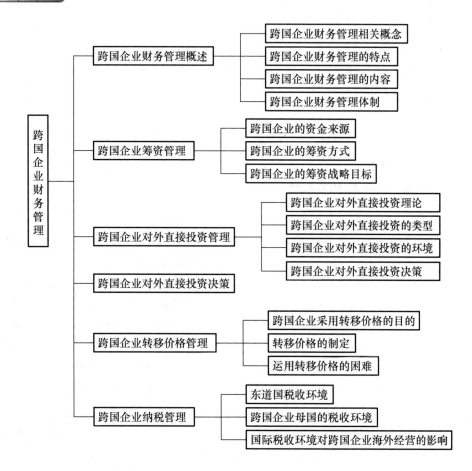

【闻泰科技收购荷兰安世半导体 Nexperia】

闻泰科技收购荷兰安世半导体 Nexperia

中国闻泰科技股份有限公司（600745.SH）发布公告称，拟向参股子公司合肥中闻金泰增资 58.525 亿元人民币，取得后者控股权，以间接持有荷兰半导体公司安世半导体 100% 股权。安世主营业务为分立器件、逻辑器件等，处于产业链上游，为世界一流的半导体标准器件供应商。之后闻泰科技披露发行股份及支付现金购买资产并募集配套资金暨关联交易预案（修订稿），引入格力电器、港荣集团、智泽兆纬等投资人，此次交易完成后公司将完成收购安世半导体 80% 的份额。此次交易对价合计 201.49 亿元，其中：①以现金方式支付 88.93 亿元，包括以募集配套资金向境内外 GP 支付 0.07 亿元、以募集配套资金向境内 LP 支付 32.54 亿元、向境外 LP 支付 8.235 亿美元（折合 56.32 亿元人民币）；②以发行股份的方式支付 112.56 亿元，总计发行 4.56 亿股，发行价 24.68 亿股。本次交易境内现金对价支付来源为本次交易的募集配套资金，境外现金对价主要支付来源为公司通过境外关联方或裕成控股取得境外银行贷款或第三方借款。

此次收购完成后，闻泰可将安世的半导体技术纳入生产体系当中，帮助闻泰企业扩大消费电子市场份额。此外，闻泰有机会通过安世公司固有销售渠道获得大量外国客户，打开广阔的全球电子市场。中国闻泰科技股份有限公司作为母公司与子公司荷兰安世半导体共同构建跨国企业，进行跨国企业财务管理，使得该跨国企业股东权益得以最大化实现。

（资料来源：http://vip.stock.finance.sina.com.cn/q/go.php/vReport_Show/kind/search/rptid/4430317/index.phtml，2020-12-11）

10.1 跨国企业财务管理概述

10.1.1 跨国企业财务管理相关概念

财务管理是对企业经营过程中的财务活动进行预测、组织、协调、分析和控制的管理活动。跨国企业是指通过对外直接投资的方式，在国外设立分公司或控制东道国当地企业使之成为其子公司，并从事生产、销售和其他经营活动的国际性企业。

跨国企业必须具备的条件有以下三点：①在一个及以上国家从事生产经营活动的经济实体，不管这些实体的法律形式和领域如何；②这个经济实体有一个中央决策系统，实体内部各单位的活动都是为全球战略目标服务的；③实体内部各单位共享资源和信息，共担责任和风险。跨国企业一般由母公司（总公司）和分布在各国的子公司所组成。跨国企业总公司所处的国家称为母国，跨国企业子公司所处的国家称为东道国。企业经营过程中财务活动的核心是资金运动，表现为资金的筹集和使用，它涉及财务管理的两个基本功能，即融资决策和投资决策。

跨国企业财务管理，又称国际金融管理学或微观国际金融学，是 20 世纪 70 年代后期形成的一门新兴学科，主要研究跨国企业对外金融活动的一些基本原则和操作技巧。以跨国企业为主体对其资金的筹集、运用、收入分配，以及资本营运活动所进行的预测、决策、计划、核算、控制、监督、分析和考核等一系列组织和管理工作的总称。跨国企业财务管理的主要目标是实现股东权益最大化。

10.1.2 跨国企业财务管理的特点

除了在基本原理、目的和方法等有共同之处外，跨国企业财务管理与国内企业财务管理有许多差异。

(1) 跨国企业财务管理目标具有全球战略性。
(2) 跨国企业财务管理环境的复杂性。
(3) 跨国企业财务风险管理的特殊性。
(4) 跨国企业资金管理方式的独特性。
(5) 跨国企业财务与国际金融和国际税收关系的密切性。

10.1.3 跨国企业财务管理的内容

跨国企业财务管理的主要内容为以下六个方面。

(1) 跨国企业的筹资管理。跨国企业的筹资管理涉及如何有效利用世界范围内的各种资金来源渠道，正确选择筹资方式以及母公司以何种形式向子公司供应资金，以较小的成本和风险保证生产经营对资金的需要，特别是保证海外子公司的资金供应。

(2) 跨国企业的对外投资管理。从事国际直接投资活动是跨国企业运用资金的主要形式。投资的类型主要有独资企业、合资企业和合作企业等。

(3) 跨国企业转移价格管理。跨国企业利用适当的转移价格策略，可以加强母公司对子公司的控制，减少整个企业的税负，增加总体利润，促进企业资金转移，避免风险，增加企业竞争力。

(4) 跨国企业的风险管理。风险管理就是要研究风险的种类及成因，研究如何防范和化解风险，减少和分散风险的对策、方法和措施。

(5) 跨国公司的结算管理。跨国公司结算是在不同国家之间进行的，涉及不同国家货币的兑换。跨国公司结算要通过一定的结算方式来进行。

(6) 跨国公司纳税管理。跨国经营中不仅要分析和研究各国各自制定的不同税收制度，而且还要根据各国的税收制度对企业投资方向、成本费用摊销、资金筹集、转移价格的制定以及海外公司应采用什么样的组织形式等重大事项做出决策。

10.1.4 跨国企业财务管理体制

1. 东道国与跨国企业之间的财务管理体制

东道国通过对跨国企业财务活动的限制、审查、监督和检查等方面的管理制度，以确立东道国与跨国企业的财务关系。

东道国既要利用跨国企业有利的一面，又要防范和限制其不利的一面，东道国除了制定有关经济政策、法规外，还必须建立健全对跨国企业的财务管理制度。

东道国对跨国企业财务管理制度的主要内容包括以下两个方面。

(1) 跨国企业资金进入方面的财务管理制度。

在资本进入的领域方面，无论是发展中国家还是发达国家都建立了审批制度，比较而言，发达国家的外资审批较为宽松，而发展中国家较为严格。

在投资期限方面，许多发展中国家对外国投资的期限都做了明确的规定，以防止外国企业的短期行为或在本国建立永久性企业。

在股权安排方面。一方面，由于股权比例大小关系到企业的经营管理权和投资者的权益，有时甚至涉及国家的安危，因此，许多国家都给予一定的限制，目的是保护本国的重要产业，防止跨国公司对国民经济的操纵，这对外资的进入起到一种正面引导的作用。

另一方面，跨国企业的进入为东道国带来了大量的国际资本、先进的技术和管理经验，受到世界各国的普遍欢迎，更是发展中国家经济增长的助推剂，因此，一些国家对跨国企业的进入等方面除做出上述规定的同时，为鼓励跨国企业进入，还建立了资产安全保障制度，如东盟国家向外国投资者保证不实行国有化，不逐步减少外国企业股权比重，不限制跨国企业投资利润的安排。

(2) 跨国企业利润和本金汇出等方面的财务制度。

对于跨国企业利润的汇出，一般来说，发达国家在这个问题上持自由开放的态度，不加任何管制；而发展中国家则分为两类，一类原则上允许利润自由汇出，另一类是在允许自由汇出的原则下，采取一定的限制措施。对于本金的汇出，发展中国家一般都有严格的规定。

2. 跨国企业内部财务管理体制

跨国企业对其内部财务活动的权限、组织形式、控制和监督等方面有相应的管理制度，以确定内部各方面的财务关系。跨国企业内部财务关系主要是指总公司与各子公司之间的财务关系，这种财务关系集中反映在财务管理权限的配置上，进而影响到利益分配。

根据集权和分权的程度划分跨国企业管理体制有以下三种形式。

(1) 以母公司为中心的管理体制，这是一种高度集权的管理体制，在这种管理体制下，总公司统一管理国外子公司的生产经营、销售和投资业务，协调国外子公司之间的关系。

(2) 多元中心管理体制，在这种管理体制下，总公司不直接对子公司进行控制，海外子公司拥有较大的自主权，总公司与子公司之间只保持松散关系。

(3) 全球中心的管理体制，这种管理体制是将集权与分权相结合，重大决策权和管理权集中于总部，而把那些需要根据具体情况灵活处理的业务权限分散在各个子公司。

与上述三种形式相对应，跨国企业内部财务管理体制分为以下三种。

(1) 财务管理权限集中在总部的财务管理体制。

① 在这种体制下，总部集中财务决策权，国外子公司采用统一的母公司的财务政策，其业绩用母公司的会计体系和母国通货进行考核评价，把对母公司利润贡献大小作为衡量子公司成败的标准，子公司的人事安排、资金调度和利润分配均由总部决定。

② 优越性：发挥总部财务专家的作用，获取资金调度和运用中的规模经济效益。

③ 不足之处：容易挫伤子公司经理的积极性；容易损害子公司与当地居民，特别是当地持股人的关系。

(2) 财务管理权限分散化的财务管理体制。

① 在这种管理体制下，子公司在财务上是相对独立的，子公司经理一般拥有财务决策权，子公司的业绩用子公司所在国的货币和结算期进行主流评价，这些子公司要靠自己的财力扩大子公司的规模。

② 财务管理权限分散化的财务管理体制的利弊与集中型的财务管理体制的利弊恰恰相反。

(3) 财务管理权集中与分散相结合的财务管理体制。

① 在这种管理体制下，企业的重大财务决策和关键性的财务活动集中在总部，除此以外，总部财务专家只向子公司提供指导、咨询和信息，在不违背公司整体利益的前提下，日常的财务管理决策大多由子公司经理根据当地的具体情况来制定。

② 兼容了前面两种体制的优点。

跨国企业内部采取哪种财务管理体制不是固定不变的，由于管理体制的合理与否对企业的发展和经营的成败有着重要影响，所以，跨国企业在其发展过程中要不断调整集权和分权的范围，从发展趋势看，集中与分散相结合的财务管理体制是大型跨国企业财务管理体制发展的方向。

10.2 跨国企业筹资管理

10.2.1 跨国企业的资金来源

1. 企业内部资金

【跨国企业常用的资金转移方法】

企业内部资金由跨国企业内部未分配利润和提取的折旧费构成。在生产经营国际化初期，子公司所需的资金大多来自企业内部，企业内部资金包括投资入股、提供贷款、财务往来账款。

投资入股。母公司主要利用未分配的利润向子公司提供资金，一方面可利用其控制子公司，另一方面可按股取息。

提供贷款。母公司利用内部资金，直接或间接向子公司提供贷款。以贷款方式提供资金可以减少子公司在东道国的税赋。

财务往来账款。海外子公司应向母公司支付管理费、专利费、股息和利息等应付款项，在没有实际支付前子公司可以短期占用。

2. 企业外部资金

随着国际资本流动规模迅速扩大和生产经营国际化深入发展，企业外部资金已逐步成为跨国企业资金的重要来源，企业外部资金包括来自母国的资金、来自东道国的资金、来自第三国的资金，以及来自国际金融机构的资金。

(1) 来自母国的资金。如母国各类银行、非银行金融机构和金融市场的资金。

(2) 来自东道国的资金。子公司所在的东道国的各类银行、非银行金融机构和金融市场的资金。

(3) 来自第三国的资金。第三国的各类银行、非银行金融机构和金融市场的资金。

(4) 来自国际金融机构的资金。比较重要的国际金融机构有世界银行，此外，还有国际金融公司、美洲开发银行、欧洲投资银行和亚洲开发银行等。

10.2.2 跨国企业的筹资方式

跨国企业的筹资方式通常有以下五种。

1. 股票筹资

发行股票吸收外资的优越性有很多,如股票可以自由买卖,有偿转让,国外投资者可以随时转让股票,实现资本转移;由于股份公司的产权具有永久性,通过股票集资比发行债券和补偿贸易等方式吸收外资具有更大的吸引力;发行股票具有广泛性和灵活性,股票金额小,可以从多方面吸收国外分散的小额资金,外国投资者可按自己的力量购买股票,这就为他们开辟了一条投资的新门路。

2. 国际债券筹资

国际债券一般分为外国债券和欧洲债券两类。外国债券指一国政府、金融机构、企业等在某一外国债券市场上发行的,以发行所在国的货币为面值的债券。它的特点一是借款人属于一个国家的,债券发行在另一个国家,债券面值使用的货币则是第三个国家的货币或使用综合货币单位;二是债券通常由国际辛迪加承保办理发行,这种债券常常在债券票面货币以外的一些国家同时销售,债券的发行除需借款人所在国政府批准外,不受其他国家法律约束。

发行国际债券的优点:债券利率一般略低于银行贷款利率;发行债券筹资范围广;债券还款期较长;债券偿还方法比较灵活,发行者可以提前赎回债券;债券更符合投资者的要求,借款人易于筹资,投资者一般都要求投资具有安全性、流动性、灵活性和报酬较高,在这几项要求之间往往存在一定矛盾,而债券能比较全面地体现这些要求。缺点是准备工作时间较长,审查严格,提供资料和手续较复杂,发行后仍要注意债券市场动态等。

3. 国际银行贷款

国际银行贷款是一国借款者在国际金融市场上向外国贷款银行借入货币资金的一种信贷关系。国际银行信贷所采用的货币是在国际经济贸易中经常使用,能发挥世界货币符号职能的那些货币,主要有美元、英镑、欧元和日元等。国际银行贷款按期限长短分为短期银行信贷和中长期银行信贷。

与其他国际信贷方式相比,它的特点是国际银行贷款可以自由使用,不受贷款银行的限制;贷款方式灵活,手续简便;国际银行贷款的资金供应充沛,在国际金融有大量闲散资金可供借用;国际银行贷款允许借款者选用各种货币,这样,借款人就可以灵活掌握借用货币的种类,避免借款的外汇风险损失;国际银行贷款利率较高,期限较短。

4. 国际金融机构的贷款

国际金融机构比较多,这里简要介绍世界银行和国际金融公司。

世界银行不以营利为主要目的,而是通过贷款协助会员国发展本国经济,主要是对会员国政府贷款,但也可以在会员国政府担保下,贷款给私人企业。世界银行贷款一般与特定项目相联系,最初是以基础工程方面的项目为重点,近年来增加了对农业、卫生和教育等方面的贷款。贷款的具体项目须经世界银行研究、分析、选定决定。贷款期限较长,最长可达30年,平均为17年左右。贷款利率一般低于国际金融市场利率,同时,贷款收取费用很少。贷款额度不受会员国认缴股金的限制,但提供贷款的数额一般不超过该项目总投资的40%。贷款手续严密,从提出项目到取得贷款,一般需要一年半到两年,贷款申请、审批手续严密科学。

国际金融公司是世界银行的附属机构，其宗旨是配合世界银行资助会员国的私人企业。国际金融公司在组织上、财务上都具有相对独立性。国际金融公司的主要任务是为发展中会员国企业的新建、改建、扩建提供资金。提供资金的方式主要是对会员国的企业发放贷款，一般不要政府担保，除了贷款外还可以对企业进行投资，直接入股。国际金融公司为会员国企业筹资时，主要不是依靠公司本身投资，公司本身投资额至多不超过 25%。公司可以为企业寻找外国投资者，同时，也为外国投资者在会员国中寻找投资对象，公司起着中介作用。国际金融公司除向会员国企业提供资金外，还向会员国提供金融咨询、技术咨询和援助。投资项目必须有较高的收益，能保证偿还贷款的本息。

5. 国际租赁

国际租赁是不同国籍当事人之间的租赁。国际租赁一般采用中长期租赁，通常为 3 年、5 年、10 年，也可以长达 20 年，甚至 30 年。国际租赁方式有融资租赁、经营租赁、综合租赁等。

国际租赁的优点：从国外租入设备，实际上等于筹措到一笔相当于设备价款的外资；银行中长期贷款利率一般是浮动的，而租赁合同规定的各期租金是固定的，因此，企业容易计算成本，对投资更有把握；租赁期限可以长于银行贷款期限；通过租赁可以加快引进外国先进技术设备；利用租赁引进设备手续比较简便，到货快。

国际租赁的缺点：租赁费用较高；承租人对租赁物只有使用权，不能自由处理和改进设备；出租人为了自身的利益，有时不愿意把先进的技术设备租给承租人。

除了以上常用的筹资方式外，跨国企业的筹资还有国际补偿贸易、国际贸易信贷等。

跨国企业海外子公司筹资方式主要有两种选择。

(1) 在权益资金筹资方式方面：对于全股权控制的子公司，跨国公司鼓励采用内部资金积累方式筹集资金。对于部分控制股权的子公司，一般通过在当地发行股票的方式来筹集资金。

(2) 在借款筹集资金方式方面：全股权子公司主要通过母公司从本国筹款，或凭借母公司的实力和地位在世界各金融中心筹措低利率的资金。在拥有少数股权的合营企业里，尤其是在发展中国家的合营企业，主要从当地银行筹集资金。合营企业向银行借款有两种渠道，一种是合营企业的各方各自单独向银行借款，另一种是以合营企业的名义向银行借款。在向银行借款中，又可分为向国外银行借款和向东道国银行借款。究竟哪里筹资更为有利，跨国企业一般都要对借款成本进行周密的测算。

10.2.3 跨国企业的筹资战略目标

跨国企业可从全球范围内权衡各类可利用的资金来源，从中选择最佳的资金组合，以达成公司总体筹资成本最低化、避免或降低各种风险、建立最佳财务结构这三大筹资战略目标。

1. 筹资成本最低化

尽管"完全市场"和"有效市场"的理论已不断成熟，国际资本市场也正在逐步向一体化方向迈进，但实际上，当今的国际资本市场还仍然达不到"完全市场"的标准。各国政府各种各样的行政干预以及某些社会、经济、技术等方面因素的影响，使得国际资本市场仍可细分为众多的差异化市场。一般说来，跨国公司为实现总体融资成本最低化这一战略目标，主要采用以下三种策略。

（1）减少纳税。各国的税制、税率有很大差别，即使在一国之内，不同的纳税对象所承受的税负也各不相同，因此，跨国公司可以通过选择适当的融资方式、融资地点和融资货币以减少纳税负担。

（2）尽可能利用优惠补贴贷款。各国政府为了鼓励本国产品出口、优化产品结构、扩大劳动力就业等目的，往往提供一些优惠补贴贷款。例如，大多数国家的政府为了扩大本国出口和改善国际收支，都设置了专门的金融机构（如进出口银行）向本国境内的出口企业提供低息的长期贷款，这种优惠信贷也可给予购买本国商品的外国企业。

（3）绕过信贷管制，争取当地信贷配额。当前，各国政府都在一定程度上对本国的金融市场实施干预。干预的原因或是为了诱导投资方向做某种战略性的转移，或是为了使利率或汇率稳定在某一水平，也可能是为了刺激或抑制信贷资金的增长。因此，如何绕过这些信贷管制措施，并争取尽可能多的配额，是跨国公司财务管理人员的一大职责。

2. 避免或降低各种风险

跨国公司可采取三种策略来避免或降低各种风险。

（1）降低外汇风险。外汇风险是指由于意外的汇率波动而导致公司资产或收益遭受损失的可能性。主要有三类外汇风险：交易风险、换算风险和经营风险。

（2）避免或降低政治风险。政治风险是指东道国或其他国家政府的政治、经济政策的变化所导致的企业经营风险。

（3）保持和扩大现有融资渠道。跨国公司的融资战略需要具备两个特点：一是全球性，二是长远性。在追求低成本低风险融资来源的同时，跨国公司还应放眼长远利益，保持和扩展全球范围的融资渠道，以确保稳定的资金来源和融资灵活性。

3. 建立最佳的财务结构

一个公司的财务结构包含较多的内容：负债可分为长、中、短期，而股票又有普通股和优先股之分。若再细分下去，还可分出可转股债券、累计或非累计优先股等。不过一般说来，对一个公司的财务结构的风险程度做大体的判断，最重要也最常用的标准是公司的债务/股本比率。

财务杠杆理论表明：当一个公司的债务/股本率比较高时，其每股利润率受息税前利润波动的影响就较大，呈现为杠杆效应。因此负债比重高的公司，其每股利润可能较高，但它的财务风险也较大。此外，从另一个角度看，由于利息是一种固定支出，不管公司的盈利如何，都必须支付定额的利息。因此，债务/股本率较高的公司总是倾向于选择资金报酬率较高因而风险也较大的投资项目，其破产或违约的风险也就较高。

无论是潜在的股东还是债权人，投资者在权衡风险因素之后，就可能都不愿对该公司投资。所以，建立一个最佳的财务结构，保证使跨国公司融资成本最低化及融资能力最大化就显得十分重要。

10.3 跨国企业对外直接投资管理

跨国企业的投资可依其是否拥有对企业的控制权与经营管理权而分为直接投资

(Foreign Direct Investment，FDI) 和间接投资（Foreigh Indirect Investment，FII）（或称对外证券投资）。考虑到跨国企业所进行的投资绝大部分属直接投资，而且直接投资的管理要比间接投资复杂得多，因此本部分将重点论述跨国企业对外直接投资。

跨国企业对外直接投资是指跨国企业在国外创办企业或与当地资本合营企业，投资者对所投入的生产要素使用过程的管理拥有直接控制的权力。

10.3.1 跨国企业对外直接投资理论

对外直接投资理论最早出现在 20 世纪 60 年代，是由斯蒂芬·海默和金德尔·伯格提出的，该理论认为国内与国际产品和要素市场的不完善性，是决定对外直接投资的主要因素。经过研究，经济学家提出了众多不同的对外直接投资理论和假说，主要包括产业结构论、生产内在化论、生产综合论和产品生命周期论。

【看好中国 跨国企业加大投资】

10.3.2 跨国企业对外直接投资的类型

一般来说，大型跨国企业倾向于以独资企业的形式进行对外直接投资。独资企业指根据有关法律规定在东道国境内设立的全部资本由跨国企业提供的企业。

跨国企业采用独资企业形式对外直接投资的主要原因有两个：第一是垄断技术优势，拥有先进技术是跨国企业最重要的垄断优势。独资企业实际上是跨国公司设在国外的子公司，总公司对其拥有完全的控制权，高级技术人员由总公司直接选派，以便保持技术优势；第二是便于转移价格的运用。

合资企业是由两个或两个以上属于不同国家或地区的公司、企业或其他经济组织依据东道国的法律，并经东道国政府批准，在东道国境内设立的，以合资方式组成的经济实体。

合作企业是指跨国公司与东道国企业根据东道国有关法律和双方共同签订的合作经营合同而在东道国境内设立的合作经济组织。

10.3.3 跨国企业对外直接投资的环境

1. 投资软环境与外来投资之间的冲突问题

（1）国家总体发展目标与外国企业或外来投资之间的冲突。

每个国家都有自己的特点，这些特点是由该国的历史所决定的。它体现在该国的政治、经济、社会、道德、意识形态等各个方面，决定着该国的现状，在某种程度上也决定着该国的未来。每个国家都根据自身的特点制定本国的发展目标，而这种基于每个国家自身特点的发展目标与外国企业或外国投资者的目标是不尽一致的，从而产生了目标冲突。

东道国或投资所在国与外国企业或外国投资者在目标认识上的冲突，都将导致东道国政治环境向不利于外国企业或外国投资者的方向变化，从而带来政治风险。更为严重的是，一国的发展目标并不是单一的，而是多方位的，因此，有的时候，一国的发展目标可能会含糊不清，甚至会出现相互矛盾之处，这就使得东道国与外国企业或外国投资者之间的目标冲突更为突出。从这一点上讲，东道国发展目标的明晰度、稳定性和一致性是减少目标冲突的关键。

（2）东道国或投资所在国政府经济政策与外国企业或外国投资者利益之间的冲突。

一个国家的发展目标，是通过政府的各项政策来加以实施的，目标决定了政策，政策则是为目标服务的。目标的冲突必定会涉及政策方面。政策可以分为两类：一类是经济政策；

另一类是非经济政策。就经济政策而言，虽然不同国家、不同地区政府的经济政策会有所不同，但其政策目标却基本上是一致的。这些目标大体有以下几个方面：保持经济的持续增长；实现充分就业；保持物价稳定；实现国际收支平衡；实现收入的公平分配。每个国家的政府都会通过不同的政策工具来实现上述目标。就经济政策工具而言，有货币政策、财政政策、经济保护政策、经济发展政策四种。

（3）东道国或投资所在国政府的非经济性政策与外国企业或外国投资者利益之间的冲突。

除了经济性政策会与外国企业或投资者的利益发生冲突外，东道国政府的某些非经济性政策也会与外国企业或外国投资者的利益发生冲突。这类冲突主要表现在意识形态方面的政策；国家安全方面的政策；国有化方面的政策；宗教文化方面的政策；其他方面的政策。

【东道国或投资所在国政府的非经济性政策与外国企业或外国投资者利益之间的冲突】

（4）东道国政府所制定的与外国企业或外国投资者利益相冲突的各种规章制度。

政府的各种规章制度是其政策手段的具体展现，因此，外国企业和投资者与东道国政府政策取向之间的冲突最终都将反映在外国企业和投资者的活动与东道国政府各种规章制度之间的冲突上。其中最有可能与外资企业活动发生冲突的政府规章制度有非歧视性规章制度、带歧视性的规章制度、财富剥夺性的规章制度。

2. 跨国公司对外直接投资环境评估

影响跨国公司直接投资的环境因素主要包括：政治的稳定、民族主义倾向、政府的政策与法规、货币的稳定性、通货膨胀率、资本和利润的返回限制、政府在税收和管理方面的待遇等。跨国公司评估投资环境的方法主要有以下四种。

（1）一般判断法。一般判断法是最简单的投资环境评估方法。它的优点是能简便及时地对投资环境进行评估，减少评估过程中的费用和工作量。它的缺点是根据个别关键因素做出的简单判断，常会使公司丧失有利的投资机会。

（2）等级评分法。等级评分法认为投资环境中的各种因素及其变化对投资的结果会产生不同的影响。它的优点是比较直观，易于采用，而且有利于投资环境评估的规范化。它的缺点是标准化的等级评分不能如实反映对不同投资项目所产生影响的差别；对环境因素的等级评分带有一定的主观性。

（3）加权等级评分法。加权等级评分法是等级评分法的演进，它能突出重点因素的影响，其他主要优点和缺陷与等级评分法的优缺点大致相同。

（4）动态分析法。投资环境不仅因国别而异，同时，在一个国家内也会因时期的不同有所变化。对外直接投资大多数是长期资本投资，期限一般都较长。它的优点是充分考虑了未来环境因素的变化及其结果，有助于公司减少或避免投资风险，保证投资项目获得预期收益。它的缺点是过于复杂，工作量大，依然有较强的主观性。

10.3.4　跨国企业对外直接投资决策

跨国企业对外直接投资决策就是跨国企业运用科学的方法对众多投资项目进行严格筛选，从中选出若干个较有希望的项目进行综合分析比较评估后，最后确定一个最优的投资项目的过程。

跨国企业对外直接投资决策动机一般有以下三个主要动机。

(1) 对外直接投资的战略动机。从战略角度看，企业选择对外直接投资，主要是出于以下五个方面的考虑：扩大市场的需要；寻求原材料的需要；提高生产效率的需要；寻求高新技术的需要；政治安全的需要。

(2) 对外直接投资的行为动机。从组织行为学的角度来分析企业的对外直接投资决策过程，可以发现，企业对外直接投资的决策通常存在两个方面行为动机：第一个方面是来自企业外部环境的刺激；第二个方面是企业内部的需求。

(3) 对外直接投资的经济性动机。虽然在对外直接投资决策中，战略动机和行为动机起着主导性的作用，但理性的、追求利润的经济性动机也是不可缺少的。

跨国企业对外直接投资决策的决策过程分为三个步骤，首先，公司根据其全球战略目标，对投资项目进行严格审查，从中选出最有希望的项目若干。其次，公司根据其主要战略目标的投资计划，对所选择的项目的市场规模和前景、投资环境、资源和成本等重要因素进行分析考察。最后，公司对具体投资项目的经济效益进行评估。主要评估经济指标和方法是：预测项目未来获利能力，测算项目的投资回收期，计算投资项目的平均报酬率。如果考虑收益的时间价值，还必须用现金流量贴现法对投资项目的盈利水平进行评价。经过上述系列工作后，公司就可以确定出最佳投资项目。

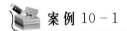

案例 10－1

跨国公司对外直接投资的动机与投资环境分析

2009 年 8 月 18 日，中国石化集团宣布以 82.7 亿加元（约合人民币 511 亿元）成功收购瑞士 Addax 石油公司。这是迄今为止中国公司海外油气资产收购的最大笔交易。跨国公司对外直接投资的动机分为两个方面：首先是战略和经济方面。①寻求市场：中石化成功收购瑞士 Addax 石油公司，扩大了市场，加快战略转型，补足上游短板，提升国内外市场竞争力，实现石油能源全球战略布局。②寻求原料：将瑞士 Addax 石油公司的资源化为己用，生产原料更加丰富。③寻求生产效率：扩大经营规模，扩大规模化生产，生产地与销售地统一，降低成本，提高效率。其次是行为考虑。从内部看，能够降低运营成本；增强油气开采业务在主营业务中的比重；增强中石化海外市场影响力。从外部看，能够积累宝贵成功经验，为中国企业走出海外探求新思路；扩大国际知名度利于国际化；促进国家能源全球布局战略。

（资料来源：http://www.doc88.com/p－7082016135262.html，2020－12－11）

10.4　跨国企业转移价格管理

转移价格是指跨国企业内部，母公司与子公司、子公司与子公司之间进行交易结算时所采用的价格。转移价格能够发挥作用的基本前提是跨国企业的内部交易具有内部商品调拨特征。

10.4.1　跨国企业采用转移价格的目的

跨国公司运用转移价格的目的较多，具体有减少税负、调拨资金、避开风险和管制、获取竞争优势和调节子公司利润水平等。

1. 减少税负

减少税负通常是跨国企业制定转移价格时所考虑的主要目标。减少税负主要包括减少所得税和减少关税两种。

2. 调拨资金

跨国企业在其全球经营中，不仅要充分利用众多的资金市场进行筹资和投资，还需要在整个公司体系内统筹调度资金，使多余资金能得到集中管理，投往可获高利的地方。

3. 避开风险与管制

可以运用转移价格来逃避的风险主要有两类：第一类为外汇风险；第二类为政治风险。

4. 获取竞争优势

获取竞争优势通常体现为两方面：一是争夺市场，击败竞争对手；二是扶植新公司，增强新建公司的竞争能力。

5. 调节子公司利润水平

跨国企业可以根据经营需要，通过制定转移高价或转移低价来影响子公司的账面利润水平。调低子公司账面利润可以达到以下效果：①避免当地政府的分利要求；②避免竞争对手进入；③对付工会的福利的要求；④对付合资伙伴。

10.4.2 转移价格的制定

1. 制定转移价格的程序

（1）确定采用转移价格所要达到的目的。

（2）根据所要达到的目的，提出转移价格体系的初步方案。

（3）对初步方案进行审查和研究，并在此基础上提出转移价格政策报告。

（4）根据外部经营环境和内部经营要素的变化，定期对转移价格体系进行检查和修订。

2. 制定转移价格的方法

（1）以市场价格为基础的定价方法。

① 概念：以转让产品时的外部市场价格作为公司内部转移价格订价的方法。

② 条件：企业的中间产品有市场价格，这个企业无论销售多少这种产品，对市场价格都没有影响。

③ 优点：

a. 考虑了产品的供求状况，所确定的转移价格基本上接近于正常的市场交易价格；

b. 考虑了有关内部成员单位的切身利益；

c. 有利于调动所属子公司的生产经营积极性；

d. 这种转移价格很容易为东道国接受，按市场价格确定的转移价格，接近正常的市场交易价格，基本上排除了人为调节的因素。

④ 局限性：

a. 公司在利用制定转移价格人为调整策略时，就会受到一定的限制；

b. 在不完全竞争市场上选定一个公允的市场价格很有难度。

(2) 以成本为基础的定价方法。

① 概念：以供应转移产品企业的实际成本、标准成本或预算成本为基础加上一个固有比率的利润来确定转移价格的一种定价方法。

② 优点：

a. 可以克服市场定价法的不足；

b. 方法简便易行，因为公司内部的成本资料容易收集；

c. 公司可以保证内部各企业乃至整个公司获取一定的盈利；

d. 有助于各公司重视成本管理和成本数据的收集，并且避免在定价上的人为判断，有利于公司内部间相互协作。

③ 局限性：

a. 不仅不能正确反映受让产品企业的经营成果，也不利于促使受让产品的企业加强成本管理；

b. 在通货膨胀剧烈的国家，以成本为基础制定的转移价格与现行市场价格脱节；

c. 由于各国所确定的成本具体内容不一样，因而即使是同样的成本也缺乏可比性。

3. 转移价格定价方法的选择

(1) 实行不同内部财务管理体制的跨国公司，在选择定价方法上往往有所不同。

(2) 跨国公司的经营规模及介入国际经营的程度也会左右其定价方法的选择。

(3) 跨国公司财务决策人员的文化背景也影响着转移价格定价方法的选择。

应该指出，尽管各跨国公司在转移价格的制定上存在着差别，但在与各国政府的关系这一点上则是相同的。就是说，跨国公司在全面考虑各影响因素的基础上所制定的转移价格是否为子公司所在国和母公司所在国所接受，这个问题自始至终贯穿于转移价格的制定之中。

10.4.3 运用转移价格的困难

(1) 在转移价格的采用过程中与母国和东道国的经济利益相抵触，也很可能与内部各公司之间产生摩擦。

① 转移价格的使用可能使公司与母国政府发生矛盾；

② 引起公司与东道国的政府或其他跨国公司的矛盾；

③ 导致公司内部的矛盾。

对于采用转移价格引起的上述矛盾，各国政府鉴于自身利益，对跨国公司转移价格进行干预、监督和管制。

(2) 各国相应的法律均以"臂长价格"来判断公司的转移价格是否合法。

"臂长价格"可分为三种：

① 正常的国际市场价格；

② 向外部企业出售产品的价格；

③ 公司成本加平均利润形成的价格。

如果转移价格偏离同类产品交易的合理交易标准，跨国公司就会受到罚款或其他方面的制裁。因此，公司运用转移价格的自由度和灵活性就变得相对有限了。同时，为了协调总部与各子公司之间的矛盾,公司可能难以制定出一个正确的转移价格,有的公司甚至会取消分权管理,恢复集中管理体制。

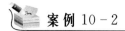

案例 10-2

星巴克转移定价过程

【跨国公司如何避税】

据统计,星巴克自1998年在英国开业以来,通过使用合法的避税策略,实现30亿英镑销售收入,却仅支付了860万英镑所得税。其中一个重要避税手段就是转移定价。例如,英国星巴克所用的咖啡豆均来自在瑞士的星巴克咖啡贸易有限公司。在咖啡豆运抵英国前,需经过星巴克在荷兰阿姆斯特朗设立的烘焙公司进行加工。在此过程中,英国星巴克会支付超额的费用给瑞士和荷兰的两家公司,这样就降低了星巴克在英国的应纳税所得额,同时把资金转移到税率极低的瑞士和荷兰两国。

跨国公司避税的常用办法是利用关联交易,采取转移定价的方式来规避高税制国家的税收征管。据估算,跨国公司每年避税给中国造成的税收损失在300亿元以上。其中,转移定价实现的避税总额占整个跨国公司避税总额的60%。

(资料来源:http://www.doc88.com/p-5963520605932.html,2020-12-11)

10.5 跨国企业纳税管理

10.5.1 东道国税收环境

1. 应税所得来源

跨国企业应税所得可归纳为两方面的来源,国内所得和国外所得。我们主要讨论跨国公司国外所得。

(1) 来自国内的所得,可以通过国内企业向国外出售产品或提供劳务取得。按当前世界惯例,对这种所得一经取得即可予以确认和课税。

(2) 来自国外的所得,也可以通过国外子公司和分公司的经营而获得。这类所得其课税问题相当复杂。

目前,对这类所得的课税有两种不同做法:

① "领土内"课税原则。阿根廷、瑞士等国家采用此法。

② "世界范围"课税原则。按这种方法,无论在领土内还是领土外,凡是所产生的收益均属课税收益。这种方法会导致重复课税的问题,美中等国就采用此法。

2. 费用的确认

一般来说,费用越早确认,对公司越为有利。如果对费用的确认不做明确的规定,会直接影响到各国的纳税收入。各国政府对费用确认的规定有差异。这集中体现在资产使用寿命的规定上。比如,同样一项资产,某国政府允许其5年内摊完,而另一国政府则要求其在10年内予以摊销。从企业角度看,资产成本摊销期越短,对企业经营越有利。

3. 纳税的种类

世界各国税法所规定的税种甚多,因而跨国企业及其下属公司应向各国政府所纳税款的名目繁多，主要有公司所得税、周转税、增值税、预扣税。

4. 税负

影响税负的因素有税率、应税所得范围、费用的确认和分配、资产的计价，以及税务制度。

现行的税务制度主要有三种：一是传统制度，即公司所得税按单一的税率征收，分配给股东的股利，则作为股东个人收入按所得税率征收，意大利、荷兰、美国等采用这种制度；二是分割税率制度，即对未分配收益和已分配收益采用两种不同的税率，日本、挪威和德国等采用这种制度；三是税额转嫁或抵减制度，是指对公司收益按同一税率征税，但已纳税款中的部分可作为股东分得股利应纳个人所得税的抵减数，比利时、法国、英国和德国等都采用这种制度。

三种税务制度并不是相互排斥的，同一国家可以将它们结合运用。由于影响税负的因素很多，跨国公司在确定某国的税负时，必须将各种影响因素综合起来加以分析，最终确定其实际税负。

10.5.2 跨国企业母国的税收环境

在对本国跨国企业来源于国外的所得进行征税时，母国对跨国企业的税收环境主要涉及税收中性、税收延期、外国税收抵免、税收条约和对公司内部交易的税收管理等方面。

1. 税收中性

（1）税收中性问题就是：当一个国家的政府决定征税时，它不仅要考虑潜在的税收收入和如何有效地征收，而且还要考虑这项税收对经济行为的影响。

（2）对税收中性的理解：一种观点认为理想的税收政策不仅应有效地增加财政收入，同时对私人投资决策不产生任何影响，即税收是完全中性的；另一种观点认为应体现国际政策的目标，如国际收支平衡和在发展中国家投资，应该通过积极税收优惠加以鼓励，而不是要求税收完全中性。大多数国家的税收体系是把以上两种观点结合起来。

2. 税收延期

跨国企业的国外子公司在东道国缴纳公司所得税，许多母国政府对这部分国外所得延迟征收额外的税收，直到它汇回母公司。也有不少国家对国外来源根本不征收公司所得税。

如果政府按国籍原则行使税收管辖权，跨国公司就不会获得税收延期的特权。

3. 外国税收抵免

由于各国实行不同的税收管辖权原则，会发生国际双重征税，使得跨国企业税负增加，影响企业的生产经营和国际投资。为避免双重征税，大多数国家对已向东道国缴纳所得税的公司给予税收抵免。

通常情况下，如果向母公司汇回的股息、特许权使用费、利息及其他收入已经向东道国缴纳了预扣税，那么汇回的收入也可以获得国外税收减免。

增值税及其他销售税无资格要求国外税收抵免，但可从税前利润中扣除。

需要指出的是，母国如何对国外实行税收抵免，不同的国家有不同的计算方法。

4. 税收条约

国家间签订条约最主要的目的是避免国际双重征税，使纳税者在一国缴纳的税款能为另一国政府所承认，从而鼓励资本的自由流动。

国际税收条约与国内税法是相互补充、相互配合的，但是，总的来说，国际税收条约优于国内税法，即国内税法的有关规定要服从国家与国家之间签订的税收条约。

5. 对企业内部交易的税收管理

对企业内部交易的税收管理主要指对各国跨国公司利用转移价格策略降低税负的行为，通过制定税法来加以限制。

10.5.3 国际税收环境对跨国企业海外经营的影响

1. 分公司与子公司的选择

开设分公司还是子公司要考虑的税收因素包括以下几点。

（1）该海外机构是否在开工后几年内亏损经营，如果是亏损经营，在创业阶段采取办分公司的形式也许是有利的。

（2）支付预扣税后的净税收。大多数国家对向外国投资者支付的股息征收预扣税。

① 如果分支机构是分公司，就不必向东道缴纳预扣税，但分公司也得不到税收延期特权。

② 如果分支机构是子公司，就要对向母公司支付的股息缴纳预扣税，并可以得到税收延期的特权。

（3）一些特殊成本摊销的税收规定。

一些国家允许勘探成本及部分开发成本作为经常费用加以注销，而不是在以后几年内分摊。因此，许多从事石油和矿物开发的跨国公司选择分公司的形式进行海外经营活动。

2. 在避税港设置分支机构

（1）"避税港"的共同特征有以下四点。

① 地域甚小，政府无巨额开支，无税或税率很低。

② 当地主管当局对外国公司的法律管制较松，不存在外汇管制，货币稳定，允许外币自由兑换，公司的资金调拨和利润分配相当自由。

③ 具有提供金融服务的便利条件。

④ 政治稳定。

（2）在避税港设立分支机构的有以下三点原因。

① 跨国企业可通过在"避税港"设立象征性的分支机构，有计划地利用转移价格将企业的利润收入调拨到避税港，以达到少缴所得税的目的。

② 一些国家允许它们的跨国企业对来源于国外的收入延期征收所得税。

（3）在避税港设立分支机构的形式通常为全资子公司。

跨国企业内部的所有资金转移，包括股息和股权融资，可能都须经过避税港子公司，该避税港子公司还可以为母公司在海外的其他子公司提供股权资本，这样，如果这些海外子公司不断增长并需要从避税港子公司获得内部资金的话，税收延期是无限期的。

知识拓展

经典避税案例：汉堡王"移民"加拿大

美国知名快餐品牌汉堡王（Burger King）公司于1954年成立于美国佛罗里达州迈阿密，现已发展成为世界第二大汉堡连锁店，在全球近100个国家拥有逾13 000家门店，市值接近100亿美元。2014年8月，汉堡王宣布将斥资110亿美元收购加拿大咖啡和零食连锁企业提姆霍顿，并将企业总部迁至加拿大。尽管集团运营地仍在美国，但汉堡王此次收购行为使得合并后的公司改变了其税务国籍，成为加拿大的居民公司，形成公司倒置。汉堡王之所以能够实施倒置并购，是因为美国税法对居民公司的认定采用注册地原则，而无论其实际管理机构所在地是否在美国境内。汉堡王的倒置并购在税务层面可以实现以下两个目的：①适用低税率；②规避海外利润的税收成本。

（资料来源：http://www.sohu.com/a/234555552_100031559，2020-12-11）

本章重点回顾

1. 跨国企业财务管理主要针对跨国企业资金的筹集、运用、收入分配以及资本营运活动，通过预测、决策、计划、核算、控制、监督、分析和考核等一系列组织和管理工作使得股东权益最大化。跨国企业财务管理内容主要包括跨国公司的筹资管理、对外投资管理、转移价格管理、风险管理、结算管理和纳税管理六部分。

2. 跨国企业的资金来源可以分为两个方面：①企业内部资金，该部分资金由跨国企业内部未分配利润和提取的折旧费构成，主要有：母公司投资资金、贷款资金及母公司与子公司的财务往来账款。②企业外部资金，该部分资金是跨国企业资金的重要来源，主要有：来自母国的资金、来自东道国的资金、来自第三国的资金，以及来自国际金融机构的资金。

3. 对外直接投资理论认为国内与国际产品和要素市场的不完善性，是决定对外直接投资的主要因素。主要的对外直接投资理论和假说包括：产业结构论、生产内在化论、生产综合论和产品生命周期论。

4. 跨国企业通常在自身战略动机、行为动机、经济性动机的基础上，通过分析投资国的政治稳定性、民族主义倾向、政府的政策与法规、货币的稳定性、通货膨胀率、资本和利润的返回限制，以及政府在税收和管理方面的待遇等，采用独资企业或合资企业形式对外直接投资。

5. 转移价格的制定要按照相应的程序，采取以市场价格或实际成本为基础的定价方法。同时，在采用转移价格的过程中，转移价格的使用可能使公司与母国政府发生矛盾；引起公司与东道国的政府或其他跨国公司的矛盾；导致公司内部的矛盾等。对于采用转移价格引起的矛盾，各国政府应鉴于自身利益，会对跨国公司转移价格进行干预、监督和管制。

关键术语

财务管理	Financial Management	股票筹资	Stock Financing
转移价格	Transfer Price	国际租赁	International Leasing
直接投资	Direct Investment	间接投资	Indirect Investment

非歧视性规章制度　Nondiscriminatory Regulations
财富剥夺性规章制度　Wealth Deprivation Regulations
避税港　Tax Haven

习　题

一、不定项选择题

1. 跨国企业利用内部转移价格可以（　　）某一子公司的真实利润。
   A. 掩盖　　　　　B. 提高　　　　　C. 降低　　　　　D. 不能确定
2. 国际理财的软环境不包括（　　）。
   A. 政策法规　　　B. 技术水平　　　C. 经营管理水平　D. 环境保护
3. 国际筹融资风险中最主要的两个风险是（　　）。
   A. 环境风险　　　B. 政治风险　　　C. 汇率风险
   D. 利率风险　　　E. 法律风险
4. 跨国企业财务管理的目标有（　　）。
   A. 相关者利益最大化　　　　　　　B. 经营风险最低化
   C. 国际税负最小化　　　　　　　　D. 长期合并收益最大化
5. 内部转移价格的特征有（　　）。
   A. 非市场性　　　B. 目的性　　　　C. 灵活性　　　　D. 计划性
6. 跨国企业财务的研究内容有（　　）。
   A. 跨国理财环境分析　　　　　　　B. 外汇风险管理
   C. 国际筹融资管理　　　　　　　　D. 国际投资管理
7. 跨国企业对外投资具有（　　）。
   A. 投资目的多元性　　　　　　　　B. 资金来源多样性
   C. 投资风险多重性　　　　　　　　D. 投资环境差异性
8. 跨国企业财务管理的目标有（　　）。
   A. 相关者利益最大化　　　　　　　B. 经营风险最低化
   C. 国际税负最小化　　　　　　　　D. 长期合并收益最大化
9. 跨国投资特别风险包括（　　）。
   A. 汇率风险　　　B. 政治风险　　　C. 国家风险　　　D. 利率风险
10. 转移价格的功能有（　　）。
    A. 降低关税　　　B. 避免外汇控制　C. 提高信用地位　D. 避免外汇风险

二、简答题

1. 跨国企业财务管理的特点有哪些？
2. 跨国企业的筹资方式有哪些？
3. 跨国企业采用转移价格的目的是什么？

三、案例分析

自墨西哥的比索实行自由浮动汇率制以来，墨西哥近年来经历了许多重大经济事件，如大规模的贸易赤字、外汇储备的耗竭及1994年12月的货币贬值，这些事件给墨西哥带来了经济的萎缩与高失业率，然而，自货币贬值以来，墨西哥的贸易余额开始改善，仔细调查墨西哥的经历并就此写一篇报告，报告应包括以下内容。

1. 记录墨西哥在1994年1月至1995年12月这段时间里国际收支、汇率、外汇储备等主要经济指标的趋势。

2. 调查比索贬值以前墨西哥国际收支困难的原因。

3. 讨论应该采取什么政策措施来阻止或缓和国际收支问题以及随后发生的比索贬值的问题。

4. 从该案例中总结出对其他发展中国家有用的经验教训。

第 11 章 国际资本流动与金融危机

教学要点

- 了解国际资本流动对资本流出入国家及世界经济的影响；
- 掌握国际资本流动的概念、类型与原因；
- 掌握国际资本流动的作用与影响；
- 理解债务危机产生与发展过程；
- 理解国际资本流动与金融危机的关系。

知识架构

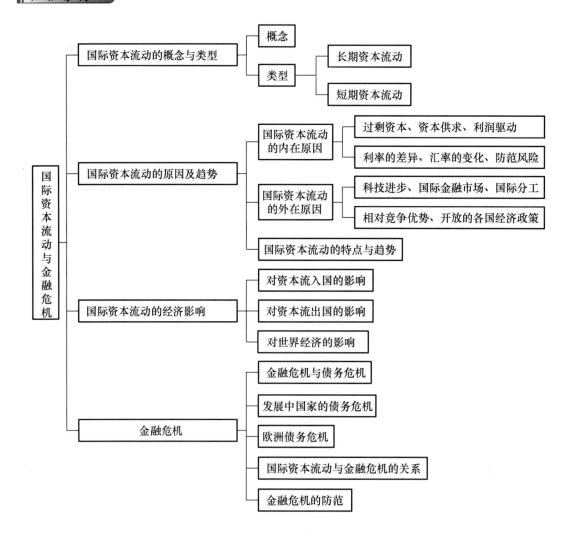

拉美债务危机

1982年8月12日，墨西哥财长席尔瓦·埃尔索格向美国财长唐纳德·里甘、联邦储备委员会主席保罗·沃尔克和国际货币基金组织执行总裁雅克·德拉罗西埃通报："墨西哥几乎耗尽全部外汇储备，再也无力偿还到期的债务本息。"翌日，埃尔索格率墨西哥政府经济代表团去华盛顿进行谈判。通过谈判及各方努力，西方官方债权者提供紧急贷款以偿还全部利息和部分本金，商业银行债权者同意推迟偿还期，墨西哥债务危机得到暂时缓解。

然而，债务危机如同瘟疫一样向其他第三世界国家蔓延，据不完全统计，自墨西哥宣布推迟偿债起至1984年年底前，全球至少有约40个债务国同债权银行进行了推迟偿债的谈判，涉及金额近1 500亿美元。在这40个左右的国家中，拉美国家为15个，其他为亚洲、非洲和东欧国家，世界上大多数发展中国家中的大债务国都在其中。

这场危机的爆发标志着拉美地区经济在第二世界大战后所经历的漫长增长期的结束，债务问题成为发展中国家经济发展的沉重包袱。拉美债务危机的原因主要有四点。①大量举借外债导致偿还困难。②外债政策与管理失误。③进口替代战略致使国际收支问题严重。④国际经济形势恶化导致出口下降。

这些发展中国家主要出口初级产品，其出口外汇收入是他们还本付息的主要来源。但在此时期内，进口替代战略的失败和国际经济形势恶化导致初级产品的价格急剧下降，拉美国家出口外汇收入锐减，从而加重其还本付息的压力。出口收入的减少，进一步造成国际收支状况的恶化，外债偿还压力增大，还债日期逼近，债务国只能从已经枯竭的外汇储备中提取外汇加以应对，逐渐陷入恶性循环当中，最终爆发危机。

（资料来源：http://finance.ifeng.com/a/20130720/10220699_0.shtml，2020-12-11）

11.1 国际资本流动的概念与类型

11.1.1 国际资本流动的概念

国际资本流动，也称国际资本移动，是指资本在国际转移，或者说，资本在国家或地区之间的流出、流入，这种流动可以是单向的，也可以是双向或多向的。从一个国家或地区的角度来看，资本从国外流向国内称为资本流入，资本从国内流向国外称为资本流出。

国际资本流动的载体可以是货币资金，也可以是技术和商品，但一般以货币资金为主。国际资本流动的形式多种多样，如一国企业在另一国出资投资建厂、购买另一国企业或政府发行的债券，或以资金、技术、设备等出资方式与另一国企业合资建厂，或本国企业、政府等在国外资本市场发行债券、股票等。

国际资本流动是目前国际经济交往的最主要形式之一，这种经济交往与国际商品或劳务的交易有一定的区别：商品或劳务的交换实现了商品或劳务与货币之间所有权的对等转移，而国际资本流动通过货币资本的国际转移，仅仅实现了货币使用权的让渡，而并未发生货币所有权的转移。

11.1.2 国际资本流动的类型

国际资本流动按照资本使用时间的长短可以分为长期资本流动与短期资本流动。

长期资本流动是指使用期限在一年以上的资本流动,包括国际直接投资、国际证券投资和国际中长期贷款三种形式。

短期资本流动是指使用期限在一年及以下或即期支付的资本流动,包括贸易资本流动、银行间资本流动、保值性资本流动和投机性资本流动。

1. 长期资本流动方式

(1) 国际直接投资。

国际直接投资是指一国的自然人、法人或其他经济组织单独或共同出资,在其他国家的境内创立新企业,或增加资本扩展原有企业,或收购现有企业,并且拥有有效管理控制权的投资行为。

国际直接投资主要有以下三种类型。

① 创办新企业,又称绿地投资,如在国外设立子公司、附属机构,或者与多国资本共同投资在东道国设立合资企业等。

② 收购国外企业的股权达到一定比例,如美国有关法律规定,拥有外国企业股权达到10%以上,就属于直接投资。

③ 利润再投资,投资者在国外投资所获利润并不汇回国内,而是作为保留利润对该企业进行再投资,但这种投资实际上并不会引起一国资本的流入和流出。

(2) 国际证券投资。

国际证券投资,也称国际间接投资,指个人或机构通过购买外国发行的股票、公司债券或政府债券,只谋求取得股息、利息或买卖该证券的差价收益,而不取得对筹资者经营活动控制权的一种投资方式。各国政府,商业银行、工商企业和个人都可购买国际债券或股票进行投资,这些机构同样也可通过发行国际债券或股票来筹集资金。对于购买国际证券的国家来说是资本流出,对于发行国际证券的国家来说,则是资本流入。

(3) 国际中长期贷款。

国际中长期贷款,也称资本信贷,是由一国、数国或国际金融机构向第三国政府、银行或企业提供中长期资金融通。国际中长期贷款有国际银行中长期贷款、银团贷款、政府贷款和国际金融机构贷款等形式。

2. 短期资本流动方式

短期资本流动方式多种多样,除了现金和银行活期存款外,都是以货币市场的各种信用工具进行流通的,这是由于短期的融资和短期的投资等金融活动通常都要运用各种短期的证券和票据,如国库券、CDS、商业票据、银行承兑票据等。

(1) 贸易资本流动。

贸易资本流动是指由国际贸易引起的货币资金在国际的融通和结算,是最为传统的国际资本流动形式。

(2) 银行间资本流动。

银行间资本流动是指各国外汇专业银行之间由于调拨资金而引起的国际资本流动。

(3) 保值性资本流动。

保值性资本流动又称为"资本外逃",是指短期资本的持有者为了使资本不遭受损失而在国与国之间调动资本所引起的国际资本流动。

(4) 投机性资本流动。

投机性资本流动是指投机者利用国际金融市场上利率差别或汇率差别来谋取利润所引起的国际资本流动。

11.2 国际资本流动的原因及趋势

国际资本流动实质上是资本的国际化,即资本的循环和增值运动从一国的范围向国外的延伸。资本天生具有国际性,为追求在风险最低的前提下获得尽可能多的超额利润,资本家们奔波于世界各地,去开拓世界市场,进行国际借贷和国际投资,从而导致资本在世界各国之间的流动。

11.2.1 国际资本流动的内在原因

1. 过剩资本的形成与资本供求的不平衡

过剩资本是指相对的过剩资本。随着资本主义生产方式的建立,早期资本主义国家在工业革命的推动下,生产技术、劳动生产率和资本积累率迅速提高,资本积累也在迅速增长,资本积累的规模越来越大,但其国内经济增长缓慢,各种经济矛盾不断激化,国内投资日益萎缩,投资收益逐渐下降,因而出现了大量相对过剩的资本。

在这种情况下,过剩的资本就会流向海外投资环境较好的国家,特别是劳动力充裕、自然资源丰富的发展中国家,以谋取高额利润,早期的国际资本流动就由此而产生了。随着资本主义的发展,资本在国外获得的利润也大量增加,反过来又加速了资本积累,加剧了资本过剩,进而导致资本对外输出规模的扩大,加剧了国际资本流动。

2. 利润的驱动与利率的差异

增值是资本运动的内在动力,利润驱动是各种资本输出的共有动机。当投资者预期一国的资本收益率高于其他国时,资本就会从他国流向这一国;反之,资本就会从这一国流向他国。此外,当投资者在一国所获得的实际利润高于本国或他国时,该投资者就会增加对这一国的投资,以获取更多的国际超额利润或国际垄断利润,这些也会导致或加剧国际资本流动。

利率的高低在很大程度上决定了资本的收益水平,进而作用于国际的资本流动。出于对利润的渴望,资本总是从利率较低的国家流向利率较高的国家,直至国际利率大体相同时才会停止。当然,由国际利率差异引起的资本流动并不是无条件的,它还受到货币的可兑换性、金融管制和经济政策目标等因素的制约。

3. 汇率的变化

汇率的变化通过改变资本的相对价值对国际资本流动产生影响。如果一国的货币持续贬值,以该国货币表示的金融资产价值就会下降;如果一国的货币持续增值,以该国货币表示的金融资产价值就会上升。为避免贬值造成的损失,或获取增值带来的收益,在汇率不稳定时,投资者将根据自己的汇率预期,把手中的金融资产从一种货币形式转换成另一种货币形式,进而导致资本从一个国家和地区转移到另一个国家和地区。

一般情况下，短期内利率与汇率呈正相关关系，一国利率提高，会引起国际短期资本内流，增加外币的供给，从而使本币汇率上升；一国利率降低，则会引起该国短期资本外流，减少外币的供给，从而使本币汇率下降。一国利率提高，其汇率也会上浮；一国利率降低，其汇率则会下浮。

4. 防范风险

在现实的资本流动中，由于不确定因素的存在，随时可能给投资者造成一定的经济损失。这种不确定因素，除市场行情、汇率变化等表现出的市场风险、汇率风险外，还大量地表现为政治局势不稳定、法律不健全、民族主义情绪高涨、战争爆发、通货膨胀加剧和经济状况恶化等政治、经济及战争风险。政治、经济及战争风险的存在，也是影响一个国家资本流动的重要因素。

11.2.2　国际资本流动的外在原因

1. 科技进步带来生产力的飞跃

首先，工业革命和信息革命促使世界生产力水平获得极大提高，并产生了大量相对过剩的产业资本和金融资本，使资本输出具备了物质上的基础；其次，由于世界各国普遍认识到科学技术的重要性，都采取积极态度引进先进技术和调整更新产业结构，从而为国际投资提供了政策上的动因；最后，由于计算机技术、信息技术和通信技术的突破和发展，为资产的跨国营运和远程金融交易提供了高效、迅捷的技术手段。

2. 国际金融市场的快速发展

首先，第二次世界大战后，国际金融市场不断发展，市场规模迅速扩大，市场日益自由化，各国对金融市场的管制放松；其次，金融创新层出不穷，期货、期权、互换等衍生证券的发展一日千里，进一步繁荣了金融市场；再次，融资证券化趋势（又称"脱媒"现象）不断深化，这使得国际证券的发行与交易成为国际金融市场的主流；最后，国际证券投资主体的机构化倾向日益明显。

3. 国际分工的深化发展

国际分工由一般的产业分工，发展到部门的特殊分工，再到工厂内部的特殊分工，国际分工更加细致深化，各国之间专业化协作大大加强，从而出现经济金融一体化的发展趋向，生产和资本国际化得到进一步发展。各国之间的经济联系从传统的商品交换范围更广泛地渗入生产领域与流通领域，国际资本流动也从生产资本与商品资本国际化，进一步趋向货币资本国际化，从而使发达国家与许多发展中国家都融入对外直接投资和国际借贷等方式的资本输出入的洪流之中。

4. 各国的相对竞争优势

国际资本流动，特别是以直接投资形式出现的国际资本流动，其形成条件是各国所具有的相对竞争优势，无论是发达国家还是发展中国家，进行对外投资都需要某种竞争优势条件，否则对外投资难以实现。发达国家对外投资的相对优势是资金雄厚、技术先进、信息网络密布和完整严密的管理技能。由于发达国家集中精力专搞高精尖技术生产，不能完全控制那些虽然显得过时但在发展中国家尚在普遍使用的技术。因此一些新兴市场国家也就有了自己的相对优势，如小规模技术优势、劳动密集型产品生产优势。

5. 日益开放的各国经济政策

首先，为克服国内资金短缺的困难，一些国家特别是经济比较落后的国家会制定出一系列优惠政策来吸引外国资本。外资的进入一方面可以暂时改善国际收支状况，另一方面也可以刺激国内经济发展。其次，为了在日益开放和高度竞争的世界环境中获得更利于发展的区位优势，越来越多的政府致力于推进政策的自由化。

6. 跨国公司的全球一体化经营战略

跨国公司是国际直接投资的主要承担者，目前，全球 FDI 流量的 90% 以上来自跨国公司，FDI 已成为跨国公司实施其经营战略的至为重要的手段。技术进步、自由化浪潮、全球竞争加剧等诸多因素正促使跨国公司实施全球一体化的经营战略，以打造其国际化生产网络，这使得跨国公司日益成为全球经济的主导力量。

11.2.3 国际资本流动的特点与趋势

20 世纪 90 年代以来，世界经济形势发生了很大的变化，以美国为首的西方国家一直未能摆脱经济低迷的困境，长期保持较低的利率水平，导致国际金融市场利率较低。经济体制转轨的国家长期面临资金短缺，国际债务危机不断出现。在这种经济形势下，国际资本流动出现了新的发展特点与趋势。

【资本变革：让资本自由流动】

1. 国际资本流动规模不断扩大，逐渐脱离实体经济

一方面，20 世纪 90 年代以来，世界经济发展迅速，国际资本流动的增长速度远远快于世界贸易和世界经济的增长速度；另一方面，衍生工具交易产生的国际资金流动数量已远远超过传统方式交易产生的国际资金流动数量。此外，一大批在国际资本流动中居于突出地位的离岸金融中心，如巴哈马、巴林、开曼群岛、新加坡、阿联酋等。

2. 发达国家在国际资本中仍占主导地位，发展中国家比重逐步增加

在国际资本市场上，发达国家扮演着双重角色，既是最大资本输出国，又是最大资本输入国，对外大量投资与大规模吸收外资往往结合于一身。而发达国家在国际直接投资中的支配地位，决定了其在国际直接投资法律规则的制定方面有着极大的影响力。

3. 呈现出证券化、多元化、高速化的特征

资本证券化是指各种有价证券在资本总量中不断扩大和增强的过程，在国际资本市场通常表现为银行中长期贷款转化为各种债券（如固定利率债券、浮动利率债券、以债权形式出现并可以在市场上随时转让的存款单等）。国际资本市场的证券化是 20 世纪 80 年代以来国际资本市场融通机制的巨大创新，是当前国际资本流动的一个重要趋势。

除了传统的资本流动方式如银行贷款、商业信用、股票筹资、债券筹资等以外，期权、期货、掉期、互换等创新性金融工具日益成为国际资本流动的重要方式，国际资本流动出现多元化发展态势。

伴随着国际资本证券化的出现与发展，国际资本流动呈现出的另外一个特征就是国际资本流动的速度明显加快。

4. 机构投资者成为国际资本流动的主体

当前,在国际资本市场,机构投资者已超过个人投资者而成为市场主体,机构投资者具有专家理财、组合投资、规模及信息等优势,在国际资本市场广受欢迎,它们掌握的金融资产数量也急剧上升。

5. 国际资本流动的产业重点由第二产业转向第三产业

20 世纪 90 年代以来,国际资本流动在投向的产业结构方面发生了较大的变化。以国际直接投资为例,20 世纪 80 年代中期以前,第二产业一直是国际直接投资的重点。但从 20 世纪 80 年代中期开始,随着服务业的迅速发展,第三产业在国际直接投资中的比重逐年增加。到 1990 年,发达国家对服务业的投资存量已经超过制造业。

20 世纪 90 年代以后,在知识经济和信息化浪潮的推动下,全球性产业结构的调整进一步加快,服务业增长迅速,进一步推动了国际资本流动的产业结构变化,流入服务贸易领域的资金比重显著提高。

进入 21 世纪之后,发达国家和跨国公司的对外直接投资"软化"特征更加明显,通信服务业、银行业、保险业、房地产业、旅游业、商贸流通业、运输物流服务业等已成为优先考虑的重点部门。

6. 跨国公司在国际直接投资中作用举足轻重,跨国公司国际并购日趋活跃

在当今新贸易保护主义有所抬头的情况下,跨国公司为获得国外新市场和进入生产要素市场而对外大量投资,并将对外直接投资视为增强竞争力的重要手段。同时各国政府也认识到吸引跨国公司投资对经济发展的促进效应,因此各国尤其是发达国家推行自由化的对外直接投资政策,并为外国直接投资提供更多便利。

这一有利的宏观投资环境,使得跨国公司对外投资大大增加。特别是美国、日本和欧洲跨国公司之间出现了许多并购浪潮。跨国公司并购对投资者来说是非常有利的,可以在进入市场时获得现成的资源,包括技术设备、管理经验和销售渠道,使投资者能够快速进入市场,取得事半功倍的效果。

11.3 国际资本流动的经济影响

11.3.1 国际资本流动对资本流入国的影响

1. 对投资与经济增长的影响

一般情况下,国际资本的流入将会增加一国的投资规模。早期国际资本流入国多是发展中国家,由于国民收入水平比较低,居民储蓄率低,国内储蓄往往满足不了国内投资的需要,存在巨大的投资—储蓄缺口。国际资本的流入弥补了这一缺口,增加了投资资金的来源,从而促进了投资规模的增加,进而提高了经济增长水平,而经济增长水平的提高会使居民收入水平的增加,进而促进国内储蓄的增加,而国内储蓄的增加,会推动国内的投资规模的进一步增加。

资本流入对于一国经济增长的潜在贡献,不仅体现在提高投资水平上,还体现在提高投资效率上。比如,外国直接投资的流入,将通过促进技术进步、引进和强化竞争机制、实现规模经济效益等途径,为该国带来更高的投资效率,进而促进经济增长。此外,资本流入在促进经济增长的过程中,也将为该国创造出更多的就业机会和税收来源。

应当指出,外国资本的流入必须确实被用于投资和生产领域。首先,如果被用于消费,那么就不可能产生预期的积极影响。其次,如果国内经济本身存在着严重的资源配置扭曲现象,那么外国资本的流入很可能在一定程度上加剧这种扭曲,并最终造成资源的浪费和偿债能力的恶化。再次,外国资本的流入将会加大该国经济的对外依赖性,并使经济发展更可能受到外部冲击。最后,各种短期投机性资本的流入会加大该国宏观经济和金融活动的不稳定性,并对经济的持续稳定发展带来不可低估的消极后果。

总之,外国资本流入对投资与经济增长的贡献是潜在的,只有配合有效的管理,这些贡献才能变成现实。

2. 对国际收支的影响

从短期看,资本流入很可能导致一国国际收支中的金融账户顺差扩大。当经常账户出现大量逆差时,这种金融账户的顺差则有助于改善该国的国际收支逆差状态。如果经常账户仅有少量逆差甚至处于顺差状态,那么,资本大量流入引起的金融账户顺差将促使该国的国际收支产生更多的顺差。

从长期看,上述情况很可能发生变化。因为随着各类贷款和投资到期,该国将进入对外还本付息的阶段。除非有更多的新增资本流入,否则,该国的金融账户将会因为偿还贷款本金和到期投资的撤离而趋于出现逆差。另外,在经常账户方面,大量的利息和红利支出也会使得该账户的顺差减少或逆差扩大。当然,如果该国能够通过扩大出口来积累贸易顺差,那么,来自金融账户的逆差压力最终可能不会对总体国际收支产生不利影响。

3. 对本国货币汇率的影响

在不同的汇率安排下,资本流入对汇率的影响是不同的。

在浮动汇率制度下,资本流入说明了外汇市场的外汇供给增加,在外汇需求保持不变的情况下,必然导致该国货币对外的升值。由于本币的升值,促进了进口,抑制了出口,该国的贸易盈余可能减少甚至产生逆差,从而又减少了外汇供给,这样,本币升值的压力又自动减轻。

对于持续的资本流入来说,实现本币升值还有其他一些益处。首先,本币升值可以改变资本流入对国内货币供给和国内信贷的影响途径,减轻资本流入对银行体系的影响;其次,名义汇率升值有助于降低通货膨胀率,减轻资本流入对国内价格的影响程度;最后,汇率的波动意味着本国外汇市场的不确定性上升,在一定程度上阻止了投机性资本的流入。

在固定汇率制度下,一国货币管理当局有责任和义务把本币汇率维持在一个固定的水平,或把其波动幅度限制在一定范围内。因此,当外国资本持续流入并增大本国货币升值压力时,当局必须不断地在外汇市场上购入外汇来进行干预,以便保持汇率的稳定。当然这种干预是以牺牲国内经济发展为代价的。

4. 对利率的影响

从理论上讲,当一国不对资本流入进行限制时,国际资本流动将促使流入国的利率同国际市场利率保持一致。当资本大量流入时，通过国际套利机制，该国的利率水平将趋于下降；反之，当资本大量流出时，该国的利率水平将上升。当然，在现实中，资本流入对利率的这种影响还会受到许多其他因素的制约。

5. 对通货膨胀率的影响

在固定汇率制下，资本流入对一国通货膨胀的影响较为明显。为了稳定汇率，中央银行将对因资本流入引起的本币升值趋势进行干预，通过在外汇市场上买入外汇来稳定汇率，增加本币供应。当然，如果中央银行进行冲销干预，即在外汇市场上购进外汇的同时，在国内债券市场出售本国债券，吸收本国货币即可减少通货膨胀压力。

在不同的外资流入形式下，资本流入对一国通货膨胀的影响是不同的。当外国资本以直接投资形式流入时，该国的投资水平将相应提高，进而促使总需求扩大和投资品价格的上升，间接引起通货膨胀上升。当外国资本以证券资本形式流入并停留在该国证券市场时，可能引起该国金融资产价格的上升，并通过财富效应刺激消费上升，引起消费物价水平的攀升。

11.3.2 国际资本流动对资本流出国的影响

1. 国际资本流动对资本流出国经济的积极影响

（1）有利于推动资本流出国扩大商品出口规模。资本流出国一方面可将本国大型机械或成套设备作为资本对外进行投资，另一方面又可在所投资的企业生产中力求使用资本流出国所提供的原材料和半成品，依靠投资带动本国产品出口，提高本国产品在对方的影响力和市场占有率。

（2）有助于维护和发展资本流出国的垄断优势。源源不断的资本输出，可增强该国商品和技术在东道国内的竞争力，形成技术、市场、价格等方面的垄断优势。

（3）有利于资本流出国实现国内产业的升级换代。资本流出国可以通过资本流出途径，将国内即将过时或已淘汰的技术与设备作为投资，对经济技术发展较低层次的他国进行投资，以延长其技术和设备的使用寿命及其效益，同时在国内代之以技术层次更高的产业。

（4）有利于资本流出国跨越他国政府设置的贸易保护障碍。大多数国家政府为了保护本国民族产业的发展或维护本国市场稳定，对进口贸易通常都规定了一些限制性条件，以防他国的商品倾销。这些限制性要求阻碍了他国商品出口的顺利进行。为了避免这些限制，一些国家改变策略，用对外直接投资方式将本国的技术、设备、制造工艺作为资本投入贸易保护国，在那里兴办企业，就地生产就地销售，变外资为内贸，以跨越贸易保护障碍。这有助于资本输出国对他国政府构筑政治经济的制衡关系。

（5）有利于流出国利用他国资源和降低生产成本，扩大生产，在全球范围建立其销售网，以扩大其产品市场占有率。资本流出国投资者可通过直接投资方式在东道国设厂经营，就地取用东道国廉价的自然资源和劳动力资源，从而有利于降低生产成本，赚取更大利润。还可以将这些相对廉价的自然资源和产品返销本国，满足国内的需要，并降低国内消费成本。

2. 国际资本流动对资本流出国经济的消极影响

（1）可能妨碍国内经济的发展。任何一个国家的资本都是有限的。如果长期资本流出过多,就可能会削弱流出国的国内投资项目和生产部门的资金供给能力,导致就业机会减少、财政收入降低,甚至引起经济衰退和社会动荡。

(2) 面临较大的投资风险。海外各国的政治、经济、法律、文化等环境因素十分复杂,而且与国内的环境因素相差甚远,因此,长期资本流出就会面临较大的风险。例如,资本流入国发生政变、爆发内战、实施不利于外资的法令和陷入债务危机等,都可能降低流出资本的安全性,减少流出资本的实际价值和收益。

(3) 增加潜在的竞争对手。长期资本流动把大量资金、先进技术装备和现代管理方法带进资本流入国,这对促进资本流入国民族经济的发展,提高其产品的国际竞争能力是有益处的。一旦资本流入国的经济发展起来,产品竞争能力得到提高,它们就可能与资本流出国及其产品在国内外市场上展开竞争,甚至取而代之。日本和亚洲其他新兴国家昔日积极引进外资,今日成为欧美主要发达国家的强劲对手,就是典型的例证。

11.3.3 国际资本流动对世界经济的影响

1. 长期资本流动对世界经济的影响

(1) 提高世界的总产量和投资收益率。资本只有在流动过程中才能创造财富、实现增值,而且其流动范围越大,其创造财富、实现增值的能力就越强。因为资本得以在更大范围内优化配置,资本流出所产生的产值和利润一般都大于资本流出国因资本流出而减少的产值和利润,而且资本流出又能推动资本流入国生产力的进步和管理水平的改善,所以,国际资本流动有利于提高世界的总产量和投资收益率,从而成为当代世界经济发展的主要动力。

(2) 使国际金融市场日趋成熟。在经济利益的驱动下,国际资本的流量越来越大,它冲垮了民族经济的栅栏和金融管制的壁垒,使国际金融市场迅速成长起来。首先,资本流出与流入增加了国际间货币资本流动的数额,从而为国际金融市场规模的扩大提供了前提条件。其次,国际资本流动涉及投资、证券、借贷、外汇和黄金等许多方面,这进一步拓宽了国际金融市场的业务范围。最后,随着国际资本流动,各种金融机构也发展起来,它们克服各种困难,建立起自己全球性的经营网络,而且在相互间展开激烈的竞争,从而极大地提高了国际金融市场的效率。目前,资本规模大、业务范围广和经营效率高的国际金融中心不断出现,就是国际资本流动的必然结果之一。

(3) 加快全球经济一体化进程。全球经济一体化,是指各国经济朝相互渗透、相互作用、相互竞争和相互依存方向发展的趋势。资本流出与流入带动着各种生产要素和产品的国际流动,并通过在不同地方投资建厂、销售产品等经济活动,使各国的生产、流通和消费领域相互沟通,进而推动"你中有我,我中有你"的全球经济一体化。欧洲统一大市场和北美自由贸易区的形成,是全球经济一体化进程中的阶段性成果。这些成果的取得,是与它们内部成员国之间的资本频繁流动密切相关的。

2. 短期资本流动对世界经济的影响

(1) 对国际贸易的影响。国际的短期资本流动,如预付货款、延期付款、票据贴现和短期信贷等,有利于贸易双方获得必要资金和进行债权债务的结算,从而保证国际贸易的顺利进行。但是,资本在短期内大规模的转移,很可能使利率和汇率出现频繁变动,从而增加国际贸易中的风险。

（2）对国际收支的影响。当一国的国际收支出现暂时性逆差时，该国货币的汇率会下跌，如果投机者认为这种下跌只是暂时的，他们就会按较低的汇率买进该国货币，等待汇率上升后再卖出该国货币，这样就形成了短期资本内流，从而有利于减少国际收支逆差。当一国的国际收支出现暂时性顺差时，该国货币的汇率会上升，如果投机者认为这种上升只是暂时的，他们就会以较高的汇率卖出该国货币，等待汇率下跌后再买进该国货币，这就形成了短期资本外流，从而有利于减少国际收支顺差。由此可见，短期资本流动能够调节暂时性国际收支不平衡。但是，当一国出现持久性国际收支不平衡时，短期资本流动则会加剧这种国际收支不平衡。

（3）对货币政策的影响。短期资本的流动性强，对货币政策的变化十分敏感。当一国政府企图实行货币紧缩政策时，从其他国家抽调而来的短期资本就会降低货币紧缩政策的力度；当一国政府企图实行货币膨胀政策时，从本国抽逃出去的短期资本又会削弱货币膨胀政策效果。一般说来，短期资本的频繁流动不利于维护各国货币政策的独立性和有效性。

（4）对国际金融市场的影响。短期资本流动有利于资金融通，同时还可以转化为长期资本流动，它对国际金融市场的发育和成长有积极的作用。但是，短期资本，特别是投机资本在国际迅速和大规模地流动，会使利率与汇率大起大落，造成国际金融市场的动荡局面。目前，在国际金融市场上存在着数万亿美元的游资，它脱离于生产领域，在国际游来游去，随时可能对资金市场、证券市场、外汇市场和黄金市场形成强大的冲击。

11.4 金融危机

11.4.1 金融危机与债务危机

【金融危机：次贷危机】

1. 金融危机的概念

金融危机即金融领域的危机，或金融资产、金融机构与金融市场的危机，具体表现为金融资产价格大幅下跌、金融机构倒闭或濒临倒闭、某些金融市场如股市或债市暴跌等，经济总量与经济规模出现较大幅度的缩减，经济增长受到打击，往往伴随着企业大量倒闭，失业率提高，社会普遍的经济萧条，有时候甚至伴随着社会动荡或国家政治层面的动荡。

2. 金融危机的分类

根据产生的根源，金融危机可以分为货币危机、银行危机、债务危机等类型。

货币危机的概念有狭义、广义之分。狭义的货币危机与特定的汇率制度（通常是固定汇率制）相对应，其含义是，实行固定汇率制的国家，在非常被动的情况下（如在经济基本面恶化的情况下，或者在遭遇强大的投机攻击的情况下），对本国的汇率制度进行调整，转而实行浮动汇率制，而由市场决定的汇率水平远远高于原先所刻意维护的水平（官方汇率），这种汇率变动的影响难以控制、难以容忍，这一现象就是货币危机。广义的货币危机泛指汇率的变动幅度超出了一国可承受的范围这一现象。

银行危机是指银行过度涉足（或贷款给企业）从事高风险行业（如房地产、股票），从而导致资产负债严重失衡，呆账负担过重而使资本运营呆滞而破产倒闭的危机。

债务危机是指在国际借贷领域中大量负债,超过了借款者自身的清偿能力,造成无力还债或必须延期还债的现象。

11.4.2 发展中国家的债务危机

20 世纪七八十年代,拉丁美洲一些国家和非洲一些国家大量举债,借用国际商业贷款、国际金融组织贷款、政府贷款和出口信贷等发展本国经济,某些部门的经济虽得暂时发展,但所借外债的金额则节节攀升。

由于债务的不断增加,债务国还本付息的金额也急剧增长,从 20 世纪 70 年代起,发展中国家每年还债金额平均为 400 亿~500 亿美元,上升至 20 世纪 80 年代初,每年还本付息额超过 1 000 亿美元。这些发展中国家的债务国是原材料、初级产品、矿产品的主要出口国,其出口外汇收入是他们还本付息的主要来源,但在此时期内,由于国际垄断资本的操纵,国际市场初级产品的价格急剧下降,使这些债务国的出口外汇收入锐减,从而加重其还本付息的压力。

出口收入的减少,进一步造成国际收支状况的恶化,外债偿还压力增大,还债日期逼近,债务国只能从已经枯竭的外汇储备中提取外汇加以应对,致使所有债务国的外汇储备减少到低于其两个月的进口额,低于国际公认的最低标准。

债务国出口收入的急剧减少,国际收支状况的极度恶化,外汇储备的枯竭耗尽,负债率、债务率、偿债率等指标突破警戒线后,债权国和债权人可能会面临呆账损失,或债务重组。

1982 年,阿根廷、巴西、智利、哥伦比亚、墨西哥、巴拿马、秘鲁、乌拉圭、委内瑞拉等国的债务总额达到了 3 000 亿美元。9 个国家中,债务又主要集中在巴西、墨西哥和阿根廷这 3 个国家,它们的债务占发展中国家外债总额的 40% 左右,如此大规模且过于集中的外债,必然爆发债务危机。1982 年 8 月,墨西哥宣布无法偿还当年到期债务,标志着国际债务危机的爆发。

此外,20 世纪 90 年代以来,在国际资本流动迅猛发展的同时,国际性金融危机也频繁爆发。其中,主要的金融危机包括:1992 年欧洲汇率机制陷入危机;1994 年墨西哥爆发金融危机;1997 年泰国爆发金融危机并迅速扩展到亚洲其他国家和地区;1998 年俄罗斯出现金融危机;2000 年土耳其爆发金融危机;2001 年阿根廷金融市场出现剧烈动荡。

11.4.3 欧洲债务危机

欧洲债务危机,全称欧洲主权债务危机,是指自 2009 年以来在欧洲部分国家爆发的主权债务危机。

1. 第一阶段:希腊债务危机

欧洲债务危机始于希腊的债务危机,2009 年 10 月 20 日,希腊政府宣布当年财政赤字占国内生产总值的比例将超过 12%,远高于欧盟设定的 3% 上限。随后,全球三大评级公司下调希腊主权评级。2010 年 5 月底,惠誉宣布将西班牙的主权评级从 "AAA" 级下调至 "AA+" 级,至此,希腊债务危机扩大为欧洲债务危机。

【希腊债务危机】

希腊债务危机的爆发削弱了欧元竞争力,欧元汇率自 2009 年 12 月开始一路下滑,2010

年 5 月 10 日,欧盟 27 国财长被迫决定设立总额为 7 500 亿欧元的救助机制,帮助可能陷入债务危机的欧元区成员国,防止危机继续蔓延。

2. 第二阶段:爱尔兰债务危机

2010 年 9 月底,爱尔兰政府宣布,预计 2010 年财政赤字会骤升至国内生产总值的 32%,到 2012 年爱尔兰的公共债务与国内生产总值相比预计将达到 113%,是欧盟规定标准的两倍。2010 年 11 月 2 日,爱尔兰 5 年期债券信用违约掉期(CDS)费率创下纪录新高,表明爱尔兰主权债务违约风险加大,由此宣告爱尔兰债务危机爆发。11 月 11 日,爱尔兰 10 年期国债收益率逼近 9%,这意味着爱尔兰政府从金融市场筹资的借贷成本已高得难以承受。爱尔兰债务危机全面爆发,并迅速扩大影响范围。

爱尔兰政府从最初否认申请援助到无奈承认,爱尔兰债务危机进一步升级。欧盟 27 国财长讨论后决定正式批准对爱尔兰 850 亿欧元的援助方案,不过,爱尔兰得到援助须接受苛刻的财政条件,即大力整顿国内财政状况,大幅削减政府财政预算,以达到欧盟规定的水平。爱尔兰成为继希腊之后第二个申请救助的欧元区成员国,欧洲债务危机暂告一段落。

3. 第三阶段:葡萄牙、西班牙、意大利三国债务危机

2008 年全球金融危机后葡萄牙经济下滑,2009 年度财政赤字占国内生产总值的 9.4%,远超出欧盟规定的 3% 上限,这一比例是继希腊、爱尔兰和西班牙之后的欧元区第四高。

西班牙的首要问题是总额达 1 万亿欧元的公共债务规模。西班牙也是欧洲住房市场问题最严重的国家之一,存在房产泡沫及相应的建筑市场过热问题,产能大量过剩,大量房屋空置,建筑行业岌岌可危。

身为欧元区第三大经济体,意大利也已经受到波及,其 10 年期国债与德国国债之间的收益率利差已升至欧元流通以来的新高。

目前,欧洲债务危机的熊熊火焰虽已得到控制,但问题没有得到根本解决,欧洲债务危机随时有再次爆发的可能。

4. 欧洲债务危机的成因

【欧洲债务危机】

据分析,欧洲债务危机的成因很多,其中最主要的一个原因就是这些主权国家不断上升的债务。由于欧元区实施统一货币政策,各国缺少了利率和汇率两大工具的支持,为了走出由美国次贷危机所带来的经济衰退,成员国只能借助扩张性财政政策来刺激经济复苏。加之这些国家的债券也会成为国际市场上的投机对象,结果造成希腊、爱尔兰、西班牙等国家物价和工资迅速上涨,财政赤字不断扩大,各国早已突破了《稳定与发展公约》规定的财政赤字不得超过本国 GDP 的 3%、主权债务总额不得超过本国 GDP 的 60% 的上限,已经完全脱离了经济发展水平与国家还款能力,以至于投资者对政府债券的信任度降到了冰点,进而引发了主权债务危机。

11.4.4 国际资本流动与金融危机的关系

近年来国际金融危机的频繁爆发,其原因是多方面的,既有新兴市场国家经济扩张步伐和开放程度超过其宏观管理能力的客观原因,又有国际金融市场等外部环境变化因素。虽然每次金融危机的发生都有其具体原因,但有一个共同之处,即每次金融危机的发生均同国际

资本的流动,尤其是短期资本的大量流出有着密切关系。具体表现如下。

1. 国际资本大量流入,加剧内外经济失衡

相对于国际资本流入的规模而言,一些新兴市场容量过于狭小,国内工业体系不够完整,巨额外资流入后,只能大量流向房地产等非生产和贸易部门,导致房地产价格的迅速攀高,形成经济泡沫,侵蚀实体经济。

在一些新兴市场国家,金融监管相对滞后,对金融机构的约束力薄弱。对国际金融市场有利的融资条件和大量国际资本的涌入,刺激银行积极参与国际金融市场活动,金融资产总量迅速扩张,并过度投入畸形繁荣的证券市场和房地产市场,出现贷款质量不高、坏账居高不下的现象。在其他一些突发性事件的影响下,金融领域出现的问题打击了市场信心,加速了外资抽逃。

因此,对于经济和金融市场体系狭小的新兴市场来说,在宏观调控机制及金融监管手段不完备的情况下,放任巨额私人资本的自由流入,对其结构和期限不进行适当控制,必然增加了国内外宏观经济失衡的可能性,在一定条件下为外部冲击引致金融危机埋下了伏笔。

2. 资本大量抽逃,打破了国内金融市场的平衡

资本流动性的提高,使国际资本在不同国家的调整变得非常容易,国际资本可以因微小利差而快速进入一个国家,也可以因内外部环境的突然变化而迅速撤离。但是,对于长期习惯于大量资金流入的国家来说,突然出现的外资流入减少甚至净流出,会导致其经济体的应变能力下降,进而打击其实体经济。

【资本大量抽逃,打破了国内金融市场的平衡】

数以千亿计的国际资本流动逆转破坏了原来建立在外资流入基础上的金融市场供求平衡,打击了金融市场信心,导致资金紧张、利率攀升。此外,在一些新兴市场国家,由于外债管理松弛,外债总量和结构失控,债务水平过高,短期资金比例过大,外债与国内投资期限结构"错配",短借长放。这样,在内部经济基本因素恶化,外来冲击加剧的情况下,又必须偿付短期债务,从而成为打破外汇市场供求均衡的关键因素,导致货币突然贬值,出现货币危机。

3. 投机资本的冲击是金融危机爆发的导火索

1997年的亚洲金融危机起源于泰铢在投机资本冲击下的大幅度贬值,国际投机资本对新兴市场的冲击成为引发金融危机的导火索。

国际投机资本冲击一国金融市场主要表现在外汇市场。在固定或有限灵活钉住汇率制下,国际投机资本借助一些突发性经济金融事件冲击一国货币汇率,通过大量抛售该货币,压低其货币汇率,动摇货币持有者对货币汇率稳定的信心,最后引发货币持有人把该货币资产全面转成外币资产。

11.4.5 金融危机的防范

1. 关于国际资本自由流动的辩论

【国际资本自由流动的辩论】

(1) 反对国际资本流动管制的观点:资本的自由流动有利于充分发挥价值规律的作用,更合理地开发利用全球的经济资源,促进先进生产技术和管理技能的转移扩

散，提高劳动生产率，从而达到在全球范围内最有效地配置资源、产生最佳经济效益、推动世界经济发展的目的。因此，各国政府应该取消资本项目管制，允许资本在国际的自由流动。

（2）赞成国际资本流动管制的观点：当前各国经济发展很不平衡，各国政府、企业和个人的经济目的各不相同甚至互相冲突，因而引起资本流动的因素错综复杂。资本完全自由流动不一定能实现对各种经济资源进行最有效地分配和产生最佳的经济效益。相反，资本逃避及投机性资本流动，还会破坏资源的合理分配和各国经济的稳定发展。因此，对于国际资本流动必须采取适当的措施加以管理控制，才能有利于世界经济的发展。

2. 各国对国际资本流动的管制措施

一般来说，国际资本流动管制大致可以划分为两种类型：一是直接控制型；二是市场导向型。在许多情形下，不同的控制手段是混合使用的。总体上来说，各国进行资本流动管制的侧重点都放在限制短期资本流动方面，包括对资本流入的控制措施和对资本流出的控制措施。

3. 资本流动的国际监控

为加强对跨境资本流动的管理，各国对其资本流出与资本流入都加强了监控。首先，完善对跨境资金异常流动的监测和预警，进一步提升跨境资金流动监管能力，防范大规模跨境资本流动可能给经济发展带来的不利影响，构建防范跨境资金双向流动冲击的体制机制；其次，敏锐观察和密切跟踪本外币跨境资金流动形势变化，高度重视一些苗头性、倾向性问题，深入研究跨境收支影响渠道和传导机制，挖掘与跨境资金流动走势相关性高、预测性好的核心指标，提高对跨境资金流动预判的科学性和准确性。

在各国对其资本流出入进行管理的同时，一些国际组织开始对国际资本流动进行不同形式的监控。其中，国际货币基金组织作为一家全球性金融机构，负责解决全球性国际清偿问题，并救助爆发金融危机的国家；世界银行侧重于使用和分配长期资本，解除贫困；国际清算银行要求成员国有关机构对于跨国金融资本的活动加以报告，定期发布，同时对全球商业银行提出资本充足率及相关风险控制的要求；世界贸易组织则从贸易角度对成员国的相关资本流动项目提出原则性要求。

但是，现行货币体系框架内的有关机构对于资本流动的监控能力和范围远远不够。各机构的管理手段有很大的差异。其中，国际清算银行对资本流动的监控和相关要求是建立在自愿基础上的，只具有一定的指导性，却缺乏足够的约束力；国际货币基金组织则注重成员国的报告制度和定期磋商机制，不一定准确反映成员国的客观实际。

知识拓展

外债与外债管理

根据我国国家外汇管理局的定义，外债是中国境内的机关、团体、企业、事业单位、金融机构或者其他机构对中国境外的国际金融组织、外国政府、金融机构、企业或者其他机构用外国货币承担的具有契约性偿还义务的全部债务。

外债与外资既有联系又有区别。它作为外资的一部分，与直接投资有本质的区别。直接投资是以利润分配形式偿还的，并在合同有效期间双方共担经营风险，外债则由举债国使用并按规定的期限归还本金和支付利息。

一国对外举债通常有两种目的：①筹措资金，用于投资，以促进本国的经济增长，或用于弥补财政赤字；②弥补暂时的外汇短缺。

从经济理论上讲，经济收益的获得必须付出一定的成本或代价，举借外债在给债务国带来许多经济收益的同时，债务国也同样要付出如下成本：①偿还债务的本金与利息；②附加条件的外债；③外资供应的不确定性；④对外债的依赖性。

衡量外债是否适度的指标以下四个。

(1) 偿债率，即年还本付息额与年商品及劳务出口所创外汇收入总额的百分比。

(2) 债务率，指一国外债余额占年出口外汇收入的百分比例。

(3) 负债率，指一国外债余额占国民生产总值的比例。

(4) 偿息率，指年利息支付总额与出口所创外汇收入的百分比。

外债规模的监测指标主要分为以下三类。

(1) 外债的总量指标是对外债承受能力的估计，反映外债余额与国民经济实力的关系，主要有：①负债率，指外债余额与国内生产总值的比率，一般不得高于10%；②借债率，也称债务率，指外债余额占当年出口商品、劳务的外汇收入额的比率，一般不得超过100%。

(2) 外债负担的指标是对外偿债能力的估计，反映当年还本付息额与经济实力的关系，主要有：①偿债率，指一年内外债还本付息额与出口商品、劳务的外汇收入额的比率，一般参照系数是20%；②当年外债还本付息额与当年财政支出的比率，一般不得高于10%。

(3) 外债结构指标是在既定的外债规模条件下，衡量外债本身内部品质的指标。其主要通过债务内部各种对比关系反映举债成本，并预示偿还时间和偿还能力，旨在降低借款成本，调整债务结构，分散债务风险。其主要指标有种类结构、利率结构、期限结构和币种结构等。

利用上述指标对一国外债负担进行分析，可看出其是否具备还本付息的能力。如果超过上述警戒线或安全线，就表明该国发生了债务危机。

(资料来源：http://wiki.mbalib.com/wiki/外债管理，2020-12-11)

 本章重点回顾

1. 国际资本流动又称国际资本移动，是指资本在国家或地区之间的单向、双向或多向流动。从一个国家或地区角度来看，资本从国外流入国内称为资本流入，资本从国内流向国外称为资本流出。国际资本流动载体的主要形式为货币资金。

2. 国际资本流动按资本使用时间的长短可以分为长期资本流动与短期资本流动，使用期限在一年以上的为长期资本流动，反之为短期资本流动。长期资本流动包括：国际直接投资、国际证券投资和国际中长期贷款三种方式。

3. 国际资本流动有内在和外在两个方面的成因。①内在原因：过剩的资本总是从资本主义国家流向海外投资环境较好的、劳动力充裕的、自然资源丰富的发展中国家，以谋取高额利润。同时，国际利率差异的存在，使得资本总是从利率较低的国家流向利率较高的国家，早期的国际资本流动就由此而产生了。②外在原因：科技进步带来生产力的飞跃、国际金融市场的快速发展、国际分工的深化发展、各国的相对竞争优势、日益开放的各国经济政策、跨国公司的全球一体化经营战略等，都在推动国际资本流动。

4. 国际资本流动对世界经济的影响可以划分为两个方面。①长期资本流动在提高世界的总产量和投资收益率的同时，加快了全球经济一体化进程，稳定了国际金融市场。②短期资本流动对世界经济有其双重性影响。一方面，短期资本流动有利于国际贸易的顺利进行，减少国际收支逆差，对国际金融市场的发育和成长有积极的作用。另一方面，短期内资本大规模、频发性流动会增加国际贸易中的风险，加剧国际收支不平衡，不利于维护各国货币政策的独立性和有效性，甚至会影响国际金融市场的稳定性。

5. 近年来，国际金融危机频繁爆发，虽然每次金融危机的发生都有其具体原因，但其背后都有一个共同之处，即金融危机的发生均与短期资本的流动密切相关。为防范金融危机的发生，各国应加强对跨境资本流动的管理，对资本流出与资本流入加强监控，同时国际组织也要做好对国际资本流动的监控工作。

关键术语

国际资本流动　International Capital Flow
国际直接投资　International Direct Investment
贸易资本流动　Trade Capital Flow
银行间资本流动　Inter Bank Capital Flow
保值性资本流动　Hedge Capital Flow
投机性资本流动　Speculative Capital Flows
货币危机　Currency Crisis
银行危机　Bank Crisis
金融危机　Financial Crisis
债务危机　Debt Crisis
国际中长期贷款　International Medium and Long Term Loans

习　题

一、判断题

1. 国际资本流动的载体可以是货币资金，也可以是技术和商品，但一般以货币资金为主。（　　）

2. 长期资本流动是指使用期限在五年以上的资本流动。（　　）

3. 国际长期资本流动的特点之一是流动方式复杂多样。（　　）

4. 利率的高低在很大程度上决定了资产的收益水平，进而作用于国际资本流动。（　　）

5. 从全球范围看，政策自由化的效果是使贸易与投资壁垒在总体上不断上升，使经济全球化获得了实质性的推动。（　　）

6. 国际资本流动有利于推动资本流出国扩大商品出口规模。（　　）

二、选择题

1. 国际资本流动的方式有（　　）。

　　A. 长期资本流动　　　　　　　　　　B. 中期资本流动

C. 短期资本流动 D. 远期资本流动
2. 长期资本流动的方式有（　　）。
A. 国际直接投资 B. 国际证券投资
C. 国际中长期贷款 D. 贸易资本流动
3. 短期资本流动的方式有（　　）。
A. 银行间资本流动 B. 保值性资本流动
C. 投机性资本流动 D. 贸易资本流动
4. 短期资本流动的特点有（　　）。
A. 复杂多样性 B. 政策影响性
C. 流动性强 D. 投机性强
5. 国际资本流动的内在原因有（　　）。
A. 过剩资本的形成与资本供求的不平衡 B. 汇率的变化
C. 利润的驱动与利率的差异 D. 防范风险
6. 国际资本流动的外在原因有（　　）。
A. 科技进步带来生产力的飞跃 B. 国际金融市场的快速发展
C. 国际分工的深化发展 D. 各国的相对竞争优势
7. 下列关于国际资本流动对资本流入国的影响，说法正确的有（　　）。
A. 一般情况下，国际资本的流入将会增加一国的投资规模
B. 从短期看，资本流入很可能导致一国国际收支中的金融账户顺差扩大
C. 在浮动汇率制度下，资本流入会导致该国货币对外的升值
D. 在固定汇率制度下，资本流入对一国通货膨胀的影响较为明显
8. 下列关于国际资本流动对资本流出国的影响，说法正确的有（　　）。
A. 有利于推动资本流出国扩大商品出口规模
B. 有利于维护和发展资本流出国的垄断优势
C. 可能妨碍国内经济的发展
D. 面临较大的投资风险

三、简答题

1. 国际资本流动主要有几种方式？每种方式的特点是什么？
2. 国际资本流动的内外原因是什么？
3. 20世纪90年代以来，国际资本流动有哪些重要特点？
4. 国际资本流动对资本流出与资本流入国家有哪些影响？
5. 国际资本流动与金融危机的关系是什么？如何防范金融危机？

第 3 篇　国际金融制度与组织

　　第 12 章　国际货币制度
　　第 13 章　国际金融组织

第 12 章 国际货币制度

教学要点

- 掌握国际货币制度的含义及特征，了解国际货币制度的发展演变过程和最新进展；
- 掌握布雷顿森林体系的主要内容及其瓦解的原因；
- 理解牙买加体系、欧洲货币体系的内容、特点和作用；
- 深刻认识欧元的国际货币地位及国际货币体系改革的必要性；

知识架构

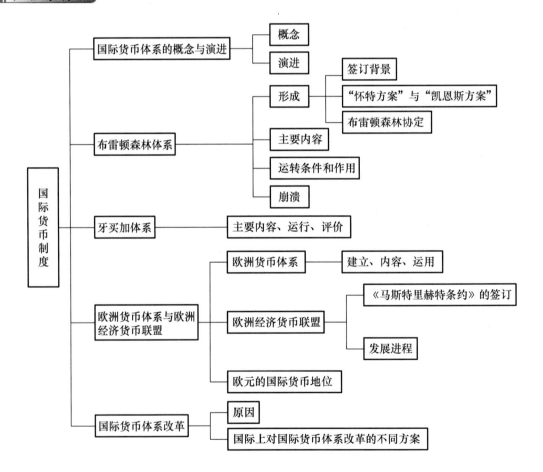

导入案例

"石油币"为变革国际货币体系提供新思路

2018年2月20日,委内瑞拉正式预售"石油币",成为第一个发行法定数字货币的主权国家。委内瑞拉"石油币"不同于比特币等既有数字货币,它以国家真实财富为信用背书,打破了原有数字货币的虚拟性,避免了虚拟货币因内在价值缺失而导致的投机性和不稳定性。同时,"石油币"由主权政府发行,赋予了数字货币流通的合法性。业内专家指出,"石油币"兼具数字货币特点和真实财富支撑,是大数据时代下对货币形式的一次大胆创新,对全球货币回归价值锚具有重大意义。

【"石油币"为变革国际货币体系提供新思路】

委内瑞拉"石油币"的可持续性必须以国家可持续财富创造能力的恢复为基础。一旦数字货币发行冲破国家新增财富创造能力的约束,必然会导致其价格与价值产生偏离,进而为信用危机爆发埋下隐患。委内瑞拉"石油币"的发展前景究竟如何,我们拭目以待。

国际货币体系经历了金本位制度、金汇兑本位制度、布雷顿森林体系及牙买加体系几个阶段,基本形成以美元主导,日元、欧元等多种货币共存的格局。2007年美国次贷危机引发的全球金融危机至今,国际信用体系堪危,信用危机频发,美元越来越难以有效承担起国际储备货币的责任。人们再一次清醒地认识到当前国际货币体系的缺陷。"石油币"这一创新模式就是对改革现行国际货币体系,推动国际货币体系向多元化、合理化方向发展的一次探索,为有关主权国家探索、发行新型货币形式提供了启示。

(资料来源:经济日报,2018年2月24日)

国际货币体系是国际货币关系稳定的基础。经济全球化是当代世界经济的重要特征之一,也是世界经济发展的重要趋势,国际贸易的发展和工商业活动的国际化使得国际金融市场一体化程度不断增强,国际货币关系日益成为世界经济中的一个非常重要和复杂的问题。

国际货币制度的演变和改革,经历了一个从自发调节到有序调节的过程,反映了国际政治、经济环境的变迁和各国之间在国际金融领域的诸多矛盾和利益冲突。研究国际货币体系的发展变化及未来趋势,有着重要的理论和现实意义。

12.1 国际货币体系的概念与演进

12.1.1 国际货币体系的概念

国际货币体系(International Monetary System)是指国际货币制度、国际货币金融机构,以及由习惯、历史沿革和一系列国际间的磋商而形成国际货币秩序的总和。它是各国政府为适应国际贸易与国际支付的需要,对货币的本位、货币的兑换、国际收支的调节所做出的安排、遵循的原则、采取的措施、建立的组织形式,以及各国之间相互协调的通称。

【国际货币体系】

国际货币体系是国际经济体系的一个重要的组成部分,其主要功能就是要建立稳定的国际货币秩序、保证货币在各国间顺利地发挥世界货币的作用,促进世界经济的发展。

一个健全、稳定的国际货币体系应该具备以下特征。首先,各国的汇率必须相对稳定,汇率的过度波动会影响货币在各国间的顺利流通,并增大货币流通的成本。其次,国际收支调节的方式必须有效,同时调节的成本较小,调节的义务对称。与此同时,国际储备的增长必须具备一定的物质基础，国际储备资产的提供必须适度，既不能太多，也不能太少，太多可能会引起全球性的通货膨胀，太少则会引起全球经济的萧条。

国际货币体系要形成世界及各国货币的汇率制度，建立有关国际货币金融事务的协调机制和监督机构，确定主导货币、国际储备货币及资金融通机制，监督国际货币发行国的国际收支及履行约束机制，一般包括以下几方面的内容。

1. 国际货币的确定

国际货币体系首先要解决国际本位货币，即以何种货币作为国际支付手段和国际储备资产的问题。国际储备资产的确定是指一国政府使用何种货币作为国际支付手段，持有何种国际储备资产，以确保国际支付顺利进行和满足调节国际支付的需要等。例如，是采用黄金，还是采用纸币，是采用一国货币，还是采用几个国家货币，抑或是采用各国共同创设的某种合成货币等。

2. 各国货币比价的确定

根据国际交往与国际支付的需要，以及使货币在国际范围发挥世界货币职能，各国政府要规定本国货币与外国货币之间的比价、货币比价确定的依据、货币比价波动的界限、货币比价的调整、维护货币比价采取的措施，以及是否采取多元化比价等。

3. 国际储备的供给与管理

为满足国际支付的需要，一国必须拥有一定的国际储备资产。在金本位制下，国际储备的供应受到黄金产量约束，不可能无限制地增长。而在纸币作为国际储备时，如何加强对国际储备供应的管理，防止由于国际储备资产的过度增长导致世界性的通货膨胀，是国际货币体系中要解决的重要问题。

4. 货币的可兑换性与国际支付所采取的措施

货币的可兑换性是指各国政府为进行国际支付，必须确定本国货币是否能够自由兑换成其他国家的货币。货币在各国间的流通涉及货币的对外支付是否受到限制，货币之间是否可以自由兑换，以及汇率如何确定、调整和维护，会给各国的对外经济活动带来重大影响，因此必须在各国间做出各国均可接受的统一安排。

5. 国际收支调节机制

保持各国国际收支的基本平衡既是国际货币体系建立的目的，又是国际货币体系稳定的必要条件。尤其对于国际货币的供应国来说，国际收支能否保持长期均衡直接影响其货币汇率的稳定和国际地位，因此，有效的国际收支调节机制是国际货币体系的基本内容。

12.1.2　国际货币体系的演进

国际货币体系起源于早期贸易的发展，与以货币为媒介的国际经贸往来同时产生。国际货币体系在其发展过程中经历了三个重要的历史时期：第一个时期为1870—1914年的金本位时期；第二个时期为1945—1973年的布雷顿森林体系下的固定汇率时期；第三个时期是1976年牙买加协议以来的国际货币多元化和浮动汇率时期。

1. 金本位制货币体系

近代以来，英国是西方国家中率先崛起的资本主义大国，建立起以英镑为中心的国际金本位制货币体系。

【金本位制货币体系】

金本位是以一定质量和成色的黄金作为本位币,并使流通中各种货币与黄金间建立起固定兑换关系的货币制度。在金本位制度下,黄金具有货币的所有职能,如价值尺度、流通手段、储藏手段、支付手段和世界货币。

在金本位制下,黄金是国际货币体系的基础,可以自由输出和输入国境,是国际储备资产和结算货币,金铸币可以自由流通和储藏,也可以按法定含金量自由铸造,各种金铸币或银行券可以自由兑换成黄金。

金本位制是一种较为稳定的货币制度,表现为该体系下各国货币之间的比价、黄金和其他代表黄金流通的铸币和银行券之间的比价,以及各国物价水平相对稳定,因而对汇率稳定、国际贸易、国际资本流动和各国经济发展起了积极作用。

但是,金本位也存在着很大的缺陷。该货币制度过于依赖黄金,而现实中黄金产量的增长远远无法满足世界经济贸易增长对黄金的需求,再加上各国经济实力的巨大差距造成黄金储备分布的极端不平衡,于是银行券的发行日益增多,黄金的兑换日益困难。国际间流通的货币量受到黄金的限制,国际收支的自动调节存在着严重的缺陷,国际收支逆差因黄金的大量外流,对国内经济影响巨大,甚至造成经济衰退。第一次世界大战爆发后,各国便终止了黄金输出,停止银行券和黄金的自由兑换,国际金本位制货币体系宣告解体。

2. 布雷顿森林体系

第二次世界大战即将结束时,一些国家深知,国际经济的动荡乃至战争的爆发与国际经济秩序的混乱存在着某种直接或间接的联系。因此,重建国际经济秩序成为战后经济恢复和发展的重要因素。在国际金融领域中重建经济秩序就是建立能够保证国际经济正常运行的国际货币制度。为此,1944年7月在美国新罕布什尔州的布雷顿森林由44个国家参加会议并商定建立的以美元为中心的国际货币制度。布雷顿森林体系包括五方面内容,即本位制度、汇率制度、储备制度、国际收支调整制度及相应的组织形式。

(1) 本位制度:在本位制方面,布雷顿森林体系规定,美元与黄金挂钩。各国确认1934年1月美国规定的1美元的含金量为0.888671克纯金,35美元换1盎司黄金的黄金官价。美国承担向各国政府或中央银行按官价兑换美元的义务;同时,为了维护这一黄金官价不受国际金融市场金价的冲击,各国政府需协同美元政府干预市场的金价。

(2) 汇率制度:在汇率制度方面,它规定国际货币基金组织成员国货币与美元挂钩,即各国货币与美元保持稳定的汇率。

(3) 储备制度:在储备制度方面,美元取得了与黄金具有同等地位的国际储备资产的地位。

(4) 国际收支调整制度:国际货币基金组织会员国发生国际收支逆差时,可用本国货币向基金组织按规定程序购买(借贷)一定数额的外汇,并在规定时间内以购回本国货币的方式偿还借款。贷款只限于会员国用于弥补国际收支赤字,即用于经常项目的支付。

(5) 组织形式:为了保证上述货币制度的贯彻执行,建立了国际货币基金组织和世界银行。

但是布雷顿森林体系本身是不稳固的,事实上,自布雷顿森林体系建立之日起,"特里芬难题"就一直伴随国际经济的发展。1960年以前,布雷顿森林体系的主要问题是"美元荒";而1960年以后,主要问题是"美元灾"。1971年8月,美国宣布停止美元兑换黄金,这一行动意味着布雷顿森林体系的基础发生动摇。1973年西方主要国家纷纷实行浮动汇率制度，布雷顿森林体系的两个基础——各国货币与美元挂钩、美元与黄金挂钩均告崩溃，布雷顿森林体系瓦解。

3. 牙买加体系

布雷顿森林体系瓦解以后，重新建立，至少是改革原有货币体系的工作成了国际金融领域的中心问题。1976年1月IMF成员国在牙买加首都金斯敦举行会议，讨论修改国际货币基金协定的条款，会议结束时达成了《牙买加协定》。同年4月，IMF理事会又通过了以修改《牙买加协定》为基础的《国际货币基金协定第二次修正案》，并于1978年4月1日起生效，从而实际上形成了以《牙买加协定》为基础的新的国际货币制度。

新的国际货币制度的主要内容包括三个方面，即汇率制度、储备制度和资金融通。

（1）汇率制度。《牙买加协定》认可了浮动汇率的合法性。它指出，IMF同意固定汇率和浮动汇率的暂时并存，但成员国必须接受基金组织的监督，以防止出现各国货币竞相贬值的现象。

（2）储备制度。《牙买加协定》明确提出黄金非货币化，会员国可以按市价在市场上买卖黄金；取消会员国之间、会员国与基金组织之间以黄金清偿债权债务的义务，降低黄金的货币作用；逐步处理基金组织持有的黄金。

（3）资金融通。扩大对发展中国家的资金融通。国际货币基金组织用出售黄金所得收益建立信托基金，以优惠条件向最贫穷的发展中国家提供贷款；将基金组织的贷款额度从各会员国份额的100%提高到145%，并提高基金组织"出口波动补偿贷款"在份额中的比重，由占会员国份额的50%增加到75%。

但在牙买加体系下，主要工业国家全都采用浮动汇率制，汇率波动频繁而剧烈；多元国际货币缺乏统一的、稳定的货币标准，这本身便是一种不稳定的因素，同时国际收支调节机制仍不健全，所以，当今世界各国也都在致力于改革国际货币体系，主张建立新的国际货币体系。

12.2 布雷顿森林体系

布雷顿森林体系是指第二次世界大战后以美元为中心的国际货币体系，是布雷顿森林协定对各国就货币的兑换、国际收支的调节、国际储备资产的构成等问题共同做出的安排所确定的规则、采取的措施及相应的组织机构形式的总和。

1944年，世界各国在美国新罕布什尔州的布雷顿就汇率问题达成了一致，并且组建了国际货币基金组织，同时还开始了一系列第二次世界大战后欧洲经济的复苏计划。这次会议确定了第二次世界大战后以美元为中心的国际货币体系即布雷顿森林体系，该体系保证了世界经济在随后近30年时间内的稳定。

布雷顿森林体系的运转与美元的信誉和地位密切相关，奠定了第二次世界大战后的国际金融秩序，在战后相当一段时间内，确实带来了国际贸易空前发展和全球经济越来越相互依存的时代。但到了20世纪六七十年代，在经历多次美元危机后，该体系逐渐瓦解。但由布雷顿森林体系诞生的两个机构——世界银行和国际货币基金组织，仍然在世界贸易和金融格局中发挥着重要作用。

12.2.1 布雷顿森林体系的形成

1. 制定背景

【"怀特方案"和"凯恩斯方案"】

国际金本位制崩溃后，一直未形成一个统一的国际货币体系。两次世界大战之间的 20 年中，国际货币体系分裂成几个相互竞争的货币集团，各国货币竞相贬值，动荡不定，在充满危机和混乱的国际环境中，各国没有足够的时间和能力来解决国际金本位制的崩溃给国际金融秩序及国际经济贸易带来的消极影响。

第二次世界大战使国家之间的实力对比发生了巨大的变化。一方面，经历了战争的摧残，曾自称"日不落"的大英帝国受到了巨大的创伤，经济遭到严重破坏，英镑失去了作为硬通货的地位，亦丧失了恢复坚挺的可能性。另一方面，战争结束时，美国已成为资本主义世界最大的债权国和经济实力最雄厚的国家，这就为建立美元的霸权地位创造了必要的条件。

综上，战后所重新确定的英美两国在国际经济、政治事务中的重要地位对布雷顿制度的谈判有重要作用，也基本奠定了国际金融制度谈判的基础。

2. 《布雷顿森林协定》

1943 年 9 月—1944 年 4 月，围绕着"怀特方案"和"凯恩斯方案"，英美两国政府代表团在有关国际货币计划的双边谈判中展开了激烈的争论。会议经过热烈讨论，发表了《专家关于建立国际货币基金的联合声明》。

1944 年 7 月，在美国新罕布什尔州的布雷顿森林召开有 44 国参加的"联合和联盟国家国际货币金融会议"，通过了以"怀特方案"为基础的《国际货币基金协定》和《国际复兴开发银行协定》，总称《布雷顿森林协定》，从而建立起布雷顿森林体系。

这个体系的根本宗旨是建立一种世界性的货币，这种货币应该能够适应世界经济发展的要求，建立一种汇率制度，以稳定汇价，促进世界贸易的增长，从而有助于保持高水平的就业和实际收入，制定国际收支不平衡的调节政策。

12.2.2 布雷顿森林体系的主要内容

布雷顿森林体系建立了国际货币基金组织和世界银行两大国际金融机构。前者负责向成员国提供短期资金借贷，保障国际货币体系的稳定，后者提供中长期信贷以促进成员国经济复苏。在促进汇率稳定、增进国际货币合作、发展世界贸易的宗旨之下，《布雷顿森林协定》的主要内容体现在以下六个方面。

第一，美元与黄金挂钩。

第二，其他国家货币与美元挂钩。

第三，实行可调整的固定汇率。

第四，各国货币兑换性与国际支付结算原则。

第五，确定国际储备资产。《布雷顿森林协定》中关于货币平价的规定，使美元处于等同黄金的地位，成为各国外汇储备中最主要的国际储备货币。

第六，国际收支的调节。

12.2.3 布雷顿森林体系的运转条件和作用

【布雷顿森林体系的作用】

1. 运转条件

以美元为中心的国际货币制度能在一个较长的时期内顺利运行,与美国的经济实力和黄金储备分不开。要维持布雷顿森林体系的运转,需要具备以下三项基本条件。

第一,美国国际收支保持顺差,美元对外价值稳定。

第二,美国的黄金储备充足。在布雷顿森林体系下,美元与黄金挂钩,外国政府或中央银行持有的美元可向美国兑换黄金。

第三,黄金价格维持在官价水平。第二次世界大战后,美国黄金储备充足,若市场价格发生波动,美国可以通过抛售或购进黄金加以平抑。

2. 作用

布雷顿森林体系的运行促进了第二次世界大战后经济的发展,促进了国际贸易的发展和多边支付体系、多边贸易体系的建立和发展,并有利于推进外汇管制的放松和贸易的自由化,对第二次世界大战后国际贸易和世界经济的发展起了相当重要的推进作用。

12.2.4 布雷顿森林体系的崩溃

【布雷顿森林体系的崩溃】

由于资本主义发展的不平衡性,主要资本主义国家经济实力对比一再发生变化,以美元为中心的国际货币制度本身固有的矛盾和缺陷日益暴露。主要包括:金汇兑制本身的缺陷、储备制度不稳定、国际收支调节机制的缺陷、内外平衡难统一等。

黄金储备的充足、美国的国际收支顺差及黄金官价的维持是布雷顿森林体系运转的基础,而美元危机的爆发则标志着布雷顿森林体系的基础开始动摇。为维持布雷顿森林体系的运转,美国和国际货币基金组织采取了一系列挽救措施如稳定黄金价格协定、建立黄金总库、借款总安排、签订货币互换协定和创立特别提款权等,但由于其运转基础已严重削弱,最终仍逃脱不了崩溃的命运。

【布雷顿森林体系的崩溃——体系内在矛盾】

布雷顿森林体系崩溃的原因包括:体系的内在矛盾、美元危机与美国经济危机频繁爆发、国际收支调节的不对称性、国际干预与国内利益的矛盾等。

布雷顿森林体系的崩溃表明,以黄金为基础的单一储备货币体系是不稳定的:单一储备货币国需要在维持国内均衡和为世界提供流动性之间权衡,其选择的结果会带来经济的波动;以黄金这一单一商品作为全球货币体系的基础,虽然有短期稳定的优点,但在黄金产量增长落后于经济发展的情况下,会因金价本身无法稳定而使货币体系走向混乱与崩溃。

 资料卡

特里芬难题

1960年,美国经济学家罗伯特·特里芬在其《黄金与美元危机——自由兑换的未来》一书中提出"由于美元与黄金挂钩,而其他国家的货币与美元挂钩,美元虽然取得了国际核心货币的地位，但是各国为了发展国际贸易，必须用美元作为结算与储备货币，这样就会导致流出美国的货币在海外不断沉淀，对美国来说就会发生长期贸易逆差；而美元作为国际货币核心的前提是必须保持美元币值稳定与坚挺，这又要求美国必须是一个长期贸易顺差国。这两个要求互相矛盾，因此是一个悖论"。这一内在矛盾称为"特里芬难题（Triffin Dilemma）"。

12.3 牙买加体系

布雷顿森林体系瓦解后，国际金融形势动荡不安，国际社会为建立一个新的国际货币体系进行了长期的讨论和磋商。

1972年7月，IMF成立了一个专门委员会，由11个主要工业国家和9个发展中国家共同组成，具体研究国际货币制度的改革问题，委员会于1974的6月提出一份"国际货币体系改革纲要"，对黄金、汇率、储备资产、国际收支调节等问题提出了一些原则性的建议，为以后货币改革奠定了基础。

1976年1月，IMF"国际货币临时委员会"在牙买加首都金斯敦召开会议，签署了《牙买加协定》，同年4月IMF理事会在《牙买加协定》的基础上通过了《国际货币基金协定第二次修订案》（第一次修正案是在1968年，授权IMF发行SDRs），并于1978年4月1日起生效。上述协议与修订案的推行使国际货币体系进入了一个新的阶段，实际上形成了以《牙买加协定》为基础的新的国际货币制度，即牙买加体系，有的学者将其称为"后布雷顿森林体系"。

12.3.1 《牙买加协定》的主要内容

1. 浮动汇率合法化

会员国可以自由选择任何汇率制度，还可以采取自由浮动或其他形式的固定汇率制度，但会员国的汇率政策应受IMF的监督，并与IMF协商。协议还规定实行浮动汇率制的会员国根据经济条件，应逐步恢复固定汇率制度，在将来世界经济出现稳定局面以后，经IMF总投票权的85%多数票通过，可以恢复稳定的但可调整的汇率制度。这部分条款是将已经实施多年的有管理的浮动汇率制度予以法律上的认可，但同时又强调了IMF在稳定汇率方面的监督和协调作用。

2. 黄金非货币化

废除黄金条款，取消黄金官价，各会员国中央银行可按市价自由进行黄金交易，取消会员国相互之间及会员国与IMF之间须用黄金清算债权债务的义务。IMF所持有的黄金应逐步加以处理，其中1/6（2 500万盎司）按市价出售，以其超过官价（每盎司42.22美元）部分作为援助发展中国家的资金。另外1/6按官价由原缴纳的各会员国购回，其余部分约1亿盎司，根据总投票权的85%做出的决定处理，向市场出售或由各会员国购回。

3. 提高特别提款权的国际储备地位

修订特别提款权的有关条款，以使特别提款权逐步取代黄金和美元而成为国际货币制度的主要储备资产，协议规定各会员国之间可以自由进行SDRs交易，而不必征得IMF的同意。IMF与会员国之间的交易以SDRs代替黄金，IMF一般账户中所持有的资产一律以SDRs表示。在IMF一般业务交易中扩大SDRs的使用范围，并且尽量扩大SDRs的其他业务使用范围。另外，IMF应随时对SDRs制度进行监督，适时修改或增减有关规定。

4. 扩大对发展中国家的资金融通

以出售黄金所得收益设立"信托基金"，以优惠条件向最贫穷的发展中国家提供贷款或援助，以解决其国际收支的困难。扩大IMF信贷部分贷款的额度，由占会员国份额的100%增加到145%，并放宽"出口波动补偿贷款"的额度，由占份额的50%提高到75%。

5. 增加会员国的基金份额

各会员国对IMF所缴纳的基本份额，由原来的292亿SDRs增加到390亿SDRs，增加33.6%。各会员国应缴份额所占的比重也有所改变，主要是石油输出国的比重提高一倍，由5%增加到10%，其他发展中国家维持不变，主要西方国家除联邦德国和日本略增以外，都有所降低。

12.3.2 牙买加体系的运行

1. 储备货币多元化

与布雷顿森林体系下国际储备结构单一、美元地位十分突出的情形相比，在牙买加体系下，国际储备呈现多元化局面，美元虽然仍是主导的国际货币，但美元地位明显削弱了，由美元垄断外汇储备的情形不复存在。欧元、日元成为重要的国际储备货币。

2. 汇率安排多样化

在牙买加体系下，浮动汇率制与固定汇率制并存。一般而言，发达工业国家多数采取单独浮动或联合浮动，但有的也采取钉住自选的货币篮子。对发展中国家而言，多数是钉住某种国际货币或货币篮子，单独浮动的很少。不同汇率制度各有优劣，浮动汇率制度可以为国内经济政策提供更大的活动空间与独立性，而固定汇率制则减少了本国企业可能面临的汇率风险，方便生产与核算。各国可根据自身的经济实力、开放程度、经济结构等一系列相关因素去权衡得失利弊。

3. 多种渠道调节国际收支

(1) 运用国内经济政策。国际收支作为一国宏观经济的有机组成部分，必然受到其他因素的影响。一国往往运用国内经济政策，改变国内的需求与供给，从而消除国际收支不平衡。

(2) 运用汇率政策。实际经济运行中，汇率的调节作用受到"马歇尔-勒纳条件"及"J曲线效应"的制约，其功能往往令人失望。

(3) 国际融资。在牙买加体系下，IMF的贷款能力有所提高，更重要的是，伴随石油危机的爆发和欧洲货币市场的迅猛发展，各国逐渐转向欧洲货币市场，利用该市场比较优惠的贷款条件融通资金，调节国际收支中的顺逆差。

(4) 加强国际协调。

12.3.3 对牙买加体系的评价

作为诱致性变迁和强制性变迁共同作用形成的国际货币体系,牙买加体系相比布雷顿森林体系而言具有较大的灵活性和适应性,因而一直运转至今。

1. 牙买加体系的积极作用

在牙买加体系下,各国实现了经济持续增长,能够更自主地进行货币政策操作;同时,全球经济金融秩序总体稳定,金融和贸易体系也得以不断发展并日渐完善。

(1) 多元化的储备结构摆脱了布雷顿森林体系下各国货币间的僵硬关系,为国际经济提供了多种清偿货币,在较大程度上解决了储备货币供不应求的矛盾。

(2) 多样化的汇率安排适应了多样化的、不同发展水平的各国经济,为各国维持经济发展与稳定提供了灵活性与独立性,同时有助于保持国内经济政策的连续性与稳定性。

(3) 多种渠道并行,使国际收支的调节更为有效与及时。

2. 牙买加体系存在的问题

牙买加体系在某种程度上是对发达国家尤其是各经济金融大国"自行其是"政策的一种无奈的承认,并且事实上也存在着一系列尚未解决的问题,因此自形成以后就不断面临责难。

(1) 在牙买加体系下,各国政府可以堂而皇之地干预货币金融并获得制度变迁的好处,但好处的分配却较布雷顿森林体系更加不均衡。牙买加体系中始终存在金融和消费集团与生产性集团的利益冲突、金融和消费集团内部互相之间的利益冲突,这些冲突使得牙买加体系的基础并不十分牢固。

(2) 国际清偿力不足和正常增长的机制仍未建立。在牙买加体系下,国际清偿力的增加仍不能完全满足世界经济增长、贸易发展和资本流动的需要。只不过,在布雷顿森林体系时期,这一问题表现为对美国与黄金可兑换性的疑问;而在牙买加体系时期,这一问题表现为对美国币值稳定性的疑问。

(3) 外汇储备巨额增长显示出全球经济失衡加剧。第一,在牙买加体系下,金融和消费集团国家大多实行浮动汇率制度,而生产性集团和辅助性集团的汇率弹性明显较低,在牙买加体系下具有较大的脆弱性,较易受到国际投机资本的攻击,在金融危机成本高昂和向IMF救助代价巨大的背景下,这些国家倾向于持有越来越多的外汇储备。第二,在牙买加体系下,金融和消费集团国家的经济发展模式过于偏重消费,而生产性集团国家的经济发展模式过于偏重生产,导致后者积累起巨额外汇储备并向前者进行投资。第三,由于牙买加体系对于国际收支调节存在一定缺陷,无法监督或者强制贸易顺差国和逆差国双方同时实行对称性的调节政策,因此全球贸易顺差国外汇储备猛增,而贸易逆差国则外汇储备剧减。巨额的外汇储备及其增长显示全球经济失衡正在不断加剧。

 资料卡

米 德 冲 突

米德冲突(Meada Conflict)是指在开放的经济环境中,宏观经济政策不仅要实现内部均衡,即稳定通货,充分就业和实现经济增长,还要实现外部均衡,即保持国际收支平衡。

一般来说，以财政政策和货币政策实现内部均衡，以汇率政策实现外部均衡。在固定汇率制度下，汇率工具无法使用。要运用财政政策和货币政策来达到内外部同时均衡，在政策取向上，常常存在冲突。但不管是国际收支逆差与国内经济疲软并存，还是国际收支顺差与国内通货膨胀并存时，财政、货币政策都会左右为难，经济学上称为"米德冲突"。

12.4 欧洲货币体系与欧洲经济货币联盟

第二次世界大战以后，特别是自20世纪50年代末以来，世界经济一体化的趋势不断加强。随着经济一体化的发展，必然会带来货币的一体化，尤其是区域性的货币一体化。区域性的货币一体化是国际金融领域中的新现象，十分引人注目。

区域性的货币一体化是指一定地区内的有关国家和地区在货币金融领域中实行协调与结合，形成一个统一体，最终实现统一的货币体系。这种一体化一般是以货币联盟开始的，参加联盟的国家彼此之间实行固定汇率制度，使用统一货币单位，并设立统一的货币管理机构协调各国的宏观政策。当前，发展得最完善、影响最大的区域性国际货币体系是欧洲货币体系（European Monetary System，EMS）。

12.4.1 欧洲货币体系

1. 欧洲货币体系的建立

欧洲货币体系的形成是欧洲经济一体化发展的要求。1957年3月，法国、联邦德国、意大利、荷兰、比利时和卢森堡六国在意大利首都罗马签订了《罗马条约》，决定成立欧洲经济共同体。为了巩固和推进经济一体化，摆脱对美元的严重依赖和美元危机的不利影响，六国首脑于1969年12月在海牙召开的欧共体首脑会议上决定筹建欧洲经济与货币联盟。

1978年4月，在哥本哈根召开的欧共体首脑会议上，联邦德国总理施密特和法国总统德斯坦提出了建立欧洲货币体系的动议，同年12月，欧共体8个成员国（法国、联邦德国、意大利、比利时、丹麦、爱尔兰、卢森堡和荷兰）首脑在布鲁塞尔达成协议，决定于1979年1月1日建立欧洲货币体系，并于1979年3月13日正式运作，将各国货币的汇率与对方固定，共同对美元浮动，主要目的是制止汇率的剧烈波动，促进欧共体国家的经济发展。

欧洲货币体系的建立，标志着欧洲货币一体化发展进入了一个新的阶段，在欧洲货币体系成立后的10年内，其内部固定汇率不断调整，使它的汇率体制得以生存。1989年6月，西班牙宣布加入欧洲货币体系，1990年10月，英国也宣布加入，使欧洲货币体系的成员国扩大到10个。

2. 欧洲货币体系的内容与作用

（1）欧洲货币体系的内容。

欧洲货币体系是非常复杂的机体，其实质是一个固定的可调整的汇率制度，内容主要包括以下三方面。

① 创设欧洲货币单位。

欧洲货币单位是欧洲货币体系的核心问题，它是一个"货币篮子"（Currency Basket），虽然英镑没有参加汇率机制，却是欧洲货币单位的构成单位之一，欧洲货币单位由欧共体十二国中的 8 种货币组成。

② 建立欧洲汇率机制。

参加欧洲货币体系的 8 个成员国对内实行可调整的固定汇率制，对外则实行联合浮动。欧洲货币体系通过两种机制来稳定各成员国之间的货币汇价，即采用"格子"体系和"篮子"体系相结合的双重汇率干预机制，以前者为主，以后者为辅。【欧洲汇率机制】

③ 建立欧洲货币基金，完善信贷机制。

建立欧洲货币基金是集中各成员国 20％的黄金外汇储备创立的。各个成员国交付的 20％的黄金外汇储备不丧失所有权。欧洲货币基金的基本职能是对成员国提供信贷支持，这种信贷支持按期限分为三种：极短期资金融通、短期货币支持和中期财政援助。

(2) 欧洲货币体系的作用。

欧共体内部的这种严格的自成体系的对外汇、金融与国际结算等方面所做的规定，与第二次世界大战后国际货币基金组织在汇率、信贷等方面的规定与采取的措施极为相似，与第二次世界大战前主要货币区内部采取严格控制的措施也极为相似，总的来讲，欧洲货币体系主要有以下几个作用。

首先，为促进成员国之间货币汇率的稳定发挥了显著作用。汇率的相对稳定促进了成员国之间贸易发展，增加了投资和就业，对西欧经济的回升起了较大作用。

其次，增加了各成员国克服国际收支困难的能力。在蛇形浮动汇率制下，恢复法定汇率平衡的责任主要落在弱币国家身上，而在欧洲货币体系的情况下，当汇率波动达到规定干预点时，弱币和强币的干预是相同的。

最后，欧洲货币体系通过汇率联系和反通胀政策使成员国通胀率明显下降。欧洲货币体系几乎是和第二次石油危机同时产生的，1978 年 12 月共同体理事会通过决议后，石油输出国组织（欧佩克）宣布将于 1979 年将原油价格提高 1.3 倍。欧洲货币体系经受住了这一考验，各国通过紧缩性货币政策并加强宏观政策的协调，使各成员国内通胀率明显下降。

 案例 12-1

1992 年欧洲货币体系危机

1992 年 9 月中旬在欧洲货币市场上发生了一场自第二次世界大战后最严重的货币危机，其根本原因是德国实力的增强打破了欧共体内部力量的均衡。通货膨胀率仅为 3.5％的德国非但拒绝上次七国首脑会议要求其降息的要求，反而在 1992 年 7 月把贴现率升为 8.75％。这样，过高的德国利息率引起了外汇市场出现抛售英镑、里拉而抢购马克的风潮，致使里拉和英镑汇率大跌，这是 1992 年欧洲货币危机发生的直接原因。

对德国利率提高首先做出反应的是北欧的芬兰。芬兰马克与德国马克自动挂钩，德国提高利率后，芬兰人纷纷把芬兰马克换成德国马克，到 9 月芬兰马克对德国马克的汇率持续下跌。芬兰央行为维持比价不得不抛售德国马克购买芬兰马克，但芬兰马克仍不屑一顾，芬兰央行的德国马克有限，在 9 月 8 日芬兰政府突然宣布芬兰马克德国马克脱钩，自由浮动。

从 1992 年 9 月 15 日至 16 日，各国央行注入上百亿英镑的资金支持英镑，但也无济于事。

直到1992年9月20日，法国公民投票通过了其中心思想是把在文化政治上仍有很大差别的国家建立成一个近似欧洲合众国的政治实体，其成员国不仅要使用同一种货币，而且还得奉行共同外交和安全政策的《马斯特里赫特条约》，才使欧洲货币风暴暂时平息下来，英镑、里拉趋向贬值后的均衡的状态。

(资料来源：《金融风暴——东南亚金融危机透视》，1997，李罗力，贵州人民出版社)

12.4.2 欧洲经济货币联盟

通过欧洲货币体系的建立，在欧共体成员国家之间形成了一个相对稳定的货币协调机制。从实践来看，在较长一个时期内，这一体系对于减缓货币市场动荡、保证成员国物价稳定和共同体内部及对第三国的汇率稳定起到了重要作用，同时也有助于加强成员国相互磋商和经济政策的协调。特别是在1987年1月之后至1992年9月之前，欧洲货币市场出现持续近六年的稳定。因此，可以认为，建立这一体系的最初目标基本上得到实现，而且，欧洲货币体系还成为欧洲联合的一个成功范例。

1. 《马斯特里赫特条约》的签订

根据欧共体委员会1989年4月发表的《德洛尔报告》，欧洲货币体系又被赋予新的使命，成为欧洲货币联盟的基础和向欧洲经济货币联盟平稳过渡的通道，欧洲货币体系同欧洲经济货币联盟直接挂钩，其不仅是西欧国家货币合作的主要工具与手段，而且还将在欧共体实现经济货币联盟的进程中发挥关键作用。

1991年12月9日至10日第46届欧洲共同体首脑会议在荷兰的马斯特里赫特举行。经过两天辩论，通过并草签了《欧洲经济与货币联盟条约》和《政治联盟条约》（《马斯特里赫特条约》）。1992年2月7日《马斯特里赫特条约》正式签署，这一条约是对《罗马条约》的修订，它为欧共体建立政治联盟和经济与货币联盟确立了目标与步骤，是欧洲联盟成立的基础。该条约在欧共体内部要求实现资本的自由流通，真正实现统一市场，并使经济政策完美地协调起来，在欧共体内发行统一货币，实行共同的对外与防务政策，扩大欧洲议会的权力。

实行经贸联盟的目标意味着成员国把货币决策管理的自主权转让给欧洲中央银行，这个超国家机构将承担起行使成员国货币主权的职能，以确保价格稳定及实现统一大市场在经济增长和就业方面的整体利益。

2. 发展进程

《马斯特里赫特条约》经各成员国议会分别批准后，1993年11月1日正式生效，与此同时，欧共体更名为欧盟。之后，1994年成立了欧洲货币局，1995年12月正式决定欧洲统一货币的名称为欧元（Euro），1998年7月1日欧洲中央银行正式成立，1999年1月1日欧元正式启动，1999—2001年为欧元启动的3年过渡期。

欧洲经济货币联盟最初由12个国家所组成，于2002年1月1日时开始正式运作，在此之后仍不断有成员国加入其中。就欧盟而言，经济货币联盟透过三个阶段建立而成：经济政策协同、实现经济趋同及最终使用欧元为法定货币，是欧盟中使用欧元为其国内唯一法定货币的成员国所共同组成的货币联盟（建立于单一市场之上）。

在实际发展过程中，货币联盟的建立经历了以下三个阶段。

第一阶段从 1990 年 7 月 1 日开始，主要是加强各成员国经济政策的协调和中央银行之间的合作，消除不利于金融一体化的障碍，消除外汇管制，实行内部资本的完全自由流通。

第二阶段从 1994 年 1 月 1 日开始，调整各成员国的财政预算政策，为建立欧洲中央银行体系进行制度和结构方面的准备，进一步加强成员国经济的趋同。

第三阶段从 1999 年 1 月 1 日开始，正式启动欧元，建立欧洲中央银行，实施统一的货币政策。至 2002 年 7 月 1 日，各欧元实施国的本国货币完全退出流通，欧洲货币一体化计划完成，欧元国际化启动。

12.4.3 欧元的国际货币地位

自欧元诞生以来，无论作为交易媒介、投资手段、投机工具还是财富储藏手段，欧元在市场中所占份额不断上升，且已牢固占据世界第二大国际货币的地位。但欧元的使用主要集中于欧元区、欧盟非欧元区或欧盟国家原殖民地最集中的区域。欧元币值的变动主要与欧、美间利差变动，美国经济与政策走势，以及全球经济与欧元区的稳定性相关。尤其是当全球经济低迷，欧元区出现危机时，投资者都选择美元作为避险工具，使欧元显示出风险性的特征。

从欧元的货币职能性质看，在外汇市场上，欧元更多地被投资者作为风险性投资工具。在国际外汇储备中，欧元是国际第二大储备货币，在国际外汇储备中的地位远低于美元，但也远超过日元、英镑等世界其他主要国际货币，占据着绝对的世界第二的位置。在国际债务证券市场中，欧元与美元交替为世界第一或第二大货币。同时，无论在国际贸易市场、国际外汇市场或国际证券市场，欧元交易都有明显的区域性特点，主要集中在欧盟国家。

12.5 国际货币体系改革

国际货币体系是各国政府为适应国际贸易与国际支付的需要，对货币在国际范围内发挥世界货币职能所确定的原则、采取的措施和建立的组织形式的总称。迄今为止，国际货币体系经历了金本位制度、金汇兑本位制度、布雷顿森林体系和牙买加体系几个阶段，而改革现行国际货币体系的呼声自牙买加体系建立以来就没有停止过。

伴随着 2007 年美国次贷危机引发的全球金融危机蔓延至今，人们再一次清醒地认识到当前国际货币体系的缺陷，改革现行国际货币体系，推动国际货币体系向多元化、合理化方向发展，已成为当今世界经济金融发展的重要问题。

12.5.1 改革的原因

国际货币体系历经百余年艰苦探索形成今日之格局，其中不乏智慧闪耀之处，但总体看依然积弊丛生，无法令人满意，甚至多次成为国际经济金融危机的制度性根源。

1. 美元危机是国际货币体系改革直接诱因

一百多年来，美国依靠世界头号政治、经济和军事强国的地位，在全球贸易结算体系中使美元一直保持储备货币的地位。在应对这一次全球金融危机中，美国为刺激国内经济发展，滥发美元，导致美元持续贬值，使中国及世界各外币持有国财富缩水，引发了以中国为首的世界各国要求改革国际货币体系的强烈呼声。著名经济学家斯蒂格利茨指出当前国际货币体系是不平等的，美国是储备货币的最后提供者，如果美元严重贬值，全球经济可能会面临失控的风险。美元的泛滥必将导致世界对美元价值信心的丧失。

2. 世界经济失衡是国际货币体系改革的重要因素

在布雷顿森林体系瓦解之后，金融资本的跨境流动呈现出独立运动态势，越来越脱离实体经济，货币供给量的增长也不再受到实体经济增长的约束，国际资本流动增长率要远远高于同时期的国际生产增长率和国际贸易增长率，使得全球金融资本总量急速膨胀并远远超过实体经济总量。

随着东亚地区等新兴市场国家经济的崛起和对外贸易量的不断扩大，必然要求主要国际储备货币美元能够以更大的幅度增加供给以满足资本需求。大量的国际资金流向了亚洲国家尤其是中国，相关国家的顺、逆差规模扩大，全球经济进一步失衡。

同前几次国际经济失衡相比较，本次经济失衡程度更大、范围更广，且顺差国家主要集中在亚洲，美国成了逆差的主要承担国。全球经济失衡中贸易逆差国是美国，而顺差国却随着产业在全球范围内的转移在不断变化：由日本、韩国转移到中国、东南亚，进而向南亚、非洲和南美洲国家转移。贸易顺差的背后是作为国际货币的美元源源不断地从美国流出，流入相应的顺差国。席卷全球的美国金融危机正是暴露了现行国际货币体系存在的问题，从另一个角度来看，经济危机的恢复过程也是对现行货币体系内在缺陷的自我完善过程。

 知识拓展

【周小川：G20必须共同维护金融市场稳定】

周小川：G20必须共同维护金融市场稳定

2016年2月26至27日，二十国集团（G20）财长和央行行长会议在上海举行。这是中国担任2016年G20主席国后主办的首次G20财长和央行行长会议。国务院总理李克强向会议发表视频讲话，财政部部长楼继伟和人民银行行长周小川共同主持了会议。

周小川行长表示，稳定的国际货币体系对经济增长和金融稳定不可或缺。中国作为G20主席推动重启了国际金融架构工作组。G20可通过重点讨论基金组织治理改革、国际主权债务重组体系和债务可持续性、跨境资本流动、全球金融安全网、提高基金组织特别提款权作用等议题，共同塑造更加平稳有序的国际货币金融环境。

（资料来源：http://news.10jqka.com.cn/20160227/c588156720.shtml，2020-12-11）

3. 美国金融危机使国际货币体系改革的要求更加迫切

自20世纪90年代"东南亚金融危机""墨西哥金融危机"以来，国际社会就对改革国际货币体系提出了各种方案，面对美国金融危机欧洲央行行长特里谢提出重塑"布雷顿森林体系"，对国际货币基金组织重新定位。

2007年由美国次贷危机引起的世界范围的金融危机引发了各国对当前货币体系的思考。首先，美元霸权地位助长了此次金融危机。这次金融危机发生后，人们普遍认为布雷顿森林体系确立的美元在国际货币体系中的主导地位助长了美国的过度负债和过度消费，而后者又助长了本次金融危机。其次，欧盟期待通过改革提升欧元在国际货币体系中的地位。基于这一战略,2008年11月,时任法国总统萨科齐反复强调有必要改革美元独霸的现行国际货币体系。最后,在现有美元储备货币体制下,中国等外汇储备大国面临美元贬值的风险,因此这些国家希望建立健全的国际储备货币体系。

基于以上几方面的因素,一些学者和一些国家政府纷纷要求改革现有的国际货币体制。

12.5.2 国际上对国际货币体系改革的不同方案

自现行的牙买加体系成立之日起,由于体系内部本身的缺陷,使得国际经济经常发生很大震动。因此早在国际金融危机爆发前,各国学者与专家对国际货币体系改革就提出了不同的建议。这些改革方案主要有:回归新金本位制、重建新布雷顿森林体系、改革国际金融机构、建立单一世界货币及世界中央银行和 IMF 改革方案等。

1. 回归新金本位制

坚持回归新金本位制的经济学家认为,金融资产和实物资产已经构成倒金字塔的结构,全球所有国家应该同时加入金本位制国家联盟,以一致确定或同时变更其货币相对于黄金的稳定关系,这样既保留了目前金融全球化可能带来的全球福利增进又克服了资本积累和世界经济的虚拟化。

2. 重建新布雷顿森林体系

这一改革方案是在 1997 年 2 月 15 日至 17 日德国席勒研究所与高克斯国际劳工委员会在瑞斯顿通过的紧急呼吁书中提出来的。他们认为在目前全球金融投机泛滥和国际金融秩序混乱的情况下,现行国际货币体系已不能稳定各国经济,世界各个主权国家需要采取联合行动,建立新的国际金融秩序,进行全球性债务重组和恢复固定货币汇率制度。

而持有类似于重建布雷顿森林体系观点的,还包括美国经济学家林登·拉鲁什、诺贝尔奖获得者法国经济学家阿莱等,其中将莫里斯·阿莱的改革方案称为"彻底改革方案",并将这个方案概括成七个要点:一是完全放弃浮动汇率制;二是实行可确保国际收支平衡的汇率制;三是禁止货币竞相贬值的做法;四是在国际上完全放弃以美元为结算货币、汇兑货币和储备货币的记账单位;五是将 WTO 和 IMF 合并为一个组织;六是禁止各大银行为了自己的利益在汇兑、股票和衍生品方面从事投机活动;七是通过适当的指数化在国际上逐步实行共同的记账单位。

3. 改革国际金融机构

对于国际金融机构的改革,埃及经济学家萨米尔·阿明提出改革国际货币基金组织与世界银行的观点,他认为应当将 IMF 转变为拥有真实的世界货币发行权的世界中央银行,把世界银行变成一种基金,使它能够从德国和日本等国吸收国际资本,并注入发展中国家,而不是美国;同时重建联合国体系,使之成为政治和经济谈判的场所,以便于把世界主要地区的金融活动和货币政策协调机制建立起来。

4. 建立单一世界货币及世界中央银行

建立世界中央银行并让其发行统一货币的思想,最早源于哈耶克 1937 年出版的《货币的民族主义和国际稳定》一书。这种观点提议,各国至少把他们的国际储备的一部分存入世界中央银行,由世界中央银行印发世界货币来作为控制世界货币供给的一种手段,各国都实行绝对的固定汇率制。如果货币长期地按固定汇率挂钩在一起,那么走向共同货币就变得非常容易。其最终目标就是走向一个世界范围的货币区。

5. IMF 改革方案

2015 年 12 月 18 日,美国国会参众两院批准了国际货币基金组织(International Monetary Fund,IMF)2010 年份额和治理改革方案,意味着久拖未决的这项改革正式实施。根据该方案,IMF 的份额将增加一倍,即基金组织的份额达 4770 亿 SDR,约 6% 的份额将向有活力的新兴市场和代表性不足的发展中国家转移。由此,中国份额占比从 3.996% 升至 6.394%,从原来排位第六位升为第三位,居美国、日本之后,成为 IMF 第三大成员国,印度、俄罗斯和巴西的份额在 IMF 内都跻身前十。到了 2019 年 1 月,中国仍是 IMF 第三大份额国,份额占比为 6.41%。

本章重点回顾

1. 国际货币体系是指国际货币制度、国际货币金融机构以及由习惯、历史沿革和一系列国际间的磋商而形成国际货币秩序的总和。一个健全、稳定的国际货币体系应该具备以下特征:各国的汇率相对稳定,因为汇率的过度波动会影响货币在国际间的顺利流通,并增大货币流通的成本。国际收支调节的方式有效,同时调节的成本较小,调节的义务对称。国际储备的增长具备一定的物质基础,国际储备资产的供应适度。

2. 布雷顿森林体系的主要内容体现在以下六方面:美元与黄金挂钩;其他国家货币与美元挂钩;实行可调整的固定汇率;各国货币兑换性与国际支付结算原则;确定国际储备资产,《协定》中关于货币平价的规定,使美元处于等同黄金的地位,成为各国外汇储备中最主要的国际储备货币;国际收支调整制度。

3. 布雷顿森林体系崩溃的原因包括:体系的内在矛盾、美元危机与美国经济危机频繁爆发、国际收支调节的不对称性、国际干预与国内利益的矛盾等。

4. 牙买加协议的主要内容:浮动汇率合法化、黄金非货币化、提高特别提款权的国际储备地位、扩大对发展中国家的资金融通、增加会员国的基金份额。牙买加体系的实行,对于维持国际经济运转和推动世界经济发展发挥了积极的作用。但是牙买加体系并非理想的国际货币制度,它目前仍存在着一些缺陷,国际货币制度仍有待于进一步改革和完善。

5. 欧元自诞生以来,无论作为交易媒介、投资手段、投机工具还是财富储藏手段,在市场中所占份额不断上升,且已牢固占据世界第二大国际货币的地位。在国际外汇储备中,欧元是国际第二大储备货币,远超过日元、英镑等世界其他主要国际货币。在国际债务证券市场中,欧元与美元交替为世界第一或第二大货币。

关键术语

国际货币制度　International Monetary System

布雷顿森林体系　Bretton Woods System

牙买加体系　Jamaica System

金本位制货币体系　Gold Standard System of Monetary System

特别提款权　Special Drawing Rights(SDR)

欧洲经济货币联盟　European Economic and Monetary Union
欧洲货币体系　European Monetary System
马斯特里赫特条约　Maastricht Treaty
欧元　EUR
国际贸易结算　International Trade Settlement
国际外汇市场　International Foreign Exchange Market
国际债务证券市场　International Debt Securities Market
国际外汇储备　International Foreign Exchange Reserves
国际货币体系　International Monetary System

习　题

一、名词解释

1. 国际货币体系
2. 布雷顿森林体系

二、判断题

1. 典型的国际金本位制是自发形成的。（　）
2. 在 20 世纪 30 年代后半期，不存在统一的国际货币制度。（　）
3. 当前，实行国际金本位制具有现实可能性。（　）
4. 按照第二次修改后《国际货币基金协定》的规定，黄金仍然作为货币定值标准。（　）
5. 在布雷顿森林体系下，许多国家都可实行货币的自由兑换，黄金流动不受限制。（　）
6. 在布雷顿森林体系下，美国对各国政府和央行、公司和企业、居民或个人承担以美元兑换黄金的义务。（　）
7. 在布雷顿森林体系下，一国货币若升值或贬值，须向 IMF 提出申请。（　）
8. 无论是在布雷顿森林体系还是牙买加体系中，美元都是最主要的国际货币。（　）
9. 牙买加体系是以美元为中心的国际储备多元化和浮动汇率体系。（　）
10. 欧洲货币单位作为一种记账单位，不能作为欧盟各国的外汇储备资产。（　）
11. 欧元纸币和铸币于 1999 年 1 月 1 日正式流通。（　）
12. 欧洲货币体系的核心是欧洲记账单位。（　）

三、简答题

1. 国际货币体系的主要任务是什么？
2. 牙买加体系的主要内容有哪些？

第 13 章　国际金融组织

教学要点

- 掌握国际金融组织的性质与分类；
- 了解国际金融组织的形成与发展；
- 掌握国际货币基金组织、世界银行集团、国际清算银行、亚洲开发银行等组织的宗旨、资金来源和主要业务范围；
- 理解我国与主要国际金融组织的关系；
- 了解区域性金融组织的基本状况和最新进展。

知识架构

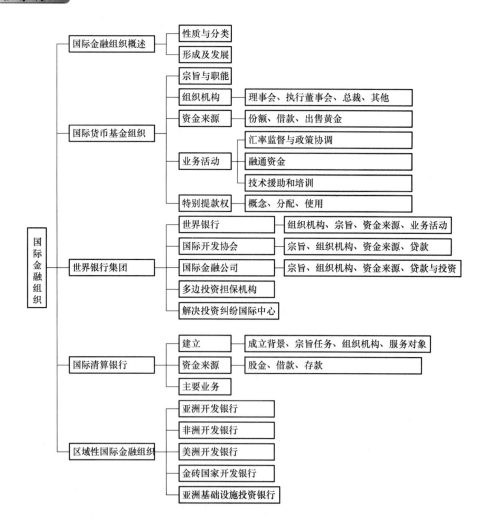

亚投行成员达 100 个

【导入案例——亚投行成员达 100 个】

据新华社卢森堡 7 月 13 日电（记者 沈忠浩 潘革平）亚洲基础设施投资银行（亚投行）理事会第四届年会 13 日在卢森堡闭幕。亚投行行长金立群表示，理事会在本届年会上批准贝宁、吉布提、卢旺达加入亚投行，使亚投行成员总数达到 100 个，这是国际社会为亚投行投下的信任票。

金立群说，亚投行是一家由中国倡建、专注于基建投资的新型多边开发银行，2016 年 1 月开业运营。金立群认为，三年多来，得益于各成员的共同努力，并通过与世界银行、亚洲开发银行、欧洲复兴开发银行等机构及私营部门合作，亚投行取得了显著成绩，包括建立了基本的运营制度和企业文化、贷款总规模不断扩大、获得联合国大会永久观察员地位等。截至目前，亚投行已批准为数十个项目提供贷款等融资，承诺总额 85 亿美元。今年 5 月，亚投行还成功发行了总额 25 亿美元的首笔美元全球债。他还说，作为新组建的多边开发银行，亚投行的"起点"就是绿色发展。中国作为大股东坚定支持和执行气候变化《巴黎协定》，这对亚投行是很大的鼓励。

亚投行对促进亚洲国家经济发展与区域经济一体化具有重要意义：有利于扩大全球投资需求，支持世界经济复苏；有利于通过基础设施项目，推动亚洲地区经济增长，促进私营经济发展并改善就业；有助于从亚洲域内及域外动员更多的亟须资金，缓解亚洲经济体面临的融资瓶颈，与现有多边开发银行形成互补，推进亚洲实现持续稳定增长。

（资料来源：http：//ishare.ifeng.com/c/s/v001viwUcwnqwuS2kV8r92jOkfCTZNUaTl8wMmfuUMG9y5UOEbNOZFoFMkzmW7z，2020-12-11）

第二次世界大战后，国际金融领域一个非常重要的现象就是出现了一系列国际金融组织。这些国际金融组织对国际货币体系与世界经济的发展都有深远的影响，在促进会员国之间取消外汇管制、解决国际收支困难、缓解债务危机和金融危机、促进发展中国家经济发展等方面都发挥着重要的作用。

13.1 国际金融组织概述

13.1.1 国际金融组织的性质与分类

国际金融组织（International Financial Organization，IFO），又称国际金融机构，是指从事国际货币关系的协调、管理或国际金融业务的经营，以促进世界经济发展的具有超国家性质的各类金融组织。

从第二次世界大战后到现在，由于世界经济格局发生了巨大变化，国际金融组织的性质也随之发生了一些变化，但总的来说，应具备以下几个共同特点。

第一，国际金融组织是超国家性质的，对任何国家而言都是非居民。

第二，国际金融组织的经营管理不以营利为目的，其主要目标是协调国际货币关系，促进国际经济合作，推动全球经济发展。

第三，国际金融组织不按某一国家的法律或惯例建立并运作，有自己独特的运营方式。

一般地，依据成员资格开放范围的不同，国际金融组织分为全球性和区域性国际金融机构。全球性的金融机构包括国际清算银行、国际货币基金组织和世界银行集团；区域性国际金融机构分布在欧洲、亚洲、非洲、拉丁美洲等地，如亚洲开发银行、非洲开发银行、美洲开发银行、欧洲投资银行、金砖国家新开发银行、亚洲基础设施投资银行等，作为全球性国际金融机构的补充。

此外，也可依据宗旨的不同，将国际金融组织分为以下种类。

第一，以促进货币合作和调节国际收支为主要宗旨的组织，如国际货币基金组织和阿拉伯货币基金组织。

第二，以促进资源开发和项目投资为主要宗旨的组织，如世界银行集团。

第三，以增进成员国中央银行间的合作、实现自由多边国际结算为主要宗旨的组织，如国际清算银行、亚洲清算联盟等。

13.1.2 国际金融组织的形成及发展

第一次世界大战前，因为西方国家主要运用本国货币、资本输出及政治、军事霸权对殖民地的金融进行控制，还不需要其他手段，所以这时还不具备国际金融机构形成的基础和条件。第一次世界大战爆发后，国际收支逆差严重，多数西方国家在货币、外汇和国际结算方面发生了困难，希望得到国外的援助，因此要求建立国际金融组织。

在此形势下，第一次世界大战后西方国家召开了一系列国际金融会议，讨论货币和外汇的问题。1930年5月，第一次世界大战的战胜国集团为处理战后德国赔款问题，由英国、法国、意大利、德国、比利时、日本的中央银行和代表美国银行界的摩根银行，在瑞士的巴塞尔成立了国际清算银行，这成为国际金融组织的开端。

20世纪30年代资本主义经济大危机和第二次世界大战的爆发，严重破坏了国际货币关系，国际金融领域一片混乱。对于美国来说，美国也想利用国际金融组织对外扩张。基于这些原因，在美、英等国的积极策划下，正式成立了两个国际性金融机构，即国际货币基金组织和国际复兴开发银行（世界银行）。

进入20世纪50年代后，一些国家通过互助合作方式建立起了区域性国际金融组织，以促进本地区的经济发展。1957年欧共体创立了欧洲投资银行，这是最早成立的区域性国际金融组织。1960年以后区域性国际金融组织越来越多，先后成立了泛美开发银行、亚洲开发银行、非洲开发银行和阿拉伯货币基金组织等。

2008年金融危机以来，美国金融政策变动导致国际金融市场资金的波动，对新兴市场国家的币值稳定造成很大影响。2015年7月21日，金砖国家新开发银行开业，成员国包括中国、巴西、俄罗斯、印度和南非。

2014年10月24日，包括中国、印度、新加坡等在内21个首批意向创始成员国的财长和授权代表在北京签约，共同决定成立亚洲基础设施投资银行。2015年12月25日，亚洲基础设施投资银行正式成立，全球迎来了首个由中国倡议设立的多边金融机构。

13.2 国际货币基金组织

【国际货币基金组织的运行】

国际货币基金组织（IMF）是政府间国际金融组织，根据1944年7月签订的《国际货币基金协定》，于1945年12月27日与世界银行同时成立，是国际货币体系的核心机构。1947年3月1日开始运作，1947年11月15日起成为联合国的一个专门机构，在经营上有其独立性，总部设在美国首都华盛顿。截至2019年1月，有189个成员国，其中180个是主权国家，9

个是地区。

13.2.1 宗旨与职能

IMF 的宗旨是通过一个常设机构来促进国际货币合作，为国际货币问题的磋商和协作提供方法；通过国际贸易的扩大和平衡发展，把促进和保持成员国的就业、生产资源的发展、实际收入的高水平，作为经济政策的首要目标；稳定国际汇率，在成员国之间保持有秩序的汇价安排，避免竞争性的汇价贬值；协助成员国建立经常性交易的多边支付制度，消除妨碍世界贸易的外汇管制；在有适当保证的条件下，IMF 向成员国临时提供普通资金，使其有信心利用此机会纠正国际收支的失调，而不采取危害本国或国际繁荣的措施；按照以上目的，缩短成员国国际收支不平衡的时间，减轻不平衡的程度等。

从上述宗旨中可以看出，IMF 的基本职能是向会员国提供短期信贷、调整国际收支的不平衡、维持汇率的稳定。具体来讲，包括以下几个方面。

（1）制定成员国间的汇率政策和经常项目的支付以及货币兑换性方面的规则，并进行监督。

（2）对发生国际收支困难的成员国在必要时提供紧急资金融通，避免其他国家受其影响。

（3）为成员国提供有关国际货币合作与协商等会议场所。

（4）促进国际间的金融与货币领域的合作。

（5）促进国际经济一体化的步伐。

（6）维护国际间的汇率秩序。

（7）协助成员国之间建立经常性多边支付体系等。

IMF 成立以来，虽对协定做过数次修改，但上述宗旨依然如初。由此可见，半个世纪多来，虽然世界经济和政治格局均发生了巨大变化，但国际货币合作的重要性并未因此而弱化。相反，新成员国的增加正好说明了随着国际经济关系的发展，经济、贸易和投资往来及相互依赖性增加，这种国际货币、汇率政策的合作和协调显得更为重要。

13.2.2 组织机构

IMF 结构由理事会、执行董事会、总裁和常设职能部门等组成，最高权力机构为理事会，每年 9 月举行一次会议，各理事会单独行使本国的投票权（各国投票权的大小由其所缴基金份额的多少决定），执行董事会负责处理该组织的日常工作，行使理事会委托的一切权力，总裁负责基金组织的业务工作，按惯例均由欧洲人担任。

1. 理事会

理事会是 IMF 的最高决策机构，由各成员国各派 1 名理事、1 名副理事组成，任期 5 年。

2. 执行董事会

执行董事会是 IMF 负责处理日常业务工作的常设机构，由 24 名执行董事组成，任期 2 年。执行董事包括指定与选派两种。

3. 总裁

总裁是 IMF 的最高行政长官，其下设副总裁协助工作。总裁负责管理 IMF 的日常事务，由执行董事会推选，任期 5 年。

4. 其他

（1）常设职能部门。

IMF 设有 16 个职能部门，负责经营业务活动。此外，IMF 还有 2 个永久性的海外业务机构，即欧洲办事处（设在巴黎）和日内瓦办事处。

（2）会员资格。

加入 IMF 的申请，首先会由 IMF 的董事局审议。之后，董事局会向管治委员会提交"会员资格决议"的报告，报告中会建议该申请国可以在基金中分到多少配额，以及条款。管治委员会接纳申请后，该国需要修改法律，确认签署的入会文件，并承诺遵守 IMF 的规则，而且会员国的货币不能与黄金挂钩（不能兑换该国储备黄金）。

（3）议事规则。

IMF 的议事规则很有特点，执行加权投票表决制。投票权由两部分组成，每个成员国都有的基本投票权，以及根据各国所缴份额所得到的加权投票权。由于基本票数各国是一样的，因此在实际决策中起决定作用的是加权投票权。加权投票权与各国所缴份额呈正比，而份额又是根据一国的国民收入总值、经济发展程度、战前国际贸易幅度等多种因素确定的。

（4）发行刊物。

IMF 每半年发表一次《全球金融稳定报告》，对全球金融市场形势进行评估，并确定可能导致金融危机的潜在系统性缺陷，为维护全球金融稳定提供建议。除此之外，主要出版物还有《世界经济展望》《国际金融统计》（月刊）、《国际货币基金概览》（周刊）、《国际收支统计》（月刊）和《政府财政统计年鉴》。

13.2.3 资金来源

IMF 的运行资金主要来源于成员国缴纳的份额、借款和出售黄金等。

1. 份额

份额是指成员国参加 IMF 时所要认缴的一定数额的款项。对股份公司而言，份额犹如股份，一旦认缴就成为 IMF 的财产。IMF 以份额作为其资金的基本来源，并用于对成员国的资金融通。份额按规定每 5 年左右进行一次调整与扩大，迄今已达 9 次。1992 年调整扩大后，份额总计为 1 420.203 亿美元特别提款权。

份额是根据成员国的国民收入、黄金储备、外汇储备、进出口贸易和其他经济指标来决定的，具体是按一套较为复杂的方法计算出的。

份额的作用是多方面的，它既是 IMF 的最大资金来源，也是决定成员国投票权、借款权的最主要因素。IMF 的一切活动都与成员国缴纳的份额相联系，重大问题要有 80% 以上的票数通过，甚至要求 85% 以上的票数。

【资金来源中借款的形式】

2. 借款

IMF 的另一个资金来源是借款，它不仅可以向各会员国官方机构如财政部和中央银行借款，也可以向私人借款，包括向商业银行借款。IMF 的借款同它的其他业务一样，也以特别提款权计值，大部分期限为 4~7 年，小部分为 1~3 年，平均 5 年。IMF 借款的一大特点是：贷款人除国际清算银行外，如果发生国际收支困难，可以提前收回贷款。因此，IMF 的借款具有很高的流动性，贷款国往往将这部分贷款视为储备的一部分，这一特点对 IMF 自身流动性的管理也有较大的影响。

借款是在 IMF 与成员国协议前提下实现的。此外，IMF 还与成员国签订双边借款协议，以扩大资金来源。

3. 出售黄金

1976 年 1 月，IMF 决定将其所持有的黄金的 1/6 即 2 500 万盎司，分 4 年按市价出售，以所得的收益中的一部分，作为建立信托基金的一个资金来源，用以向最贫穷的成员国提供信贷。

13.2.4　业务活动

IMF 的主要工作是推动国际货币合作，促进成员国和全球的经济和金融稳定，以此作为持续的经济增长的基础。一般认为，IMF 根据《国际货币基金协定》规定，有汇率监督与政策协调、融通资金，以及通过技术援助和培训帮助成员国政府发展健全的决策制度和经济政策工具的作用，因此，它的业务主要围绕这三方面进行。

【国际货币基金组织提供的贷款特点及种类】

1. 汇率监督与政策协调

IMF 负责监督国际货币体系，并监督每个成员国是否履行以下义务：实施有利于有序增长和价格稳定的政策，协助促进稳定的汇兑安排和避免汇率操纵，以及向 IMF 提供本国经济数据。IMF 通过跟踪世界各地的经济和金融情况并从国际和国内的角度检查成员国的政策是否适当，行使其监督职能并警告成员国注意即将来临的危险，使政府能够采取必要的防范措施。为了使国际货币制度发挥有效的作用，IMF 要检查会员国是否与它及其他会员国进行合作，以保证做出有秩序的汇兑安排，并促进建立一个稳定的汇率制度。因此，IMF 要对各国汇率政策进行监督。

IMF 协调政策的职能通常通过下述途径得以实现。

(1) 特别磋商，它的举行同 IMF 定期审查世界经济的形势与前景有关。这种审查由执行董事会进行，一般每年 3 次，以工作人员编写的《世界经济展望》为依据。

(2) IMF 理事会从 20 世纪 80 年代以来，年会上都把协调会员国经济政策和货币政策作为会议的议题。

2. 融通资金

融通资金即发放贷款，是 IMF 最主要的业务活动。IMF 向存在国际收支困难的国家贷款，提供贷款的目的是在各国实行调整和改革政策以解决国际收支问题并恢复强劲经济增长所需条件时，为其提供喘息的余地。

这些政策因各国情况（特别是问题产生的根源）不同而异。例如，面临关键出口品价格突然下跌的国家可能仅需要资金援助，以便在价格恢复前克服困难并帮助缓和因突然和急剧的调整所带来的痛苦。遇到资本外逃问题的国家需要解决导致投资者失去信心的那些问题：

可能是利率过低，汇率高估，政府预算大量赤字，债务存量增长过快，或国内银行体系效率低下并且监管不善。

无论成员国是否面临危机，在取得贷款之前，该国当局和 IMF 必须商定适当的经济政策规划。如果没有 IMF 的融资，调整过程会更加困难。例如，如果投资者不再想购买一国政府的债券，则政府别无选择，只能通过增收节支来减少融资额，或者通过印制钞票为赤字融资。在第一种情况下，如果没有 IMF 的贷款，就需进一步"勒紧腰带"。在第二种情况下，将会引发通货膨胀，使穷人深受其害。IMF 的融资便于进行更加渐进和深思熟虑的调整。

3. 技术援助和培训管理

【国际货币基金组织提供技术援助和培训】

IMF 提供技术建议和培训，协助成员国加强宏观经济和金融部门政策的设计和实施，并提高政府机构的能力。稳健的经济决策和执行需要技能和有效的政府机构，许多发展中国家特别需要帮助来积累经济管理经验，并需要获得有关建议，了解已在其他地方运作良好的适当政策、改革和制度安排。IMF 重视通过援助工作补充和增强基金组织的其他关键活动（监督与贷款）。

IMF 主要在以下四个领域提供技术援助和培训管理。

（1）通过对银行体系监管与重组、外汇管理与操作、支付的清算和结算体系及中央银行的结构和发展提供建议，加强货币和金融部门。

（2）通过对税收和关税政策的管理、预算的制定、支出管理、社会安全网的设计及内外债管理提供建议，支持强有力的财政政策和管理。

（3）编制、管理及公布统计数据，并提高数据质量。

（4）起草和检查经济和金融法律。

13.2.5 特别提款权

【特别提款权的发展历程】

1. 特别提款权的概念

特别提款权（Special Drawing Right，SDR）是 IMF 创设的一种储备资产和记账单位，亦称"纸黄金"（Paper Gold）。它是 IMF 分配给会员国的一种使用资金的权利。会员国在发生国际收支逆差时，可用它向 IMF 指定的其他会员国换取外汇，以偿付国际收支逆差或偿还 IMF 的贷款，还可与黄金、自由兑换货币一样充当国际储备。但由于其只是一种记账单位，不是真正货币，使用时必须先换成其他货币，不能直接用于贸易或非贸易的支付。因为它是 IMF 原有的普通提款权以外的一种补充，所以称为特别提款权。

2. 特别提款权的分配

IMF 规定，每 5 年为一个分配特别提款权的基本期。第 24 届基金年会决定了第一次分配期，即自 1970～1972 年，发行 93.148 亿美元特别提款单位，按会员国所摊付的基金份额的比例进行分配，份额越大，分配得越多。这次工业国共分得 69.97 亿美元，占总额的 74.05%。其中美国分得最多，为 22.94 亿美元，占总额的 24.63%。这种分配方法使急需资金的发展中国家分得最少，而发达国家则分得大部分，发展中国家对此非常不满，一直要求改变这种不公正的分配方法，要求把特别提款权与援助联系起来，并要求增加它们在

IMF 中的份额，以便可多分得一些特别提款权。

2015 年 11 月 30 日，IMF 主席拉加德宣布将人民币纳入 IMF 特别提款权（SDR）货币篮子，决议将于 2016 年 10 月 1 日生效。2019 年 1 月，中国已成为 IMF 第三大份额国（6.41%），仅次于美国（17.46%）和日本（6.48%）。

3. 特别提款权的使用

参加国分得特别提款权以后，即列为本国储备资产，如果发生国际收支逆差，即可动用。使用特别提款权时需通过 IMF，由它指定一个参加国接受特别提款权，并提供可自由使用的货币，主要是美元、欧元、日元和英镑；还可以直接用特别提款权偿付 IMF 的贷款和支付利息费用；参加国之间只要双方同意，也可直接使用特别提款权提供和偿还贷款、进行赠予，或用于远期交易和借款担保等各项金融业务。

特别提款权的利息开始时较低，1970 年间仅为 1.5%，1974 年 6 月起提高到 5%。以后，特别提款权利率的计算方法，大致是根据美、德、日、英、法五国金融市场短期利率加权平均计算而得，每季度调整一次。

 资料卡

人民币加入特别提款权（SDR）货币篮子

2015 年 11 月 30 日，国际货币基金组织（IMF）执董会批准人民币加入特别提款权（SDR）货币篮子，新的货币篮子将于 2016 年 10 月 1 日正式生效。

IMF 当天发表声明说，执董会当天完成了五年一度的 SDR 货币篮子审议，认为人民币符合"入篮"的所有现有标准。自 2016 年 10 月 1 日起，人民币被认定为可自由使用货币，并将与美元、欧元、日元和英镑一道构成 SDR 货币篮子。

IMF 认为，人民币"入篮"将使货币篮子多元化并更能代表全球主要货币，从而有助于提高 SDR 作为储备资产的吸引力。IMF 还将篮子货币的权重调整为：美元占 41.73%，欧元占 30.93%，人民币占 10.92%，日元占 8.33%，英镑占 8.09%。

IMF 总裁拉加德当天在执董会结束后说，人民币"入篮"是中国经济融入全球金融体系的重要里程碑，也是 IMF 对中国过去几年改革货币和金融体系取得进展的认可。

（资料来源：http://baike.baidu.com）

13.3　世界银行集团

世界银行集团（World Bank Group，WBG）是联合国系统下的多边发展机构，其宗旨是通过向发展中国家提供中长期资金和智力的支持，来帮助发展中国家实现长期、稳定的经济发展。1944 年 12 月，根据布雷顿森林会议通过的《国际复兴与开发银行协定》，建立了国际复兴与开发银行，通称世界银行。后来陆续建立了国际开发协会（International Development Association，IDA）、国际金融公司（International Finance Corporation，IFC）、多边投资担保机构（Multinational Investment Guarantee Agency，MIGA）和解决投资纠纷国际中心（The International Center for Settlement of Investment Disputes，ICSID）四个附属机构。

13.3.1 世界银行

【世界银行是做什么的?】

同 IMF 一样,世界银行也是联合国的专门机构之一。凡是参加世界银行的国家必须是 IMF 的会员国,但 IMF 的会员国不一定是世界银行的会员国。我国于 1980 年恢复了在世界银行的合法席位。

1. 组织机构

世界银行的最高权力机构是理事会,由每一会员国委派理事和副理事各一人组成。理事、副理事任期 5 年,可以连任。副理事在理事缺席时才有投票权。理事会的主要职权为:批准接纳初会员国,增加或减少世界银行资本,停止会员国资格,决定世界银行净收入的分配及其他重大问题。理事会每年举行一次会议(即年会),一般与 IMF 理事会联合举行。

2. 宗旨

根据《国际复兴与开发银行协定》第一条规定,世行的宗旨如下。

(1) 为用于生产目的的投资提供便利,以协助会员国的复兴与开发,并鼓励不发达国家生产与资源的开发。

(2) 以保证或参加私人贷款和私人投资的方式,促进私人的对外投资。

(3) 用鼓励国际投资,以开发会员国生产与资源的方法促进国际贸易的长期平衡发展,以维持国际收支的平衡。

(4) 在提供贷款保证时,应与其他方面的国际贷款配合。

【世界银行会员国缴纳的股金】

3. 资金来源

(1) 会员国缴纳的股金。

世界银行规定,每个会员国均须认购股份(Share)。每个会员国认购股份的多少以该国经济、财政力量为根据,并参照其在 IMF 认缴的份额,同世界银行协商,并经理事会批准。

(2) 通过发行债券取得的借款。

通过在国际债券市场发行债券来借款是世界银行资金的一个很重要的来源,世界银行贷款资金的很大部分是靠发行债券筹措的。世界银行发行债券期限从 2 年到 25 年不等,其利率随国际金融市场行情的变化而变化,但由于世界银行资信较高,利率往往要低于一般公司的债券和某些国家的政府债券。

世界银行发行债券除采取通过投资银行、商业银行等中间包销商向私人投资者出售中长期债券方式外,还直接向会员国政府、政府机构或中央银行出售中短期债券。

(3) 业务净收益。

世界银行几乎年年都有巨额的净收益,除将一部分净收益以赠款形式拨给开发协会外,其余均充作本身的储备金,成为发放贷款的一个资金来源。

(4) 债权转让。

自 20 世纪 80 年代以来,世界银行常把一部分贷出款项的债权有偿地转让给商业银行等私人投资者,以提前收回资金,并转为贷款的一个资金来源。

4. 世界银行的主要业务活动

世界银行最主要的业务活动是向发展中国家提供贷款,此外,还提供技术援助等业务。

【世界银行提供贷款的条件及程序】

(1) 提供贷款。

第二次世界大战后初期,世界银行的贷款重点在欧洲。20 世纪初 50 年代以后,其重点转向亚、非、拉等发展中国家,当前世界银行的贷款已成为发展中国家发展经济的一条较为重要的资金渠道。然而,要获得世界银行贷款也绝非易事,需要满足一定的条件和程序。

(2) 提供技术援助。

向会员国提供技术援助是世界银行业务活动的重要组成部分。这种技术援助往往是与贷款结合在一起的,该行派出人员、专家帮助借款国进行项目的组织和管理,以提高项目资金的使用效益。世界银行还设立由该行直接领导的一所经济发展学院,其任务主要是为发展中国家培养中高级管理干部。世界银行也经常帮助会员国制订社会经济发展计划,为某些特殊问题提供咨询意见和解决方案。

13.3.2 国际开发协会

国际开发协会是专门向低收入发展中国家提供优惠长期贷款的一个国际金融组织。按照规定,凡世界银行会员均可加入协会,但世界银行的会员国不一定必须参加协会。

1. 宗旨

协会的宗旨是:对欠发达国家提供比世界银行条件优惠、期限较长、负担较轻且可用部分当地货币偿还的贷款,以促进欠发达国家经济的发展和居民生活水平的提高,从而补充世界银行的活动,促成世界银行目标的实现。

2. 组织机构

协会会员在法律和会计上是独立的国际金融组织,但在人事管理上却是世界银行的附属机构,故有"第二世界银行"之称。

协会的管理办法和组织结构与世界银行相同,从经理到内部机构的人员均由世界银行相应机构的人员兼任,世界银行的工作人员也是协会的工作人员。因此,它与世界银行实际上是两块牌子,一套人马。

3. 资金来源

(1) 会员国认缴的股本。协会原定法定资本为 10 亿美元,以后由于会员国增加,资本额随之增加。会员国认缴股本数额按其在世界银行认购股份的比例确定。协会的会员国分为两组:第一组是工业发达国家、南非和科威特,这些国家认缴的股本需要以可兑换货币支付,所缴股本全部供协会出借;第二组为亚、非、拉发展中国家。这些国家认缴的股本的 10% 需要以可兑换货币进行缴付,其余 90% 用本国货币缴付,而且这些货币在未征得货币所属国同意前,协会不得使用。

(2) 会员国提供的补充资金(Replenishments)。由于会员国缴纳的股本有限,远不能满足会员国不断增长的信贷需求。同时,协会又规定,该协会不得依靠在国际金融市场发行债券来募集资金。因此,协会不得不要求会员国政府不时地提供补充资金,以继续进行其业务活动。

(3) 世界银行的拨款，即世界银行从其净收入中拨给协会的一部分款项，作为协会贷款的资金来源。

(4) 协会本身业务经营的净收入。

4. 贷款

协会贷款只提供给低收入发展中国家。按最初规定标准，人均 GNP 在 425 美元以下，2018 年标准则为人均 GNP 不超过 995 美元，才有资格获得协会信贷。协会贷款对象规定为会员国政府或公、私企业，但实际上均向会员国政府发放。

协会贷款的用途与世界银行一样，是对借款国具有优先发展意义的项目或发展计划提供贷款，即贷款主要用于发展农业、工业、电力、交通运输、电信、城市供水，以及教育设施、计划生育等。

协会贷款的期限分为 25 年、30 年、45 年三种，宽限期 10 年。偿还贷款时，可以全部或一部分使用本国货币偿还，贷款只收取 0.75％的手续费。

13.3.3 国际金融公司

国际金融公司也是世界银行的一个附属机构，于 1956 年 7 月成立，成立之初有会员国 31 个，总部设于美国华盛顿。它虽是世界银行的附属机构，但其本身具有独立的法人地位。

1. 宗旨

通过对发展中国家，尤其是欠发达地区的重点生产性企业提供无须政府担保的贷款与投资，鼓励国际私人资本流向发展中国家，支持当地资金市场的发展，推动私人企业的成长，促进成员国经济发展，从而补充世界银行的活动。

2. 组织结构

国际金融公司在法律和财务上虽是独立的国际金融组织，但实际是世界银行的附属机构。它的管理办法和组织结构与世界银行相同。世界银行行长兼任公司总经理，也是国际金融公司执行董事会主席。国际金融公司的内部机构和人员多数由世界银行相应的机构、人员兼管、兼任。按照公司的规定，只有世界银行会员国才能成为公司的会员国。我国于 1980 年 5 月恢复了在国际金融公司的合法席位。

3. 资金来源

(1) 会员国认缴的股金，是国际金融公司最主要的资金来源。国际金融公司最初的法定资本为 1 亿美元，分为 10 万股，每股 1 000 美元。会员国认缴股金须以黄金或可兑换货币缴付。每个会员国的基本票为 250 票。此外，每认 1 股，增加 1 票。IFC 也进行了多次增资。

(2) 通过发行国际债券，在国际资本市场借款。

(3) 世界银行与会员国政府提供的贷款。

(4) 公司贷款与投资的利润收入。

4. 贷款与投资

公司贷款与投资只面向发展中国家的私营中小型生产企业，而且也不要求会员国政府为偿还贷款提供担保。公司贷款一般每笔不超过 400 万美元，在特殊情况下最高也不超过

2 000万美元。公司贷款与投资的部门主要是制造业、加工业和采掘业、旅游业,以及开发金融公司,再由后者向当地企业转贷。

国际金融公司在进行贷款与投资时,或者单独进行,而后再将债权或股票转售给私人投资者,或者与私人投资者共同对会员国的生产性私人企业进行联合贷款或联合投资,以促进私人资本向发展中国家投资。

国际金融公司贷款的期限一般为7~15年,还款时需用原借人货币进行支付,贷款的利率不统一,视投资对象的风险和预期收益而定,但一般高于世界银行贷款的利率。对于未提用的贷款资金,公司按年率收取1‰的承诺费。

13.3.4 多边投资担保机构

多边投资担保机构是世界银行集团的最新成员,创建于1988年,该机构的任务是通过减少非商业投资障碍鼓励股本投资和其他直接投资流入发展中国家。为执行上述使命,多边投资担保机构向投资者提供非商业风险的担保;为设计和执行与外国投资有关的政策、规划及程序提出建议;就投资问题在国际商业界与有关国家政府之间发起对话。

多边投资担保机构对以下四类非商业性风险提供担保。

(1) 由于投资所在国政府对货币兑换和转移的限制而造成的转移风险。

(2) 由于投资所在国政府的法律或行政行动而造成投资者丧失其投资所有权、控制权的风险。

(3) 在投资者无法进入主管法庭,或这类法庭不合理的拖延或无法实施这一项已做出的对他有利的判决时,政府撤销与投资者签订的合同而造成的风险。

(4) 武装冲突和国内动乱造成的风险。

多边投资担保机构政策与咨询服务的范围从研究和技术援助到与有关国家政府联合发起召开促进投资的会议。国际金融公司和多边投资担保机构合作开发这项服务,这种服务为发展中成员国制定投资法、政策和规划提供咨询和技术援助。

13.3.5 解决投资纠纷国际中心

解决投资纠纷国际中心是世界银行下属的非财务机构,是根据解决国家与其他国民之间投资争端公约而于1966年建立的机构。我国于1990年2月在该公约上签字。

解决投资纠纷国际中心的任务是调节和仲裁政府和外国投资者之间的纠纷,从而使国际投资更多地流向发展中国家。为了推动其促进投资目标的实现,它还在外国投资法领域开展了一系列的研究和出版工作。

解决投资纠纷国际中心的外国投资法出版物包括半年度法律刊物《解决投资纠纷国际中心评论——外国投资法刊物》及世界投资法和投资条约多册汇编。

13.4 国际清算银行

13.4.1 国际清算银行的建立

1. 成立背景

国际清算银行(Bank for International Settlements,BIS)是英国、法国、德国、意大

利、比利时、日本等国的中央银行与代表美国银行界利益的摩根银行、纽约和芝加哥的花旗银行组成的银团，根据海牙国际协定于1930年5月共同组建的，总部设在瑞士巴塞尔，截至2019年1月，共有60家成员中央银行或货币当局。国际清算银行当初创办的目的是处理第一次世界大战后德国对协约国赔款的支付和与处理德国赔款的"杨格计划"有关的清算等业务问题，后转而办理各国间的清算业务。

2. 宗旨任务

国际清算银行的宗旨是促进各国中央银行之间的合作，为国际金融运作提供额外负担外的便利，并作为国际清算的受让人或代理人。扩大各国中央银行之间的合作始终是促进国际金融稳定的重要因素之一，因此，国际清算银行便成了各国中央银行家的会晤场所，接受各中央银行的委托开展各种业务，根据国际清算银行的章程的规定，其有权进行下列业务活动。

（1）既可为自己，又可为中央银行购买、出售、交换和储存黄金。

（2）为各成员国中央银行提供贷款和接受他们的贷款。

（3）为各成员国中央银行办理和重办期票，收买或出售期票及其他优等短期债券。

（4）既可靠自己，也可以靠各成员国中央银行收受展品出售（外汇和有价证券股票除外）。

（5）接受各成员国中央银行往来资金和存款。

（6）作为被委托人，接受政府的存款或根据董事会的决议，接受其他资金，不得发行提示付款银行券、承兑汇票，不得为各国政府提供贷款（购买国家公债例外）。

（7）对任何一个企业有监督权。

（8）对由于抵偿还银行的债务而归于银行的不动产，在没有更合适的价格被变卖之前，掌管这些不动产。

3. 组织机构

国际清算银行是以股份公司的形式建立的，组织机构包括股东大会、董事会、办事机构。

（1）股东大会。

国际清算银行的最高权力机关为股东大会，股东大会每年6月份在巴塞尔召开一次，只有各成员国中央银行的代表参加表决。

（2）董事会。

董事会是国际清算银行的经营管理机构，由13名董事组成。董事会设主席1名，副主席若干名，每月召开一次国际清算银行例会。董事会主席和银行行长由1人担任。董事会根据主席建议任命1名总经理和1名副总经理，就银行的业务经营向银行负责。

（3）办事机构。

国际清算银行下设银行部、货币经济部、法律处、秘书处等办事机构。

4. 服务对象

国际清算银行以各国中央银行、国际组织（如国际海事组织、国际电信联盟、世界气象组织、世界卫生组织等）为服务对象，不办理私人业务。这对联合国体系内的国际货币金融机构起着有益的补充作用。

现在世界各国的国际储备约有 1/10 存放在国际清算银行。各国中央银行在该行存放的外汇储备、货币种类可以转换，并可以随时提取而无须声明理由。这对一些国家改变其外汇储备结构，实现多样化提供了一个很好的途径。在国际清算银行存放黄金储备是免费的，而且可以用作抵押，从国际清算银行取得黄金价值 85% 的现汇贷款。同时，国际清算银行还代理各国中央银行办理黄金购销业务，并负责保密。因此，它在各成员国中央银行备受欢迎。

除了银行活动外，国际清算银行还作为中央银行的俱乐部，是各国中央银行之间进行合作的理事场所，其董事会和其他会议提供了关于国际货币局势的信息交流的良好机会。

13.4.2 国际清算银行的资金来源

国际清算银行的资金来源主要有以下三个方面。

1. 成员国交纳的股金

国际清算银行建立时，法定资本为 5 亿金法郎，1969 年增至 15 亿金法郎，以后几度增资。该行股份的 80% 为各国中央银行持有，其余 20% 为私人持有。

2. 借款

国际清算银行可向各成员国中央银行借款，以补充其自有资金的不足。

3. 吸收存款

该行也与一些国家大商业银行往来，并吸收客户存款，存款也是该行资金的来源。

13.4.3 国际清算银行的主要业务

1. 处理国际清算事务

第二次世界大战后，国际清算银行先后成为欧洲经济合作组织、欧洲支付同盟、欧洲煤钢联营、黄金总库、欧洲货币合作基金等国际机构的金融业务代理人，承担着大量的国际结算业务。

2. 办理或代理有关银行业务

第二次世界大战后，国际清算银行业务不断拓展，目前可从事的业务主要有：接受成员国中央银行的黄金或货币存款，买卖黄金和货币，买卖可供上市的证券，向成员国中央银行贷款或存款，也可与商业银行和国际机构进行类似业务，但不得向政府提供贷款或以其名义开设往来账户。目前，世界上很多中央银行在国际清算银行存有黄金和硬通货，并获取相应的利息。

3. 定期举办中央银行行长会议

国际清算银行于每月的第一个周末在巴塞尔举行西方主要国家中央银行的行长会议，商讨有关国际金融问题，协调有关国家的金融政策，促进各国中央银行的合作。在国际货币合作方面，该行主要和各国中央银行进行往来。该行除召开该行董事会外，还召开十国集团成员国（比利时、英国、加拿大、法国、荷兰、日本、意大利、瑞典、德国和美国，连同瑞士共 11 国）中央银行行长会议（每年 10 次左右），股东大会（年会）和欧盟成员国中央银行行长会议。

国际清算银行定期召集有关中央银行专家讨论诸如基金与外汇市场、国际金融市场、支付系统、中央银行中计算机的应用、货币与经济数据库问题，以及其他任何在经济、货币、技术或法律方面令中央银行特别感兴趣的课题，并协调向中欧中央银行提供的技术援助。

该行作为观察员参与 IMF 临时委员会、十国集团正副财长、中央银行正副行长，以及经济合作与发展组织各委员会的工作；该行收集关于十国集团所有成员国融资状况的统计信息，并向十国集团所有成员国和经济合作与发展组织第三工作委员会散发、收集和公布外债统计数据。

国际清算银行主要定期出版物是年报和关于国际银行业与金融市场发展的季度与半年度报告，这些报告和该行写的各种货币金融调研资料在国际金融界、学术界享有很高声誉，具有权威性。

13.5　区域性国际金融组织

在区域性国际金融机构中，亚洲、非洲、拉丁美洲的国际开发银行和欧美货币体系具有一定的代表性，是全球性国际金融机构的重要补充。目前比较典型的有亚洲开发银行、非洲开发银行、美洲开发银行、金砖国家开发银行、亚洲基础设施投资银行等。

13.5.1　亚洲开发银行

亚洲开发银行（Asian Development Bank，ADB，简称亚行）于 1966 年成立，是亚洲和太平洋地区的区域性金融机构，宗旨是通过发展援助帮助亚太地区发展中成员消除贫困，促进亚太地区的经济和社会发展。

亚行现有 67 个成员，其中 48 个来自亚太地区，其余来自其他地区。亚行的组织机构主要有理事会和董事会。由所有成员代表组成的理事会是亚行最高权力和决策机构，负责接纳新成员、变动股本、选举董事和行长、修改章程等，通常每年举行一次会议，由亚行各成员派一名理事参加。行长是该行的合法代表，由理事会选举产生，任期 5 年，可连任。

亚行每年 4—5 月在总部或成员国轮流举行年会，主要议题是探讨亚太地区的经济金融形势、发展趋势和面临的挑战，推动亚行作为地区性开发机构在促进本地区社会经济发展方面发挥作用。同时，会议还对亚行年度业务进行审议，并通过亚行年度报告、财务报告、外部审计报告、净收入分配报告、预算报告等。

亚行主要通过开展政策对话、提供贷款、担保、技术援助和赠款等方式支持其成员在基础设施、能源、环保、教育和卫生等领域的发展，其具体任务如下。

（1）为亚太地区发展中会员国或地区成员的经济发展筹集与提供资金。

（2）促进公、私资本对亚太地区各会员国投资。

（3）帮助亚太地区各会员国或地区成员协调经济发展政策，以更好地利用自己的资源在经济上取长补短，并促进其对外贸易的发展。

（4）对会员国或地区成员拟定和执行发展项目与规划提供技术援助。

（5）以亚洲开发银行认为合适的方式，同联合国及其附属机构，向亚太地区发展基金投资的国际公益组织，以及其他国际机构、各国公营和私营实体进行合作，并向他们展示投资与援助的机会。

（6）发展符合亚洲开发银行宗旨的其他活动与服务。

13.5.2 非洲开发银行

非洲开发银行（African Development Bank，ADB，简称非行）于1964年成立，是非洲最大的地区性政府间开发金融机构，总部设在科特迪瓦的最大都市阿比让。目前，非行共有77个成员国，包括53个非洲国家和24个区外成员，包括美国、英国、加拿大、法国、德国等16个欧美发达国家，南美洲的阿根廷和巴西、中东地区的沙特阿拉伯和科威特，以及亚洲的中国、日本、韩国和印度。

非行理事会为非洲开发银行的最高决策机构，通常于每年5月中下旬召开为期两天的全体会议。按惯例，主办国理事任理事会主席并主持会议，会议通常邀请主办国和若干非洲国家的元首或政府首脑出席开幕式并致辞。

非行的宗旨是"促进非洲地区成员的经济发展与社会进步"，多年来，在支持非洲成员国实现经济发展和社会进步方面做出了巨大贡献，尤其是利用非行的软贷款窗口——非洲开发基金向非洲最贫穷国家提供优惠贷款和技术援助赠款，改善了这些国家人民的生活，为实现经济可持续增长打下了良好基础。

我国于1985年加入非洲开发基金（简称非发基金）和非行。截至2006年年底，我国在非行持股24 230股，占非行总股份的1.117%。2014年，中国人民银行与非行签署了20亿美元的"非洲共同增长基金"融资合作协议，由中方出资，面向全非洲提供融资，由非行推荐基础设施建设项目。

13.5.3 美洲开发银行

美洲开发银行（Inter-American Development Bank，IADB）也叫泛美开发银行，成立于1959年，有20个创始成员国（19个拉美国家和美国），是世界上成立最早和最大的区域性、多边开发银行，总行设在华盛顿。

美洲开发银行的宗旨是"集中各成员国的力量，对拉丁美洲国家的经济、社会发展计划提供资金和技术援助"，并协助他们"单独地和集体地为加速经济发展和社会进步做出贡献"。该行是美洲国家组织的专门机构，其他地区的国家也可加入，但非拉美国家不能利用该行资金，只可参加该行组织的项目投标。

该行自成立以来，其主要活动为提供贷款促进拉美地区的经济发展、帮助成员国发展贸易，为各种开发计划和项目的准备、筹备和执行提供技术合作。美洲开发银行的一般资金主要用于向拉美国家公、私企业提供贷款，年息通常为8%，贷款期10~25年。特别业务基金主要用于拉美国家的经济发展优惠项目，年息1%~4%，贷款期20~40年。

中国于1993年向美洲开发银行正式提出了入行申请。2008年全球金融危机发生后，美洲开发银行迫切希望中国加入以共同应对金融危机，中国于2009年1月正式成为美洲开发银行第48个会员国，同时也是亚洲地区第四个参加该组织的国家。

13.5.4 金砖国家开发银行

金砖国家开发银行（BRICS Development Bank）简称金砖银行，是由金砖国家组织成员共同建立的国际性金融机构。2013年，在第五届金砖国家峰会上，五国领导人同意成立金砖国家开发银行。

金砖银行主要资助金砖国家和其他发展中国家的基础设施建设，对金砖国家具有非常重要的战略意义。巴西、南非、俄罗斯、印度的基础设施缺口很大，在国家财政力所不及时，需要共同的资金合作。金砖银行不只面向5个金砖国家，还面向全部发展中国家，作为金砖成员国，可能会获得优先贷款权。

作为金融合作方面的一个具体体现，金砖银行建立之后，会不断拓展金砖国家合作新的空间；同时，它也代表着金砖国家在金融合作方面新的进程。

金砖银行拓展了中国和金砖国家在合作方面新的空间。如在基础设施建设方面，设立金砖银行，可推动其他国家的基础设施建设，也是分享中国经验的好机会，与中国"走出去"战略相符合。2019年7月31日浙江省首个金砖国家开发银行贷款项目签约和启动仪式在嵊州举行，该项目为浙江省绿色城镇嵊州市城乡供排水一体化二期工程项目，总投资18.68亿元，其中从金砖银行贷款8.25亿元。

13.5.5 亚洲基础设施投资银行

亚洲基础设施投资银行（Asian Infrastructure Investment Bank，AIIB）简称亚投行，于2015年年底正式成立，是首个由中国倡议设立的多边金融机构，是一个政府间性质的亚洲区域多边开发机构，重点支持基础设施建设。其成立宗旨是："促进亚洲区域的建设互联互通化和经济一体化的进程，并且加强中国及其他亚洲国家和地区的合作"。总部设在中国北京。

亚投行法定资本1 000亿美元。中国初始认缴资本目标为500亿美元左右，中国出资50%，为最大股东。各意向创始成员同意将以国内生产总值（GDP）衡量的经济权重作为各国股份分配的基础。2015年试运营的一期实缴资本金为初始认缴目标的10%，即50亿美元，其中中国出资25亿美元。截至2015年12月31日，亚洲基础设施投资银行57个意向创始成员国已全部签署《亚洲基础设施投资银行协定》。

亚投行开业仪式暨理事会和董事会成立大会于2016年1月16—18日在北京举行。中国财政部部长楼继伟被选举为亚投行首届理事会主席，金立群当选亚投行首任行长。

亚投行业务政策上坚持国际性、规范性和高标准，确保专业运营、高效运作、透明廉洁。亚投行将借鉴现有多边开发银行在环境及社会框架、采购政策、项目管理、债务可持续性评价等方面好的经验和做法，制定严格并切实可行的高标准业务政策。同时，亚投行将避免其他多边开发银行曾走过的弯路，寻求更好的标准和做法，以降低成本和提高运营效率。

作为由中国提出创建的区域性金融机构，亚投行的主要业务是援助亚太地区国家的基础设施建设。在全面投入运营后，亚投行将运用一系列支持方式为亚洲各国的基础设施项目提供融资支持，包括贷款、股权投资及提供担保等，以振兴包括交通、能源、电信、农业和城市发展在内的各个行业投资。

亚投行的创立有着重要的意义。

第一，它对促进亚洲国家经济发展与区域经济一体化具有重要意义。创建亚投行，通过公共部门与私人部门的合作，有效地弥补了亚洲地区基础设施建设的资金缺口，推进了亚洲区域经济一体化建设。

第二，有利于扩大全球投资需求，支持世界经济复苏。

第三，有利于通过基础设施项目，推动亚洲地区经济增长，促进私营经济发展并改善就业。

第四，通过提供平台将本地区高储蓄率国家的存款直接导向基础设施建设，实现本地区内资本的有效配置，并最终促进亚洲地区金融市场的迅速发展。

亚投行的建立，将弥补亚洲发展中国家在基础设施投资领域存在的巨大缺口，减少亚洲区内资金外流，投资于亚洲的"活力与增长"，不仅有利于亚洲地区的基础设施建设和助力经济发展，更加体现了一种大局思维，让新兴市场国家不再受制，也把中国在世界经济舞台的地位再次拉升了一个档次，带动中国产业升级。亚投行不仅是一个"修桥"和"造路"的机构，更能在投融资体制改革方面发挥更大作用，推动中国金融服务业的改革发展和国际化接轨。亚投行会帮助亚洲和全球经济持续增长，以及增强全球经济的稳定性。

本章重点回顾

1. 国际金融组织的性质主要包括：①国际金融组织是超国家性质的，对任何国家而言都是非居民。②国际金融组织的经营管理不以营利为目的，其主要目标是协调国际货币关系，促进国际经济合作，推动全球经济发展。③国际金融组织不按某一国家的法律或惯例建立并运作，有自己独特的运营方式。

2. 依据宗旨的不同，国际金融组织可以划分为：①以促进货币合作和调节国际收支为主要宗旨的组织，如国际货币基金组织和阿拉伯货币基金组织。②以促进资源开发和项目投资为主要宗旨的组织，如世界银行集团。③以增进成员国中央银行间的合作、实现自由多边国际结算为主要宗旨的组织，如国际清算银行、亚洲清算联盟等。

3. 国际货币基金组织的运行资金主要来源于成员国缴纳的份额、向各会员国官方机构借款、出售黄金。国际货币基金组织的主要业务范围包括：汇率监督与政策协调、融通资金、技术援助和培训。世界银行集团的运行资金主要来源于会员国缴纳的股金、通过发行债券取得借款、业务净收益、债权转让。世界银行集团的主要业务范围包括：向发展中国家提供贷款、提供技术援助等。

4. 国际清算银行的运行资金主要来源于成员国交纳的股金、国际清算银行向各成员国中央银行的借款、吸收客户存款。国际清算银行的主要业务范围包括：处理国际清算事务、办理或代理有关银行业务、定期举办中央银行行长会议。亚洲开发银行的运行资金主要来源于公、私资本的投资，与亚太地区发展基金投资的国际公益组织进行合作。亚洲开发银行主要业务范围包括：开展政策对话，以贷款、担保、技术援助和赠款等方式支持其成员在基础设施、能源、环保、教育和卫生等领域的发展。

关键术语

国际金融组织　International Financial Organization
国际货币基金组织　International Monetary Fund
世界银行集团　World bank Group，WBG
国际开发协会　International Development Association
国际金融公司　International Finance Corporation
多边投资担保机构　Multilateral Investment Guarantee Agency

国际清算银行　Bank for International Settlements
区域性金融组织　Regional Financial Organization
亚洲开发银行　Asian Development Bank，ADB
非洲开发银行　African Development Bank，ADB
美洲开发银行　Inter-American Development Bank，IADB
金砖国家开发银行　BRICS Development Bank
亚洲基础设施投资银行　Asian Infrastructure Investment Bank，AIIB

习　　题

一、名词解释

1. 国际货币基金组织
2. 世界银行

二、判断题

1. 国际金融公司的宗旨是推动私人企业成长，促进成员国经济发展。（　）
2. 国际开发协会贷款不收利息，只收手续费。（　）
3. 相对而言，世界银行贷款被称为硬贷款，而协会贷款被称为软贷款。（　）
4. 世界银行创建的多边投资担保机构对投资者因遭受商业风险而造成的损失提供担保。（　）
5. 在贷款全部发放后1年左右，世界银行对其贷款项目要进行审计和效益评估。（　）
6. 世界银行每个会员国均有250票的基本投票权，另外每认缴10万美元的股金，则增加1票。在这一点上，与IMF相同。（　）
7. IMF的会员国一定是世界银行的会员国。（　）
8. IMF的高档信贷部分贷款，随着档次的升高，审批手续逐步严格。（　）
9. IMF的贷款规模同会员国向IMF缴纳的份额呈正比例关系。（　）
10. IMF的贷款对象包括会员国政府、大型企业和主要金融机构。（　）
11. IMF的普通贷款是为解决会员国暂时性国际收支困难而设立的。（　）
12. 国际清算银行具有广泛的国际性，其宗旨是处理第一次世界大战后德国对协约国赔款有关的业务。（　）

三、简答题

1. IMF的贷款特点是什么？
2. 世界银行发放贷款的条件有哪些？

参 考 文 献

陈燕，2015. 国际金融［M］. 2 版. 北京：北京大学出版社.
陈雨露，2019. 国际金融［M］. 6 版. 北京：中国人民大学出版社.
韩玉珍，2005. 国际汇兑实务［M］. 北京：北京大学出版社.
黄志强，2008. 国际金融实务［M］. 北京：高等教育出版社.
姜波克，2018. 国际金融新编［M］. 6 版. 上海：复旦大学出版社.
李艳芳，刘瑛，2006. 国际金融［M］. 大连：东北财经大学出版社.
刘隽亨，2002. 金融学［M］. 北京：首都经济贸易大学出版社.
刘舒年，温晓芳，2010. 国际金融［M］. 4 版. 北京：对外经济贸易大学出版社.
迈克尔·梅尔文，1994. 国际货币与金融［M］. 欧阳向军，俞志暖，译. 上海：上海三联书店，上海人民出版社.
沈国兵，2003. 汇率制度的选择：兼论对人民币汇率制度的启示［M］. 北京：经济科学出版社.
汤震宇等，2004. 固定收益证券定价理论［M］. 上海：复旦大学出版社.
田文锦，2006. 国际金融实务［M］. 北京：机械工业出版社.
王春峰，2001. 金融市场风险管理［M］. 天津：天津大学出版社.
徐景峰，2006. 国际金融市场［M］. 北京：对外经贸大学出版社.
叶永刚，2004. 衍生金融工具［M］. 北京：中国金融出版社.
于研，2014. 国际金融［M］. 5 版. 上海：上海财经大学出版社.
周大庆等，2004. 风险管理前沿：风险价值理论与应用［M］. 北京：中国人民大学出版社.
卓骏，2003. 国际金融实务［M］. 北京：人民邮电出版社.
左柏云，陈德恒，2003. 国际金融［M］. 北京：中国金融出版社.
Thomas A. Pugel，2012. 国际金融［M］. 北京：中国人民大学出版社.

北大版·本科经管专业规划教材

精美课件　在线答题　教学视频　三维模型　课程平台　图文案例

财务会计类

财务分析　财会技能实训　财务管理理论与实务　财务管理案例分析　会计学原理　基础会计

管理类

消费者行为学　人力资源管理　应用统计学　市场营销学　公司治理学　创业学

经济类

期货与期权教程　金融工程学理论与实务　绿色发展经济学　国际贸易理论与实务　国际贸易理论与实务　证券投资学

扫码进入电子书架查看更多专业教材，如需申请样书、获取配套教学资源或在使用过程中遇到任何问题，请添加客服咨询。